Der Erziehungs-Coach

Antworten auf die wichtigsten Fragen

Antworten auf die wichtigsten Fragen

Vom Babyalter bis zur Pubertät

Der Erziehungs-Coach

Dr. Claire Halsey,
Dr. Matthew Johnson, Dr. Joanna Grave

Vorwort von Prof. Dr. Tanya Byron
Klinische Psychologin

DK

DORLING KINDERSLEY
London, New York, Melbourne, München und Delhi

Projektbetreuung Emma Maule
Designer Charlotte Seymour
Bildredaktion Nicola Rodway, Marianne Markham, Glenda Fisher
Herstellung Jenny Woodcock, Kelly Salih, Mandy Inness
Cheflektorat Penny Warren, Esther Ripley
Fotos Vanessa Davies
Art Director für Fotografie Isabel de Cordova
Programmleitung Peggy Vance

Für die deutsche Ausgabe:
Programmleitung Monika Schlitzer
Projektbetreuung Kathrin Nord
Herstellungsleitung Dorothee Whittaker
Herstellung Petra Kühner
Covergestaltung Barbara Weishaupt, Petra Kühner

Bibliografische Information Der Deutschen Bibliothek
Die Deutsche Bibliothek verzeichnet diese Publikation in der Deutschen Nationalbibliografie;
detaillierte bibliografische Daten sind im Internet über http://dnb.ddb.de abrufbar.

Titel der englischen Originalausgabe:
Ask a Parenting Expert

Übersetzung Ina Baaken, Katja Rudnik
Lektorat Ute Forner
Satz Satz+Layout Fruth GmbH, München

ISBN 978-3-8310-1619-8

Printed and bound in Singapore by Star Standard

Besuchen Sie uns im Internet
www.dk.com

Vorwort

Elternsein ist die wunderbarste und spannendste Aufgabe, die das Leben für uns bereithält. Manchmal macht sie uns aber auch Angst. Vom ersten Augenblick an bis zu den ersten wackeligen Schritten, vom ersten Schultag bis zum ersten Date erstaunen und bezaubern uns unsere Kinder und lassen unsere Herzen höherschlagen. Die Liebe zu ihnen und ihre Gegenliebe sind bedingungslos. Sie entfachen bei uns außergewöhnliche Gefühle und können uns allein mit ihrem Lächeln zu Tränen rühren. Der Antrieb, sie zu ernähren, zu beschützen und zu lieben ist so stark, dass er uns manchmal den Atem nimmt. Wenn alles auf Liebe und tiefsten Instinkten beruht, wofür brauchen wir dann Experten? Eltern zu sein ist sicher etwas, wofür man nicht nach Rat fragen muss, man kann es einfach, oder? Als Mutter zweier Kinder (Lily, 13 und Jack, 10) und Professorin für Kinder- und Erwachsenenpsychologie bin ich vermutlich mehr als andere dafür qualifiziert, Ihnen zu sagen, dass manchmal auch die erfahrensten von uns sich dem Elternsein nicht gewachsen fühlen. Zu wissen, was wir tun sollten, kann manchmal das Gegenteil von dem sein, was unser Herz uns sagt. Zudem wollen häufig mehrere Personen an den elterlichen Entscheidungen teilhaben: Partner, Großeltern, Freunde, die es gut meinen, haben allesamt unterschiedliche Ansichten. Manchmal brauchen wir also wirklich die Stimme der Vernunft, die uns in all der Verwirrung den richtigen Weg zeigt. »Der Erziehungs-Coach« bietet Eltern und Pflegepersonen Hilfestellung, um in diesen Situationen eine Lösung zu finden. Der anschauliche und informative Ratgeber, von Experten verfasst und liebevoll gestaltet, wird allen, die die richtigen Entscheidungen für ihre Kinder treffen wollen, eine wertvolle Hilfe sein. Dieser Ratgeber belehrt nicht, sondern gibt Anregungen. Er schreibt nichts vor und bevormundet nicht, sondern bestärkt. Ob Sie eine Frage zu einem bestimmten Vorgehen haben, z. B. wie Sie ein übergewichtiges Kind richtig ernähren, oder zu emotionalen Belangen, z. B. zum Thema Aufklärung, »Der Erziehungs-Coach« bietet einen ganzheitlichen Ansatz zur Bewältigung der größten Anforderungen an Eltern.

Dieses Buch ist keine Anleitung dafür, wie Sie perfekte Eltern werden, sondern hilft uns akzeptieren zu lernen, dass wir uns manchmal überfordert fühlen und bietet Hilfe, wenn wir sie brauchen. Wenn Sie eine deutliche, geradlinige und leicht verständliche Anleitung suchen, ist dieses Buch das richtige für Sie. Es wird Ihnen wie ein kluger Freund sein – ein Freund, der Ihnen niemals vorschreibt, wie Sie Ihre Kinder erziehen sollen, der aber immer mit wertfreien und vernünftigen Ratschlägen zur Seite steht, wenn Sie sie benötigen. Wir wünschen Ihnen viel Freude an diesem Buch, an Ihren Kindern und vor allem an Ihrer Elternschaft – dies wird zweifellos die schönste Zeit Ihres Lebens!

Tanya Byron

Prof. Dr. Tanya Byron, Klinische Psychologin

Inhalt

Babys: Ein neues Leben

Kleinkinder: Kleine Persönlichkeiten

Schulanfänger: Hinaus in die Welt

Grundschüler: Erweiterter Aktionsradius

Pre-Teenager: Zwischenwelten

Teenager: Erwachsen werden

Sie haben sich auf den spannendsten und schwierigsten Weg Ihres Lebens gemacht: Ihr Kind großzuziehen.

Einleitung

Ihr Kind von der Geburt bis zur Unabhängigkeit großzuziehen, ist eine Aufgabe, die begeistern, aber auch selbst die sichersten Eltern entmutigen kann. Es gibt keine perfekten Eltern – doch es spricht nichts dagegen, Ihr Bestes zu geben, gut informiert zu sein und Hilfe zu suchen, wenn Sie sie brauchen.

»Was braucht mein Kind?« Diese Frage liegt allen Entscheidungen, die Sie als Eltern treffen, zugrunde, egal, ob Sie über etwas so Grundlegendes entscheiden wie Ihren Erziehungsstil oder nur Einzelheiten wie und wann Sie Ihr Baby zum Schlafen legen, wie Sie Ihrem Kind bei den Hausaufgaben helfen oder wenn Sie sich darum sorgen, ob Ihr Teenager in Schwierigkeiten gerät.

Was Sie Ihrem Kind bieten, hängt von seinem Alter und seiner Entwicklung ab. In den frühen Jahren werden Sie vieles für es machen müssen: vom Kuscheln übers Tragen bis hin zum Anziehen oder Füttern. Je unabhängiger Ihr Kind wird, desto weniger müssen Sie für es erledigen, dafür müssen Sie es aber umso mehr lehren und anleiten, z. B. zum Anziehen und Lernen, und ihm die Möglichkeit geben, Freundschaften zu schließen. Im Lauf der Zeit werden Ihre Anleitungen immer mehr zum guten Rat, und im Teenageralter brauchen unsere Kinder dann vor allem Eltern, die zuhören und Vertrauen zu ihnen haben. Nichtsdestotrotz gibt es Dinge, die Ihr Kind in jedem Alter von Ihnen braucht: dass Sie an seine emotionalen, sozialen und körperlichen Bedürfnisse denken. Seien Sie sein Lehrer und Fürsprecher, wenn es aufwächst und auf seinem Weg Schulen, Freundschaften und Beziehungen durchlebt. Es wird an Ihrer warmen und beständigen Liebe und körperlichen Zuneigung ebenso wachsen wie an Beständigkeit, Grenzen und Werten, die Sie ihm vermitteln.

Um Ihnen in Ihrer Rolle als Eltern zu helfen, umfasst dieses Buch die Spanne von der Geburt bis zum 16. Lebensjahr mit einer Mischung aus Informationen und Antworten auf Fragen, die Sie sich vielleicht stellen. Dieser Ratgeber bietet Ihnen Hilfe und Unterstützung, wenn Sie Erziehungsfragen entscheiden, die zu Ihnen, Ihrem Kind und Ihrer Familie passen. Ob Sie gezielt Themen nachschlagen oder es von vorn bis hinten durchlesen – Sie werden Informationen und praktische Hinweise dazu finden, wie Sie Ihr Kind zu einem glücklichen und gesunden jungen Menschen erziehen.

Elternschaft kann ein einsames Feld sein, auch wenn Sie von Familie und Freunden umgeben sind, lastet doch die Verantwortung allein auf Ihren Schultern. Viele Eltern fragen sich, ob nur sie allein unsicher sind, Schwierigkeiten haben oder Fehler machen. Die Fragen und Antworten in diesem Buch sollen Ihnen vermitteln, dass andere sich in denselben Situationen befanden wie Sie und welche Lösungen ihnen geholfen haben.

Die Informationen und Ideen in diesem Buch werden Sie häufig in Ihrem Handeln bestärken und bestätigen, dass Ihre Entscheidungen gut überlegt sind. Manchmal werden Sie auch eine andere Sichtweise für ein Problem finden, etwas, an das Sie nicht gedacht haben oder Ihnen wird klar, was Sie machen oder nicht machen sollten. Denken Sie immer daran: Egal, was Sie tun, geben Sie dem ganzen Zeit, damit es wirken kann. Die wenigsten Erziehungsmethoden funktionieren über Nacht. Zu schnell stecken Sie sonst in der »Ich habe alles probiert«-Falle, bevor Sie Ihrer Idee ausreichend Zeit gegeben haben, um zu wirken.

Versuchen Sie, sich in die Lage Ihres Kindes zu versetzen, wenn Sie Ideen aus diesem Buch aufgreifen – wie würden Sie sich fühlen, wie würden Sie reagieren und was würden Sie lernen? Wenn Sie sich geliebt, sicher und geborgen, respektiert und gerecht behandelt fühlen würden, auch wenn Grenzen gesetzt werden, sind Sie auf dem richtigen Weg.

Babys
Ein neues Leben

* **Willkommen auf der Welt**
  Was Ihr Baby weiß und fühlt
* **Bonding**
  Bindung von Anfang an
* **Füttern, schlafen, beruhigen**
  Ein zufriedenes Baby aufziehen
* **Wir wollen es besser machen**
  Höhen und Tiefen von Eltern
* **Frühes Lernen**
  Einen guten Start ermöglichen
* **Auf Achse!**
  Sicher die Welt erkunden

Willkommen auf der Welt
Was Ihr Baby weiß und fühlt

F Jeder erteilt mir Ratschläge. Wie kann ich höflich darum bitten, sich zurückzuhalten?

Alle jungen Mütter erleben das – jeder meint zu wissen, wie man mit einem Neugeborenen umgeht. Sogar Fremde geben Tipps zu Koliken, Schreien und anderen Babyangelegenheiten. Es schadet nicht, sich diese gut gemeinten Hinweise anzuhören, aber fühlen Sie sich nicht dazu verpflichtet, sie befolgen zu müssen. Lächeln Sie und bedanken Sie sich und entscheiden Sie, was das Beste für Sie und Ihr Baby ist.

Wenn die Hilfe von nahestehenden Personen kommt, wird es schon schwieriger, damit umzugehen. Manchmal hilft nur Ehrlichkeit: Erklären Sie ihnen, wie sehr Sie ihre Hilfe zu schätzen wissen, aber dass Sie das Gefühl haben, sie würden Ihnen nicht genug zutrauen, wenn sie zu viele Hinweise geben. Versichern Sie ihnen, dass Sie sie fragen werden, wenn Sie Hilfe benötigen.

F Ist es albern, wenn ich mit meinem Baby rede, als würde es mich verstehen?

Sie werden bestimmt schräge Blicke ernten, wenn Sie mit Ihrem Baby plaudern, aber Sie tun genau das Richtige. Ob Sie kommentieren, was Sie tun, die Umgebung beschreiben oder ein Schlaflied singen: Je öfter Ihr Kleines Ihre Stimme hört, desto besser werden sich sein Gehör und seine Sprache in den kommenden Monaten entwickeln. Untersuchungen haben ergeben, dass Kinder, mit denen viel gesprochen wurde, im Alter von 20 Monaten etwa 131 Wörter mehr beherrschen als Kinder schweigsamer Eltern.

Die musikalische Art zu sprechen, mit hoher Stimme, langen Vokalen und kurzen Sätzen zusammen mit starker Mimik wird »Parentese« oder auch »Elternsprache« genannt. Diese und die häufigen Wiederholungen fördern die Sprachentwicklung mehr als es die normale Erwachsenensprache. »Elternsprache« darf nicht verwechselt werden mit »Babysprache«, bei der »Hund« durch »Wauwau« ersetzt wird und Fantasiewörter benutzt werden. Diese ist für die Sprachentwicklung nicht förderlich.

F Wie sorge ich am besten für mein früh geborenes Kind?

Die Sorge um ein früh geborenes Kind bringt für viele Eltern gemischte Gefühle mit sich. Es ist normal, unglaublich dankbar dafür zu sein, dass Ihr Baby überlebt hat, und gleichzeitig Angst vor zusätzlichen Bedürfnissen zu haben, oder sich zu fragen, ob es Langzeitfolgen geben wird. Haben Sie ein wachsames Auge auf die Entwicklung Ihres Kindes, da Sie nur so Probleme schnell erkennen und adäquate Hilfe bekommen können. Sie werden feststellen, dass es die gleichen Fortschritte und Entwicklungsmuster durchläuft wie ein normal geborenes Kind und seine Altersgenossen oft schon mit zwei Jahren einholt, sofern es keine anderen Komplikationen gibt. Prüfen Sie die Entwicklung Ihres Kindes anhand des korrigierten anstatt seines chronologischen Alters. Das korrigierte Alter umfasst die Zeit ab der Geburt abzüglich der Differenz zwischen dem errechneten und dem tatsächlichen Geburtstermin. Wenn Ihr Kind also zwei Monate zu früh geboren wurde, beträgt acht Monate nach der Geburt das korrigierte Alter

> Je öfter Ihr Baby Ihre Stimme hört, desto besser entwickeln sich sein Gehör und seine Sprache.

sechs Monate; die Fortschritte, die es macht, werden näher an denen des jüngeren Alters liegen.

Es ist möglich, dass Ihr Kind aufgrund der frühen Geburt in den ersten Tagen und Wochen nicht so auf Sie anspricht, wie Sie es sich erhoffen. Seine Reaktionen werden schwächer ausfallen, wenn Sie es ansprechen, berühren oder füttern. Dies ist zu erwarten, da es noch nicht richtig sehen, hören und mit Körperbewegungen auf Sie reagieren kann. Trotzdem benötigt es Ihren Einsatz sogar dringender als ein normal geborenes Kind, weil es in einer Umgebung lebt, für die es körperlich noch nicht bereit ist. Sie können seine Entwicklung und Bindung zu Ihnen unterstützen, in dem Sie die »Känguru-Methode« (siehe S. 20) nutzen. Dies umfasst auch den Haut-zu-Haut-Kontakt, auf Ihrer Brust oder dem Bauch, direkt nach der Geburt oder innerhalb der ersten 24 Stunden. Bitten Sie das Pflegepersonal so oft wie möglich darum, diesen Hautkontakt ausführen zu können.

ELTERN BERICHTEN

Babysprache verstehen lernen

Als mein Sohn geboren wurde, hörte ich sein Weinen und hatte den Eindruck, er wolle mir etwas sagen, verstand ihn aber nicht. Durch Ausprobieren fand ich heraus, ob er Hunger hatte, schlafen musste oder ob ihm etwas anderes fehlte. Ich versuchte, mich auf die verschiedenen Laute einzustellen; manchmal heulte er, ein anderes Mal war sein Weinen weicher.
Nach ein paar Tagen wurde ich viel besser darin, herauszuhören, was er brauchte. Mein Selbstvertrauen kam zurück und er schien weniger frustriert, weil ich nun nicht mehr seine Windel wechselte, obwohl er schlafen wollte.

F Ich habe gehört, dass Jungen und Mädchen sich unterschiedlich entwickeln. Stimmt das?

Ja, aber dies zeigt sich in der Regel erst ab dem Kleinkindalter. Vermeintliche Unterschiede in der Entwicklung in den ersten Jahren resultieren mehr aus den unterschiedlichen Charakteren als aus den Geschlechtsunterschieden. Die jeweiligen Persönlichkeiten zeigen sich, beide haben individuelle Angewohnheiten und Temperamente – hieraus resultiert, ob sie reizbar oder gelassen, munter oder schnell überfordert sind. Eine neueste Untersuchung zeigt, dass es weitgehend unsere eigenen Erwartungen an die unterschiedliche Entwicklung von Jungen und Mädchen sind, die unsere Wahrnehmung diesbezüglich beeinflusst. Ohne dass wir es merken, betrachten wir Jungen und Mädchen von Geburt an unterschiedlich. So neigen Eltern beispielsweise dazu, Mädchen als zierlich und Jungen als kräftig zu beschreiben. Jede kleinste geschlechtsbedingte Abweichung in der Entwicklung wird zu diesem frühen Zeitpunkt noch von individuellen Unterschieden überlagert.

Es gibt jedoch einen wichtigen Unterschied zwischen Jungen und Mädchen: Forschungen haben gezeigt, dass Jungen empfänglicher für Spannungen im Familienleben sind. Reaktionen wie Gewichtsabnahme, Traurigkeit und aggressives Verhalten sind dann häufiger, im Vergleich zu Mädchen, die anscheinend weniger stark betroffen und belastbarer sind. Bisher ist noch nicht klar, woraus dieser Unterschied resultiert. Wenn Sie niedergeschlagen sind oder es Schwierigkeiten zu Hause gibt, wird es Ihnen und Ihren Kindern und vor allem Ihrem Sohn nützen, Hilfe zu suchen.

F Ist ein geregelter Ablauf oder Flexibilität besser?

Es gab viele Diskussionen zwischen Pädagogen und Eltern über feste Tagesroutinen für Babys und einem improvisierten Ansatz, bei dem das Kind den Zeitplan vorgibt. Tatsächlich ist eine Kombination aus beidem ideal. Ihr Kind wird aufblühen, wenn es regelmäßige Zeiten zum Spielen und Ruhen, für Besuche, zum Baden und Schlafen hat. Tägliche Rituale geben ihm das Gefühl, dass seine Welt sicher und berechenbar ist. Es ist aber ebenso wichtig, seinen Grundbedürfnissen nach Essen, Schlaf und Trost sofort nachzu-

Wie sich Ihr Baby entwickelt
Gehirn und Sinne

Das Gehirn: Das Gehirn Ihres Kindes, vor allem die Hirnrinde, entwickelt sich jetzt so stark wie später niemals wieder. Es benötigt während dieser Phase doppelt so viel Energie wie das Gehirn eines Erwachsenen. Bis zum fünften Lebensjahr wird die Entwicklung des Gehirns zu 90% abgeschlossen sein. Es werden keine neuen Gehirnzellen mehr gebildet, von denen nun über 100 Milliarden existieren, sondern ausschließlich Verbindungen zwischen den Hirnzellen, die die Informationsweitergabe und das Lernen ermöglichen. Ihr Kind wird bereits mit einer Fülle von Hirnzellenverbindungen geboren, die wesentliche Funktionen wie das Drehen des Kopfes, Schlucken und Saugen von Anfang an ermöglichen. Diese Überlebensreflexe werden schnell von neuen neuronalen Verbindungen überlagert, die eine bessere Kontrolle des Körpers ermöglichen.

Neuronale Verbindungen: Durch die Erlebnisse Ihres Kindes enstehen entsprechende Verbindungen zwischen den Gehirnzellen. Deshalb wird Ihr Kind das am schnellsten lernen, was sich häufig wiederholt, da Wiederholung die Verbindungen festigt. Wenn Sie sprechen und singen, werden die neuronalen Wege für Sprache gefestigt, was das Verständnis und Anwenden der Sprache Ihres Kindes fördert. Selten genutzte Verbindungen lassen nach und können verloren gehen. Das Hirn sorgt dafür, dass die stärksten und effektivsten Wege erhalten bleiben.

Sie können die Entwicklung Ihres Kindes dadurch beeinflussen, dass Sie ihm viel zum Sehen, Anfassen und Hören geben, um die Verbindungen zu festigen. Wenn Sie zu ihm gehen, wenn es weint, es auf den Arm nehmen und liebevoll mit ihm sprechen, stärken Sie die Verbindungen, die ihm sagen, dass es sicher ist und es sich auf Sie verlassen kann.

Seine Sinne: In der ersten Zeit ist Ihr Kind wachsam und dreht sich zu jedem Geräusch, das es hört. Bei der Geburt kann Ihr Baby besser hören als sehen, das Sehen wird erst mit der Zeit wichtiger als Hören. Es kann Gegenstände mit starken Kontrasten besser erkennen, wie z.B. schwarzweiße Spielzeuge oder Mobiles. Ein Neugeborenes kann am besten auf eine Entfernung von 20–30 cm fokussieren, was genau dem Abstand zwischen seinem und Ihrem Gesicht entspricht, wenn Sie es auf dem Arm halten, oder es gestillt wird. Zunächst sind die Verbindungen im Gehirn für die einzelnen Sinne noch nicht explizit abgegrenzt. Ein lautes Geräusch wird also beispielsweise sowohl als

VERBINDUNGEN FESTLEGEN Sich mit dem Kind zu beschäftigen, wird die Verbindungen in seinem Gehirn festigen und ihm Geborgenheit vermitteln.

Sehstörung als auch als Lärm wahrgenommen – kein Wunder also, dass Ihr Kind leicht aufschreckt. Diese Verbindung von zwei oder mehr Sinnen (Synästhesie) führt dazu, dass beispielsweise ein Ton auch als Farbe wahrgenommen wird. Bislang ist noch nicht sicher, wann die Trennung der Sinne erfolgt; die Schätzungen variieren zwischen zwei bis vier Monaten und dem Ende des ersten Lebensjahres. Bei sehr wenigen Menschen, schätzungsweise zwischen einem pro 100.000 und einem pro 25.000, bleibt die Verbindung lebenslang bestehen.

Kinder werden mit einer Vorliebe für Süßes geboren. Das dient dem Überleben und sorgt für eine angeborene Vorliebe für süße Muttermilch. Der Geruchssinn entwickelt sich nach der Geburt sehr schnell. Wenn Sie stillen, kann Ihr Kind bereits nach wenigen Tagen den Geruch Ihrer Muttermilch von dem einer anderen Mutter unterscheiden.

ENTWICKLUNG DES GEHIRNS Spielzeuge wie Rasseln fördern das Lernen in jeder Hinsicht, auch die Hand-Auge-Koordination.

kommen und nicht zu warten, bis der Zeitplan sagt, dass es hungrig oder müde zu sein hat. Sofort zu reagieren, zeigt Ihrem Kind, dass Sie an es denken und dass es sich lohnt, mit Ihnen zu kommunizieren, wenn Sie sein Weinen oder Brabbeln verstehen, und etwas tun, um ihm zu helfen, wie füttern, Windeln wechseln oder kuscheln. Babys lange schreien zu lassen lehrt sie, dass sie sich auf Erwachsene nicht verlassen können und setzt das Stresshormon Cortisol frei. Lange Cortisolbelastung kann bei Kindern auf Dauer zu einer erhöhten Stressanfälligkeit führen.

F Vor Kurzem habe ich festgestellt, dass der Hinterkopf meines Babys abgeflacht ist. Woher kommt das?

Was Sie beschreiben, nennt sich »Plagiozephalie« und betrifft gut die Hälfte aller Kinder. Wahrscheinlich verbringt Ihr Baby viel Zeit in einer Position, normalerweise auf dem Rücken. Es wird Sie sicherlich beruhigen, dass diese Verformung keinen Einfluss auf die Entwicklung des Gehirns hat.

Sie können die Abflachung aber dadurch verringern, dass Sie Ihr Kind öfter auf den Bauch drehen. Lassen Sie es jedoch nicht in Bauchlage schlafen; Säuglinge sollten immer auf dem Rücken schlafen, um das Risiko des plötzlichen Kindstods (SIDS) zu verringern. Halten Sie die Zeiten, in denen es in einer festen Position sitzt, möglichst kurz. Wenn Sie nicht unterwegs sind, nehmen Sie Ihr Kleines aus dem Kindersitz, tragen Sie es in einem Tragetuch, halten Sie es auf dem Knie oder legen Sie es auf den Bauch. Wenn Ihr Baby den Kopf immer auf eine bestimmte Seite dreht, wechseln Sie die Seite, wenn Sie es füttern oder legen Sie sein Lieblingsspielzeug auf die andere Seite, um es zu animieren, den Kopf zu drehen. Es gibt spezielle Helme oder Bänder, mit deren Hilfe der Kopf in Form wachsen kann, ohne dass sie dabei Druck ausüben. Deren Nutzen ist noch nicht erwiesen, aber einige Eltern berichten von einer Besserung. Bei den meisten Kindern reduziert sich die Abflachung jedoch von selbst, wenn sie beginnen, zu krabbeln. Bei sehr wenigen Kindern entsteht sie aus einer ernsthaften Erkrankung, fragen Sie daher sicherheitshalber Ihren Kinderarzt.

Alter, Fortschritte, Meilensteine
Was Sie erwartet

Ihr Neugeborenes kommt in eine Phase, in der es die schnellste Entwicklung seines Lebens durchmacht und Sie spielen darin als Erzieher und Lehrer eine wichtige Rolle. Sie werden Zeuge seiner wachsenden Beziehungen, Kommunikation und körperlichen Entwicklung.

Ihr Neugeborenes kann …

✱ Ihre Stimme und die Ihres Partners erkennen und sich dadurch beruhigen. Es braucht Hautkontakt in den Stunden nach der Geburt. Ihm gefällt es, in einer leichten, weichen Decke eingewickelt zu sein. Wenn Sie seine Wange streicheln, dreht es sich zu Ihnen; es saugt, wenn etwas in seinen Mund gesteckt wird. Diese Reflexe helfen ihm, die Brust oder Flasche zu nehmen.

✱ am besten auf einer Distanz von 23 cm sehen. Das ist in etwa die Entfernung zwischen seinem und Ihrem Gesicht, wenn Sie es auf den Arm nehmen oder füttern; Sie sind der Mittelpunkt seiner Aufmerksamkeit. Es wird Gesichter und schwarzweiße Bilder aufmerksam betrachten.

✱ schreien, Grimassen schneiden und Arme und Beine bewegen, um zu kommunizieren. Sie werden schnell die einzelnen Arten zu Weinen erkennen, die Ihnen mitteilen, was es braucht.

✱ bei Ihnen den Eindruck erwecken, dass es immer wach ist. Doch Neugeborene benötigen mit vier kurzen und einer langen Ruhezeit bis zu 16 Stunden Schlaf pro Tag.

In den ersten Wochen wird Ihr Kind …

✱ Sie mit dem ersten Lächeln beglücken. Es wird aktiver: Es dreht sich zu einem Geräusch, tritt und greift nach Gegenständen.

✱ jeden für sich gewinnen, indem es einen Finger mit seiner kleinen Hand festhält.

✱ seinen Charakter zeigen: Sie werden wissen, ob Ihr Kind leicht zufriedenzustellen, reizbar oder mürrisch ist. Es wird bis zu sechs Stunden am Tag weinen. Der Höhepunkt der Schreiphase liegt zwischen der zweiten und sechsten Woche.

Mit drei Monaten wird Ihr Kind …

✱ bei jeder Gelegenheit kommunizieren: lachen, gurren und Grimassen schneiden, um zu zeigen, wie es sich fühlt.

✱ gerne mit Ihnen zusammen sein, durch Knuddeln und Aufmerksamkeit aufblühen und von einer Tagesroutine profitieren.

✱ nach seinem Spielzeug greifen, vor allem solchem, das Geräusche macht. Es hebt seinen Kopf, besonders, wenn es auf dem Bauch liegt.

✱ in nächster Zeit beginnen, sich zu drehen und alles in den Mund zu stecken. Machen Sie Ihre Wohnung kindersicher.

Ab dem sechsten Monat wird Ihr Kind …

✱ so viel geknuddelt werden wollen wie nie zuvor und vor Freude quieken, wenn es gekitzelt wird, Sie aber auch abweisen, wenn es beschäftigt ist oder seine neuesten Fähigkeiten übt.

✱ sich auf die Emotionen anderer einstellen und auf Ihren Tonfall reagieren.

✱ auf Fremde gestresst reagieren und sich erst durch Ihre Anwesenheit beruhigen. Das gehört zur Entwicklungsphase, die milder oder heftiger verlaufen und bis zum dritten Lebensjahr andauern kann.

✱ ein Plappermaul werden, Geräusche imitieren und sie kombinieren, wie »dada« und »jaja«.

✱ lernen, dass Dinge noch da sind, selbst wenn es sie nicht mehr sehen kann. Es wird Dinge fallen lassen und dann danach suchen, weil es weiß, dass sie noch da sind.

* Sie mit seinen Fortschritten erstaunen, beispielsweise wenn es frei sitzen kann. Es beginnt zu krabbeln oder auf dem Po zu rutschen und sich hochzuziehen.
* weniger weinen, etwa eine Stunde pro Tag, meistens am Abend, wenn es müde oder überreizt ist.

Mit neun bis zwölf Monaten wird Ihr Kind …

* Sie mit seinen ersten Wörtern erfreuen; normalerweise »Mama« oder »Papa«.
* Gesten lernen, wie mit dem Finger zeigen und winken.
* sich für andere Babys interessieren. Es wird sie genau ansehen, aber noch nicht mit ihnen spielen. Sie sind nach wie vor die wichtigste Person in seinem Leben und es braucht Ihre Berührung, Aufmerksamkeit und Liebe.
* frei stehen und sich an Möbeln entlang hangeln. Es wird sich an der größeren Mobilität erfreuen und mit etwa zwölf Monaten die ersten Schritte machen.
* seine Geschicklichkeit zeigen, indem es kleine Gegenstände mit Daumen und Zeigefinger greift.
* weinen, wenn es andere weinen sieht. Es wird von seinen Emotionen überwältigt. Ihr Kind braucht dann Ihre Ruhe, damit es lernt, dass es keine Angst vor starken Gefühlen zu haben braucht.

Verspätete Entwicklung: Es gibt deutliche Indikatoren, die von Ihrer Hebamme oder dem Kinderarzt bemerkt werden. Manche Probleme entwickeln sich aber erst allmählich. Wenn Sie unsicher sind, fragen Sie Ihren Arzt – frühes Erkennen und Behandeln ist wichtig. Fragen Sie den Kinderarzt, wenn Ihr Kind …

* mit drei Monaten den Kopf nicht anheben kann; eine vollständige Beherrschung des Kopfes entwickelt sich noch, aber einige Grundlagen sollten für diverse Funktionen vorhanden sein.
* mit neun Monaten noch nicht frei sitzen kann.
* mit zwölf Monaten nicht gestikuliert, auf Dinge zeigt.
* mit 18 Monaten nicht mehr als ein oder zwei grundlegende Wörter beherrscht.
* mit 18 Monaten noch nicht läuft.

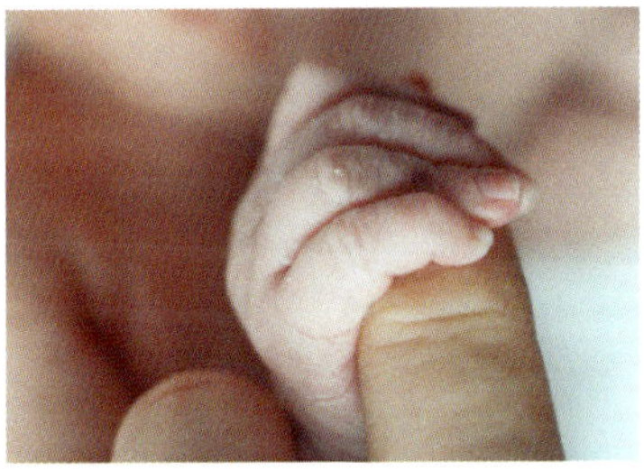

FESTHALTEN Babys werden mit einem Greifreflex geboren, den sie später wieder verlieren.

GESCHICKT Allmählich entwickelt sich die Koordinationsfähigkeit: Ihr Kind kann kleine Gegenstände aufheben.

BEINAHE LAUFEN Wenn es sich an Möbeln hochzieht, wird Ihr Kind bald laufen können.

Bonding
Bindung von Anfang an

F Wo bleibt meine Mutterliebe?

Es ist ein weitverbreiteter Irrtum, dass die Beziehung zu Ihrem Kind immer mit überwältigenden Emotionen und Freude im Moment der Geburt beginnt. Viele Eltern haben bereits während der Geburt starke Gefühle für ihr Kind, für andere wiederum ist es ein allmählicher Prozess. Vielleicht sind Sie enttäuscht, wenn die Bindung nicht sofort entsteht oder fühlen sich sogar betrogen, wenn eine schwierige Geburt oder eine Notfallbehandlung die ersten Augenblicke behindern. Wie viele Eltern werden Sie bemerken, dass Ihre Bindung erst mit der Zeit wächst, wenn Sie sich als Eltern mehr zutrauen und Sie Ihr Kind besser kennenlernen.

Wenn Sie das Gefühl haben, all dies durchzumachen, ohne eine Beziehung zu Ihrem Kind zu haben, versuchen Sie einige Dinge, welche die Eltern-Kind-Bindung aufbauen: Hautkontakt, Babymassage und viel Zeit, in der Sie Ihr Kind ansehen, mit ihm sprechen und es berühren, helfen, eine Beziehung aufzubauen. Depressionen können dazu führen, dass Sie Ihre Beziehung infrage stellen. Suchen Sie in diesem Fall schnellstmöglich Hilfe bei Ihrer Hebamme, Familie und Freunden oder einem Therapeuten.

F Mein Sohn wurde zu früh geboren und liegt im Inkubator. Verpasse ich die wichtigste Zeit, um eine Beziehung zu ihm aufzubauen?

Nein, im ersten Lebensjahr ist er besonders empfänglich für den Kontakt zwischen Ihnen und sich. Auch im Krankenhaus können Sie vieles tun, um ihm nahe zu sein. Ihre Berührung tut ihm gut: Streicheln Sie ihn und halten Sie seine Hand, so oft Sie können und es erlaubt ist. Reden und singen Sie: Ihre Stimme wird ihn beruhigen. Sie können wahrscheinlich weniger Zeit mit Ihrem Kind verbringen, als Sie es sich wünschen. Lassen Sie ihm eine Kassette mit Ihrer Stimme da, sodass er Sie hören kann, auch wenn Sie nicht anwesend sind. Beteiligen Sie sich an seinem Tagesablauf, wie füttern und Windelwechseln, dies bereitet Sie auch auf zu Hause vor. Wenn die hektische Umgebung oder medizinische Geräte Sie verunsichern, fragen Sie die Schwestern danach, wie Sie Ihr Neugeborenes halten und für es sorgen können, ohne dass Sie Schläuche oder Geräte stören.

F Ich habe von der sogenannten »Känguru-Methode« gehört. Was ist das und wie funktioniert sie?

Haut-zu-Haut-Kontakt zwischen Mutter und Kind wird »Känguru-Methode« genannt. Sie legen Ihr Kind gleich nach der Geburt oder innerhalb der ersten 24 Stunden auf Ihren nackten Bauch oder Ihre Brust, sodass Ihre Haut seine berührt. Dies funktioniert am besten, wenn Sie entspannt sind und Ihr Kind locker aber sicher halten, wenn es auf Ihnen liegt. Decken Sie Ihr Kind mit einer leichten Decke zu, um es warm zu halten. Gleich nach der Geburt hat dies einen positiven Effekt auf Ihre Beziehung. So kommt die Eltern-Kind-Bindung einfacher zustande, Ihr Kind weint weniger und das Stillen wird leichter. Es gibt keine zeitliche Einschränkung für Haut-zu-Haut-Kontakt. Sie und Ihr Partner können dies also als eine Art, dem Baby näherzukommen, in den folgenden Wochen fortführen.

Ihr Kind knüpft die wichtigste Beziehung in seinem Leben – die Beziehung zu Ihnen.

Eine Beziehung aufbauen
Starke Bande knüpfen

Die Beziehung zu Ihrem Baby ist die Basis für sein Sicherheitsgefühl, seinen Entdeckerdrang und dafür, Beziehungen aufzubauen.

* **Nähe:** Behalten Sie Ihr Kind nach der Geburt so oft und so lange es geht bei sich und Ihrem Partner. Lassen Sie es nicht zu Untersuchungen oder zum Baden wegbringen, wenn es dafür keinen medizinischen Grund gibt.
* **Berührungen:** Zu Beginn wird Ihnen Ihr Neugeborenes so klein und verletzlich vorkommen, dass Sie fürchten, es könne zerbrechen, aber tatsächlich braucht es Ihre körperliche Nähe, wenn es wach ist. Je mehr Sie es berühren, desto sicherer werden Sie.
* **Kommunikation:** Sehen Sie ihm in die Augen, lächeln Sie, sprechen Sie leise und warten Sie ab, wie Ihr Kind reagiert. Sie werden damit belohnt, dass es Ihnen den Kopf zudreht und Ihnen mit einem aufmerksamen Blick sagt, wie wichtig Sie für es sind.
* **Geborgenheit:** Ihr Neugeborenes lag neun Monate lang sicher in Ihrem Bauch und könnte den plötzlichen Freiraum nach der Geburt als Schock empfinden. Geben Sie ihm Sicherheit, indem Sie es nah am Körper halten, wenn möglich Haut an Haut. Versuchen Sie, zu pucken (eine spezielle Wickeltechnik, bei welcher der Säugling eng in eine weiche Decke eingewickelt wird): So stellen Sie das Gefühl der Geborgenheit wieder her, das Ihr Baby im Mutterleib hatte. Achten Sie darauf, dass es durch das Pucken nicht überhitzt.
* **Verstehen:** Beobachten Sie Ihr Kind und achten Sie auf seine Gewohnheiten, Vorlieben und Abneigungen. Sie werden schnell seine Spielzeiten und Launen kennenlernen, wie es sich mitteilt und was es beruhigt.

SICHER Wenn Ihr Baby sich an Sie schmiegt und Sie es festhalten, fühlt es sich sicher und beschützt.

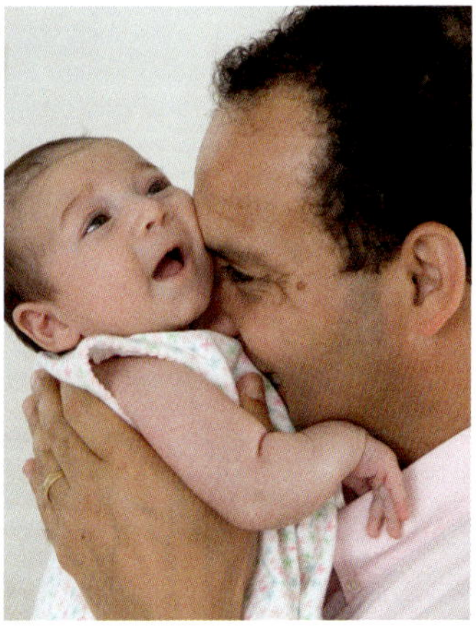

GEBEN UND NEHMEN Der Austausch von körperlicher Nähe ist ein Ausdruck der wachsenden Beziehung zu Ihrem Baby.

WERTVOLLE ZEIT Je mehr Sie mit Ihrem Baby zusammen sind, desto enger wird Ihre Bindung. Genießen Sie jede Minute!

Emotionen spiegeln

In seinem ersten Lebensjahr wird Ihr Kind seine Gefühle hauptsächlich durch körperliche Reaktionen ausdrücken. Sie werden feststellen, dass es rot und erhitzt aussieht, das Gesicht verzieht, die Fäuste ballt und wild mit Armen und Beinen schlägt, wenn es zornig ist. Ihr Baby ist leicht überfordert von all den Gefühlen, wenn es starke Emotionen wie Enttäuschung, Liebe, Ärger oder Angst erlebt. Sie müssen ihm nun zeigen, dass Sie diese Gefühle akzeptieren, dass sie Ihnen keine Angst bereiten oder Sie überfordern, und Ihr Kind keine Angst davor zu haben braucht. Vielleicht spiegeln Sie aber seine Emotionen schon, ohne es zu merken. Experten zufolge bedeutet Emotionen zu spiegeln, die Gefühle Ihres Kindes in einer abgeschwächten Version wiederzugeben. Legen Sie den Kopf auf die Seite, wenn Sie es ansehen, um Verstehen zu signalisieren. Halten Sie es fest, um ihm Sicherheit zu geben und helfen Sie ihm, seinen Gefühlen einen Namen zu geben, indem Sie aussprechen, was geschieht. Wenn Sie zum Beispiel sagen »Du siehst zornig aus.« oder »Bist du traurig?«, kann Ihr Kind seine Emotionen besser einordnen. Wenn Sie das von Anfang an machen, vermitteln Sie Ihrem Kind durch Ihre eigene Ruhe die Sicherheit, dass es nicht von seinen Gefühlen überwältigt werden wird.

Mein Baby drückt mich weg und ist viel weniger anhänglich als ich dachte. Stimmt irgendetwas nicht?

Die meisten Babys lieben körperliche Nähe, aber sie haben Vorlieben, wie sie gehalten und berührt werden möchten. Probieren Sie verschiedene Möglichkeiten aus: Wenn es aufgeweckt ist und sich gerne umschaut, nutzen Sie ein Tragetuch, sodass Sie Ihr Kleines nahe bei sich haben und es die Umwelt betrachten kann. Achten Sie auch auf Ihr Timing: Wenn Ihr Kind wach ist und spielen möchte, wird es nicht kuscheln wollen. Lassen Sie es eine Zeit lang spielen und versuchen Sie es erneut, wenn sein Spieldrang erschöpft ist.

Möglicherweise reagiert Ihr Kind auch darauf, dass Sie es nicht sicher halten. Sie erzeugen Sicherheit und Geborgenheit, wenn Sie seinen Kopf und Körper stützen, es langsam, ohne schnelle Bewegungen aufheben und ihn beim Schmusen an sich drücken. Wenn es sich grundsätzlich gegen Berührungen wehrt, beginnen Sie mit kleinen Schritten: Halten Sie seine Hände und Füße und erweitern Sie den Kontakt, wenn es sich daran gewöhnt hat. Die Fähigkeit, später Zuneigung zu geben und anzunehmen, wird von diesen frühen Erfahrungen grundlegend beeinflusst. Es ist daher wichtig, dieses Thema aufzunehmen.

Macht ein Schnuller es leichter, mein Kind zu trösten, wenn ich wieder arbeiten gehe?

Ihr Kind braucht nicht zwingend einen Schnuller – unabhängig davon, ob Sie wieder arbeiten gehen oder nicht. Manche Kinder hängen sehr an ihrem Schnuller und brauchen ihn, um einschlafen oder sich beruhigen zu können. Andere lutschen am Daumen, nehmen eine Schmusedecke, kauen auf einem weichen Spielzeug oder ziehen sich an den Haaren, um sich selbst zu trösten. Bevor Sie also den Schnuller anbieten, versuchen Sie herauszufinden, ob Ihr Baby eine eigene Art hat, sich selbst zu trösten. Sprachtherapeuten empfehlen jedoch, Kinder im Alter von acht bis zwölf Monaten vom Schnuller zu entwöhnen. Ein längerer Gebrauch kann die Sprachentwicklung durch Veränderungen der Zungenbewegung und Zahnfehlstellungen stören. Es wird empfohlen, Babys, die gestillt werden, keinen Schnuller zu geben, da die unterschiedlichen Saugmuster das Baby verwirren können und es weniger häufig Hunger zeigt.

Andererseits gibt es eine kleine aber sorgfältig im Jahr 2005 durchgeführte Studie aus den USA, die Sie bei der Entscheidung für oder gegen einen Schnuller interessieren wird. Demnach haben Kinder, die mit einem Schnuller einschlafen, ein geringeres Risiko, am plötzlichen Kindstod (SIDS) zu sterben. Natürlich ist der Gebrauch eines Schnullers keine Garantie für ein geringeres Risiko, wird aber in engem Zusammenhang damit gesehen.

F Wie kann ich mehr Energie für meinen Partner und meinen Sohn aufbringen, wenn ich müde von der Arbeit komme?

Ihre Aufmerksamkeit von der Arbeit auf zu Hause zu richten, kann schwierig sein, besonders dann, wenn Sie sich einem Neugeborenen widmen müssen. Versuchen Sie, auf der Heimfahrt Gedanken an die Arbeit beiseitezuschieben und sich vorzustellen, was Ihr Partner und Ihr Baby während Ihrer Abwesenheit getan haben. Dadurch stellen Sie sich auf beide ein. Rechnen Sie damit, dass Ihr Partner Sie mit Geschichten vom Tag überhäuft und Ihr Kind ein dringendes Bedürfnis nach Liebe und Zuwendung hat. Denken Sie daran – mit einem Baby zu Hause zu bleiben, ist genauso anstrengend wenn nicht anstrengender als ein Arbeitstag. Je schneller Sie Ihre Aufmerksamkeit auf zu Hause richten, desto besser werden Sie ankommen. Babys können nicht warten, bis Sie eine Tasse Kaffee hatten und entspannt sind: Sie brauchen die Zuwendung sofort. Sie werden einen Weg finden, die Müdigkeit durch die Freude an der neuen Beziehung zu überwinden. Achten Sie darauf, ruhige Aktivitäten zu wählen, um Ihrem Kind die notwendige Ruhe vor dem Zubettgehen zu vermitteln. Vermeiden Sie also z. B. Kitzelspiele. Ihr Sohn wäre sonst zu aufgeregt, um einschlafen zu können. Darüber hinaus wird es bei Ihrem Partner keinen Anklang finden, wenn die geplante Schlafroutine Ihres Kindes gestört wird.

F Was ist besser: ein in oder gegen die Fahrtrichtung weisender Kinderwagen?

Babys verbringen eine halbe bis zu zwei Stunden täglich in ihrem Kinderwagen und die meisten sind dabei von den Eltern abgewendet. Das bietet eine gute Aussicht auf die Umgebung, schränkt aber Ihre Möglichkeiten ein, mit Ihrem Kind zu sprechen, zu kommentieren, was es sieht, und seine Körpersprache zu beachten, um herauszufinden, ob es müde, interessiert oder überreizt ist. Neue Untersuchungen haben gezeigt, dass gegen die Fahrtrichtung zeigende Kinderwagen sich positiv auf die Kommunikationsfähigkeit Ihres Babys auswirken. Sprachexperten empfehlen dies, weil Sie und Ihr Kind sich unterwegs ansehen und miteinander sprechen können. Egal, wie Sie sich entscheiden, bedenken Sie, dass Ihre Unterhaltung den Spaziergang zu einer Lern- und Beziehungserfahrung für Sie beide macht.

ELTERN BERICHTEN

Zu viele Besucher
Überwältigt sein

Nach der Geburt meines Kindes fühlte ich mich wie ein Tier im Zoo, wenn uns Familie und Freunde scharenweise besuchten. Wir hatten kaum Zeit allein mit unserem Kind, um es kennenzulernen und uns an das Leben zu dritt zu gewöhnen. Wir baten freundlich aber bestimmt darum, uns nur zu bestimmten Zeiten zu besuchen, während wir unsere Tagesabläufe einrichteten. Unsere Eltern waren enttäuscht, haben unsere Bitte aber respektiert. Nun freuen wir uns, wenn sie kommen, aber auch weil wir Zeit für uns haben.

Babymassage: Nützlich für beide

Während der Babymassage haben Sie Zeit, sich auf Ihr Baby zu konzentrieren, es durch Berührungen zu beruhigen und sich auf seine Körpersprache einzustellen. Sie ist ideal, um als arbeitendes Elternteil die Bindung zum Kind aufzubauen.

Studien zeigen, dass Massage bei Babys unter sechs Monaten dazu führen kann, dass sie weniger weinen, besser schlafen, einen geringeren Cortisolspiegel und weniger Koliken und Blähungen haben. Die Eltern-Kind-Beziehung verbessert sich, insbesondere wenn Sie an postnatalen Depressionen leiden. Frühgeborene Kinder nehmen durch die Massage nachweislich schneller an Gewicht zu.

Was ist Babymassage? Babymassage ist eine einfache Methode der Berührung, des leichten, langsamen Streichelns Ihres Kindes. Sie wirkt am besten, wenn Sie entspannt sind und Zeit haben, sich voll zu konzentrieren – zehn Minuten reichen oft. Ihr Baby kann bei der Massage nackt oder leicht bekleidet sein, wenn es Ersteres nicht mag. Sie benötigen einen warmen Raum und eine weiche Unterlage. Gedämpftes Licht kann die ruhige Stimmung unterstreichen. Halten Sie für »Unfälle« eine Windel oder ein Handtuch bereit. Warten Sie nach dem Füttern etwa 30 Minuten, denn ein voller Bauch kann für das Baby unangenehm sein.

Vielerorts gibt es Babymassagekurse – fragen Sie Ihre Hebamme oder den Kinderarzt danach. Nicht alle Kinder mögen es, massiert zu werden: Wenn Ihr Baby es nicht mag, lässt es Sie es wissen, indem es sich wegdreht, windet oder weint.

Welches Massageöl soll ich benutzen? Experten empfehlen, essbare oder pflanzliche Öle statt Paraffinöle zu verwenden. Benutzen Sie ebenso keine parfümierten oder allergieauslösenden Produkte, wie beispielsweise Erdnuss- oder Sesamöl. Vermeiden Sie auch Ölessenzen.

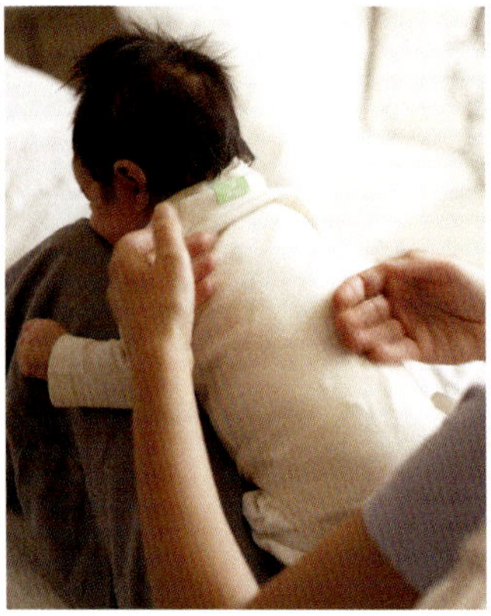

1. Legen Sie Ihr Baby sicher auf Ihren Schoß oder eine weiche Matte. Streicheln Sie den Rücken.

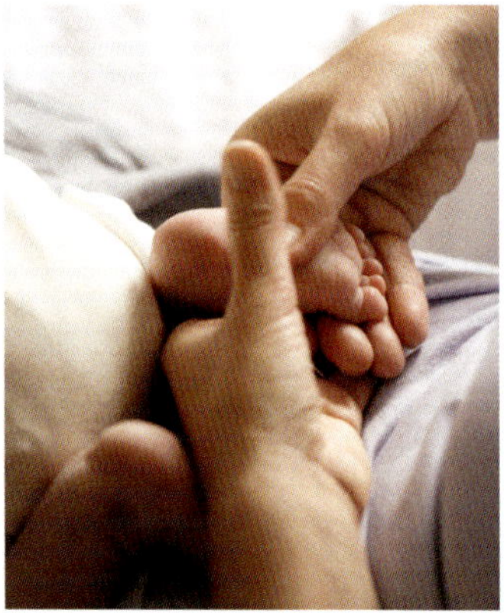

2. Streicheln Sie Arme und Beine, Hände und Füße mit beständigem, aber leichtem Druck.

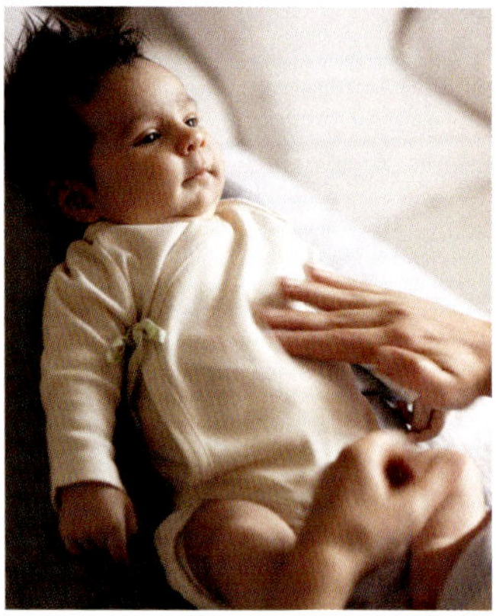

3. Drehen Sie Ihr Kind auf den Rücken und massieren Sie die Brust mit den Fingerspitzen.

Füttern, schlafen, beruhigen: Ein zufriedenes Baby aufziehen

Wann schläft mein Baby durch?

Wie die meisten Eltern wollen Sie wissen, wann Sie ein wenig mehr Schlaf für sich und Ihr Kind erwarten können. Die gute Nachricht ist, dass etwa 70% aller Babys im Alter von drei Monaten von der letzten Mahlzeit am Abend bis zur nächsten am frühen Morgen durchschlafen, und Ihnen so einige Stunden Schlaf zum Aufladen Ihrer Batterien gönnen. Ganz durchschlafen wird Ihr Kind erst mit etwa sechs Monaten; dann können Sie mit etwa zehn bis zwölf Stunden Ruhe für sich und Ihr Kind rechnen.

Schläft mein Kind schneller ein, wenn ich es tagsüber erschöpfe?

Es ist ein weitverbreitetes Missverständnis, dass Sie Ihr Kind mit Spielen und Aktivitäten tagsüber ermüden müssen, damit es abends vor lauter Erschöpfung einschläft. Es lohnt sich, ihm während des Tages viel Zeit zum Spielen zu geben, aber nicht kurz vor dem Zubettgehen. Wenn Sie es bettfertig machen, braucht Ihr Kind beruhigende, feste Abläufe statt anregender Aktivitäten. Ihr Ziel sollte es sein, es durch Entspannung zum Einschlafen zu bringen statt durch Erschöpfung. Es ist erwiesen, dass Kinder nachts umso besser schlafen, je mehr Tageslicht sie ausgesetzt waren. Außerdem fördert eine natürliche Umgebung auch das Wohlbefinden von Erwachsenen – ein Spaziergang im Park oder ein Spiel im Garten wird ebenso den Schlaf Ihres Kindes wie Ihre Laune verbessern.

Ich bin mit meinem ständig schreienden Kind überfordert. Was kann ich tun?

Ein weinendes Kind, das sich durch nichts beruhigen lässt, kann jeden an seine Grenzen bringen, besonders nachts, wenn Sie müde sind und wissen, dass andere Familienmitglieder oder Nachbarn vom Weinen aufwachen. Es ist normal, wenn Sie meinen, als Eltern nicht gut zu sein, ganz egal, wie viel Mühe Sie sich schon gegeben haben. Bekämpfen Sie das Gefühl des Scheiterns und sagen Sie sich, dass Sie alles ausprobiert haben, und nicht mehr tun können.

Wenn Sie an Ihren Grenzen angelangt sind und nicht mehr die Kraft haben, Ihr Kind zu beruhigen, geben Sie es eine Zeit lang jemand anderem. Häufig genügt es, wenn es von jemand anderem gehalten wird, um das Schreien zu beenden. Wenn Sie gerade niemanden zu Ihrer Unterstützung haben und eine kurze Pause brauchen, legen Sie Ihr Kind sicher in sein Kinderbett und nehmen Sie sich einige Zeit, um sich zu sammeln. Trinken Sie ein Glas Wasser, schnappen Sie kurz frische Luft auf dem Balkon oder am Fenster, schütteln Sie Ihre Arme und Beine aus, um die Anspannung abfallen zu lassen, oder rufen Sie eine Elternhotline an, um Ihren Gefühlen Ausdruck zu verleihen. Ihr Kind wird keinen Schaden nehmen, wenn Sie es für zehn Minuten allein lassen, solange Sie ganz in der Nähe bleiben. Wenn Sie zurückkehren, wird es vielleicht schon auf Ihre wiedergewonnene Ruhe reagieren.

Wenn das Weinen so aufreibend wird, dass Sie fürchten, Sie könnten Ihr Baby schütteln oder es in anderer Weise verletzen, legen Sie es in sein Bett und holen Sie sich umgehend Hilfe bei Ihrem Partner, Familie, Freunden oder dem Jugendamt. Wenn Sie auf die Hilfe warten müssen, lassen Sie Ihr Kind nicht allein zu Hause. Wenn es in seinem Bett liegt, sehen Sie regelmäßig nach, ob es ihm gut geht.

Ein ununterbrochen weinendes Kind kann jeden an seine Grenzen bringen.

Ein weinendes Baby beruhigen
Mögliche Ursachen

Weinen ist für Ihr Baby vor allem in der ersten Zeit die wichtigste Art, mit Ihnen zu kommunizieren. Es versucht dadurch, Ihnen mitzuteilen, was es will und braucht. Am meisten (etwa zwei Stunden pro Tag) weint Ihr Kind, wenn es vier bis sechs Wochen alt ist.

Häufige Gründe, warum Ihr Baby weint:
* Hunger oder Durst
* eine nasse oder schmutzige Windel
* Ihm ist zu warm oder zu kalt.
* Es braucht die Bestätigung, dass Sie in der Nähe sind.
* Langeweile – es möchte spielen; oder das Gegenteil – Überforderung, weil zu viel passiert.
* Übermüdung
* Es hat Schmerzen und braucht Hilfe.
* Koliken

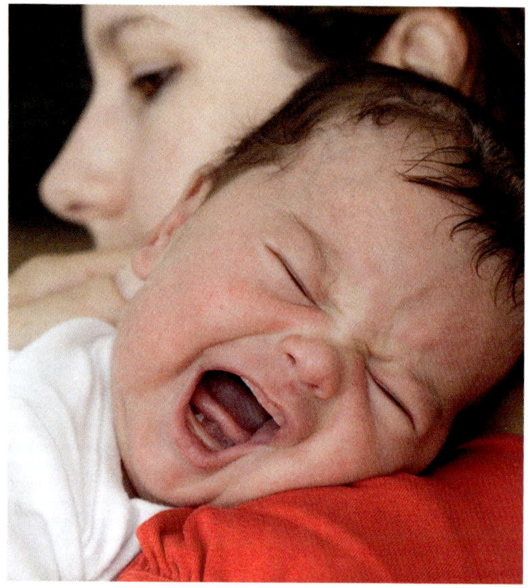

KOMMUNIKATION Wenn Ihr Baby weint, möchte es Ihnen mitteilen, dass etwas nicht stimmt und es Ihre Hilfe braucht. Sie müssen nun herausfinden, was ihm fehlt.

Wenn Ihr Baby weint und Sie eine Erkrankung ausgeschlossen haben, praktische Lösungen wie füttern, Windeln wechseln und mehr oder weniger Bekleidung nicht helfen, sind weitere erprobte Strategien möglich:

* **Halten:** Allein sich sicher gehalten zu fühlen, kann beruhigen. Halten Sie Ihr Kind nah an Ihrem Körper, entweder in den Armen aufrecht und fest an der Schulter oder in einer Trageschlinge.
* **Singen:** Der Klang Ihrer Stimme beruhigt Ihr Kind. Summen, leises Singen oder murmeln können die Aufregung dämpfen. Reden Sie mit ihm nicht mit Ihrer normalen »Singsang«-Stimme, sondern in beruhigendem Tonfall.
* **Ruhe:** Halten Sie Ihr Baby und gehen Sie durch den Raum. Bewegen Sie sich nicht zu abrupt und wählen Sie einen abgedunkelten, ruhigen Raum, ohne Fernseher, laute Musik oder andere Menschen.
* **Einwickeln:** Pucken, indem Sie Ihr Kind in ein weiches Tuch wickeln, kann ein Gefühl der Sicherheit und Geborgenheit wiederherstellen, das es während der Schwangerschaft erfahren hat.
* **Schaukeln:** Wiederholte, leichte und rhythmische Bewegungen haben eine beruhigende Wirkung. Halten Sie den Kopf Ihres Babys fest und schaukeln Sie es in Ihren Armen auf und ab oder seitwärts.
* **Massage:** Berührungen haben einen stark beruhigenden Effekt. Ein leichtes Streicheln oder Halten von Händen oder Füßen kann hier helfen. Probieren Sie die Babymassage (siehe S. 22), die Schreiepisoden nachweislich vermindert; warten Sie damit jedoch, bis Ihr Kind ruhig und entspannt ist.

✱ Geräte: Seltsamerweise werden Babys oft durch das Geräusch von Maschinen wie Waschmaschine, Staubsauger oder Trockner beruhigt. Vielleicht hilft auch eine Tonaufnahme eines Herzschlags oder andere rhythmische Geräusche. Es wird vermutet, dass diese Geräusche an die Ihres Körpers erinnern, welche Ihr Kind vor der Geburt gehört hat. Ebenso können Naturgeräusche wie Vogelzwitschern wirken.

✱ Pause machen: Es kann sehr anstrengend, um nicht zu sagen ermüdend sein, ein Kind beruhigen zu wollen. Es ist wichtig, dass Sie Ihre Grenzen kennen und frühzeitig Unterstützung bei Ihrem Partner, der Familie oder Freunden suchen.

✱ Nichts klappt? Wenn Ihr Baby trotz aller Bemühungen schreit und Sie vermuten, dass es Schmerzen hat, die Sie nicht lindern können, suchen Sie medizinischen Rat.

Koliken verstehen: Die genaue Ursache für Koliken ist bislang unbekannt. Experten vermuten eine Reihe von Gründen wie Nahrungsmittelunverträglichkeiten über Blähungen bis hin zur Überreizung. Auswirkungen von Koliken sind vielen Eltern bekannt: Eines von fünf Kindern leidet darunter. Weinen infolge einer Kolik kann mehrere Stunden andauern und ist in den Abendstunden am schlimmsten. Ihr Baby wird vom Weinen zum Schreien übergehen und den ganzen Körper einbeziehen. Es wird die Knie anziehen, die Fäuste ballen, pupsen und das Gesicht vor Schmerz verziehen. Koliken beginnen für gewöhnlich im Alter von drei Wochen und sind im Alter von zwölf Wochen überstanden. Ein Kolikkrampf kann Stunden andauern und ist nur schwer zu lindern, er kann also für Sie und Ihr Baby immens anstrengend sein. Probieren Sie alle üblichen Methoden, um das Weinen zu besänftigen. Andere Mittel können sein, Ihr Kind auf den Schoß zu nehmen und leicht auf den Rücken zu klopfen, ihm die Brust oder Flasche anzubieten und das Baby zu massieren, wenn es entspannt ist. Sie werden mit der Zeit herausfinden, was Ihrem Kind am besten hilft. Wenn es abends am schlimmsten ist, könnte es überreizt sein. Pucken oder das Licht zu dämmen können dann ebenso wie ein ruhigerer Tagesablauf hilfreich sein.

Eine Pause ist für Sie dabei eminent wichtig, weil allein die Sorge um Ihr Kind an sich erschöpfend ist. Seien Sie aber versichert, dass die meisten Kinder diese Phase im vierten Lebensmonat überstanden haben.

SCHLAFLIEDER Singen oder leises Sprechen kann Ihr Kind beruhigen – weil Ihre Stimme es von Natur aus beruhigt.

VOR UND ZURÜCK Leichtes Schaukeln oder durch den Raum tragen wird ihm helfen, weil es die gleichmäßige Bewegung mag.

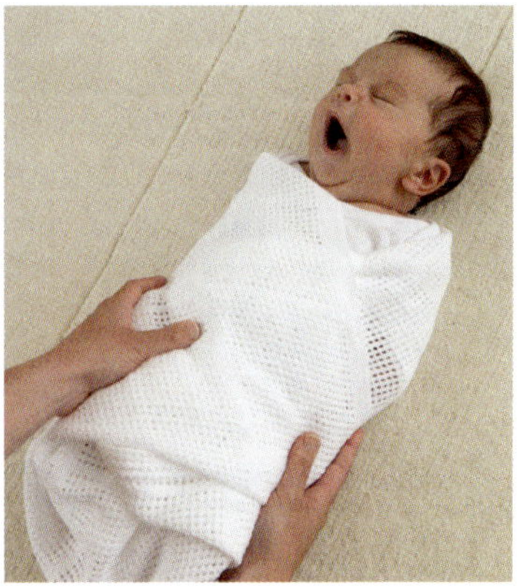

EINGEWICKELT Pucken besänftigt und beruhigt viele Kinder, weil der leichte Druck an das Gefühl in der Gebärmutter erinnert.

MYTHEN UND MISSVERSTÄNDNISSE

Stimmt es, dass …

* ich mein Kind verwöhne, wenn ich es hochnehme, sobald es weint?

Nein! Ihr Baby schreit, weil es Sie braucht und dies sein einziger Weg ist, Sie zu rufen. Wenn Sie gleich zu ihm gehen und es auf den Arm nehmen, zeigen Sie ihm, dass es sicher und geborgen ist, dass es Ihnen wichtig ist und Sie für es da sind. Studien haben gezeigt, dass Kinder, auf deren Weinen schnell reagiert wurde, später glücklicher und selbstsicherer sind.

* ich mein Baby leichter höre, wenn es aufwacht, als mein Partner?

Mütter scheinen tatsächlich sensibler auf das Weinen ihres Babys zu reagieren und wachen leichter auf, wenn ihr Kind sich nachts rührt. Auch wenn Sie es zuerst bemerken, werden Sie beide den Drang spüren zu Ihrem weinenden Kind zu gehen. Dies bezieht sich allein auf Ihr Kind und Sie werden nicht das gleiche Gefühl haben, wenn Sie ein anderes Kind weinen hören.

* je öfter ein Kind tagsüber schläft, es auch besser nachts schläft?

Das ist völlig richtig. Jedes Mal, wenn Ihr Kind einnickt, übt es, einzuschlafen. Tagesschläfchen zu verringern oder zu unterbinden, in dem verzweifelten Versuch, das Kind nachts schlafen zu lassen, enden eher in Übermüdung, welche oft dafür sorgt, dass das Einschlafen noch schwieriger wird.

Endlich Durchschlafen
Unvorstellbar?

In Eltern-Kind-Gruppen ist das vorherrschende Thema oft Schlaf – meistens der Mangel daran. Zweifellos werden Sie erheblich weniger schlafen, sobald Ihr Baby auf der Welt ist. Sie stehen nachts auf, um es zu füttern oder zu trösten und werden bei jedem Geräusch aufwachen, selbst wenn es friedlich schläft. In den ersten Tagen wird sein Schlaf keinem Rhythmus folgen und Sie sich beständig darauf konzentrieren, alles richtig zu machen. Helles Licht, die Aufregung tagsüber, weniger Trubel am Abend und gedämpftes Licht werden Ihr Kind in jedem Fall allmählich in einen Tag-Nacht-Rhythmus bringen, der zu Ihrem Familienleben passt. Nach ein paar Wochen können Sie versuchen, seinen Schlafrhythmus anzupassen. Anfangs können Sie von einem Schlafbedürfnis von mehr als 16 Stunden ausgehen, aufgeteilt auf bis zu vier Nickerchen am Tag und einen langen Schlaf in der Nacht. Mit drei Monaten werden etwa 13 Stunden Schlaf mit drei Nickerchen, bis zum sechsten Monat zwei, erreicht. Mit der Zeit verringert sich das Schlafbedürfnis: mit einem Jahr schläft Ihr Kind nur noch etwa zwölf Stunden.

✱ **Erkennen:** Lernen Sie zu erkennen, dass Ihr Kind müde ist – vielleicht zieht es sich am Ohr, zwirbelt sich die Haare oder reibt sich das Gesicht. Legen Sie es schlafen, sobald Sie diese Zeichen erkennen, da eine Übermüdung das Einschlafen sehr erschwert.

✱ **Das richtige Licht:** Sorgen Sie für schwaches Licht und eine relativ ruhige Umgebung, wenn Ihr Baby schläft. Helles Licht und Unruhe halten wach. Absolute Stille kann ebenfalls heikel sein, weil es dann leichter durch die Geräusche aufwacht.

✱ **Routine, Routine, Routine:** Folgen Sie jeden Abend dem gleichen Ritual: Baden Sie Ihr Kind beispielsweise, dann füttern Sie es, lesen ihm eine Geschichte vor und legen es ins Bett. Wenn Sie es immer an derselben Stelle hinlegen, wird es diese Stelle mit der Schlafenszeit verbinden.

✱ **Wiederholung:** Wiederholen Sie einen bestimmten Nachtgruß wenn Sie Ihr Kind schlafen legen, wie »Gute Nacht, schlaf gut« als weiteren Hinweis auf die Schlafenszeit.

✱ **Berührung:** Ihr Kind wird vielleicht durch leichtes Streicheln beruhigt, wenn es im Bett liegt. Auch eine ruhige Hand auf dem Kopf oder Körper kann ihm das Gefühl geben, sicher zu sein und schlafen zu können.

BEIBEHALTEN Eine täglich gleiche Schlafenszeit mit Abendritualen kann Ihrem Kind helfen, den Unterschied zwischen Tag und Nacht zu lernen, sodass es weiß, wann Schlafenszeit ist.

Co-Sleeping
Sicher fürs Baby?

Empfehlungen zufolge soll Ihr Kind während der ersten sechs Monate in Ihrem Zimmer schlafen. Vielleicht möchten Sie mit Ihrem Kind in einem Bett schlafen (Co-Sleeping). Die Diskussionen über die Vor- und Nachteile wüten zwischen Eltern und Experten. Einige Forschungen haben ergeben, dass Babys unter drei Monaten nicht im Bett der Eltern schlafen sollten.

✱ **ruhige Nacht:** Co-Sleeping kann dazu beitragen, dass Ihr Kind seltener aufwacht und schneller wieder einschläft, sodass Sie mehr Schlaf finden.

✱ **entspanntes Nachtmahl:** Es ist einfacher zu stillen, wenn Sie sich dazu nur im Bett umdrehen müssen, als wenn Sie zu Ihrem Baby gehen.

✱ **Bindung:** Zusammen zu schlafen bedeutet auch mehr Zeit ganz nah bei Ihrem Kind zu verbringen. Aber für die Verbindung zwischen Ihnen sorgen vor allem die Liebe und Aufmerksamkeit, die Sie ihm geben, während es wach ist; es wird sich sicher fühlen, ob es in seinem Bett oder mit in Ihrem liegt.

✱ **Sie, Ihr Partner und Ihr Baby:** Ein Baby im Bett kann ein wirksames Verhütungsmittel sein, da es Sex unmöglich macht. Irgendwann werden Sie Ihre Intimität zurückhaben wollen.

✱ **Sicherheit:** Einige Fachleute sagen, Co-Sleeping sei niemals sicher, während andere Sicherheitsregeln aufstellen. Schlafen Sie niemals mit Ihrem Baby in einem Bett, wenn:

✱ Sie Beruhigungsmittel nehmen.

✱ Sie rauchen, auch wenn Sie nicht im Bett rauchen.

✱ Sie Alkohol oder Drogen genommen haben.

✱ Sie sehr müde sind oder Schlafstörungen haben.

✱ Ihr Baby zu früh geboren wurde, bei der Geburt weniger als 2,5 kg wog oder jünger ist als drei Monate.

✱ Sie auf dem Sofa, einem Sessel oder einem Wasserbett schlafen.

✱ auch andere Kinder in Ihrem Bett schlafen.

BONDING Babys, die im Bett der Eltern schlafen, schlafen besser und werden öfter gestillt. Sie werden die gemeinsame Zeit zu schätzen wissen, wenn Sie wieder arbeiten gehen.

SICHERHEIT Wenn Sie Zweifel haben, können Sie Ihr Kind in einen Schlafkorb oder eine spezielle Wiege legen, die am Bett befestigt wird.

F Wird mein Kind mit Stoffwindeln öfter wach werden, wenn es sich nass macht als mit Wegwerfwindeln?

Die Entscheidung zwischen Umweltschutz und dem Bedürfnis, Ihr Kind nachts trocken zu halten, fällt nicht leicht. Schließen Sie Stoffwindeln trotzdem nicht ganz als Alternative aus. Seit es Höschenwindeln und Windelklammern gibt, haben sich auch Stoffwindeln deutlich verbessert. Einlagen mit absorbierender Füllung können zusätzlichen Schutz bieten, indem Sie Feuchtigkeit von der Haut aufnehmen und das Nässegefühl lindern.

Egal, welche Windeln Sie wählen, in den ersten Monaten werden Sie sie mindestens einmal pro Nacht wechseln müssen. Beschränken Sie die Störung, indem Sie alles bereitlegen, bevor Sie ins Bett gehen, ein Nachtlicht benutzen und vermeiden, das Hauptlicht einzuschalten. Wenn Sie alle Dinge leise verrichten, wird Ihr Kind kaum aufwachen, während Sie die Windel wechseln.

F Ich befürchte, dass meine anderen Kinder aufwachen, wenn mein Baby nachts weint. Ist meine Sorge begründet?

Ihre Kinder haben eine eigene Routine und diese wird vom Neuankömmling bisweilen gestört.

Wirken Sie dem entgegen, indem Sie die Schlafenszeiten und Abendrituale Ihrer älteren Kinder beibehalten. Bitten Sie Ihren Partner oder andere Familienmitglieder, das Baby zu nehmen, während Sie die anderen ins Bett bringen.

Im Gegensatz zu Erwachsenen erreichen Kinder die Tiefschlafphase bald nach dem Einschlafen. Sie dauert einige Stunden und wird in der Stunde vor dem Aufwachen nochmals erreicht. Während dieser Tiefschlafphasen werden Ihre Kinder kaum vom Baby oder anderen Dingen geweckt. Mitten in der Nacht gibt es Phasen leichteren Schlafes, und ein lautes Baby kann dann zunächst schwierig sein.

Kinder gewöhnen sich aber schnell an neue Geräusche in der Nacht und werden später wahrscheinlich nicht mehr wach.

ELTERN BERICHTEN

Satt

Wann es genug ist

Als ich mein Baby stillte, habe ich mich ständig gefragt, ob ich ihm genug zu trinken gebe. Ich war immer neidisch auf Mütter, die die Flasche geben, weil sie genau wussten, wie viel Flüssigkeit ihr Kind getrunken hatte. Letztlich habe ich einen Weg gefunden, es herauszufinden. Ich prüfte die Windeln meines Babys, um zu sehen, ob es jeden Tag genügend nass machte. Fünf oder sechs Windeln pro Tag und hellgelber Urin bedeuteten, sie hatte genug getrunken, weniger oder dunkler Urin bedeuteten, ich musste häufiger stillen.

F Soll ich stillen oder mit der Flasche füttern?

Die Vorteile des Stillens für die Bindung und die Ernährung sind belegt und es ist gut, wenn Sie es können. Aber die Entscheidung fällt nicht immer leicht: Manche Versuche zu stillen sind so schmerzhaft oder dürftig, dass die Mutter zur Flasche wechselt. Andere hält die Vorstellung ab, beim Füttern beobachtet zu werden, und in manchen Familien ist es nicht gewollt, dass andere helfen könnten. Ihr Baby zu füttern, ist ein besonderer Moment, in dem Sie es nahe bei sich haben, Augenkontakt herstellen, leicht streicheln und sich selbst entspannen können, während es in Ihren Armen liegt. Stillende Mütter können außerdem den häufigsten direkten Hautkontakt mit ihrem Kind haben. Wenn Sie mit der Flasche füttern, sorgen Sie dafür, dass in den ersten Wochen immer Sie oder Ihr Partner füttern. Sie können den Vater auch beim Stillen mit einbeziehen: Mit abgepumpter Muttermilch können Väter ihren Teil beitragen und z. B. einige Nachtfütterungen übernehmen, was besonders die Mutter unterstützen kann. Flaschenkinder werden von beiden Eltern gehalten; dies wirkt ausgleichend, wenn der Vater sich ein wenig benachteiligt fühlt.

Die Muttermilch überträgt Antikörper zur Bekämpfung von Krankheiten und enthält alle Nährstoffe, die Ihr Kind bis zum sechsten Lebensmonat braucht. Flaschenkost dient ebenfalls einer ausgewogenen Ernährung, wenn sie nach Gebrauchsanweisung hergestellt wird. Fügen Sie nichts hinzu und verwenden Sie während des ersten Lebensjahres vor allem keine Kuhmilch.

F Welches sind die Schwierigkeiten für stillende Mütter?

Schon mit der Familientradition des Fläschchengebens zu brechen kann eine Herausforderung sein, der Sie als junge Eltern gegenüberstehen. Vielleicht bekommen Sie wenig Unterstützung, weil niemand sonst in der Familie gestillt hat. Möglicherweise gibt es auch Unmut, weil Sie das Füttern so für sich beanspruchen, während andere gern die Flasche geben würden. Sie brauchen einige Entschlossenheit, um dem Druck standzuhalten; dabei ist die Unterstützung Ihres Partners wichtig: Wenn er Ihre Entscheidung für das Stillen mitträgt und den Druck abfängt, können Sie sich auf die wichtige Aufgabe des Stillens selbst konzentrieren. Stillen kann eine besondere Erfahrung sein, aber es bedeutet, sich Ihrem Kind zu überantworten, und es kann das Gefühl entstehen, dass Ihr Körper nicht mehr Ihnen gehört und Sie ständig abrufbar sein müssen. In solchen Momenten ist es oft trostreich zu wissen, dass Sie Ihrem Kind den besten Start ins Leben ermöglichen, dass jedes Stillen Haut-zu-Haut-Kontakt ermöglicht und hilft, die Schwangerschaftspfunde zu verlieren.

> Mit der Muttermilch bekommt Ihr Baby Ihre Antikörper gegen Krankheiten.

ELTERN BERICHTEN

Die Flasche geben
Ablehnung begegnen

Ich gebe die Flasche und werde deshalb von anderen vorverurteilt, die meinen, ich hätte länger versuchen müssen, zu stillen. Ich hätte auch gerne länger als sechs Wochen gestillt, aber es war zu schmerzhaft und es kam nicht genug Milch, mein Kind war ständig hungrig. Ich bin froh, dass ich eine so unterstützende Hebamme hatte. Sie wollte, dass ich weiter stille, gab mir aber gute Tipps, als ich mich für den Wechsel entschied. Sie erinnerte mich daran, mein Kind auch zu halten, während ich es füttere, um die bisherige Bindung auszunutzen, und die Zahl derer zu beschränken, welche ihm die Flasche geben.

F Wann soll ich abstillen?

Stillen oder Flaschenmilch deckt den Bedarf Ihres Kindes bis zum sechsten Monat. Früher wurde früheres Abstillen empfohlen, aber man geht inzwischen davon aus, dass vor dem vierten Monat keine feste Nahrung gereicht werden soll, da Immun- und Verdauungssystem noch nicht ausgereift sind.

Wenn Sie mit fester Nahrung anfangen, rechnen Sie mit Chaos. Ihr Kind wird matschen und spritzen wollen, und wenn Sie Glück haben, auch etwas in den Mund nehmen. Es lernt neue Konsistenzen und Geschmäcke kennen – lassen Sie es sie entdecken – und legen Sie ein feuchtes Tuch bereit. Rechnen Sie mit Tränen und Weigerungen. Das Gefühl von fester Nahrung auf der Zunge ist ein ganz anderes als das von Milch, und Ihr Kind ist bislang einen ständigen Fluss gewöhnt. Daher wird es die Pause vor jedem Löffel fester Nahrung nicht sehr erfreuen. Richten Sie sich nach Ihrem Kind und zwingen Sie es nie, zu essen. So wird es das Essen als Freude statt als Qual empfinden. Es braucht etwa zehn Versuche, bis es sich an eine neue Kost gewöhnt hat, Beharrlichkeit zahlt sich also aus. Bleiben Sie immer bei Ihrem Kind, während es isst.

Wir wollen es besser machen
Höhen und Tiefen von Eltern

F Mein Baby weint ununterbrochen – ich fühle mich hilflos. Warum kann ich nichts richtig machen?

Junge Eltern neigen dazu, hohe Ansprüche an sich zu stellen und so meinen viele, zu versagen, selbst wenn alles gut läuft. Es ist einfach, sich selbst zu kritisieren und zu beschuldigen, besonders, wenn Sie wenig schlafen und allein mit Ihrem Kind zu Hause sind. In Wahrheit ist das eine Phase und Sie tun, was Sie können. Zeit mit anderen Eltern zu verbringen, wird Ihnen zeigen, dass Sie nicht allein mit Ihren Gefühlen sind und gibt Ihnen die Möglichkeit, Erfahrungen zu teilen und über Schwierigkeiten zu sprechen. Fragen Sie Ihre Hebamme nach Eltern-Kind-Gruppen. Babymassage kann helfen, Ihr Kind zu beruhigen und seinen und Ihren Schlaf zu verbessern. Wenn es in Ihrer Umgebung keine passenden Gruppen gibt, gründen Sie eine eigene. Wenn Gruppen nichts für Sie sind und Sie Schwierigkeiten haben, Anschluss zu finden, suchen Sie sich ein Forum auf einer Elternseite im Internet oder starten Sie einen Blog in einem sozialen Netzwerk. Niemand macht immer alles richtig – versuchen Sie, Ihr Bestes zu geben, bitten Sie um Hilfe, wenn Sie sie benötigen, und Sie werden gut sein.

F Ich liebe mein Kind, aber es vereinnahmt mich völlig. Wann bekomme ich mein eigenes Leben zurück?

Ein Baby bedeutet einen großen Einschnitt in Ihrem Leben. Sie erleben körperliche, emotionale und praktische Veränderungen. Nach der Geburt laufen Ihre Hormone auf Hochtouren, während Ihr Körper versucht, sich zu erholen, was bei einigen emotionale Ausbrüche verursachen kann. Gleichzeitig versuchen Sie und Ihr Partner einen Ausgleich zu finden zwischen den Freuden der Elternschaft und der Verantwortung für Ihr Neugeborenes. Es ist daher normal, sich zeitweise überfordert, ängstlich oder auch unglücklich zu fühlen. Vielleicht haben Sie den Eindruck, sich selbst zu verlieren, wenn Ihre Prioritäten sich derartig ändern und sie sich ausschließlich um die Bedürfnisse Ihres Kindes kümmern. Berufstätige Frauen im Mutterschutz fühlen sich oft völlig aus dem Leben gerissen. Einige Frauen (und Männer) rutschen in eine postnatale Depression. In diesem Fall sollten Sie professionelle Hilfe suchen. Die ersten Monate sind die schwierigsten. Sie werden nicht mehr die Zeit, Energie und Motivation haben, die gleichen Dinge zu tun wie vor der Geburt. In dieser Zeit sollten Sie auf Familie, Freunde und natürlich aufeinander bauen können. Wenn Ihr Baby wächst und Ihre Beziehung sich entwickelt, werden Sie Zutrauen in Ihre Rolle gewinnen und die Möglichkeiten entdecken, die die Elternschaft mit sich bringt, wie Freundschaften mit anderen Eltern. Irgendwann wird es völlig normal sein, sich selbst als Eltern zu sehen, und diese neue Identität wird ein Teil der Person werden, die Sie vor der Geburt Ihres Kindes waren.

F Meine Verwandten mischen sich ständig ein. Wie können wir ihnen sagen, dass wir unseren eigenen Weg gehen wollen?

Es ist normal, dass Verwandte Sie mit ihren eigenen Erfahrungen unterstützen wollen. Trotz des guten Willens können diese Ratschläge oft mit Ihren Ansichten in Widerstreit stehen, verwirrend oder sogar anmaßend sein. Es ist aber dennoch wichtig, die Familie nicht abzuweisen. Einigen Sie sich mit Ihrem Partner wie Sie diese wichtigen Themen angehen wollen und diskutieren Sie Ihre Pläne als Einheit mit Ihrer Familie. Wenn Sie einen Rat wollen, versuchen Sie es mit »Was hältst du von …« anstatt »Was sollen wir tun?« Dies wird den Druck nehmen und kann eine Diskussion eröffnen, die in einem Gespräch über verschiedene

Väter einbeziehen
Eine Partnerschaft entwerfen

Die Vaterrolle hat sich in den vergangenen Jahren deutlich geändert: Vielen Männer ist es wichtig, in den Tagesablauf ihrer Kinder eingebunden zu sein. Vater zu werden ist ein aufregendes und einschneidendes Erlebnisse im Leben eines Mannes.

Was sind die Vorteile? Studien zeigen, dass Kinder, deren Väter sich an der Erziehung beteiligen, emotional gesünder sind, bessere Leistungen in der Schule erzielen, weniger zu unsozialem Verhalten neigen und erfolgreichere Beziehungen führen. Mit Ihrer Unterstützung kann Ihre Partnerin eine wohlverdiente Pause nutzen; die Wahrscheinlichkeit, an postnataler Depression zu erkranken, verringert sich und das Stillen wird einfacher. Sie werden eine engere Verbindung zu Ihrem Baby aufbauen, Ihre Fähigkeiten in der Babybetreuung verbessern, Sicherheit gewinnen und schließlich zufriedener in Ihrer Elternrolle sein. Erfolgreiche Elternschaft ist Partnerschaft und Arbeitsteilung zugleich – wie auch immer Sie es umsetzen – dadurch wird eine stabile Beziehung aufrechterhalten und das Stressniveau niedrig gehalten.

Was kann ich tun? Als junger Vater können Sie sich an allen Aufgaben der Kinderpflege beteiligen, zum Beispiel Füttern, Baden, Windeln wechseln, Ihr Baby ins Bett bringen, mit Ihrem Baby spielen und es beschäftigen. Wenn Ihre Parnterin stillt, kann sie Milch abpumpen und Sie können mit der Flasche füttern. Väter können ebenso sensibel für das Weinen ihres Kindes werden wie Mütter. Es gelingt ihnen sogar mitunter gestillte Babys leichter zu beruhigen, weil sie nicht den störenden Geruch der Muttermilch tragen. Lesen Sie Elternratgeber, damit Sie auf dem neuestem Stand sind. Wenn Ihre Partnerin Sie nicht helfen lassen möchte, reden und besprechen Sie mit ihr, wie Sie sie trotz allem unterstützen können.

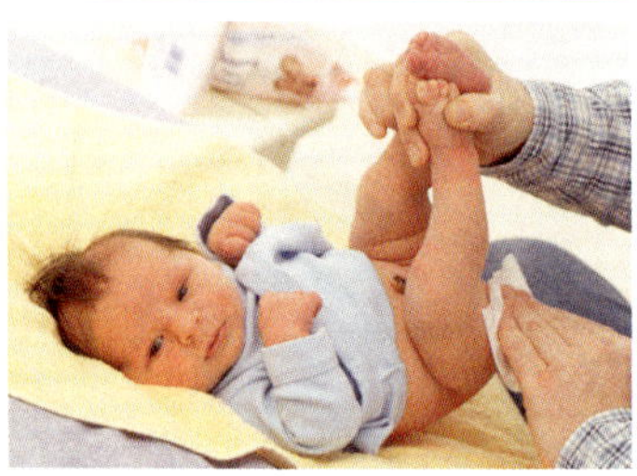

LINKS Ihr Baby mit Muttermilch zu füttern kann die Beziehung verbessern und ermöglicht Ihrer Partnerin eine Pause.

RECHTS OBEN Baden wird Ihnen und Ihrem Baby Spaß machen. Je mehr Zeit Sie mit Ihrem Kind verbringen, desto sicherer werden Sie miteinander.

RECHTS UNTEN Windeln wechseln benötigt ein wenig Übung; es ist eine grundlegende Aufgabe bei der Kinderpflege.

neue Erziehungsmethoden mündet. Sie könnten Veränderungen in der Babypflege erwähnen, z. B. dass Kinder zum Schlafen auf dem Rücken gelegt werden, wann man abstillt und die Gefahren, wenn man ein Baby schreien lässt. Das zeigt Ihren Verwandten, dass Sie sich Gedanken machen, verantwortungsvoll sind und sich trotz anderer Ansichten nicht entfremden. Rechnen Sie damit, Fehler zu machen. Eltern sein bedeutet nicht, alles auf Anhieb richtig zu machen.

F Ich habe Angst, mit meinem Baby rauszugehen. Ist das normal?

Die Sicherheit und Geborgenheit zu Hause zu verlassen kann beim ersten Mal einschüchternd sein, wenn Sie bedenken, dass Sie seit der Geburt auf Ihre vier Wände beschränkt waren. Hinauszugehen kann Ihre Laune verbessern und Ihnen helfen, den Tag zu strukturieren und Ihnen etwas geben, worauf Sie sich konzentrieren können. Ihr Baby erfreut sich an den neuen Eindrücken, die es sieht, hört und riecht. Halten Sie Ihre Spaziergänge erst kurz und verlängern Sie sie mit der Zeit, wenn Ihr Zutrauen wächst. Bedenken Sie, dass Sie mehr mitnehmen müssen, wenn Sie weiter weg fahren – planen Sie im Voraus, um alles dabeizuhaben.

F Warum hatten wir keinen Sex mehr, seitdem unser Baby da ist?

Viele Paare merken, dass es Zeit braucht, ihr Sexleben nach der Geburt ihres Kindes wiederaufzunehmen. Das bedeutet nicht, dass die Beziehung zerbricht, sondern dass beide Seiten unter starkem Druck stehen und das Leben mit dem Neuzugang neu arrangieren müssen.

Nach einer Schwangerschaft und Geburt sind viele Frauen aufgrund der Veränderungen an ihrem Körper gehemmt und fühlen sich nicht besonders sexy. Sie fühlen sich z. B. zu dick und unattraktiv, ihre Partner sollten also einfühlsam reagieren und dabei helfen, das Selbstbewusstsein wiederaufzubauen. Möglichweise hat die Frau aber auch Schmerzen aufgrund von Nahtwunden. Stillende Frauen möchten nicht unbedingt, dass ihr Partner ihre Brüste berührt, besonders dann, wenn die Brustwarzen sehr empfindlich sind oder weil etwas Muttermilch auslaufen könnte. Zusätzlich erschwert der beständige Schlafmangel die Lust am Sexualleben. Manchen Paaren ist die Vorstellung, Sex im gleichen Raum zu haben wie ihr Kind, unangenehm (wobei hier die Lösung einfach wäre: ein anderes Zimmer!). Es ist erwiesen, dass die Vaterschaft bei Männern den Testosteronspiegel senkt und den Prolaktinspiegel hebt, um den Bindungsprozess zum Baby zu unterstützen – junge Väter könnten also hormonbedingt geringere Lust verspüren. Die Probleme können sehr vielfältig sein, wichtig ist aber, dass Sie miteinander über Ihre Sorgen, Gefühle und Erwartungen sprechen. Wenn einer oder beide noch nicht bereit für Sex sind, nehmen Sie sich Zeit für andere Formen der Intimität: Genießen Sie einfach die Zeit zu zweit, finden Sie ruhige Augenblicke, um sich zu unterhalten; seien Sie zärtlich zueinander, indem Sie Händchen halten, sich küssen oder auf dem Sofa kuscheln. Sie können Sex haben, wann immer Sie sich dazu bereit fühlen, aber manche Frauen wollen bis zur ersten Nachsorgeuntersuchung, etwa sechs Wochen nach der Geburt, warten.

ELTERN BERICHTEN

Freunde finden – Isolation vermeiden

Als mein Mann nach der Geburt unserer Tochter wieder arbeiten ging, war ich wirklich froh, zu Hause zu bleiben. Mit der Zeit fühlte ich mich aber immer isolierter und von der Welt abgeschnitten.
Ich wusste, dass in der Nähe eine Frau lebte, die zur gleichen Zeit entbunden hatte, konnte aber den Mut nicht aufbringen »Hallo« zu sagen. Eines Tages nahm ich mir ein Herz und sprach sie an, als wir uns auf der Straße trafen. Inzwischen treffen wir uns regelmäßig zum Kaffee, zu einem Schwätzchen oder einem Spaziergang. Es ist unglaublich, wie viel besser ich mich jetzt fühle – auch meine Tochter ist dadurch glücklicher.

Babyblues
Warum bin ich traurig?

Ihr Baby ist da, Sie sind überglücklich – warum weinen Sie dennoch? Sie sind Ihren Hormonen ausgeliefert, die sich jetzt neu einstellen. Wie die meisten Mütter machen Sie eine tränenreiche Phase durch und fühlen sich ab und zu überwältigt von der neuen Verantwortung als Mutter. Dieser Babyblues überkommt die meisten Mütter etwa drei Tage nach der Geburt, wenn die Hormonumstellung ihre Gefühle durcheinanderbringt. Er sollte innerhalb der nächsten zwei Wochen nachlassen – wenn er nicht nachlässt, könnten Sie an einer postnatalen Depression (PND) leiden.

Postnatale Depression: Wochenlanges Unglücklichsein, das Gefühl haben, dass andere Mütter es schaffen, aber Sie nicht, oder Niedergeschlagenheit während des ersten Lebensjahres können die Empfindungen einer postnatalen Depression sein. Diese kann Wochen bis Monate andauern; professionelle Hilfe wird die Dauer der Depression verkürzen und Ihre Erholung vereinfachen.

Zu den Symptomen gehören das Gefühl von:

* Ausgelaugtheit, Abgeschlagenheit, obwohl Sie erst aufgestanden sind
* Leere und Traurigkeit, Sie weinen oft.
* Schuld und Scham, weil Sie nicht glücklich sind oder Ihr Baby nicht genug lieben
* Ungeduld gegenüber sich selbst oder Sie sind ängstlich Ihrem Kind gegenüber.
* Angst vor dem Alleinsein oder Ausgehen
* Zorn, Reizbarkeit und Verstörung

Wer bekommt postnatale Depressionen?
Sie denken sicher, Sie sind die Einzige, die sich so fühlt, aber das stimmt nicht. Ein bis zwei von zehn Müttern haben postnatale Depressionen. Sie werden sie eher bekommen, wenn Sie vorher bereits Depressionen, eine schwierige Schwangerschaft oder Geburt hatten. Hier finden Sie Hilfe:

LEIDEN SIE NICHT ALLEIN Postnatale Depression kann die Beziehungen zu Ihrem Kind und Ihrem Partner stören. Suchen Sie schnellstmöglich Hilfe.

Medizinisches Personal: Ihre Hebamme wird Sie fragen, wie es Ihnen geht, wenn sie Sie nach der Geburt besucht – sprechen Sie offen über Gefühle und Ängste. Sie wird Ihre Situation erkennen und wissen, wo Sie Hilfe bekommen. Häufig wird empfohlen, dass die Mutter mit ihrem Arzt spricht und sich an lokale Einrichtungen für junge Eltern wendet. Der Arzt wird Ihnen vielleicht Antidepressiva verschreiben, um das richtige Medikament auswählen zu können, muss er wissen, ob Sie stillen, damit es sich nicht auf Ihr Kind auswirkt. Wahrscheinlich wird er Ihnen auch eine Psychotherapie empfehlen. Ein Psychologe oder Therapeut, wird Ihnen helfen, Ihren Gefühlen auf den Grund zu gehen.

Familie und Freunde: Diese können Sie unterstützen, indem sie Ihnen zuhören. Sagen Sie ihnen, dass Sie jemanden zum Reden brauchen, und bitten Sie darum, Ihnen nicht zu versichern, dass Sie ja alles gut machen, wenn Sie eben nicht das Gefühl haben, denn das kann Ihren Frust vermehren. Sie helfen Ihnen ebenso gut, wenn sie Termine bei Fachleuten vereinbaren und Sie mit täglichen Erledigungen wie Einkaufen und Aufräumen unterstützen. Hilfsbereite Verwandte könnten versucht sein, Ihnen die Pflege Ihres Kindes abzunehmen, um Ihnen eine Pause zu gönnen. Das könnte aber Ihr Gefühl verstärken, nicht gut genug als Mutter zu sein, also bitten Sie sie nur um Beistand statt Ihnen das Baby wegzunehmen.

Ihr Partner: Ihr Partner unterstützt Sie nicht nur mit seiner Liebe, sondern auch indem er für das Baby sorgt, während Sie sich ein wenig Zeit für sich nehmen. Partner müssen bedenken, dass Depression eine Krankheit ist und man sie nicht einfach »abstellen« kann. Wenn andere diese Sicht vertreten, sollten Sie Ihre Partnerin vor solchem »Rat« schützen.

Verschiedene Therapien: Ihr Arzt wird Ihnen vielleicht eine Psychotherapie empfehlen. Kognitive Verhaltenstherapie (KVT) oder interpersonelle Psychotherapie (IPT) sind gängige Ansätze. Diese beinhalten häufig wöchentliche Einzelgespräche mit einem Psychologen oder Therapeuten. Sie finden meist in den Praxisräumen statt, da es außerhalb der gewohnten Umgebung leichter fällt, offen zu sprechen. Ein anderer Ansatz ist nichtdirektive Hilfe durch einen Berater, der Sie ermutigt, zu reden und Ihnen hilft, sich auszudrücken. Dies kann in einer Praxis oder bei Ihnen zu Hause stattfinden.

Was bieten die Therapien?

- **KVT** basiert auf der Vorstellung, dass das Denken die emotionale Reaktion beeinflusst. Denkmuster werden hinterfragt, um daraufhin Verhalten und Gefühle zu ändern. Oft tritt schon nach vier bist sechs Sitzungen eine Besserung ein.
- **IPT** konzentriert sich auf die Beziehungen einer Person und basiert auf der Annahme, dass das soziale Umfeld psychische Probleme beeinflussen kann. Arbeit an der persönlichen Geschichte und zwischenmenschlichen Fähigkeiten kann die Heilung beschleunigen. IPT dauert etwa 20 Sitzungen, die Dauer variiert aber von Person zu Person.
- **Nicht-direktive Beratung** (klientenzentrierte Beratung) basiert auf der Annahme, dass Sie Ihre Probleme verstehen und lösen können, wenn Sie Ihre eigenen Gedanken und Gefühle mit einem empathischen Zuhörer sondieren. Während der Therapie werden keine Ratschläge oder Anweisungen erteilt. Es ist Ihre Entscheidung, wie Sie vorgehen.

GENUG RAUM HABEN Lassen Sie sich von Ihrem Partner, Freunden oder Familie helfen, während Sie sich von der Geburt erholen. Ausreichend Schlaf wird dazu beitragen, dass Körper und Hormone sich schneller regenerieren.

VERSTÄNDNISVOLL Das Gespräch mit einem Therapeuten ist ein guter Weg, um eine Depression zu bewältigen.

Ich fühle mich schrecklich, seitdem unser Kind da ist. Können Männer auch postnatale Depressionen bekommen?

Die Verantwortung für ein Baby, Veränderungen in der Beziehung zu Ihrer Partnerin, zusätzliche finanzielle Belastungen und wegen Schlafmangels übermüdet zur Arbeit zu gehen – all das belastet Sie körperlich und psychisch. Es ist verständlich, dass Sie sich in dieser Zeit ausgelaugt fühlen. Wenn Sie sich unglaublich müde, bestürzt, unfreundlich und überfordert fühlen, kann das ein Anzeichen einer Depression sein. Die Meinungen, ob dies als postnatale Depression zu bezeichnen ist, gehen auseinander, aber Untersuchungen haben ergeben, dass sich fünf bis zehn Prozent aller Väter so fühlen. Wenn Sie zum ersten Mal Vater geworden sind, sich gerade nicht mit Ihrer Partnerin verstehen oder arbeitslos sind, sind Sie anfälliger für Depressionen. Wenn Ihre Partnerin an Depressionen leidet, erhöht das ebenfalls Ihr Risiko, da Menschen Ihre Gefühle angleichen.

Unbehandelt können Depressionen schlimme Auswirkungen auf Ihre Beziehung, Ihre Karriere und die Bindung zu Ihrem Kind haben. Reden Sie darüber und suchen Sie professionelle Hilfe, wenn das Problem bestehen bleibt und vereinbaren Sie einen Termin mit einem Arzt oder Therapeuten.

Seitdem das Baby da ist, bleibt keine Zeit für unsere Beziehung. Was können wir tun?

In den ersten Monaten lässt die Sorge um das Kind vielen jungen Eltern kaum Zeit für anderes und sie vernachlässigen ihre Beziehung. Wenn die Abläufe sich eingespielt haben und sie sicherer in ihrer Elternrolle sind, wird es wieder möglich, Zeit für sich zu finden. Es ist wichtig, dass Sie Ihre Beziehung auf einer soliden Basis halten, Ihnen selbst und Ihrem Kind zuliebe, das alle Spannungen zwischen Ihnen bemerkt.

Denken Sie daran: Sie sind Eltern und Partner, nehmen Sie sich also täglich Zeit für gemeinsame Gespräche und versuchen Sie, als Paar auszugehen: ins Kino, spazieren oder zu einem Essen. Zu Hause zu bleiben ist sicher einfacher, aber dort ist immer etwas zu tun, das Baby ist in der Nähe und es ist schwierig, abzuschalten. Familie und Freunde werden die Möglichkeit zum Babysitting anbieten, nutzen Sie sie und lassen Sie Dinge wiederaufleben, die Sie einmal zusammengebracht haben.

Ich habe von postnataler Psychose gehört. Wer ist gefährdet?

Nur ein kleiner Anteil, ungefähr 0,1–0,3% aller Frauen bekommt diese Psychose. Sie tritt innerhalb einer Woche nach der Geburt auf. Neben einer schweren Depression können die Symptome Wahnvorstellungen (die Einbildung, alle würden sich gegen einen verschwören oder dass man selbst oder andere besessen sind), Halluzinationen (das eingebildete Sehen und Hören von etwas) und das Unvermögen, klare Gedanken zu fassen.

Manche Mütter lehnen ihr Baby ab. Bis zu 65% der Frauen, die eine postnatale Psychose erleiden, haben schwere Depressionen in der Familiengeschichte. Sie werden normalerweise mit Antidepressiva und Antipsychotika behandelt. Die Psychose kann mit Medikamenten und Therapie, beispielsweise kognitive Verhaltenstherapie, in wenigen Wochen behandelt werden. Bei manchen Frauen kann die Psychose nach einer weiteren Schwangerschaft erneut auftreten, 70% der Frauen sind jedoch wieder gesund.

Ich sorge mich ständig, dass mein Kind sich nicht so entwickelt, wie es sollte. Bin ich überängstlich?

Fast alle Eltern fragen sich »Ist mein Baby gesund, entwickelt es sich normal?«, diese Frage lässt sich nur schwer beantworten, da es große individuelle Unterschiede beim Erreichen der Entwicklungsstufen gibt. Manche Babys rutschen zum Beispiel auf dem Po statt zu krabbeln, ohne dass dies ein schlechtes Zeichen wäre. Vergleichen Sie das Alter Ihres Kindes mit den Entwicklungsstufen in entsprechenden Büchern, um die Angst zu umgehen.

Es ist normal, das eigene Kind mit anderen Kindern zu vergleichen, aber bedenken Sie, dass

Andenken

Jede neue Erfahrung erscheint bedeutungsvoll und deshalb denken Sie, dass Sie diese Zeit mit Ihrem Baby nie vergessen werden. Kinder wachsen und entwickeln sich aber so schnell, dass Sie sich nicht jedes Detail merken können, wenn Sie sie nicht, in welcher Form auch immer, festhalten. Mit wenig Aufwand können Sie erinnerungswürdige Momente festhalten.

* Kaufen Sie eine Tageszeitung von dem Geburtstag Ihres Kindes.
* Schreiben Sie die Geschichte der Geburt auf.
* Kaufen Sie die Nummer eins der Single-Charts.
* Behalten Sie kleine Erinnerungen, wie die erste Kleidung, Haarlocke, einige Grußkarten, machen Sie sich aber bewusst, dass Sie nicht alles aufheben können!
* Führen Sie ein Babybuch oder nehmen sich ein wenig Zeit, um aufzuschreiben, was Ihr Baby macht, wie Sie sich fühlen und was Sie tagsüber tun – diese Kleinigkeiten würden Sie sonst vergessen.
* Machen Sie viele Fotos und Videos. Digitalfotos haben einige Vorteile: Sie sind zeitsparend und günstig, Sie können sie per E-Mail versenden und mit Datum versehen, sodass Sie genau wissen, wie alt Ihr Baby zu diesem Zeitpunkt war.

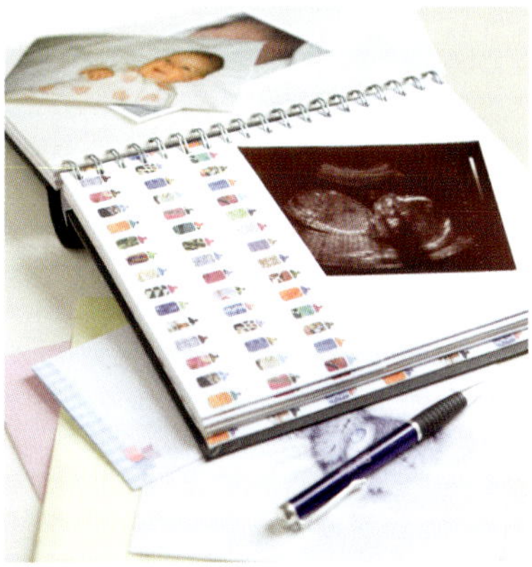

WERTVOLLE ERINNERUNGEN Wenn es mal nicht so läuft, wie Sie hoffen, werden Ihre Erinnerungen und Andenken Sie daran erinnern, wie weit Sie mit Ihrer Familie gekommen sind und was Sie als Eltern erreicht haben. Andenken können Ihnen helfen zu erkennen, dass die schlimmsten Zeiten nur kurze Phasen sind. Diese Andenken werden für Ihre Kinder später interessant sein.

Normalität gewisse Schwankungen zulässt. Wenn Sie die Meilensteine der Entwicklung geprüft haben und glauben, dass Sie Grund zur Sorge haben, sprechen Sie mit anderen Eltern, um herauszufinden, ob sie die Sorge teilen. Wenn sie ebenfalls Verzögerungen feststellen, vereinbaren Sie einen Termin mit Ihrem Arzt, um es zu überprüfen. Die Angst davor, als überängstlich gesehen zu werden, könnte Sie davon abhalten, diese wichtigen Fragen zu stellen. Es ist Teil Ihrer Aufgabe als Eltern, auf die Gesundheit und Entwicklung Ihres Kindes zu achten und für es zu sorgen, damit es die Hilfe bekommt, die es braucht. Je eher Sie um Hilfe bitten, desto besser, da frühes Eingreifen die besten Ergebnisse erzielt. Es wird in jedem Fall die Entwicklung Ihres Kindes fördern, ob Ihre Sorge bestätigt wird oder nicht. Lassen Sie Ihr Kind in verschiedenen Positionen, auf dem Bauch, dem Rücken oder Ihrem Arm, spielen. Geben Sie ihm interessantes, Geräusche machendes Spielzeug, damit es danach greifen und hinhören kann und um die Koordination und Körperbeherrschung zu unterstützen. Fördern Sie die Sprache, indem Sie viel mit Ihrem Kind reden und Geschichten erzählen. Wenn Sie auf sein Brabbeln, Lächeln und die ersten Worte reagieren, fördern Sie die duale Kommunikation und gleichzeitig die Bindung zu Ihnen.

Frühes Lernen: Einen guten Start ermöglichen

Manchmal weint mein Baby und wendet sich ab, wenn ich ihm ein Spielzeug gebe. Was heißt das?

Timing ist alles, wenn Sie ein neues Spielzeug mitbringen. Wenn Ihr Baby schlafen will oder schon eine Weile gespielt hat, kann etwas Neues es überreizen und es wird sich abwenden und weinen. Lassen Sie sich nicht entmutigen; warten Sie, bis Ihr Kind entspannt ist und geben Sie ihm das Spielzeug später wieder. Gehen Sie es langsam an. Wenn Sie etwas Lautes oder Buntes zu schnell in sein Blickfeld bringen oder ein helles Mobile plötzlich aufhängen, könnte Ihr Baby verängstigt sein. Stellen Sie sich vor, etwas, das halb so groß ist wie Sie, wird plötzlich ein paar Zentimeter vor Ihr Gesicht gehalten, dann werden Sie seine Reaktion verstehen.

Ich verbringe nur wenig Zeit mit meinem Kind, weil ich arbeite. Wird das seine Entwicklung beeinträchtigen?

Es gibt Diskussionen darüber, ob die Qualität oder die Quantität der Zeit, die Sie mit Ihrem Kind verbringen, ausschlaggebend für die Entwicklung ist. Die Antwort ist einfach: Ihr Baby braucht sowohl intensive Spielzeiten mit Ihnen als auch bloßes Kuscheln oder muss Ihnen einfach nur zuschauen können, wie Sie die Hausarbeit verrichten. Wenn Sie sich nur in einem Extrem wiedererkennen, sollten Sie Ihr Verhalten reflektieren und versuchen, die Balance herzustellen.

Sie können das meiste aus der begrenzten gemeinsamen Zeit herausholen, wenn Sie sich darauf konzentrieren, was Ihr Baby tut. Untersuchungen haben ergeben, dass Ihr Kind am meisten davon profitiert, wenn Sie sich beim Spielen ganz auf es konzentrieren statt zwei Dinge gleichzeitig zu erledigen. Wenn Sie z.B. mit ihm spielen und dabei fernsehen oder telefonieren wird sein Spiel weniger komplex sein, und es wird merken, dass es nicht Ihre volle Aufmerksamkeit hat. Eine Möglichkeit, mit der Aufmerksamkeit bei Ihrem Kind zu bleiben, ist zu kommentieren, was es tut, ohne Vorschläge zu machen, indem Sie beispielsweise sagen »Oh, du legst die Autos auf den Boden« statt »Warum stellst du sie nicht in einer Reihe auf?« So bestimmt Ihr Kind sein Spiel und ist sich gleichzeitig bewusst, dass Sie bei ihm sind.

Mein Baby badet nicht gern. Wie kann ich ihm den Spaß daran vermitteln?

Die Abneigung gegen das Baden ergibt sich oft, weil dem Baby kalt ist oder es befürchtet zu Fallen, wenn es ins Wasser gelegt wird oder es hat Angst vor dem Kontaktverlust mit Ihnen. Fördern Sie sein Zutrauen, indem Sie es angezogen lassen, bis Sie alles vorbereitet haben und der Raum warm ist.

Ziehen Sie es schnell und ruhig aus und halten Sie es fest, wenn Sie es ins Wasser legen. Wenn es weint, halten Sie es nah an sich und sprechen Sie langsam und ruhig mit ihm. Wenn das Baden besonders aufreibend ist, baden Sie es nur jeden zweiten Tag und waschen Sie es ansonsten. Geben Sie nicht auf. Wenn es eine bessere Körperkontrolle hat, wird es sich später beim Baden sicherer fühlen und die Erfahrung zulassen, wenn nicht gar genießen. Ab dem Alter von drei Monaten können Sie mit Bade-

Sie sind Ihrem Baby der liebste Spielkamerad – es genießt die Aufmerksamkeit

Mit Ihrem Kind kommunizieren
Was ist Babyzeichensprache?

Kommunizieren zu Lernen ist ein komplexer und aufregender Prozess, der im ersten Lebensjahr schnell voranschreitet. Sie werden Höhen und Tiefen erleben – die Freude, wenn es das erste Mal lächelt, und die Enttäuschung beim Versuch, sein Weinen richtig zu deuten. Kein Wunder also, dass Babyzeichensprache, auch bekannt als symbolische Gesten, in den letzten Jahren so beliebt geworden ist, versprechen seine Befürworter doch eine leichtere Kommunikation mit dem Baby.

Was ist Babyzeichensprache? Babyzeichen basieren auf Gesten der Zeichensprache, die ursprünglich für Menschen mit Hör- oder Lernbehinderungen entwickelt wurden. Für die Babyzeichensprache wurden sie in ein System von Gesten speziell für Babys überführt, von denen jede für ein bestimmtes Wort oder einen Gedanken steht.

Anwender der Babyzeichensprache empfehlen, im Alter von sechs Monaten damit zu beginnen. Es gibt Kurse, DVDs und Bücher, die Ihnen helfen, diese Technik zu erlernen. Fachleute berichten, dass die Babyzeichensprache es Kindern ermöglicht, sich früher auszudrücken, und dass sie deshalb weniger frustriert sind. Ihr Kind kann Ihnen zum Beispiel zeigen, dass es etwas trinken will, indem es das Zeichen für »Milch« macht.

Ist das notwendig? Es gibt Diskussionen über den Sinn von Babyzeichensprache. Gesten, Gesichtsausdrücke und Sprache sind ein wichtiger Teil der Eltern-Kind-Beziehung und treten im Kommunikationsprozess von selbst auf. Sie durch ein System zu ersetzen, das sich sehr auf Handbewegungen stützt, und sich besonders darauf zu konzentrieren, ist für viele Sprachtherapeuten Anlass zur Sorge. Sie berichten, dass der häufige Gebrauch natürlicher Gesten und qualitativer Interaktion für die Sprachentwicklung optimal ist.

Wenn Ihr Kind zum Beispiel durch Hör- oder andere Probleme von einer verlangsamten Sprachentwicklung gefährdet ist, kann Zeichensprache eine wertvolle Ergänzung sein. Fragen Sie einen Sprachtherapeuten danach.

Was ist zu tun? Das wichtigste Werkzeug zur Entwicklung der Sprachkompetenz Ihres Kindes ist die häufige Interaktion in Form von Blickkontakt, Gesten, Berührungen, Sprache und Gesang, um es zu unterrichten und zu motivieren. Entscheiden Sie sich Ihrem Kind die Babyzeichensprache beibringen zu wollen, beziehen Sie sie dann als weiteren Lernbereich ein.

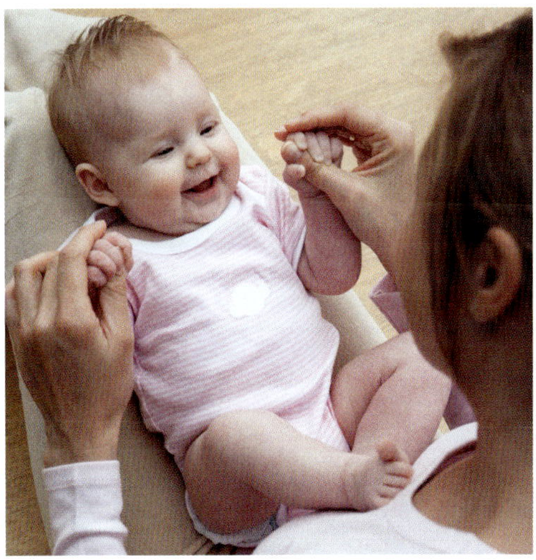

MIT IHREM BABY SPRECHEN Gestik, Mimik und verbale Kommunikation sind Teil der Konversation mit Ihrem Kind. Babyzeichensprache kann dies ergänzen aber nicht ersetzen.

Das beste Spielzeug
Helfen Sie Ihrem Kind

Neben dem Fokus auf Füttern und Schlafen wollen Sie sicherlich wissen, welche Spielzeuge für Babys besonders geeignet sind.

Kuscheltiere: Jedes Baby will viel geknuddelt werden und liebt weiche Spielzeuge. Stofftiere sind leicht zu greifen, man kann an ihnen saugen und kauen, sie sind daher ideale Tröster. Achten Sie auf die Sicherheit und dass die Kuscheltiere für Neugeborene geeignet sind und Ihr Baby nicht durch zu viele Kuscheltiere überfordert wird.

Klingende Spielzeuge: Mobiles, Musikspielzeug und Rasseln sind gut, um die Aufmerksamkeit Ihres Kindes zu erlangen. Die Rassel auf einer Seite des Kindes zu schütteln, lehrt es, Augen und Körper dorthin zu wenden, um die Ursache für das Geräusch zu finden. Mobiles regen dazu an, nach oben zu greifen und die Bewegungskoordination zu üben.

Lesen: Sie fördern die Sprachentwicklung und schaffen gleichzeitig Nähe, wenn Sie zum Geschichtenerzählen kuscheln. Schon bald nach der Geburt können Sie Ihrem Baby vorlesen oder Geschichten über seine Umgebung und Familie erzählen. Ihr Baby wird Bücher lieben, wenn Sie ihm von Beginn an Stoffbücher, später Pappbücher geben. Ärgern Sie sich nicht, wenn es zunächst auf den Büchern herumkaut, das ist normal.

Spielkameraden: Noch hat Ihr Kind kein Interesse an anderen Babys, aber es wird gerne mit Ihnen spielen. Ihr starkes Interesse an ihm und Ihre Aufmerksamkeit, die Interaktion und Verspieltheit bereiten ihm Freude. Ob Sie Reime wie »Das ist der Daumen …« verwenden, ein Spiel daraus machen, die Spielzeuge aufzusammeln, die es aus dem Kinderwagen wirft, oder ihm vor dem Einschlafen vorlesen – Sie sind sein liebster Spielkamerad.

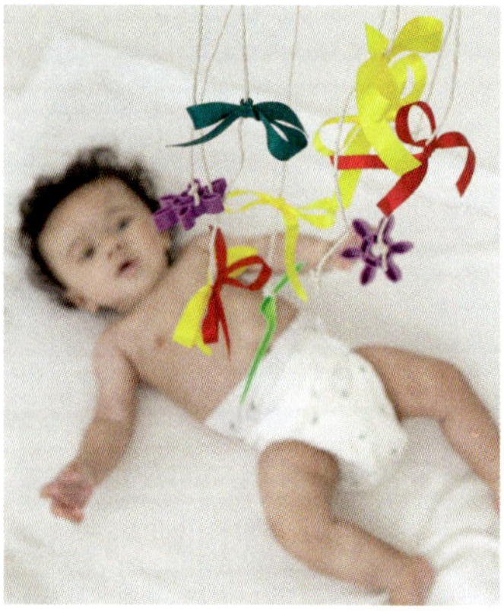

AUFSEHEN Ein helles, farbiges Mobile zu betrachten hilft Ihrem Baby zu fokussieren und motiviert es, danach zu greifen.

BÜCHER Vorlesen fördert die Sprachentwicklung und ist gut für die Eltern-Kind-Bindung, wenn Sie dabei kuscheln.

TROST Ein Kuscheltier kann ein Symbol für Geborgenheit darstellen, um Trost und Linderung zu bringen, wenn Sie nicht da sind.

Positionen: Ihr Baby liebt es, in allen möglichen Positionen zu spielen, auf Ihrem Arm, auf dem Bauch auf einer Decke liegend, so kann es seinen Körper auf verschiedene Weise bewegen. Überlegen Sie sich ab dem fünften Monat ein Spiel zum Herumrollen auf dem Boden (auf einer Decke oder einem Teppich), um Ihr Baby langsam aufs Krabbeln vorzubereiten.

Spiele: Ihr wenige Monate altes Baby liebt »Guck-guck-Spiele«. Schlingen Sie verschiedene Stoffe locker um seinen Körper oder das Gesicht, die es leicht herunterziehen kann und beobachten Sie seine erfreute Reaktion, wenn es Sie wieder sieht. Sobald es sitzen kann, nehmen Sie einen Ball, rollen ihn zu Ihrem Kind und versuchen Sie, den Ball zurückzubekommen. So lernt es sich abzuwechseln.

Kräftig und schön: In den ersten Wochen sieht Ihr Kind nur verschwommen, es bevorzugt daher starke Kontraste und Muster auf Mobiles und in Büchern. Es sieht gerne Gesichter, da die visuellen Verbindungen in seinem Gehirn gut auf starke Muster reagieren. Es wird Gesichter Bildern immer vorziehen.

INTERAKTION Spiele wie »Guck-guck« helfen, Objektpermanenz zu verstehen, das heißt, Dinge sind auch dann noch vorhanden, wenn man sie nicht sieht.

spielzeug spielerische Elemente einbringen. Beginnen Sie mit Gummienten und Schwimmspielzeug, das dem Alter angemessen ist, und ergänzen Sie ab dem sechsten Monat Plastikbecher zum Füllen und Ausgießen. Kinder mögen Schalen mit Löchern, wie Sie für Obst verwendet werden, weil sie sich auf interessante Weise entleeren. Lassen Sie Ihr Kind niemals allein im Bad – ein Baby kann in weniger als einer Minute und in nur wenigen Zentimeter Wasser ertrinken.

Kann ich aus meinem Kind mit Extra-Spielen ein Genie machen?

Sie können Ihr Kind mit vielen altersgemäßen Spielzeugen, Spielen und durch Reden und Singen fördern. Was es im ersten Jahr lernt ist abhängig vom schrittweisen Erlernen von Fähigkeiten wie der Körperbeherrschung. Sie können z.B. Greifen und das Strecken nach etwas fördern, wenn Sie ihm interessantes Spielzeug anbieten. Dazu muss Ihr Kind den Greifreflex verloren und Kontrolle über seine Arme haben. Überreizung kann, wenn es müde ist und Ruhe braucht, zu Stress führen. Reagieren Sie also auf die Zeichen, die Ihnen Ihr Kind gibt, wenn es spielen will, und es wird auf die meisten Spielzeuge und Spiele eingehen.

Mit der Zeit wird Ihr Kind länger wach und aufmerksam bleiben, bleiben Sie realistisch in Ihren Erwartungen. Ein Neugeborenes kann zwischen Schlaf und Füttern nur für etwa 30 Minuten am Stück aufmerksam bleiben. Die Bandbreite an Lernspielzeug für Babys wie DVDs und Lernkarten scheint zu vermitteln, dass normales Spielen nicht ausreicht, um ein Kind optimal zu fördern. Untersuchungen haben das Gegenteil erwiesen. So haben Kinder, die Lern-DVDs für Babys gezeigt bekamen, einen um zehn Prozent geringeren Wortschatz als andere Kinder.

Einen Bildschirm zu betrachten ist passives Lernen: Wenn Sie Ihrem Kind Ihre Zeit und Ihre Aufmerksamkeit schenken und für große Abwechslung beim Spielen sowie bei der Sprache sorgen, ohne Druck etwas zu erreichen müssen, geben Sie Ihrem Kind den besten Start ins Leben.

Auf Achse!
Sicher die Welt erkunden

Mein Baby krabbelt überall herum. Muss ich mir Gedanken um Hygiene machen?

Wenn Ihr Kind alles in den Mund steckt, was es findet, wird Sauberkeit zu einer Herausforderung. Am besten Sie achten darauf, dass Ihr Kind besonders im Garten und Park keine Blätter oder Schmutz in den Mund nimmt. Zu Hause wird ihm, wenn Sie den Boden einigermaßen sauber halten, ein wenig Schmutz nicht schaden, sondern sogar die Immunabwehr stärken. Neuen Erkenntnissen zufolge, der sogenannten Hygiene-Hypothese, ist Ihr Kind so weniger gefährdet, chronische Erkrankungen wie Asthma und Allergien zu entwickeln, auch wenn es jetzt öfter erkältet sein mag als seine Altersgenossen. Benutzen Sie umweltfreundliche Reinigungsmittel statt giftiger Bleiche. Wenn Sie sich dennoch um die Hygiene sorgen, richten Sie mit einer abwaschbaren Matte oder einer großen Decke einen Platz zum Spielen ein, damit Ihr Kind sich frei bewegen kann. Dies wird Sie beruhigen, wenn Sie sich unsicher sind, ob der Boden wirklich sauber ist.

Mein Sohn ist sehr neugierig und mir gehen die Spielideen aus. Haben Sie Tipps?

Ein neugieriges Kind will sein Wissen erweitern und die Welt entdecken. Fördern Sie die Neugier, indem Sie aus einem Wäschekorb oder einem Gardinenbeutel eine Schatzkiste bauen, gefüllt mit Gegenständen verschiedener Materialien und Formen – Holzlöffel, Zitronen oder Orangen, verschiedene Stoffe, Plastikbehälter und laute Spielzeuge wie Rasseln. Tauschen Sie die Gegenstände häufig aus, um seine Neugier beizubehalten. Sobald Ihr Baby mobil ist, können Sie ihn einen der Küchenschränke entdecken lassen. Stapeln Sie ihn voll mit Kunststoffgegenständen wie Dosen, Becher oder Rührlöffel und lassen Sie ihn alles ausräumen. Um zu verhindern, dass er glaubt, alle Küchenschränke wären sein Spielplatz, sollten Sie »seinen« Schrank markieren. Da er alles in den Mund stecken wird, beaufsichtigen Sie ihn ständig und legen Sie keine scharfen, spitzen oder zu kleine Gegenstände hinein, die er verschlucken könnte.

Kann ich mein Baby mit ins Schwimmbad nehmen?

Babys haben eine natürliche Affinität zu Wasser. Sie müssen Ihrem nur noch die Erfahrung des Schwimmbeckens geben. Bleiben Sie im Babybecken, das ist normalerweise warm und flach und nicht zu unruhig. Ein ihm bekanntes Badespielzeug kann den Übergang von der Wanne ins Becken erleichtern. Beginnen Sie mit kurzen Abschnitten (ca. 20 Minuten) und verlängern Sie allmählich die Zeit. Ihr Baby darf nicht unterkühlen oder müde werden. Lassen Sie es sein natürliches Vertrauen zum Wasser genießen, indem sie es sicher halten. Wenn Sie Zuversicht ausstrahlen, wird es viel Spaß haben. Wenn Sie nicht sicher im Wasser sind, kann ein Babyschwimmkurs helfen, Ihre Ängste zu überwinden.

Spricht etwas gegen ein Haustier?

Wenn Sie vor der Geburt Ihres Kindes schon ein Haustier hatten, müssen Sie sorgfältig auf die Bedürfnisse beider achten und damit rechnen, dass Ihr Tier sich vernachlässigt fühlt. Ein sonst zuverlässiger Familienhund kann sich untypisch verhalten, vielleicht sogar aggressiv wird. Das kommt zwar selten vor, doch es ist wichtig, dass Sie Ihr Baby nie mit einem Tier allein lassen. Wenn Sie die Wahl haben, warten Sie mit der Anschaffung eines Tieres, bis Ihr Kind sicher auf den Beinen ist und nicht mehr alles in den Mund steckt. Tiere können Kindern Freundlichkeit, Sanftmut und die Sorge um andere beibringen.

Sicherheitsbewusst oder überbehütet?

Es ist ein allmählicher Prozess, einem Kind zu helfen, sich sicher und behütet zu fühlen und dadurch seine unbeschwerte Entwicklung zu erleichtern. Seine frühen Ängste sind beispielsweise allein gelassen zu werden, Angst vor Fremden und dem Unbekannten. Ihre Rolle als Eltern ist es, zu beruhigen und die Ausmaße der Angst zu verringern. Bei Verlustangst sagen Sie »Ich war nur nebenan, ich würde dich nicht allein lassen«, und halten Sie Ihr Wort. Seine Furcht wird allmählich verschwinden und es wird bald lernen, darauf zu vertrauen, dass Sie zurückkommen. Wenn es älter wird, werden Ihrem Kind Ihre Erklärung für Dinge wie laute Geräusche oder wabernde Schatten helfen, die Angst einzudämmen. So verbessern Sie seine Zuversicht und ermöglichen es ihm, ungehindert die Welt zu entdecken.

RUHEZONE Ihr Kind wird Sie als Expeditionsbasis verstehen. Einem »fest verbundenem« Kind (mit starken Bindungen zu Ihnen) wird es leichter fallen, loszulassen.

EIN AUGE HABEN Es ist wichtig, mögliche Gefahren wie Treppen im Auge zu behalten, wenn Ihr Kind auf Entdeckungsreise geht.

Auch Babys müssen lernen, nicht am Schwanz zu ziehen oder beim Fressen zu stören. Bringen Sie Ihrem Kind Achtung vor Tieren, insbesondere fremden Hunden, bei. Lassen Sie nie das Gesicht Ihres Kindes vom Tier ablecken und achten Sie darauf, dass es Hunde- und Katzenkot nicht in den Mund nimmt, da so gefährliche Krankheiten übertragen werden.

F Wie kann ich meinem Kind Sicherheit beibringen, ohne, dass es ängstlich wird?

Es ist nie zu früh, Ihrem Kind zu erklären, was sicher ist und was nicht. Damit soll ihm keine unnötige Angst eingeimpft, sondern Dinge erklärt werden, die z.B. »heiß« sind oder »weh« tun können und wie es damit umgehen kann. Es ist wichtig, dass Kinder früh lernen, bestimmte Dinge nicht anzufassen. Am besten untermauern Sie dies mit Sicherheitsvorkehrungen, sodass selbst Kindern, die alles selbst herausfinden wollen, keine Gefahr droht. Seien Sie ein gutes Vorbild! Ihr Kind wird alles nachmachen, was Sie tun. Balancieren Sie also nicht auf wackligen Stühlen, um das obere Regalbrett zu erreichen, überqueren Sie die Straße nicht bei rot, wenn es zusieht. Wenn Sie übervorsichtig sind, wird Ihr Kind auch das kopieren. Studien bei zwölf Monate alten Kindern haben gezeigt, dass Kinder im Verhalten Ihrer Mutter nach Hinweisen suchen, ob etwas gefährlich ist oder nicht und entsprechend reagieren. Auch wenn Sie Ihrem Kind vernünftige Vorsicht beibringen wollen, werden Sie nicht wollen, dass es denkt, die Welt sei heimtückisch. Am besten machen Sie in schwierigen Situationen ein mutiges Gesicht, um Ihrem Kind die Reaktion zu zeigen, die Sie gerne hätten.

Sicherheit zu Hause
Worauf Sie achten müssen

Ab dem sechsten Monat bis achten Monat spielen die motorischen Fähigkeiten Ihres Babys und seine aufkeimenden Neugier zusammen. Es kann zappeln, treten, krabbeln, greifen, ziehen, auf dem Po rutschen, vielleicht sogar schon etwas laufen und klettern. Um seinen Tatendrang zu unterstützen, ohne es laufend ermahnen zu müssen, sollten Sie Ihr Zuhause kindersicher machen. In Europa sind Unfälle die häufigste Todesursache bei Kindern, davon passieren viele zu Hause – jede Woche werden Hunderte Kinder wegen Haushaltsunfällen in Notaufnahmen gebracht.

Ihr Kind wird von Dingen, die weggeschlossen sind oder auf hohen Regalen liegen, magisch angezogen, besonders von solchen in bunten und glänzenden Verpackungen. Das Zubehör für die Kindersicherheit reicht von hilfreich bis unerlässlich, kann aber nie Ersatz für Ihre Aufmerksamkeit sein. Lassen Sie Ihr Kind nie unbeaufsichtigt im Haus oder Garten. Sie sollten immer wissen, wo es ist und was es macht. Ihm interessante, sichere Aktivitäten anzubieten, um es zu beschäftigen, ist mit die beste Sicherheitsmaßnahme. Gehen Sie auf Händen und Knien durch Wohnung und Garten, um die Sicherheit auch aus seiner Sicht zu prüfen.

Küche: Die Küche ist ein sehr gefährlicher Ort, an dem Sie und Ihr Kind jedoch viel Zeit verbringen.

✱ Bewahren Sie Messer, scharfe Gegenstände, Feuerzeuge und Streichhölzer außer Reichweite auf. Drehen Sie Pfannenstiele auf dem Herd nach hinten. Stellen Sie heiße Getränke außer Reichweite und trinken Sie oder heben Sie sie niemals über den Kopf Ihres Kindes. Sorgen Sie dafür, dass keine Kabel von der Arbeitsplatte hängen, benutzen Sie kabellose Geräte oder solche mit Spiralkabel. Bewahren Sie Plastiktüten sicher auf.

✱ Wischen Sie Verschüttetes sofort auf und halten Sie den Boden sauber und frei. Bewahren Sie Haushaltschemikalien außer Reichweite auf. Alkohol, Aromaöle, Zigaretten, Parfüm und Mundwasser sind für Kinder giftig. Beachten Sie, dass kindersichere Verschlüsse nicht völlig sicher sind.

✱ Benutzen Sie ein Laufgitter, wenn Sie kochen.

✱ Benutzen Sie Kindersicherungen für Steckdosen, Schoner für scharfe Ecken, einen Herdschutz und kindersichere Verschlüsse für niedrige Schränke. Halten Sie kleine Gegenstände und Nahrung unter Verschluss, damit Ihr Kind nichts verschluckt.

✱ Wenn Sie eine Friteuse benutzen, füllen Sie sie nur zu einem Drittel mit Öl, benutzen Sie ein thermostatgesteuertes Gerät oder, noch sicherer (und gesünder), verwenden Sie den Backofen.

Das Bad: Als Ort für Wasserspiele, Seifenblasen und Toilettentraining sollte das Bad sicher sein.

✱ Lagern Sie Medikamente in einem verschlossenen Hängeschrank, nie auf dem Nachtisch oder in der Handtasche, Reste bringen Sie in die Apotheke. Seien Sie besonders vorsichtig mit Tabletten in glänzenden, bunten Verpackungen. Lassen Sie sie nie herumliegen und nehmen Sie niemals Medikamente ein, wenn Ihr Kind in der Nähe ist, da es Sie nachahmen wird. Verschließen Sie alle Behälter, räumen Sie sie gleich nach der Nutzung weg.

✱ Lassen Sie erst das kalte,d dann das heiße Wasser in die Wanne laufen, um Verbrühungen zu verhindern. Benutzen Sie Anti-Rutsch-Matten.

Diele, Treppe und Flur: Es lauern unerwartete Gefahren auf dem Weg von Raum zu Raum.

✱ Wenn die Abstände zwischen den Geländerstäben größer sind als 6,5 cm, decken Sie sie mit Sicherheitsnetzen oder Brettern ab: Ein eifriges

Kind könnte sich hindurchquetschen. Denken Sie an Sicherheitsglas in Türen und Fenstern oder kleben Sie Glas mit Sicherheitsfolie ab.

✱ Wenn Sie Ihr Kind die Treppe hinuntertragen, haben Sie immer eine Hand frei, um sich am Geländer festzuhalten. Legen Sie keine Gegenstände auf der Treppe ab. Lassen Sie nie ein kleines Kind ein Baby über die Treppe tragen. Benutzen Sie oben und unten Treppengitter. Wenn Ihr Kind laufen lernt, bringen Sie ihm auch bei, wie es die Treppe sicher hinuntergeht.

Schlaf- und Wohnzimmer:

✱ Sichern Sie schwere Möbel an der Wand, damit sie nicht umfallen. Stellen Sie keine Möbel unter Fenster und sichern Sie Fenstergriffe. Türen und Eingänge können Sie mit Türkeilen sichern.

✱ Bringen Sie Rauch- und Feuermelder an und lassen Sie alle Heizungen überprüfen.

✱ Lassen Sie brennende Kerzen nie unbeaufsichtigt.

✱ Wickeln und ziehen Sie Ihr Baby möglichst auf dem Boden um und lassen Sie es nie unbeaufsichtigt auf der Wickelkommode.

✱ Achten Sie auf das Spielzeug, das an seinem Bettchen hängt. Sobald Ihr Kind auf allen Vieren steht, könnte es sich an ihnen hochziehen und aus dem Bett klettern.

Der Garten:

✱ Geräte und Werkzeug müssen sicher aufbewahrt und nach Benutzung weggeräumt werden. Ihr Kind wird weniger an Ihrem Heimwerkzeugen interessiert sein, wenn es sein eigenes Spielset hat.

✱ Farbe, Benzin, Pestizide und Frostschutzmittel müssen außer Sicht- und Reichweite unter Verschluss aufbewahrt werden. Genau wie andere Chemikalien müssen sie in den Originalbehältern aufbewahrt werden, um Verwechslungen zu vermeiden.

✱ Umzäunen Sie Teiche und Schwimmbecken und decken Sie sie ab. Seien Sie besonders vorsichtig bei Feuer, beim Grillen und mit Fackeln und Kerzen. Besuchen Sie einen Erste-Hilfe-Kurs, um Kinderreanimation und den Umgang mit kleineren Verletzungen bei Unfällen zu erlernen.

SICHERHEIT Seien Sie in anderen Häusern vorsichtig, besonders dort, wo keine kleinen Kinder leben – sie sind nicht kindersicher.

AUSSER REICHWEITE Bewahren Sie Medikamente außer Reich- und Sichtweite auf. Entsorgen Sie alte Medikamente in der Apotheke.

KEIN SPIEL Kleinkinder betrachten Treppen als Hindernisparcours, der entdeckt werden will. Installieren Sie Treppengitter an beiden Enden.

Kleinkinder:
Kleine Persönlichkeiten

* **Herausforderungen**
  Benehmen und Disziplin
* **Ist mein Kind bereit?**
  Hinaus in die weite Welt
* **Welcher Elterntyp bin ich?**
  Erziehungsstile untersucht
* **Lieblingsfarbe: Rosa**
  Marotten und Angewohnheiten
* **Warum spielen?**
  Spielen und Lernen
* **Mein Kind beißt!**
  Aggressive Kinder verstehen
* **Ernährungsfragen**
  Wählerische Esser
* **Und plötzlich sind es zwei …**
  Ein neues Baby

Herausforderungen
Benehmen und Disziplin

F Wenn meine Tochter dabei ist, kommen wir immer zu spät, weil sie alles allein machen will. Was können wir tun?

Mit der Aussage »Alleine machen« zeigt Ihnen Ihre Tochter, dass Sie bereit ist für mehr Selbstständigkeit. Sie verspürt den Drang, zunehmende Geschicklichkeit und Koordination so lange an neuen Herausforderungen auszuprobieren, bis sie sie gemeistert hat. Das sollten Sie fördern, denn ihr Eifer, neue Dinge zu erlernen und auszuprobieren, wird ihr auch später im Leben von Vorteil sein.

Die dadurch entstehenden Verspätungen können jedoch frustrieren und Sie zum Eingreifen verleiten. Ein darauffolgender Kampf um die Kontrolle wird Sie aber noch mehr Zeit kosten. Handeln Sie deshalb praktisch und planen Sie von vornherein für jede Aktivität mehr Zeit ein. Durch Übung wird Ihre Tochter schneller und es kommt seltener zu Verspätungen. Unterstützen Sie ihren Lernwillen, indem Sie ihr einige Fertigkeiten beibringen, z.B. das Anziehen. Üben Sie mit ihr, wenn kein Zeitdruck herrscht. Unterteilen Sie Aufgaben in kleinere Schritte, sagen Sie ihr, was zu tun ist und greifen Sie erst ein, wenn sie Hilfe benötigt. Einige Lernhilfen können nützlich sein. Das Anziehen geht schneller, wenn Sie beispielsweise Schildchen an die Rückseite der Kleidungsstücke nähen, damit Ihre Tochter sie richtig herum anzieht und Socken paarweise zusammenlegen.

Je mehr Aufmerksamkeit Sie Ihrem Kind widmen, desto besser wird sein Benehmen sein.

ELTERN BERICHTEN

Nur eine Phase
Wutanfälle

Ich fühlte mich den Wutanfällen meines Sohnes ausgeliefert. Ich gab deshalb stets nach, um ihn bei Laune zu halten. Nachdem ich ihn erneut hatte länger aufbleiben lassen, nur um einen Wutanfall abzuwenden, begriff ich, dass sich etwas ändern musste. Ich musste diese Ausbrüche akzeptieren, ihn seinen Ärger zeigen lassen und dem standhalten, um ihm Regeln beibringen zu können. Jetzt bin ich viel selbstbewusster, mein Sohn kennt die Regeln und weiß, dass er auch mit dem größten Theater nichts bei mir erreicht.

F Wie lernt mein Kind teilen?

Kinder zwischen zwei und vier Jahren halten sich für den Mittelpunkt des Universums. Sie betrachten alles als ihr Eigentum und ihre Bedürfnisse bestimmen das Leben derer, die sie umgeben. Diese Phase zu kennen und zu verstehen, hilft das Verhalten Ihres Kindes zu begreifen. So wird es z.B. verständlich, dass ein Kind außer sich ist, wenn ihm jemand ein Spielauto wegnimmt, wenn man weiß, dass es dies als sein Eigentum betrachtet. Was würden Sie sagen, wenn Ihnen jemand die Handtasche oder Geldbörse wegnehmen oder mit Ihrem Auto davonfahren würde? Helfen Sie Ihrem Kind bei der Entwicklung der sozialen Fähigkeit des Teilens, indem Sie es loben, wenn es einem anderen Kind sein Spielzeug oder Essen anbietet.

Zusammenbrüche
Überlebenstipps bei Wutanfällen

Wutanfälle sind peinlich, laut, kaum zu ignorieren, gehören aber zur Entwicklung eines Kleinkindes dazu. Sie treten häufig als Ausdruck starker, nicht in Worte zu fassende Emotionen auf. Sie werden merken, dass Wutanfälle oft durch Frustration bei einem »Nein« oder der Aufforderung zum Teilen ausgelöst werden. Sie sind wahrscheinlicher, wenn Ihr Kind hungrig, müde oder überreizt ist. Doch jeder Wutanfall bietet die Chance, Ihrem Kind beizubringen, wie es Frustrationen künftig begegnen kann. Es gibt Wege, diese Wutausbrüche zu reduzieren und damit umzugehen.

Wutanfälle abwenden

* **Ablenkung:** Lenken Sie Ihr Kind ab und loben Sie es für gutes Benehmen, wenn sich ein Wutanfall abzeichnet.
* **Timing:** Hunger, Durst und Müdigkeit erhöhen die Wahrscheinlichkeit eines Wutanfalls. Planen Sie also Aktivitäten mit hohem Wutanfallrisiko für Zeiten, zu denen Ihr Kind satt und ausgeruht ist.

Bei Auftreten eines Wutanfalls

* **Nicht nachgeben:** Sonst glaubt Ihr Kind, Wutanfälle lohnen sich und wird sie wiederholen.
* **Entfernen:** Bringen Sie das Kind aus der Situation heraus an einen ruhigen Ort.
* **In der Nähe bleiben:** Starke Gefühle können Ihr Kind ängstigen. Bleiben Sie in seiner Nähe.
* **Ruhig bleiben:** Das zeigt dem Kind, dass starke Gefühle einen nicht überwältigen müssen.
* **Leise bleiben:** Greifen Sie nicht ein und vermeiden Sie Diskussionen mit Ihrem Kind, bis der Wutanfall abgeflaut ist.

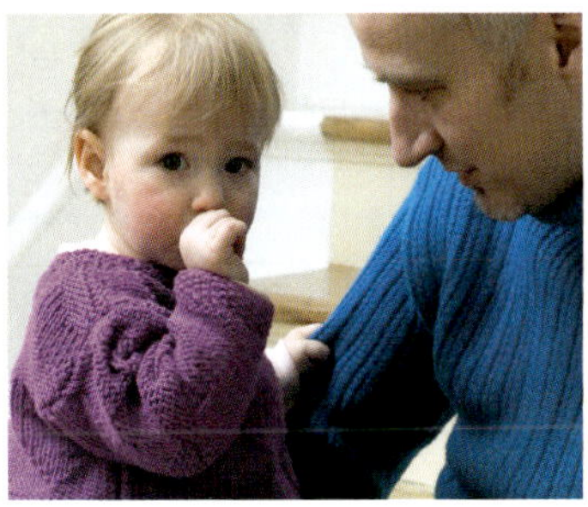

GANZ LINKS Nach einem Wutanfall nimmt eine Mutter ihr Kind auf den Arm und lässt seinen Zorn und seine Frustration zu. Das hilft dem Kind beim Benennen und Verstehen seiner Gefühle.

OBEN RECHTS Ein Kleinkind drückt durch einen Wutanfall seine Gefühle aus. Meistens ebbt er ab, wenn die Eltern in der Nähe bleiben, jedoch nicht eingreifen.

UNTEN RECHTS Ein Vater bleibt zur Unterstützung bei seiner aufgebrachten Tochter. Sie ist durch die starken, neuen Gefühle wahrscheinlich überwältigt oder verängstigt.

Zu gutem Benehmen motivieren
Das Verhalten von Kleinkindern

Was motiviert Ihr Kleinkind?

Ihr Kind wird vor allem durch Ihre warme und liebevolle Aufmerksamkeit angespornt. Es will gefallen und setzt alles daran, bemerkt zu werden, Ihre Anerkennung zu bekommen und eine Liebkosung oder Umarmung zu ergattern. Die meisten Kleinkinder brauchen sehr viel Zuwendung, doch gibt es Unterschiede bedingt durch ihren Charakter und Ihr Verhalten in der Vergangenheit. Haben Sie bisher schnell auf seine Bedürfnisse reagiert, benötigt das Kind paradoxerweise nicht Ihre ständige Aufmerksamkeit, da es weiß, dass Sie es beachten.

Erhält Ihr Kind trotz seiner Kooperation nicht die benötigte Aufmerksamkeit, wird es die zweitbeste Strategie einsetzen – und sich schlecht benehmen. Lieber steht es wegen Boshaftigkeit und schlechtem Betragen im Mittelpunkt als gar nicht.

Zu gutem Benehmen motivieren

* **Lob:** Ehrliches Lob zeigt Ihrem Kind, dass Sie es wahrnehmen, sein Verhalten anerkennen. Lob ermutigt es, mehr Dinge zu tun, die Sie mögen und es wird sich gut dabei fühlen.
* **Aufmerksamkeit:** Beim Vorbeigehen über sein Haar streichen oder ihm beim Rutschen zuwinken sind Kleinigkeiten, die Ihrem Kind zeigen, dass Sie es wahrnehmen.
* **Aufsicht:** Zwar können Kinder in diesem Alter meist schon für kurze Zeit allein spielen, doch braucht Ihr Kind noch Ihre Nähe und Aufmerksamkeit aus Gründen der Sicherheit, der Gesellschaft und für das Lob.
* **Beschäftigung:** Unfug entsteht aus Langeweile. Ihr Kleinkind verfügt über eine Aufmerksamkeitsspanne von ungefähr drei bis vier Minuten.

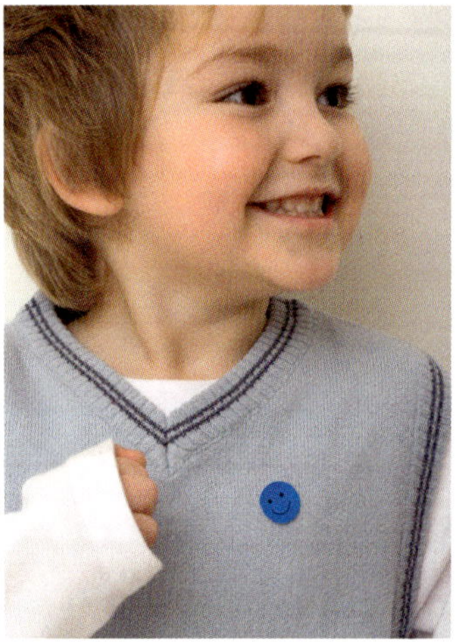

ANERKENNUNG Ein Aufkleber für gutes Benehmen zeigt Ihrem Kind, dass Sie mögen, was es tut und hebt sein Selbstwertgefühl.

BELOHNUNGEN Aufklebertafeln motivieren zu gutem Benehmen. Sie können auch andere Familienmitglieder aufführen.

WAHRNEHMUNG Wenn Sie Ihr Kind beim Spielen loben, muss es nicht durch schlechtes Benehmen Ihre Aufmerksamkeit erregen.

Ihre Reaktion auf unangemessenes Benehmen

Um die Sicherheit Ihres Kindes zu garantieren oder ihm beizubringen, kooperativ und hilfsbereit zu handeln, müssen Sie manchmal eingreifen.

* **Nah und persönlich:** Wenn Sie wollen, dass Ihr Kind eine Handlung unterlässt, z.B. das Herumspringen auf Möbeln, dann verleihen Sie Ihrer Botschaft Nachdruck, indem Sie sich auf Augenhöhe Ihres Kindes begeben, es ansehen und ihm klar und bestimmt sagen, dass es aufhören soll. Statt eines »Nein« geben Sie genaue Anweisungen, z.B. »Hör auf zu springen.«
* **Kurz und einfach:** Soll das Fehlverhalten Ihres Kleinkindes Folgen haben, sollten diese kurz und problembezogen sein. Hat es z.B. ein Spielzeug an sich gerissen, nehmen Sie es ihm für eine Minute weg – das ist für dieses Alter ausreichend, um zu verstehen.
* **Konsequent:** Ihr Kind muss wissen, was es darf und was nicht. Das wird es lernen, wenn Sie jeden Tag konsequent dieselben Regeln und Werte anwenden. Wechselnde Regeln verunsichern Ihr Kind und erschweren gutes Benehmen.
* **Sofort:** Wenn Sie Fehlverhalten maßregeln müssen, tun Sie es sofort, dann ist die Verbindung zwischen Verhalten und Konsequenz klar. Verspätete Konsequenz ist erfolglos.
* **Ruhig bleiben:** Strafen Sie nie im Zorn. Sie könnten Ihr Kind emotional mit Worten oder körperlich verletzen. Wenn Sie merken, dass Sie kurz davor sind, zu explodieren, gehen Sie weg, halten Sie inne und probieren Sie Beruhigungsstrategien aus.
* **Ignorieren:** Diese Strategie ist nur geeignet bei Verhalten, das lästig ist, aber nicht schädlich oder gefährlich. Sie entziehen Ihre Aufmerksamkeit für kurze Zeit (Sekunden bis zu einer Minute), während Ihr Kind beispielsweise mit dem Essen spielt oder um Süßigkeiten bettelt. Sobald es aufhört, ist die Maßnahme beendet.
* **Respektieren:** Wahren Sie die Würde Ihres Kindes, indem Sie es unter vier Augen und nicht vor Erwachsenen oder seinen Freunden zurechtweisen. Wenn es sich schlecht benommen hat, erklären Sie ihm das Problem und vergleichen Sie es nicht mit »braveren« Kindern.

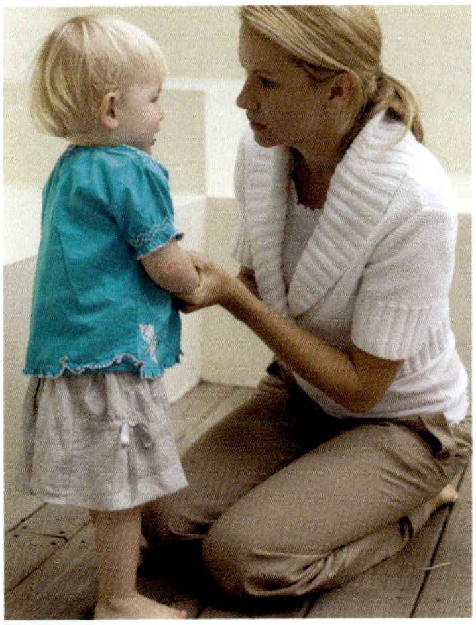

AUGENKONTAKT Reden Sie auf Augenhöhe mit Ihrem Kind über sein schlechtes Benehmen, auch um sicher zu sein, dass es Sie versteht.

KEIN UNFUG Sie müssen Ihr Kind ständig mit interessanten Sachen beschäftigen, damit es nicht auf dumme Gedanken kommt.

REALISTISCH BLEIBEN Ihr Kind hat noch nicht gelernt zu teilen, deshalb wird es zornig, wenn es nicht nach seiner Nase geht.

MYTHEN UND MISSVERSTÄNDNISSE

Stimmt es, dass …

* der Anteil positiver Bemerkungen einem Kind gegenüber vier- bis fünfmal so hoch sein sollte wie der negativer?

Die genaue Anzahl von positiven gegenüber negativen Kommentaren ist strittig, doch für die Entwicklung eines guten Selbstwertgefühls und einer positiven Beziehung zu Ihnen sollten Sie Ihr Kind deutlich mehr loben als tadeln. Versuchen Sie als Lobesstrategie die Dinge, die es gut gemacht hat, zu beschreiben.

* Kleinkinder eine Trotzphase durchleben?

Diese für Eltern problematische Phase beginnt bei einem Kleinkind irgendwann zwischen 16 Monaten und zwei Jahren. Ihr Kind nimmt sich als eigenständiges Individuum wahr, das eigene Entscheidungen treffen kann oder Ihnen nicht mehr gehorcht. In seinem Bemühen, sich durchzusetzen, sind Wutanfälle an der Tagesordnung.

* mein Kind besser reagiert, wenn ich ihm sage, was es tun soll – und nicht, was es unterlassen soll?

Das gilt für Kinder genauso wie für Erwachsene. Eine positiv formulierte Bitte ist für Ihr Kleinkind leichter zu befolgen. Sagen Sie z. B. »Gib mir bitte die Hand beim Laufen«, ist ihm klar, was Sie meinen. Sagen Sie jedoch »Lauf nicht weg«, weiß es, was Sie nicht wollen, aber vielleicht nicht, was es stattdessen tun soll. Bedeutsam wird das beim Thema »Schlagen«. Es ist wichtig zu sagen »Hau nicht«, aber Eltern vergessen oft zu beschreiben, was das Kind stattdessen machen soll.

F Verhätschele ich mein Kind, wenn ich »Bravsein« immer belohne?

Sie können ein braves Kind mit viel aufrichtigem, warmherzigem Lob nicht verziehen. Die allerbeste Belohnung ist Ihre Zeit und Aufmerksamkeit, und in jungen Jahren wird Ihr Kind viel davon profitieren. Ihr Lob gibt ihm ein Gefühl von Sicherheit, steigert sein Vertrauen und lehrt ihn das von Ihnen gewünschte Verhalten. Im Gegensatz dazu können Süßigkeiten und Spielsachen dazu führen, dass das Kind für jede Leistung einen materiellen Anreiz verlangt, und sich schlecht benimmt oder schmollt, wenn dieser ausbleibt. Eine aus Lob, Zuneigung und einem gelegentlichen kleinen Geschenk bestehende Mischung ermuntert Ihr Kind zu positivem Verhalten ohne Verwöhnrisiko.

F Wenn unser Sohn einen Wutanfall bekommt, schreit mein Partner ihn an. Ist das richtig?

Durch eine heftige Reaktion auf einen Wutanfall eskaliert das Problem eher, als dass es gemildert wird. Vereinbaren Sie gemeinsam Beruhigungsstrategien, z.B. ruhig zu bleiben und zu warten, bis der Anfall vorüber ist, danach langsam und leise zu sprechen. Nehmen Sie sich Zeit, um allgemeine Erziehungsfragen zu besprechen und wie Sie negative Reaktionen in den Griff bekommen. Versetzen Sie sich in das Kleinkind. Wie würden Sie behandelt werden wollen? Wenn Sie keine Einigung erzielen, wenden Sie sich an eine Familien- oder Erziehungsberatungsstelle.

F Wenn meine Tochter gegen etwas rennt, haut sie es und sagt »Böse!«. Warum?

Diese interessante Entwicklungsphase tritt ungefähr zwischen dem zweiten und siebten Lebensjahr auf. In dieser Phase betrachtet Ihre Tochter leblose Dinge als lebendige Objekte, die fühlen, reagieren und handeln können. Da sie einem Spielzeug Emotionen entgegenbringen kann, erfährt sie so von einem Stofftier oder einer Puppe ebenfalls echten Trost. Indem Ihre Tochter einen »bösen« Tisch beschimpft, setzt sie sich mit ihrer Erfahrung auseinander und übt ihre Reaktion darauf. Keine Sorge, in den nächsten Jahren wird sich das ändern – etwa mit elf Jahren wird sie beurteilen können, was lebendig ist und was nicht.

F Ich beklage mich über mein Kind, habe dann aber Schuldgefühle. Reagiere ich über?

Mit anderen Erwachsenen über Ihr Kleinkind zu reden, ist eine positive Art von Stressabbau (solange das Gespräch außer Hörweite des Kindes stattfindet!). Problematisch wird es allerdings, wenn Sie nur noch Negatives über Ihr Kind sagen, denn so zeichnen Sie ein negatives Bild von Ihrem Kind. Durch häufige Horrorgeschichten über Wutanfälle im Supermarkt oder Beißattacken im Kindergarten stufen Familie und Freunde das Kind als schwierig ein – dieser Stempel ist nur schwer loszuwerden. Eine negative Meinung über Ihr Kind kann sich auch selbst bewahrheiten. Wenn es als »ungezogen« gilt, wird ihm bei Problemen eher die Schuld zugeschoben, egal, ob das berechtigt ist oder nicht. Damit ein ausgewogenes Bild von Ihrem Kind entsteht, weisen Sie auch auf seine positiven Seiten und Leistungen hin.

ELTERN BERICHTEN

Lob für eine positive Entwicklung

Ich wusste, dass ich meinen Sohn loben sollte, aber mir fiel nichts Positives ein. Er sträubte sich gegen alles – vom Frühstücken bis hin zum Jackeanziehen. Und wir fühlten uns beide schlecht damit. Ich beschloss, eine Lobesstrategie auszuprobieren und lobte einen Tag lang jede Kleinigkeit, vom Aufstehen bis zum Biss ins Toastbrot.

Es wirkte Wunder – ich hatte einen anderen Sohn. Er lächelte und schien meine Bitten zu erfüllen, um meine Reaktion zu sehen. Mein Tag war deutlich einfacher und ich fühlte mich besser. Ich habe es fortgesetzt, so gut ich konnte. Es funktioniert nicht ständig, aber mir fällt jetzt immer etwas ein, das ich loben kann.

Ist mein Kind bereit?
Hinaus in die weite Welt

F Sollte ich mit meinem Sohn zu Hause bleiben oder ihn in einen Kindergarten geben?

Viele Eltern haben Schuldgefühle, wenn sie ihr Kind in einem Kindergarten oder bei Tagesmüttern unterbringen. Eine qualitativ hochwertige Kinderbetreuung, gekoppelt mit liebevoller und erzieherischer Zeit zu Hause, kann enorme Vorteile für Ihr Kind haben. In diesem Alter ist das Kind zunehmend an anderen Kindern interessiert und beginnt, mit ihnen zu spielen. Kinder lernen durch Spiele und durch die Interaktion mit anderen Kindern. Studien zeigen, dass Kinder, die eine Tagesstätte besucht haben, besser im Teilen, Zusammenarbeiten und Verstehen der Gefühle anderer sind. Ihr Kind entwickelt Selbstvertrauen und Unabhängigkeit – eine gute Vorbereitung auf die Schulzeit.

Kinderbetreuung ermöglicht den Eltern eine dringend benötigte Pause, sodass sie anschließend wieder viel Zeit und Energie für ihr Kind haben. Viele Eltern geben ihr Kind auch dann zeitweise zur Betreuung, wenn sie nicht mehr in den Beruf zurückkehren. Sollten Sie jedoch beschließen, zu Hause bei Ihrem Kind zu bleiben, sorgen Sie für möglichst viel Kontakt zu gleichaltrigen Kindern.

F Meine Tochter will nicht ohne ihren Lieblingsteddy in den Kindergarten. Soll ich das erlauben?

Einige Kinder reagieren verängstigt, wenn sie die Sicherheit ihres Zuhauses verlassen, um Zeit an einem fremden Ort mit fremden Leuten zu verbringen. Ein vertrauter Gegenstand hilft Ihrer Tochter, den Wechsel leichter zu verkraften. Besteht Ihre Tochter lange nach der Eingewöhnungsphase noch auf ihren Teddy, bitten Sie sie dennoch nicht, ihn sofort zu Hause zu lassen. Das könnte sie noch mehr verängstigen. Sprechen Sie mit der Erzieherin, vielleicht kann sie den Teddy irgendwo im Kindergarten einschließen, nachdem sich Ihre Tochter eingewöhnt hat. Ermuntern Sie Ihre selbstbewusster gewordene Tochter, den Teddy gleich nach Ankunft im Kindergarten den Erzieherinnen auszuhändigen, in der Woche darauf, ihn an der Tür an Sie zu übergeben und schließlich ihm bereits zu Hause Tschüss zu sagen. Kaufen Sie einen identischen Teddy für zu Hause, falls der Ihrer Tochter verloren geht.

F Der tägliche Abschied von meinem Sohn ist schlimm. Was hilft?

Nachdem Sie viel Zeit zusammen zu Hause verbracht haben, schmerzt es, Ihren Sohn zu verabschieden und ihn in der Obhut anderer zurückzulassen – besonders, wenn er dabei auch unglücklich ist. Bei hochkochenden Emotionen kann es für Sie beide schwierig sein, sich im Kindergarten richtig voneinander zu verabschieden. Eine Routine wird Ihnen beiden helfen: Schleichen Sie sich nicht ohne Abschied davon, denn er wird sich über Ihren Verbleib Sorgen machen, und setzen Sie Ihren Sohn nicht einfach an der Tür ab und gehen dann. Nehmen Sie sich ein paar Minuten Zeit, beruhigen Sie ihn und sagen Sie nach einer Umarmung und einem Kuss deutlich, dass Sie jetzt gehen werden. Teilen Sie ihm mit, wann Sie ihn wieder abholen werden. Schauen Sie nicht mehr durch das Fenster, wenn Sie gegangen sind. So schwierig der Abschied gewesen sein mag, die Begrüßung beim Abholen wird die Aufregung am Morgen vergessen lassen.

F Mein Sohn ist im Kindergarten sehr unruhig und möchte nicht hingehen. Soll ich ihn zwingen?

Oft ist der Eintritt in den Kindergarten für ein Kind die erste große Veränderung, die es verkraften muss. Wie es mit solchen Ereignissen fertig wird und wie viel Zeit es für die Anpassung benötigt, ist von Kind

Die Wahl des Kindergartens
Was ist zu beachten?

Ihnen stehen bestenfalls verschiedene Kindergärten zur Wahl, und es ist wichtig, dass Sie diejenigen besuchen, die Sie interessieren. Persönliche Empfehlungen von Freunden können helfen – und der teuerste ist nicht immer der beste. Eine glückliche und erfolgreiche Kindergartenzeit hängt von vier Hauptfaktoren ab: dem mit Ihrem Kind arbeitenden Personal, den angebotenen Aktivitäten, der allgemeinen Atmosphäre und der Umgebung selbst.

Personal: Es sollte über eine entsprechende Ausbildung verfügen, engagiert, freundlich und an Ihrem Kind interessiert sein. Fragen Sie nach:
* dem zahlenmäßigen Verhältnis von Personal zu Kindern
* der Qualifikation und Ausbildung des Personals
* der Dauer der Beschäftigung
* der Motivation des Personals
* der Aufteilung der Kinder in Gruppen
* der Dokumentation der Aktivitäten und Leistungen Ihres Kindes
* Verfahren bei schwierigem Verhalten

Aktivitäten: Ein guter Kindergarten sollte eine Reihe fördernder Aktivitäten anbieten und über reichlich Spielzeug und Ausstattung verfügen. Mögliche Fragen wären:
* Werden jeden Tag Aktivitäten geplant?
* Kann mein Kind darunter wählen?
* Wird für Essen und Trinken gesorgt?
* Gibt es Spielflächen im Freien?
* Machen die Kinder gelegentlich Ausflüge?

Atmosphäre: Im Kindergarten sollte Ihr Kind spielerisch lernen. Machen Kinder (und Personal) einen glücklichen und zufriedenen Eindruck? Fühlen Sie sich willkommen? Hat Ihnen das Personal zugehört und Ihre Fragen beantwortet? Wie hat Ihr Kind auf den Besuch reagiert?

Umgebung: Das Gebäude sollte sauber und sicher für gefahrloses Spielen sein. Lage, Zugang und Sicherheit sind ebenfalls wichtig. Alle Kindergärten unterliegen Sicherheitsstandards, die regelmäßig überprüft werden. Lassen Sie sich das letzte Protokoll zeigen.

GENAU HINSCHAUEN Ihr Kind sollte seine Kindergartenzeit lernend genießen. Fühlen Personal und Kinder sich dort wohl? Wie geht das Personal mit den Kindern um – passt es auf und ist in die Aktivitäten involviert oder zieht es sich zurück? Überprüfen Sie, ob Hilfsmittel und Spielzeug sauber, sicher und gepflegt sind.

zu Kind verschieden. Vielleicht befindet sich Ihr Sohn gerade in seiner Eingewöhnungsphase. Ist er nach einigen Tagen noch genauso aufgebracht wie am ersten Tag, gibt es womöglich etwas, das ihn im Kindergarten belastet. Fragen Sie Ihren Sohn, was er dort mag und nicht mag, und reden Sie mit seiner Erzieherin. Finden Sie heraus, wie er seine Zeit dort verbringt. Spielt er mit anderen Kindern? Ein oder zwei Kinder, mit denen er gut auskommt, können ihm helfen, sich einzugewöhnen. Arrangieren Sie mit deren Eltern Treffen außerhalb des Kindergartens. Erinnern Sie Ihren Sohn zu Hause an die Dinge, die ihm im Kindergarten Spaß machen. Bleiben Sie in Kontakt mit den Erzieherinnen und lassen Sie sich außer Hörweite Ihres Sohnes über seine Fortschritte informieren. Sollte keine Besserung eintreten, entspricht der Kindergarten vielleicht nicht seinen Bedürfnissen. Ziehen Sie dann eine Alternative in Betracht.

F Mein Sohn soll sauber werden. Woran merke ich, dass er es kann?

Stellen Sie sich zunächst folgende Fragen: Kann er nachts seinen Stuhlgang kontrollieren? Verfügt er über genug Gleichgewicht und Koordination, um sich auf ein Töpfchen zu setzen und wieder aufzustehen oder auf einen Toilettensitz zu klettern und sich festzuhalten? Kann er ohne Hilfe seine Hose herunter- und heraufziehen? Sagt er Ihnen mit Worten oder Gesten, dass er Stuhl- oder Harndrang hat? Haben Sie sämtliche Fragen mit »Ja« beantwortet, ist Ihr Sohn für den nächsten Schritt bereit. Lassen Sie ihn ein Töpfchen oder einen Kindertoilettensitz aussuchen. Eine normale Klobrille ist zu groß für Kinder. Sie fühlen sich darauf sehr unsicher. Manche Kindertoilettensitze haben Griffe für zusätzliche Sicherheit. Das Töpfchen sollte immer an derselben Stelle stehen. Gewöhnen Sie Ihren Sohn daran, beim Windelnwechseln ein paar Minuten auf dem Töpfchen oder der Toilette zu sitzen. Loben Sie ihn ausgiebig für braves Sitzenbleiben, dann werden Resultate folgen! Sorgen Sie dafür, dass Ihr Sohn genug trinkt und lassen Sie ihn einige Zeit ohne Windel herumlaufen. Das macht es leichter für ihn, bei Bedarf aufs Töpfchen oder die Toilette zu gehen.

Bleiben Sie bei einem Malheur auf alle Fälle ruhig. Wenn sich Ihr Sohn unter Druck gesetzt fühlt, es gleich richtig machen zu müssen, wird er die Sache boykottieren. Unterstützen Sie seine Bemühungen, auch wenn nicht alles nach Plan geht. Lassen Sie ihn in seinem eigenen Tempo lernen, dann wird am Ende alles klappen.

F Ich möchte sehen, wie meine Tochter heranwächst, deshalb soll sie nicht in den Kindergarten gehen. Ist das albern?

Kinder in diesem Alter entwickeln sich so schnell, dass Sie zwangsläufig mindestens einen neuen Entwicklungsschritt verpassen werden, ob Ihre Tochter nun in den Kindergarten geht oder nicht. Die Erzieherinnen wissen das und werden die Fortschritte Ihres Kindes dokumentieren, vielleicht sogar auf Video, oder Sie kaufen eine Einwegkamera für den Fall, dass Ihre Tochter in Ihrer Abwesenheit etwas Bedeutsames tut! Es ist ziemlich frustrierend, die ganze Arbeit geleistet zu haben und nun zu erfahren, dass jemand anderes das Vergnügen hatte zu sehen, wie Ihre Tochter etwas zum ersten Mal macht. Sie wird Ihnen allerdings stolz Ihr neues Können zeigen und im Lauf der Zeit werden Sie mehr solcher Highlights beiwohnen als Sie verpassen.

F Wird der ruhige Tagesablauf meines Kindes durch Kindergarten oder Tagesmutter gestört?

Welche Einrichtung Sie auch wählen, es ist sehr wahrscheinlich, dass sich der Tagesablauf bezüglich Essen, Schlafen, Spielen und Ausruhen in einigen Punkten von Ihrem unterscheidet. Keine Angst, dass Ihre harte Arbeit umsonst war, denn Ihr Kind wird weiter von der Sicherheit klar gesetzter Grenzen und konsequenter Vorgehensweisen profitieren. Sprechen Sie mit den Erzieherinnen schon vorher über Abläufe, die Sie zu Hause einhalten und fragen Sie, wie sich der Kindergartenalltag davon unterscheidet. Vielleicht möchten Sie einige Ihrer Abläufe dem Kindergarten anpassen, damit Ihrem Kind die Eingewöhnung leichter fällt. Die Tagesmutter um die Einhaltung

Trennungsangst

Trennungsangst beginnt im Alter von sechs bis neun Monaten, wenn Ihr Kind zum ersten Mal Fremde wahrnimmt. Durch Zeichen von Trennungsangst will Ihr Kind erreichen, dass Sie in der Nähe bleiben, um seine Bedürfnisse nach Nahrung, Wärme, Schutz und Streicheleinheiten zu stillen. Es kann sein, dass Ihr Kind herzzerreißend weint, sich an Sie klammert und Sie anfleht, zu bleiben. Das kann für Eltern sehr beunruhigend sein und das Abschiednehmen erschweren. Seien Sie nicht überrascht, wenn Ihr Kind auch beim Abholen weint. Das bedeutet nicht, dass es die ganze Zeit furchtbar unglücklich war ohne Sie. Es ist lediglich von den Emotionen des Wiedersehens überwältigt. Alle Kinder erleben Trennungsängste. Wie stark diese sind hängt vom Temperament Ihres Kindes und von der Bindung zu Ihnen ab. Ruhige, selbstbewusste, sicher eingebundene Kinder verkraften einen Wechsel besser und beruhigen sich schneller, nachdem Sie gegangen sind.

Wie kann ich helfen?

* Lassen Sie Ihr Kind bei Familie oder Freunden, damit es sich an die Trennung gewöhnt.
* Fahren Sie an dem Gebäude vorbei und erzählen Sie ihm, wie viel Spaß es dort haben wird.
* Vereinbaren Sie mindestens zwei Probebesuche im Kindergarten. Bleiben Sie zunächst bei Ihrem Kind. Nehmen Sie sein Lieblingsspielzeug mit.
* Verabschieden Sie sich selbstsicher, auch wenn Sie aufgelöst sind! Ihr Kind spürt Ihre Emotionen und wird vielleicht noch aufgebrachter, wenn es Ihre Angst bemerkt.

der häuslichen Routinen zu bitten, wird einfacher sein, wenn sie nur wenige Kinder betreut. Vergessen Sie nicht, dass Ihr Kind Teil einer Gruppe sein wird. Dadurch, dass alle dasselbe tun und Ihr Kind zunehmend das Verhalten der anderen kopiert, ist es sehr viel einfacher, neue Abläufe einzuführen.

F Mein Sohn ist ganz aufgelöst, wenn ich ihn nur kurz verlasse. Wie wird er mit dem Kindergarten zurechtkommen?

Ihr Sohn reagiert sehr sensibel auf Veränderungen seiner sozialen Umgebung und braucht länger, um sich an neue Abläufe zu gewöhnen. Wenn ihm neue Personen oder unbekannte Orte Angst einflößen, bleibt er instinktiv nahe bei Ihnen, denn er weiß, Sie beschützen ihn. In Vorbereitung auf seine Kindergartenzeit lassen Sie ihn einige Zeit bei Freunden oder Familie, damit er positive Trennungserfahrungen sammelt. Wenn er feststellt, dass Sie nach jedem Getrenntsein wieder zurückkommen, wird er weniger ängstlich sein. Haben Sie vor, ihn zu jemandem zu bringen, geben Sie ihm vorher reichliche Informationen darüber, wohin er geht, wen er dort trifft und was er tun wird. Nehmen Sie sein Lieblingsspielzeug mit. Spielt er zufrieden, ziehen Sie sich leise zurück, gehen aber zunächst nicht zu weit weg. Schauen Sie regelmäßig nach ihm, damit er sieht, dass Sie noch da sind, falls er Sie braucht.

Mit der Zeit, und wenn sein Selbstvertrauen zunimmt, können Sie sich schneller zurückziehen und weiter entfernen, um ihn eines Tages vielleicht in der Obhut von jemanden zu lassen, dem Sie und Ihr Kind vertrauen.

Welcher Elterntyp bin ich?
Erziehungsstile untersucht

F Wie können wir als Team erziehen?

Kein Elternpaar ist sich über jede erzieherische Frage einig. Deshalb ist es verständlich, dass Ihr Kleinkind herausfinden möchte, wer ihm am meisten erlaubt. Sie sollten deshalb mit einer Stimme sprechen und nicht die Meinung des anderen untergraben. Beispielsweise könnte es sich Ihr Kind angewöhnt haben, einen von Ihnen um Süßigkeiten zu bitten und bei einer ablehnenden Antwort den anderen zu fragen. Erkundigen Sie sich routinemäßig bei Ihrem Partner, ob bereits eine Entscheidung getroffen wurde. Wenn das nicht sofort möglich ist, verschieben Sie die Antwort bis Sie Gelegenheit hatten, die Sache zusammen durchzusprechen. So sieht Ihr Kind Sie als Elternteam, das sich gegenseitig unterstützt. Sollten Sie, was wahrscheinlich ab und an vorkommt, unterschiedlicher Meinung sein, diskutieren Sie nicht vor den Kindern, sondern teilen Sie ihnen nur Ihre gemeinsame Entscheidung mit.

ELTERN BERICHTEN

Erziehung
Die richtige Balance finden

Ich wollte nicht so werden wie meine Mutter, die sehr streng war. Für meinen Sohn war ich deshalb vor allem Spielkamerad und dachte, er würde mich nicht lieben und später entgleisen, so wie ich, wenn ich Grenzen oder Regeln einführen würde. Ich war überrascht und verletzt, als er sich ständig schlecht benahm. Die Kinderärztin machte mir klar, dass er sowohl Spielzeit als auch Grenzen brauchte, um zu merken, dass ich ihn liebte, aber auch ich das Sagen hatte. Mir wurde klar: Grenzen zu setzen macht keinen Tyrannen aus mir.

> Fast alles, was wir tun, folgt Mustern und Gewohnheiten, einschließlich der Erziehung unserer Kinder.

F Warum nervt mein Kind, wenn es weiß, dass ich müde und beschäftigt bin?

Auch wenn es Ihnen so erscheint, als ob Ihr Kind sich den Zeitpunkt für seinen Wutausbruch auswählt, ist es nicht in der Lage zu beurteilen, ob Sie gestresst sind oder nicht. Es kann einfache Emotionen wahrnehmen, verfügt aber nicht über die komplexen Gedankengänge, um absichtlich zu weinen oder unkooperativ zu sein. Leider scheinen die Zeiten, in denen Sie sehr angespannt sind, auch die Zeiten zu sein, in denen Ihr Kind überfordert oder müde ist.

Versetzen Sie sich einmal in die Lage Ihres Kindes. Störrisches Verhalten beim Abendessen wie z. B. Essen verweigern, Trinkglas umstoßen oder Schreien kann auf Müdigkeit zurückzuführen sein. Vielleicht haben Sie ihm nicht genug Aufmerksamkeit geschenkt, weil Sie das Essen vorbereiten mussten, oder der Geschmack und die Konsistenz der Speisen, die es probieren soll, sind ihm noch fremd. Sein Verhalten ist eher der Ausdruck starker Bedürfnisse, als der bewusste Versuch, Sie zu provozieren.

Aus dem Blickwinkel Ihres Kindes betrachten Sie die Lage verständnisvoller und können für Abhilfe sorgen. Setzen Sie z. B. die Essenszeiten früher an, spielen Sie mit ihm vor dem Essen, um ihm Aufmerksamkeit zu schenken und bieten Sie ihm weniger neue Nahrungsmittel zum Probieren an.

Traditionelle Erziehung
Rückblick auf Ihre Kindheit

Ihre eigenen Eltern hatten wahrscheinlich den größten Einfluss auf Ihre Werte, Bestrebungen und Ihren Erziehungsstil. Ihre Erfahrungen in der Kindheit und wie Sie erzogen wurden, beeinflussen Ihre Kindererziehung – ob Sie es wollen oder nicht. Es ist bemerkenswert, dass die meisten Eltern sich bei Erziehungsfragen bevorzugt an die Familie oder Freunde wenden würden – ein Beweis dafür, dass es die letzte Generation bei der Kindererziehung größtenteils richtig gemacht hat.

Begegnung mit der Vergangenheit: Wie oft haben Sie etwas zu Ihrem Kind gesagt, das Sie genau im selben Tonfall früher selbst zu hören bekommen haben? Es kann Sie erfreuen, etwas zu wiederholen, was Ihre Kindheit besonders gemacht hat, oder betrüben, weil die Erinnerung an einen negativen Kommentar Ihren Entschluss anders zu erziehen, unterwandert hat. Das Wesen von durch Erfahrung Gelerntem ist so stark, dass sich diese automatischen Reaktionen einstellen, wenn man sie nicht aktiv kontrolliert. In Stresszeiten kommt es häufiger vor, dass Sie den Erziehungsstil Ihrer Kindheit kopieren. Wollen Sie das vermeiden, müssen Sie Ihr bevorstehendes Auftreten erkennen und Gegenmaßnahmen treffen, indem Sie bewusst neue Verhaltensmuster schaffen.

Ablehnung der Vergangenheit: Eine Reaktion auf eine schwierige Kindheit ist die Anwendung eines gegensätzlichen Erziehungsstils bei dem eigenen Kind. War Ihre Erziehung streng, tendieren Sie vielleicht dazu, nur wenige Grenzen und Regeln festzulegen oder Ihrem Kind jede Bitte zu erfüllen, da Sie selbst als Kind viel entbehren mussten. Das kann leider auch zu einem anderen Extrem führen, bei dem Sie Ihrem Kind nicht die Grenzen und Regeln setzen, die es braucht. Beginnen Sie dann später Disziplin einzuführen, besteht die Gefahr, die Kontrolle zu verlieren, zu weit zu gehen und die verletzenden Muster aus der Vergangenheit zu wiederholen. Wenn Sie kein positives Vorbild hatten, lesen Sie Erziehungsbücher, beobachten Sie andere und besuchen Sie einen Elternkurs, um Ihren eigenen Stil zu finden.

Neue Herausforderungen: Ihr Kind lebt in einer anderen Welt und wird Sie vor neue Herausforderungen stellen. Es lernt, Ihre Meinung eher zu hinterfragen, als ihr zuzustimmen, wächst mit viel mehr Technologie auf und wird später mit Entscheidungen und Druck konfrontiert werden, die Ihnen fremd sind.

ES GEHT VORWÄRTS Vorherige Generationen erinnern Sie daran, dass das Grundprinzip der Erziehung von Kindern – vorhersehbares, liebevolles Handeln – immer noch angewendet wird.

Habe ich einen Erziehungsstil?
Wiedererkennbare Elemente

Den einen richtigen Erziehungsstil gibt es nicht, doch einige Ansätze schaffen eher eine kostbare, liebevolle Beziehung zu Ihrem Kind als andere. Wahrscheinlich ist Ihr Erziehungsansatz eine Ideensammlung, die sich aus Bücherlesen, Beobachtungen, Werten und Erfahrungen aus der Kindheit und Ausprobieren ergeben hat. Wenn Sie über Ihren Erziehungsstil reflektieren, können Sie sich an das halten, was für Sie und Ihre Familie am besten ist.

VERGLEICHEN SIE: Erziehung ist nicht einfach und Sie brauchen vielleicht Hilfe. Seien Sie neuen Ideen anderer Eltern gegenüber offen.

Elemente Ihres Erziehungsstils

✱ **Spielerisch:** Bei diesem Erziehungsstil widmen Sie der Entwicklung Ihres Kindes viele Stunden mit Spiel und Anreiz, was sehr wichtig ist. Dieser Erziehungsstil eignet sich gut, wenn Sie ihn mit einem festen Ablauf kombinieren, der Ihrem Kleinkind Sicherheit und Geborgenheit gibt. Sie können sein Spielkamerad sein, doch nicht sein bester Freund, da damit das Setzen von Grenzen erschwert wird.

✱ **Herzlich:** Damit sind die vielen Möglichkeiten gemeint, mit denen Sie Ihrem Kind Ihre Herzenswärme zeigen – Ihre körperliche Zuneigung, Ihr sanfter Tonfall, Ihr weicher Gesichtsausdruck bei seinem Anblick und Ihre bedingungslose Liebe. Hat man Ihnen beigebracht, Ihre Gefühle nicht zu zeigen, oder dass man ein Kind verzieht, wenn man ihm sagt, dass man es liebt, ist der in Ihrer Beziehung benötigte Ausdruck von Herzlichkeit beschränkt. Sprechen Sie dann mit einem Erziehungsexperten.

✱ **Bestimmt aber fair:** Sie legen klare Regeln für Ihr Kind fest, die aber nicht so starr sein sollten, dass sie es an Verabredungen zum Spielen oder andere Aktivitäten hindert. Ein paar einfache Hausregeln reichen aus. Erlauben Sie Ihrem Kind vieles, doch scheuen Sie sich nicht, zu seinem eigenen Wohl Grenzen zu setzen.

✱ **Konsequent:** Mit einem vorhersehbaren Ablauf und denselben beständig angewendeten Regeln und Belohnungen weiß Ihr Kind sicher, wo es steht, was als Nächstes kommt und was von ihm erwartet wird – das gibt ihm Sicherheit.

✱ **Selbstsicher:** Sie treffen selbstsicher Erziehungsentscheidungen und halten daran fest. Wegen der starken Bindung werden Sie die Liebe Ihres Kindes nicht verlieren, selbst wenn Fehlverhalten Konsequenzen hat. Zwar treffen Sie meistens die richtigen Entscheidungen, doch falls nötig entschuldigen Sie sich auch schnell und ehrlich – so stärken Sie das Vertrauen Ihres Kindes in Sie.

✱ **Einig:** Ob Sie mit einem Partner erziehen oder Eltern oder Freunde Sie dabei unterstützen, es ist hilfreich, erzieherische Werte, disziplinarische Maßnahmen und Belohnungen abzusprechen. Liegen Ihre Ansichten darüber meilenweit auseinander, ist z. B. ein Elternteil »weich« und das andere Elternteil »hart«, kann das zu Problemen führen. Es entsteht Unmut, wenn einer die Stellung des anderen unterläuft. Völlige Übereinstimmung ist zwar selten, doch Gespräche und Diskussionen bringen Sie näher zusammen.

Zu vermeidende Erziehungsstile

✱ Unbeständig: Sie versuchen ruhig zu bleiben, doch manchmal schreien Sie und kochen vor Wut. Von Eltern wird nicht erwartet, dass sie ständig völlig gefasst bleiben, doch Zorn gegenüber Ihrem Kleinkind kann verletzend, quälend und verunsichernd sein. Die Gründe für Ihre Wut haben oft wenig mit ihm zu tun. Sollten Sie bereits Ihren Zorn durch Schreien, harte Worte, langes Ignorieren Ihres Kindes oder körperliche Verletzungen ausdrücken oder Gefahr laufen, dies zu tun, wenden Sie sich sofort an einen Psychologen oder Therapeuten.

✱ Nachgiebig: Fast kein fester Tagesablauf, wenig Grenzen oder Verhaltensregeln und keine elterliche Autorität können ein Kleinkind sehr ängstigen, da Vorhersehbarkeit, Zuverlässigkeit und Sicherheit fehlen. Das führt zu schlechtem Betragen und später vielleicht zu fehlendem Respekt den Eltern oder Autoritäten gegenüber, hat Einfluss auf den Bildungsabschluss und den Respekt vor dem Gesetz, anderen Menschen und Eigentum. Nachgiebigkeit ist oft eine Reaktion auf die eigene strenge oder raue Erziehung und den Vorsatz, dieses Muster nicht zu wiederholen. Sie kann aber auch die Folge von Stress, Überforderung oder depressiven Gefühlen sein, wenn Energie oder Motivation fehlen, Regeln und Routinen anzuwenden.

✱ Autoritär: Sie haben hohe Ansprüche an Ihr Kind, die Sie auf fast unerreichbare Erwartungen an sein Verhalten übertragen. Sie neigen zu Distanziertheit, und Wärme und Anerkennung hängen eher von Leistung ab, als dass sie Bestandteil des täglichen Familienlebens sind. Ihr Kind lernt, dass sein Selbstwert von seiner Leistung und nicht von seinen inneren Werten abhängt. Ausgeprägte Selbstkritik kann die Folge sein sowie die Tendenz zu geringem Selbstwertgefühl, wenn Ziele nicht erreicht werden. Dieser Stil sollte nicht mit einem verbindlichen Stil verwechselt werden, der zwar bestimmt ist, aber fair, durchsetzungsfähig und warmherzig. Verbindliche Eltern haben klare Regeln, Grenzen und Erwartungen, die dem Alter des Kindes und seinem Entwicklungsstand entsprechen.

✱ Vernachlässigend: Wenige Eltern können oder wollen die physischen und psychischen Bedürfnisse von Kindern nicht erkennen. Ein Kind nicht ausreichend zu ernähren oder es unbeaufsichtigt zu lassen, kann es in unmittelbare Gefahr bringen und ist strafbar.

TEAMARBEIT Als Team und Teil seines beständigen und vorhersehbaren täglichen Ablaufs geben Sie Ihrem Kind Sicherheit.

SPASS UND SPIEL Ein wichtiges Erziehungselement ist spielerische, körperliche Zuneigung.

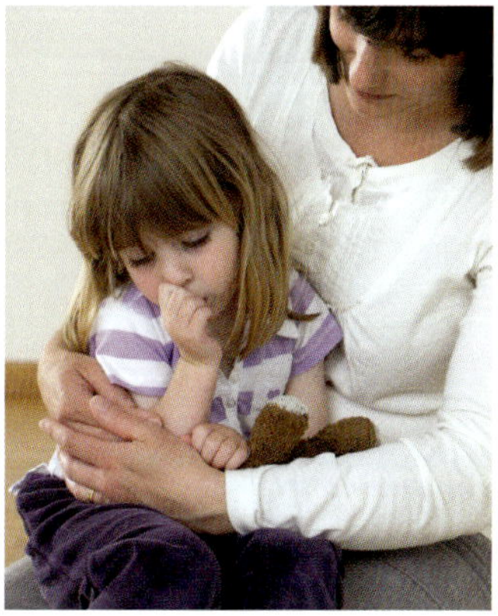

BESTIMMT ABER FAIR Feste Regeln und Konsequenzen sind in diesem Alter wichtig.

Lieblingsfarbe: Rosa
Marotten und Angewohnheiten

F Seit der Trennung von meinem Partner lutscht mein Sohn am Daumen. Haben wir ihm geschadet?

Daumenlutschen ist ein Trostspender, der allein noch kein Zeichen für eine psychische Störung ist. Sogar bei Schulanfängern ist es nicht ungewöhnlich, dass sie zur Schlafenszeit am Daumen lutschen. Die häufigste Sorge der Eltern ist der Einfluss auf das Wachstum der Zähne.

Lutscht Ihr Sohn allerdings häufig am Daumen und meinen Sie, dass er wegen der Trennungsfolgen besorgt ist, müssen Sie handeln. Vielleicht braucht er zur Beseitigung seiner Ängste mehr Trost von Ihnen und seinem Vater. Kinder haben Schwierigkeiten mit Trennung und Scheidung, wenn Sie nicht verstehen, was vor sich geht und ihr normaler Ablauf sich ändert. Studien besagen, dass es Kindern, die gute Beziehungen zu beiden Elternteilen haben, am besten geht (siehe Ratschlag zum Thema Scheidung verkraften, S. 190–196).

F Mein Kind hält es nicht ohne sein Schmusetuch aus. Wie bringe ich es davon ab?

Kinder greifen zu diesen Trostspendern in Zeiten, in denen Sie nicht da sind. Brauchen sie sie häufig, besonders beim Einschlafen, kann das problematisch werden, wenn sie vergessen oder verloren werden. Ein verzweifeltes Kind wird Ihnen dann eine schlaflose Nacht bereiten.

Verkleinern Sie das Tuch nach und nach, indem Sie es zuerst in zwei, dann in vier Teile schneiden, sodass sich Ihr Kind langsam an die geänderte Form gewöhnt. Behalten Sie ein Stück für Notfälle in Reserve.

»Schmusetuchfreie« Zonen einzurichten, wie die Krabbelgruppe oder den Kindergarten, und allmählich den Gebrauch auf zu Hause und dann die Schlafenszeit zu begrenzen, ist auch eine gute Idee.

F Was kann ich gegen Nasebohren tun?

Versuche, ein kleines Kind vom Nasebohren abzuhalten, bewirken meistens das Gegenteil. Bei der Erforschung aller Ecken und Winkel ihres Körpers entdecken Kleinkinder, welche Fundgrube ihre Nase ist. Oft bohren sie aus Langeweile oder Müdigkeit in der Nase. Sie erleben außerdem, welche Reaktionen sie damit bei Erwachsenen auslösen, was leider dazu führt, dass sie es noch öfter machen.

Nasebohren ignoriert man am besten völlig. Fällt Ihnen das schwer, geben Sie Ihrem Kind etwas, womit es seine Hände beschäftigt, z. B. Spielgeld oder ein kleines weiches Spielzeug für die Tasche, mit dem es herumspielen kann.

F Warum muss ich meinem Sohn immer dieselbe Geschichte vorlesen?

Es gibt etliche Erklärungen für dieses bei Kleinkindern übliche Verhalten. Insgesamt mögen sie keine Veränderungen. Wiederholung ist eine effektive Art, neue Inhalte und Worte zu lernen. Teile einer Geschichte auswendig zu können ist für Ihr Kind eine große Leistung. Vielleicht berührt es ein Teil der Geschichte emotional, und etwas von seiner eigenen Erfahrung oder Sehnsucht spiegelt sich darin wider. Rhythmus und Wiederholung beruhigen – ein Haupt-

> Hauptmotiv bei Gewohnheiten sind Rhythmus und Wiederholung, die Kinder als beruhigend empfinden.

motiv bei Gewohnheiten in diesem Alter. Interessant und abwechslungsreich wird das Vorlesen, wenn Sie Ihr Kind mit einbeziehen, es Figuren in den Bildern suchen oder Sätze von Personen sprechen lassen. Versuchen Sie lieber eine andere Geschichte einzuführen, ohne die alte zu ersetzen. Mit der Zeit wird auch diese »totgelesen«!

F Das morgendliche Anziehen ist der Horror. Gibt es Tipps?

Beim Streben nach Kontrolle richten die meisten Kleinkinder ihr Augenmerk auf den Vorgang und die Wahlmöglichkeiten beim Anziehen (das erklärt auch die Fixierung auf eine Farbe).

Beginnen Sie positiv und gut gelaunt, vielleicht mit einer Liebkosung. Spielen Sie dann ein Spiel oder erzählen Sie etwas, um Ihr Kind vom Anziehen abzulenken. Zur Begrenzung von Wutausbrüchen sollte die Kleidung wenig Knöpfe und Verschlüsse haben und leicht anzuziehen sein.

Vielleicht kann Ihr Kind den Teddy ankleiden, während Sie es anziehen. Wählen Sie keine Kleidung, die ihm Unbehagen bereiten könnte – Kleinkinder reagieren hypersensibel auf synthetische Fasern, kratzige Nähte und störende Schildchen. Lassen Sie es wählen, jedoch eingeschränkt. Räumen Sie nicht jahreszeitgemäße Kleidung weg, um das Tragen Sandalen und Bikini im Winter zu vermeiden. Loben Sie schließlich seine Erfolge, um es anzuspornen.

F Üble Gewohnheiten aus der Krabbelgruppe – gibt es Abhilfe?

Mit dem Eintritt in eine Krabbelgruppe wird Ihr Kind beginnen, Dinge zu kopieren, die die anderen Kinder machen und sagen – von leicht irritierenden bis zu völlig ekelhaften Dingen. Schrilles Kreischen, Spuckeblasen, Schlagen und Fluchen sind wahrscheinlich die schlimmsten. Es lohnt sich, die netten Dinge, die es ebenso von anderen lernen wird, im Geist gegenzurechnen. Versuchen Sie, das schlechte Benehmen Ihres Kindes zu ignorieren oder seine Aufmerksamkeit abzulenken. Wie bei vielen schlechten Angewohnheiten wird Ihr Kind sich an den Reaktionen orientieren, die es bekommt. Wenn Heulen und Spuckeblasen unbemerkt bleiben, wird es dies durch etwas Neues aus der Krabbelgruppe ersetzen. Achten Sie darauf, dass Ihr Kind weiß, dass gefährliches oder unzumutbares Benehmen Folgen hat.

ELTERN BERICHTEN

»Angezogen!« Die Entschlossenheit

Mit etwa drei Jahren wurde die Vorliebe meiner Tochter für die Farbe Rosa zu einer Besessenheit. Sie trug nur Kleider und jene in einem ganz bestimmten Rosaton. Ich hatte nicht gewusst, wie entschlossen so ein kleines Kind sein kann. Ich durchforstete Kleiderständer und Kataloge nach Kleidern in dieser Farbe. Schließlich gab mir meine Freundin den Rat, Leggings in dem speziellen Rosaton und ein sehr helles rosa Kleid zu kaufen und meine Tochter wählen zu lassen. Sie sagte, ich müsse ruhig bleiben und meiner Tochter klarmachen, dass keiner dabei verlieren kann. Anstatt sie zu hänseln oder zu kritisieren, ermutigte ich sie, sich zwischen zwei Möglichkeiten zu entscheiden und es gelang mir nach und nach, ihre Farb- und Kleiderpalette zu erweitern.

F Mein Kind masturbiert! Soll ich das unterbinden?

Es ist normal, dass kleine Mädchen und Jungen ihren Körper erkunden und nach dem Ablegen der Windeln ihre Genitalien entdecken. Sie werden bemerken, dass deren Berührung ein gutes Gefühl erzeugt und sie deshalb erneut berühren. Das ist völlig harmlos und braucht Sie nicht zu beunruhigen. Ein Kind dafür zu tadeln oder es aufzufordern, seine Hand aus der Hose zu nehmen, ist nicht sinnvoll und kann es anstacheln. Kinder, die geliebt und beachtet werden, haben kein Problem mit übermäßiger Masturbation. Sollte es auch außerhalb von Zuhause seine Hand in die Hose stecken und Sie das Gefühl haben, handeln

ELTERN BERICHTEN

»Aber das ist kaputt!«
Kontrolle herstellen

Wir machten eine Phase durch, in der Tim Wutanfälle bekam, wenn sein Essen nicht ganz war, d.h. wenn ich sein Brot zerschnitt oder eine Ecke am Keks fehlte. »Das ist kaputt!«, heulte er und weigerte sich zu essen. Zuerst dachte ich, er sei absichtlich schwierig und wir hatten furchtbare Kämpfe, die ich nie gewann.

Dann erzählte mir jemand, dass Tim auf diese Weise Kontrolle über sein Leben herstellte und aus irgendeinem Grund dafür unversehrtes Essen gewählt hatte! Ansonsten war er ein völlig glücklicher kleiner Junge, der fast alles aß. Ich bin damit zurechtgekommen. Es war nicht sehr schwer. Im Kindergarten aß er dann komischerweise geschnittene Apfelstücke mit den anderen Kindern.

zu müssen, kann eine alternative Beschäftigung mit den Händen den Vorgang stoppen, vielleicht etwas in seiner Hosentasche, mit dem es herumspielen kann oder ein Trostspender. Eine Unterscheidung zwischen »öffentlich« und »privat« in Bezug auf seinen Körper und sein Verhalten kann ihm dabei helfen zu verstehen, dass dies etwas Privates ist, das nicht verboten ist, aber zu Hause getan werden sollte. Einige Kinder spielen mit ihren Genitalien, wenn sie gelangweilt oder unglücklich sind. Ist das der Fall, sollten Sie erst einmal auf die zugrunde liegenden Probleme eingehen, bevor Sie das Thema Masturbation angehen.

F Mein Sohn stottert und stammelt. Wird er das immer tun?

Wenn Kinder anfangs sprechen lernen, stolpern sie oft über unbekannte Laute, werfen Wörter durcheinander und sprechen zu hastig in ihrem Wunsch, gehört zu werden und sich mitzuteilen. In dieser Zeit ist es normal, besonders bei Jungen, dass Laute, Silben oder Worte wiederholt werden. Das ist nicht unbedingt ein Zeichen von Anspannung oder Angst. Sie können Ihren Sohn am besten bei seinem Kommunikationsbestreben unterstützen, indem Sie ihm zeigen, dass Sie sich für das, was er erzählen möchte, interessieren und er merkt, dass Sie nicht in Eile sind und ihn reden lassen, ohne einzuschreiten. Wenn Sie darauf achten, ***was*** er zu sagen hat, richten Sie Ihr Hauptaugenmerk nicht darauf, ***wie*** er es sagt und setzen ihn nicht zusätzlich unter Druck.

Sollte sein Stottern andauern und sich verstärken, wenn er aufgebracht ist, lohnt es sich, die professionelle Hilfe eines Logopäden in Anspruch zu nehmen. Fragen Sie Ihren Kinderarzt danach.

F Wie verhindere ich, dass mein Kind »Scheißer« sagt?

Eine der vorrangigen Entwicklungsaufgaben dieses Alters ist, Darm und Blase kontrollieren zu lernen. Daher ist es nicht verwunderlich, dass die Toilette und ihr Inhalt häufig in der Kleinkindsprache auftauchen. Am besten ist, weder darauf zu reagieren noch über diese neu entdeckte Ausdrucksfähigkeit zu lachen. Einerseits ist es eine milde Form der Rebellion, andererseits amüsiert Toilettenhumor Vorschulkinder ohne Ende, und deshalb ist es schwierig, sie davon abzubringen.

Wollen Sie Beschimpfungen allgemein eindämmen, reden Sie darüber, wie bestimmte Ausdrücke die Gefühle anderer verletzen. Oft hilft es, das hinter der Beschimpfung stehende Gefühl zu benennen, indem man z. B. sagt: »Ich sehe, dass du dich ärgerst, weil dir deine Schwester das Spielzeug weggenommen hat, aber ich mag nicht, dass du sie beschimpfst«. Bieten Sie als Anreiz für einen Tag ohne Beschimpfungen kleine Belohnungen, z.B. Aufkleber.

Überprüfen Sie auch, ob Sie und andere in sprachlicher Hinsicht, besonders beim Autofahren oder Telefonieren, ein Vorbild für Ihr Kind sind. Was immer Sie auch tun, »Scheißer« wird nicht lange im Sprachgebrauch Ihres Kindes bleiben. Immerhin sind Sie jetzt vorbereitet auf die gewöhnungsbedürftige Sprache von Pre-Teenagern, die in ein paar Jahren folgen wird.

Warum spielen?
Spielen und Lernen

F Ich habe Spielzeug-Waffen verboten. Jetzt »schießt« mein Sohn mit einem Stock. Was soll ich tun?

Kriegsspielzeug wirkt so erschreckend echt, dass Eltern verständlicherweise versuchen, ihre Kinder davon fernzuhalten. Waffen zu verbieten macht sie jedoch nur noch attraktiver. Wie wäre es mit einem Kompromiss, der offensichtlich realitätsferne Waffen wie Wasserpistolen und leichte Säbel erlaubt? Fördern Sie die Fantasie, indem Sie Ihren Sohn zum Waffenbasteln aus beliebigem Material ermuntern. Gleichzeitig können Sie ihm Freundlichkeit und Toleranz beibringen und ihm erklären, dass richtige Waffen Menschen verletzen. Kinder können ziemlich gut zwischen Spiel und wahrem Leben unterscheiden, und Aggressionen lernen sie eher vom Verhalten derer, die sie um-geben. Durch Ihr eigenes Verhalten können Sie ihm zeigen, wie man Differenzen gewaltfrei klärt.

F Meine Tochter hat einen imaginären Freund. Ist das schlimm?

Ab etwa zweieinhalb Jahren aufwärts haben viele Kinder imaginäre Freunde, die sie über einige Jahre begleiten können. Das ist kein Anzeichen von Einsamkeit oder Angst. Viele glückliche Erwachsene erinnern sich noch gerne an ihren imaginären Freund.

Solche Freunde eignen sich für vieles: man kann ihnen die Schuld für Fehlverhalten geben, über sie schwierige Gefühle ausdrücken, durch sie den moralischen Zeigefinger erheben oder sie als gute Spielkameraden schätzen. Sie können als Mensch oder Tier auftreten, haben Namen und faszinierende Eigenschaften und manchmal haben Kinder mehrere davon. Daran ist an sich nichts Unheimliches. Ist Ihr Kind bedrückt, können die Rolle und Charakteristika des »Freundes« einen nützlichen Einblick in das Problem geben. Wie bei jedem Spiel, sollte die Fantasie angeregt werden und Sie als Elternteil die Hauptrolle besser Ihrem Kind überlassen. Falls gewünscht, legen Sie noch ein Gedeck auf oder halten Sie die Autotür für den »Freund« offen. Versuchen Sie nicht, das Ruder zu übernehmen oder den Freund gegen Ihr Kind zu verwenden. Akzeptieren und begrüßen Sie ihn in Haus und Familie, und mit der Zeit wird er von selbst verschwinden.

F Mein Sohn kennt beim gemeinsamen Spielen kein Ende. Wie vermeide ich Tränen?

Wenn Ihr Sohn weiß, dass Sie täglich mit ihm spielen, wird es ihm leichter fallen, aufzuhören. Planen Sie jeden Tag Zeit mit ihm zum Spielen und Entspannen ein. Sagen Sie einige Minuten vorher, dass die Spielzeit gleich vorbei ist und gehen Sie dann wie geplant. Wenn Sie seinem Bitten nachgeben und die Zeit verlängern, wird er lernen, dass er immer die Chance auf mehr hat, was zu mehr Tränen und Quengelei führt. Sagen Sie ihm, dass Sie gerne mit ihm spielen und sich auf das nächste Mal freuen.

F Ich habe meinem Sohn eine Puppe gekauft, die er »Superbaby« nennt und herumwirft. Muss ich mir Sorgen machen?

Um das dritte Lebensjahr herum beginnt sich bei Kindern die Geschlechtsidentität festzulegen. Jungen spielen dann verstärkt mit Jungenspielzeug und Mädchen mit Mädchenspielzeug. Obwohl vor diesem Alter ihre Spielzeugpalette breiter ist, zeigt sich ihr Geschlecht bereits in der Art, wie sie damit spielen. Ihr Sohn füttert z. B. die Puppe nicht, sondern schmeißt sie herum. Kinder werden allerdings bei der Auswahl ihres Spielzeugs auch durch Spielkameraden ältere Geschwister und das Verhalten erwachsener Männer und Frauen beeinflusst.

Verschiedene Arten zu spielen
Körperlich und symbolhaft

Das Kleinkindalter ist die Zeit des körperlichen Spiels – laufen, springen, hüpfen und spielerisch kämpfen. Welpen, Kätzchen und Kleinkindern sieht man an, dass es nur aus Spaß geschieht. Eltern und Kinder entwickeln ihre eigenen, von Begeisterungsschreien begleiteten Kitzel-, Wurf- und Versteckspiele.

Spielerisches Kämpfen ist beliebt von drei Jahren an bis ins Jugendalter. Kinder können dabei gut zwischen Spiel und Wirklichkeit unterscheiden. Liegt beim Ringen ein Kind oben, wird es im nächsten Moment abgeworfen und das andere geht als Sieger hervor. Anders als beim echten Kampf soll hier niemand verletzt werden und Schaulustige werden gar nicht bemerkt.

Neben der Freude an zunehmender Körperlichkeit sieht man erste Anzeichen von Symbolspiel. Es entwickelt sich in einer komplizierten Folge, in der z. B. eine Einjährige vorgibt, zu schlafen oder zu essen, mit ungefähr 18 Monaten den Teddy oder die Mama füttert und mit zwei Jahren die Puppe den Teddy füttern lässt. Die Fähigkeit, durch Fantasie reale Dinge durch Objekte zu ersetzen, folgt ein bisschen später. Mit drei oder vier Jahren wird z. B. eine Eichelschale dann als Tasse benutzt. Ein untrügliches Zeichen für dieses Stadium ist die Verwendung von Stöcken oder Legosteinen als Waffe. Eltern können bei der Entwicklung dieses Fantasiespiels helfen. Bis etwa zum vierten Lebensjahr ist es eine typische, meist gesellige Eltern-Kind-Aktivität. Weder die Eltern noch das Kind übernehmen die Regie und so birgt das Spiel Qualität für beide. Mit der Zeit werden andere Kinder in das Symbolspiel einbezogen, die Geschichten werden komplizierter und orientieren sich an familiären Themen wie Essenkochen oder Einkaufen.

BAUEN Kinder lieben Dinge zum Zusammenbauen – ein fertiges Teil hebt das Selbstwertgefühl.

FAMILIENSPIELE Mit Ihrem Kind selbst erfundene Spiele zu spielen, fördert die Bindung.

SYMBOLSPIEL Drei- bis Vierjährige entwickeln durchdachtere Rollenspiele wie »Verkleiden«.

So können moderne Jungen ihre Väter bei Hausarbeit oder Babypflege imitieren, mit Freundinnen »Familie« spielen oder die ruhigeren Spiele älterer Geschwister nachahmen.

Überraschend ist, dass wir geschlechtsspezifischen Änderungen gegenüber doch ziemlich resistent sind. Seit dem 20. Jahrhundert wurde die Frage »angeboren oder anerzogen« diskutiert. Heute glaubt man, dass Gene eine wichtige Rolle bei der Bestimmung der Geschlechterrollen spielen und die Forschung hat erkannt, wie tief greifend und subtil Erziehung beim Bilden von geschlechtsspezifischen Klischees sein kann. Noch vor der Geburt gibt es eine Tendenz, an Jungen anders zu denken als an Mädchen, weil die Gesellschaft und Kultur uns so konditionieren.

Einem Jungen eine Puppe zu geben und einem Mädchen ein Auto mag nicht dazu führen, dass sie damit spielen, doch man kann ihnen so emotionale Kompetenz beibringen und, was entscheidend ist, man kann zeigen, dass die Stärken beider geschlechtsspezifischer Merkmale gleich bewertet werden.

F Mein Kind bemalt die Wände. Ist das schlechtes Benehmen oder künstlerisches Talent?

Ist Ihr Kind stolz auf sein Kunstwerk und ihm der Fehltritt nicht bewusst, schimpfen Sie es nicht. Bewundern Sie das Bild, bedauern Sie aber, dass es an der falschen Stelle ist und weggewischt werden muss.

Zeigen Sie ihm an einer zugänglichen Stelle, worauf es malen darf. Blätter verrutschen, Wände nicht. Deshalb hat sie Ihr Kind gewählt. Eine schwarze oder weiße Tafel oder große Blätter, die auf den Tisch oder den Boden geklebt werden, können helfen. Damit Ihr Kind aus seinem Handeln eine Lehre zieht, beobachten Sie es genau und loben Sie seine Fähigkeit, auf dem Papier zu bleiben sowie seinen künstlerischen Fortschritt. Können Sie es beim Malen nicht beaufsichtigen, entfernen Sie sämtliche Malutensilien. Hängen Sie das Werk an eine Stelle, an der es alle sehen und bewundern können. Es könnte sich lohnen, Ihr Kind bei der Reinigung der Wand helfen zu lassen. Das soll keine Strafe sein, sondern die Lehre vertiefen, die es daraus zieht.

ELTERN BERICHTEN

Zusammen lachen
Alberne Spiele genießen

Ich liebe das ausgelassene Lachen meiner Tochter sehr. Sie zum Lachen zu bringen rettet oft unsere Stimmung nach einem schlechten Tag. Sie findet es lustig, wenn Erwachsene Fehler machen. Morgens spielen wir immer ein albernes Spiel. Ich tue so, als wüsste ich nicht, wohin welche Kleidungsstücke gehören und ziehe ihr die Strumpfhose über die Arme und den Schlüpfer über den Kopf – sie kichert und korrigiert mich. Ein anderes Mal suchen wir nach ihren Körperteilen oder noch besser, nach denen ihres Vaters, aber an den falschen Stellen. Ich sage: »Wo ist Papas Bauch«, während ich hinter sein Ohr gucke, und wieder gluckst sie. Sie brüllt vor Lachen, wenn ihr Papa scheinbar überrascht aufspringt, weil er auf seinem Knie seine Nase gefunden hat.

F Die letzte Verabredung zum Spielen war ein Desaster. Vielleicht ist mein Kind zu jung?

Ihr Kind lernt gerade, Spielzeug, Mama oder Papa zu teilen und mit Kindern in seinem Alter zu spielen, deshalb können Verabredungen eine Herausforderung sein. Mit ein wenig Vorbereitung und einfachen Richtlinien wird es nächstes Mal besser laufen. Begrenzen Sie das Treffen auf maximal anderthalb Stunden. Wählen Sie eine Zeit, zu der Ihr Kind ausgeruht und satt ist. Entscheiden Sie zusammen, welche Spielsachen sie teilen könnten und räumen Sie die anderen weg. Beaufsichtigen Sie die Kinder ständig. Es ist normal in diesem Alter, dass jedes Kind für sich spielt. Zwingen Sie sie nicht, zusammenzuspielen. Rechnen Sie damit, die Regie übernehmen zu müssen und spielen Sie mit, wenn beide Mühe haben, allein zu spielen. Sie sollten einen Plan für Probleme haben, den Sie mit den anderen Eltern abgleichen. Versuchen Sie die Schlafenszeiten mit den ande-

Spielen für die Entwicklung? Ich spiele bloß …

Seit Ende des 19. Jahrhunderts betonen Spieltheoretiker die Bedeutung von Spielen für die Kindesentwicklung. Einige glauben, es sei wichtig für die emotionale Entwicklung, andere für das Denken und die Kreativität und wieder andere für das Beherrschen von Lebenskompetenzen in sicherem Kontext. Die radikalste Theorie besagt, dass Spielen überhaupt kein Beitrag zur Entwicklung leistet – der Spaß stehe an erster Stelle, Lernen ist zweitrangig. Einige meinen sogar, dass Spielen sei unserer auf Kinder ausgerichteten Gesellschaft idealisiert wird und verweisen auf andere Kulturen, wo Spielen weniger Bedeutung hat, ohne der Entwicklung zu schaden.

Verbindungen finden: Moderne Theoretiker sehen einen Zusammenhang zwischen Symbolspiel und Kreativität sowie zwischen Rollenspiel und Entwicklung von Sozialkompetenz. Lernen ist schwer von Aspekten kindlicher Entwicklung zu trennen. Leicht erkennbar ist, dass körperliches Spiel, Symbolspiel und Sprachspiel viele Lernmöglichkeiten bieten: was kann es tun, wer ist es und wie interagiert es mit Familie, Freunden und Umwelt. Raufspiele ohne feste Regeln oder Ziele lehren soziale Fähigkeiten wie Abwechseln, Verhandeln, Freunde gewinnen und behalten. Auch vermitteln sie kompetitive und kooperative Fähigkeiten. Komplexeres, zielgerichtetes Spiel von älteren Kleinkindern wie z. B. Bauen, Malen, Laubsägearbeiten und Puzzeln, scheint der Entwicklung der kognitiven Fähigkeiten wie Problemlösung und Hypothesenüberprüfung zu dienen.

Alle Kinder spielen, ob im Amazonas-Urwald oder in einer Großstadt, ob mit Kisten voller Spielzeug oder einem selbst gebastelten Blechdosenauto und bezeichnenderweise unabhängig davon, wie viel Gewicht und Energie ihre Eltern in ihr Spiel investieren. Es wird immer noch geforscht, welche Art von Spiel und wie Spielen mit kognitiver, sozialer und emotionaler Entwicklung verbunden ist, doch die starke Verbindung zwischen Spiel und der positiven Erfahrung gemeinsamen Vergnügens ist unbestritten.

ICH BIN BAUARBEITER Rollenspiele und Sichverkleiden sind ein wichtiges Entwicklungsstadium: Es bedeutet, dass Ihr Kind darüber nachdenkt, wie andere die Welt sehen.

LAUTE SPIELE Das jüngere Kleinkind macht gern Krach und beschäftigt sich mit dem Inhalt Ihrer Küchenschränke. Füllen Sie einen für es mit sicheren Utensilien wie Töpfen, Pfannen und stabilen Plastikboxen zum Erkunden.

Wie man spielt: Dem Kind die Führung überlassen

Viele Erwachsene haben vergessen, dass Spielen Freude machen soll oder wollen ihrem Kind beibringen, wie man richtig spielt.

Doch so macht Spielen keinen Spaß. Puzzle fertigstellen oder richtig ordnen ist verlockend, doch Sie rauben Ihrem Kind damit das Vollendungsgefühl und Erfolgserlebnis. Meint Ihr Kind fertig zu sein, können Sie das überprüfen, es für seine Mühe loben und es ansonsten dabei belassen. Spielen ist eine gemeinsame Aktivität, und Eltern ermuntern Ihr Kind erfolgreicher zum Spielen, wenn sie ihm die Führung überlassen. Setzen Sie sich dazu und lassen Sie sich von ihm sagen, was zu tun ist, dann werden Sie garantiert einbezogen. Versuchen Sie nicht, die Regie zu übernehmen, indem Sie Ihre eigenen Ideen und Regeln aufdrängen. Ein Haus muss nicht aussehen wie ein echtes, und es gibt keinen Grund, warum das Bad nicht im Esszimmer sein darf. Hetzen Sie nicht durch ein Spiel und achten Sie besonders auf die kreativen Ideen Ihres Kindes.

ren Eltern abzustimmen, um die Chancen auf zwei erholte Kinder zu erhöhen. Übertreiben Sie nicht: Ein Treffen pro Woche ist genug.

Woran erkenne ich gutes Spielzeug für Kleinkinder?

Stimmen Sie das Spielzeug auf die verschiedenen Arten von Spiel ab, die in diesem Alter dominieren: Perfekte Spiele für die körperliche Entwicklung sind z. B. Klettergerüste, Dreiräder, Bobbycars und Feuerwehrautos. Bei Symbolspielen für die soziale Entwicklung versuchen Sie es mit Puppen, die man füttern und wickeln kann, einer Kiste voller Hüte und Sachen zum Verkleiden, Figuren und Marionetten aus Geschichten und Filmen, Autos, Lastwagen und Flugzeugen sowie mit Spielzeug, das das Fantasiespiel erweitert, wie Telefon, Kasse oder Werkzeugkasten. Für kreatives Spiel greifen Sie zu Mal- und Bastelsachen.
Meiden Sie Spielsachen, die die Fantasie und das Wechselspiel begrenzen, wie batteriebetriebenes Spielzeug, das nur angeschaut werden kann, oder Sprechpuppen sowie Spielsachen, die für das Alter des Kindes nicht angebracht sind.

Wie bringe ich meine Tochter dazu, allein zu spielen?

Sollen Sie mit Ihrem Kind spielen oder es ermuntern, allein zu spielen? Das richtige Gleichgewicht zu finden kann schwierig sein. Geben Sie ihrer Bitte immer auf Kosten Ihrer eigenen Bedürfnisse nach, werden viele Kämpfe vor Ihnen liegen.

Ihr Kind muss lernen, dass Mama manchmal eigene Arbeit erledigen muss und nicht immer als Spielkamerad zur Verfügung steht. Hat es noch keine Anzeichen gezeigt, allein spielen zu wollen, müssen Sie klein anfangen, z. B. zusammen am Tisch sitzen und für einige Minuten unterschiedliche »Arbeiten« verrichten. Während Sie Papierkram erledigen, kann Ihr Kind malen. Sie könnten auch kochen, lesen oder gärtnern. Sehen Sie oft nach ihm, sprechen Sie über sein Wirken und bewundern Sie seine Selbstständigkeit. Ihr Kind wird lernen, dass allein spielen etwas ist, das Sie gutheißen, und wird es oft wiederholen wollen, um gelobt zu werden. Da Kleinkinder von Natur aus keine Einzelgänger sind, wird es ein langsamer Prozess werden. Es ist jedoch richtig, die ersten kleinen Schritte in diese Richtung zu tun.

Mein Kind beißt!
Aggressive Kinder verstehen

F Unser Sohn beißt andere Kinder im Kindergarten. Was ist zu tun?

Ihr Sohn hat im Kindergarten Spaß, die Zeit ist für ihn aber auch anstrengend. Er lernt neue Fertigkeiten, muss jedoch das Spielzeug ebenso teilen wie die Zeit und Aufmerksamkeit der Erzieherinnen. Das führt zu Frustrationen, die bereits im Entstehen erkannt werden sollten, um einschreiten zu können, bevor sie eskalieren. Sprechen Sie mit den Erzieherinnen. Sie sollten Ihr Kind aufmerksam beobachten. Wird es z. B. frustriert, weil ein anderes Kind versucht, ihm ein Spielzeug wegzunehmen, sollten sie es mit einer anderen Tätigkeit ablenken. Beißt es, sollten sie nachdrücklich sagen: »Nicht beißen – das tut weh«, dann Ihr Kind aus dem Spielbereich entfernen und ein paar Minuten bei sich behalten. Dem gebissenen Kind sollte positive Aufmerksamkeit geschenkt werden. Sorgen Sie dafür, dass Ihr Kind ausgiebig Lob und Zuspruch für angemessenes Verhalten bekommt. Beißen ist unter kleinen Kindern sehr verbreitet. Nur wenige behalten es auch in der Schule bei.

ELTERN BERICHTEN

Kleiner Beißer
Ein peinlicher Vorfall

Als ich meinen Sohn nach seinem ersten Tag vom Kindergarten abholte, sagte man mir, dass er ein anderes Kind gebissen hatte. Obwohl er mich bereits zu Hause einige Male gezwickt hatte, konnte ich nicht glauben, was er getan hatte und wäre am liebsten vor Scham im Boden versunken. Die Erzieherinnen waren sehr verständnisvoll und erklärten, dass sie ihn einige Minuten zur Seite genommen hätten, bis er sich beruhigt hatte, um ihn dann wieder in die Aktivitäten zu integrieren. Genauso machte ich das zu Hause und mein Sohn verstand schnell. Er kommt jetzt viel besser im Kindergarten zurecht. Manchmal ist er zwar immer noch verärgert, wenn er ein Spielzeug teilen soll, aber er beißt nicht mehr.

F Meine Tochter schlägt die Kinder meiner Freundin. Sollen wir nicht mehr hingehen?

Der Situation aus dem Weg zu gehen hilft Ihrem Kind nicht zu lernen, wie man sich angemessen verhält und kann sogar sein aggressives Verhalten verstärken. In ungewohnter Umgebung fühlt Ihre Tochter sich vielleicht unsicher und sucht durch das Schlagen Ihre Aufmerksamkeit. Ist es für Ihr Kind schwer, sich an neue Leute zu gewöhnen, laden Sie Ihre Freundin (mit den Kindern) zunächst zu sich ein, damit sich Ihre Tochter in gewohnter Umgebung an sie gewöhnt. Erscheint sie selbstsicherer, dehnen Sie die Besuche bei Ihrer Freundin langsam aus. Behalten Sie Ihre Tochter zunächst bei sich und schicken Sie sie nicht sofort zum Spielen, während Sie mit Ihrer Freundin sprechen. Integrieren Sie sie dann in Aktivitäten der anderen Kinder und bleiben Sie einen Moment dabei. Teilen Sie Ihrer Tochter mit, wenn Sie den Raum verlassen und wohin Sie gehen. Sehen Sie regelmäßig nach ihr und loben Sie sie ausgiebig, wenn sie schön spielt. So fördern Sie das Vertrauen und die sozialen Fähigkeiten Ihrer Tochter, ermuntern sie zu dem von Ihnen gewollten Verhalten und bleiben mit ihrer Freundin in Verbindung!

F Mein Sohn ist so rabiat. Wird er ein Raufbold?

Raufen ist allgemein bei vielen Jungen beliebt. Solange Ihr Sohn kein anderes Kind verletzt, gibt es keinen Grund zur Sorge. Schlägt er um sich, so passiert es in der Hitze des Gefechts, denn er ist noch zu jung, um es absichtlich zu tun.

Raufbolde haben gelernt, dass Aggressivität ein akzeptabler Weg ist, das Gewünschte zu bekommen. Geben Sie Ihrem Sohn mit einigen klaren, einfachen Regeln Starthilfe, damit er weiß, was Sie von ihm erwarten, sagen Sie z. B. »Lass deine Hände und Füße bei dir« und »Spiel schön – nicht schlagen«. Loben Sie ihn für jedes Befolgen. Gibt es Streit, greifen Sie ein und zeigen Sie ihm, wie man Probleme angemessen löst. Kinder lernen durch das Beobachten und Kopieren das Verhalten ihrer Eltern.

F Wenn mein Sohn wütend ist, schlägt er mit dem Kopf gegen die Wand. Was kann ich tun?

Ihr Kind so zu sehen, bringt Sie aus der Fassung, doch versuchen Sie ruhig zu bleiben. Seinen Kopf gegen die Wand zu schlagen ist vielleicht seine Art, mit sehr starker Wut und Frustration fertig zu werden, die er noch nicht versteht. Am besten, Sie ignorieren es. Die meisten Kinder merken schnell, dass das wehtut und hören auf. Wenn Sie in Panik geraten, wird Ihr Sohn dieses Verhalten immer wieder anwenden, um zu bekommen, was er will. Wenn Sie befürchten, dass er sich ernsthaft verletzt, greifen Sie ein, jedoch nur mit einem Minimum an Aufmerksamkeit. Schlägt er seinen Kopf auch dann an, wenn er keinen Wutanfall hat, könnte das ein Anzeichen für eine Krankheit oder Schmerzen sein. Suchen Sie nach anderen Anzeichen oder Symptomen und fragen Sie Ihren Kinderarzt um Rat. Mit Verbesserung seiner Sprachfähigkeiten wird er andere Wege finden, Sie wissen zu lassen, wie er sich fühlt.

F Meine Tochter wird im Kindergarten oft von einem anderen Kind getreten. Was soll ich tun?

Beruhigen und umarmen Sie sie und sagen Sie ihr, dass Sie etwas dagegen tun werden. Kennen Sie die Eltern des Kindes nicht persönlich, widerstehen Sie der Versuchung, sie anzusprechen und die Sache selbst zu regeln. Das könnte alles noch verschlimmern und eine schlechte Atmosphäre schaffen. Besuchen Ihre Kinder später dieselbe Schule, werden Sie viele

Schlagen, beißen, treten
Gründe dafür:

* **Langeweile:** Erhält ein Kind keine Anreize, ist Schlagen ein wirksamer Weg, Aufmerksamkeit zu bekommen – wenn auch in Form einer Standpauke. Beschäftigen Sie Ihr Kind.
* **Müdigkeit:** Keiner ist in Bestform, wenn er müde ist – auch Ihr Kind nicht. Durch Schlagen zeigt es Ihnen, dass es genug hat.
* **Hunger, Durst oder Krankheit:** Jüngere Kinder mit sich gerade entwickelnden Sprachfähigkeiten haben Probleme, diese Grundbedürfnisse mitzuteilen. Schauen Sie nach ersten Anzeichen.
* **Andere kopieren:** Kinder lernen, indem sie das Verhalten anderer Kinder und vertrauter Erwachsener – besonders ihrer Eltern – kopieren. Sehen sie, dass jemand durch aggressives Verhalten das Gewollte bekommt, probieren sie es aus.
* **Frustration, Wut oder Verstimmung:** Kleine Kinder haben eine schlechte Impulskontrolle. Auf Grenzen regieren sie, indem sie ihre Gefühle zeigen. Mit zunehmender Sprachentwicklung nimmt das aggressive Verhalten ab.
* **Aufmerksamkeit erregen:** Mit aggressivem Verhalten bekommen Kinder garantiert die Aufmerksamkeit Ihrer Eltern, deshalb wird es wirksam eingesetzt.
* **Reizüberflutung:** Zu viel Aufregung führt zu übertrieben ausgelassenem Spiel und manchmal Schlagen im Affekt. Ein paar Minuten zum Beruhigen können helfen.
* **Druckmittel:** Wenn aggressives Verhalten in der Vergangenheit erfolgreich war, wird Ihr Kind eher darauf zurückgreifen. Durch strikte Grenzen und konsequente Reaktion kann dieses Muster durchbrochen werden.
* **Keine Lust zu etwas haben:** Schlagen oder Treten führt dazu, dass ein Kind aus einer Situation entfernt wird. Hat Ihr Kind zu einer bestimmten Aktivität keine Lust, verhindert es so, dass es daran teilnehmen muss.

ELTERN BERICHTEN

Besonnen selbstsicher
Ein anderer Ansatz

Wir wollten immer, dass unsere Tochter für sich eintritt. Deshalb ermunterten wir sie, sich zu wehren, wenn ein Kind ihr gegenüber aggressiv wurde. Als sie ihren kleinen Bruder umstieß, merkten wir, dass wir ein Problem hatten und unseren Denkansatz ändern mussten. Wir vereinbarten einige einfache Regeln und lobten sie für deren Einhaltung. Bei uns ist es jetzt ruhiger geworden. Unsere Tochter ist selbstsicher, verträgt sich gut mit anderen Kindern und weiß sich zu wehren, ohne aggressiv zu werden.

unangenehme Jahre miteinander verbringen müssen! Es kann viele Gründe geben, warum das Kind Ihre Tochter getreten hat. Vielleicht hat es auch noch andere Kinder angegriffen. Falls sie es nicht bereits schon macht, soll sich Ihre Tochter einstweilen von dem Kind fernhalten. Sprechen Sie mit der Kindergartenleitung und teilen Sie Ihr Anliegen mit. Fragen Sie später nach, wie die Angelegenheit geregelt wurde.

F Ist es richtig, eine Entschuldigung zu erzwingen?

Entschuldigungen sollten aufrichtig und echt sein und dem anderen zeigen, dass es einem wirklich leidtut. Als Kleinkind beginnt Ihr Kind gerade, die Wirkung seines Handelns auf andere zu verstehen. Es wird noch dauern, bis es sich in andere hineinversetzen kann und versteht, wie sie sich fühlen. Wenn Sie es zwingen, sich zu entschuldigen, wird es dies zwar sagen lernen, was Sie hören wollen, aber es wird es nicht wirklich meinen. Ein Kind dazu zu bringen, sich zu entschuldigen, besonders nach einem aufregenden Vorfall, wenn die Emotionen hochkochen, birgt auch das Risiko, ein weiteres Problem zu schaffen, da es ernsthaft glaubt, nichts Falsches getan zu haben. Erklären Sie Ihrem Kind, was es getan hat, wie sich der andere fühlt und seien Sie selbst ein Vorbild, wenn Sie Fehler machen. Wenn es die Welt mehr aus der Perspektive anderer sehen kann, wird es aufrichtig »Entschuldigung« sagen und es auch so meinen.

F Seit der Geburt ihrer Schwester ist unsere Tochter sehr unwirsch geworden. Wir haben es mit Geschenken versucht, aber nichts hilft.

Die Welt Ihrer Tochter ist durch den neuen Erdenbürger ins Wanken geraten. Sie war es gewohnt, im Mittelpunkt zu stehen und ist nun unglücklich darüber, dass sie das Rampenlicht, in dem sie bislang allein gestanden hat, mit jemandem teilen muss. Geschenke können helfen, Ihrer Tochter zu zeigen, dass Sie noch an sie denken. Doch Vorsicht: Ihre Tochter fühlt sich wahrscheinlich verdrängt und spielt Theater, um Aufmerksamkeit zu erregen. Überschütten Sie sie mit Geschenken, belohnen Sie dieses Verhalten und Sie wird es erst recht tun. Verbringen Sie auch Zeit mit ihr allein und bitten Sie sie, bei der Versorgung ihrer Schwester mitzuhelfen. Geschenke sollte sie nur erhalten, wenn sie sie verdient hat und nicht, weil Sie sich schuldig fühlen.

F Mein dreijähriger Sohn macht seinem älteren Bruder alles nach. Soll ich sie voneinander trennen?

Kinder lernen viel, indem sie andere, besonders nahestehende Personen, beobachten und imitieren. Leider werden Sie sich nicht über alles freuen, was Ihr Sohn auf diese Weise erlernt. Ab dem Alter von drei Jahren können die meisten Kinder zwischen Fantasie und Wirklichkeit unterscheiden. Ihrem Sohn wird dann bewusst, dass sein älterer Bruder nur spielt, wenn er gewalttätige Szenarien aufführt oder spielerisch kämpft. Sollten Sie dennoch nicht wollen, dass er dabei ist, wenn sein Bruder mit seinen Freunden rauft, beschäftigen Sie ihn anderweitig und bitten Sie Ihren älteren Sohn nicht, damit aufzuhören. Bald werden Sie die beiden dazu ermuntern, zusammen zu spielen und dann wollen Sie sicher nicht, dass es der Ältere dem Jüngeren verübelt, ihm immer den Spaß verdorben zu haben.

MYTHEN UND MISSVERSTÄNDNISSE

Stimmt es, dass …

* ich zurückbeißen soll, wenn ein Kind mich beißt?

Nein! Das ist eine riskante Strategie, denn Sie könnten Ihr Kind ernsthaft verletzen. Außerdem schaffen Sie ein neues Problem, da Sie es zum Weinen bringen. Sicherer und effektiver beim Erlernen von Benehmen sind klare Regeln und viel Lob für das gewünschte Verhalten.

* mein Kind mit seinem aggressiven Verhalten nur Aufmerksamkeit erregen will?

Bei jüngeren Kindern mag das zutreffen, doch es gibt noch viele andere Gründe für aggressives Verhalten. Sucht Ihr Kind Aufmerksamkeit, sollten Sie sich fragen, warum. Kinder brauchen nicht ohne Grund Aufmerksamkeit. Überlegen Sie, wie Sie helfen können.

* manche Kinder aggressiver sind als andere?

Das stimmt sicher, bedeutet aber nicht, dass Kinder so geboren werden. Wenn Kinder lernen, dass aggressives Verhalten akzeptabel ist und die beste Art, etwas zu bekommen, werden sie diese Vorgehensweise beibehalten, während sie heranwachsen. Wenn Ihr Kind sehr aggressiv zu sein scheint, überlegen Sie, mit wem es seine Zeit verbringt. Vielleicht imitiert es das Verhalten von Menschen, die es betreuen.

* dass ich praktizieren soll, was ich fordere?

Ja – Sie sind das wichtigste Vorbild für Ihr Kind. Wenn Sie aggressives Verhalten korrigieren, sich aber selbst aggressiv verhalten, ist das verwirrend und untergräbt die Lehre, die Sie zu erteilen versuchen.

Ernährungsfragen
Wählerische Esser

F Meine Tochter schmeißt Essen durch die Gegend. Ist das unartiges Benehmen?

Ihre Tochter ist neugierig darauf, wie Essen aussieht, schmeckt und sich anfühlt. Sie macht die Sauerei, weil Essenlernen nicht einfach ist und sie es mit Händen und Mund erkundet. Das ist kein unartiges Benehmen, sondern ein Schritt zu größerer Unabhängigkeit und ein Zeichen von Neugierde. Wird auf diese Weise zu viel Essen verschwendet, geben Sie Ihrer Tochter nur eine kleine Menge und halten Sie den Teller fest. Tragen Sie zur Essenszeit nicht Ihre beste Kleidung! Sie könnten eine abwaschbare Matte unter den Stuhl legen, um das Saubermachen zu erleichtern. Mit ein bisschen Übung und viel Zuspruch wird Ihre Tochter bald besser essen und ein Interesse dafür entwickeln. Loben Sie sie ausgiebig für ordentliches Essen und machen Sie nicht so viel Aufhebens, wenn Essen herumfliegt. So wird sie verstehen, was Sie lieber mögen.

F Mein 18 Monate alter Sohn hat keine Zeit zum Essen und verliert Gewicht – ein Grund zur Sorge?

Verglichen mit den ersten zwölf Monaten nehmen Kinder im zweiten Lebensjahr deutlich weniger an Gewicht zu. Ihr Sohn wächst jetzt langsamer und es sieht aus, als würde er abnehmen. Er verbrennt viele Kalorien durch Herumrennen und Toben und seine Körperform ändert sich. Ein gesunder Snack zwischen den Mahlzeiten hält seinen Energiepegel konstant. Vermeiden Sie süße, fetthaltige Sachen wie Kekse und Schokolade. Halten Sie regelmäßige Essenszeiten ein, aber zwingen Sie ihn nicht zum Essen. Diesen Kampf werden Sie verlieren und es besteht das Risiko von späteren Essstörungen. Überfordern Sie Ihren Sohn nicht mit überladenen Tellern – er wird dadurch nicht mehr essen. Bieten Sie lieber kleine Portionen an. Wenn er noch hungrig ist, kann er einen Nachschlag nehmen. Ihr Sohn isst, was er braucht, deshalb sollten Sie Ihr Augenmerk auf regelmäßige, gesunde Mahlzeiten richten – allmählich wird sein Interesse am Essen wachsen.

F Mein dreijähriger Sohn will vor dem Fernseher essen. Soll ich das erlauben?

Fernsehen lenkt Ihren Sohn vom Essen ab. Wenn er zu den festen Mahlzeiten nicht genug isst, wird er Sie später nach einer Zwischenmahlzeit fragen. Kinder in diesem Alter werden von der TV-Werbung ins Visier genommen. Die bunte Verpackung, laute Musik und Comicfiguren entfachen ihr Interesse für unverträgliches Essen und untergraben Ihre Versuche, zu gesunder Kost zu ermuntern. Vor dem Fernseher zu sitzen und nicht am Esstisch, bringt Ihren Sohn auch um den sozialen Aspekt von Mahlzeiten. Essen mit der Familie erlaubt Ihnen, den Tag zu besprechen, hilft Ihrem Kind mehr über Nahrungsmittel zu erfahren und gibt ihm die Möglichkeit, Fähigkeiten zu erlernen, z. B. Tischmanieren.

Kinder, die mindestens eine Mahlzeit im Familienkreis einnehmen, verfügen außerdem über einen größeren Wortschatz. Gelegentliche Mahlzeiten vor dem Fernseher werden keinen Schaden anrichten, doch lassen Sie sie nicht zur Gewohnheit werden.

Ein Kind probiert mindestens zehn Mal, bevor es eine neue Speise akzeptiert.

F Meine Tochter isst nur Spagetti aus der Dose. Was kann ich tun?

Keine Angst – Sie sind nicht allein. Ungefähr 20 Prozent der Kinder unter fünf sind eine Zeit lang wählerisch mit dem Essen. Verlangt Ihre Tochter zu jeder Mahlzeit das gleiche Essen, gelangt sie womöglich in ein »Ernährungsdefizit«. Wenn Sie stets zu gesunder Kost ermuntern, kann das nur frustrieren und beunruhigen.

Bleiben Sie dennoch ruhig. Nutzlose Strategien wie Drohungen und Bestechung machen alles noch schlimmer. Ist Ihr Kind glücklich, gesund und voller Energie, bekommt es wahrscheinlich über seine Ernährung sämtliche Kalorien, Vitamine und Mineralien, die es braucht. Bieten Sie Ihrer Tochter immer wieder einen gesunden Snack an und bereiten Sie weiter ihr Lieblingsessen zu, allerdings begleitet von neuen Sachen, die sie probieren kann. Fordern Sie sie nicht wegen ihrer Eigenheit heraus, sondern konzentrieren Sie sich auf das Positive und loben Sie sie ausgiebig, wenn sie andere Nahrungsmittel probiert.

F Mein Kind stochert nur im Essen herum. Wie isst es mehr?

Alle Eltern sorgen sich irgendwann, dass Ihr Kind nicht genug isst. Die meisten Kinder essen, was sie brauchen und das Verhandeln darüber dient der Unabhängigkeitsentwicklung. Zwingen Sie Ihr Kind nicht zum Essen. Das verschlimmert alles und kann später zu Essstörungen führen. Räumen Sie nach einer halben Stunde den Tisch ab, loben Sie für das, was gegessen wurde und ignorieren Sie das Übriggebliebene. Sorgen Sie dafür, dass sich Ihr Kind danach nicht mit Süßigkeiten vollstopft. Wenn es noch hungrig ist, mochte es entweder das Essen nicht oder die Art, wie es präsentiert wurde. Beziehen Sie Ihr Kind bei der Auswahl und Vorbereitung seiner Mahlzeit mit ein. Begrenzen Sie die Wahlmöglichkeiten aber auf zwei Essen, mit denen Sie auch zufrieden sind. Lassen Sie Ihr Kind in der Küche mithelfen und vermitteln Sie ihm Freude am Essen, indem Sie einfache Mahlzeiten zusammen zubereiten, z. B. Pizza, die Ihr Kind belegen kann. Wenn Sie einen Garten haben, können Sie einiges zusammen anpflanzen: Kinder essen gern Selbstangebautes.

Neues Essen einführen

Wege aus der Sackgasse

Vielen Eltern graut davor, ihrem Kind neue Speisen anzubieten, weil sie wissen, dass es Ärger geben wird und es vielleicht nichts davon anrührt. Legen Sie zunächst eine kleine Menge der neuen Speise neben das Lieblingsgericht Ihres Kindes. Beschwert es sich, bleiben Sie standhaft und entfernen Sie nichts. Das gibt sich schnell und es ist wichtig, dass es weiß, wer bei den Mahlzeiten das Sagen hat. Hat sich Ihr Kind an den Anblick der neuen Speise auf seinem Teller gewöhnt, ermuntern Sie es dazu, damit zu spielen, halten sie es an seine Lippen, probieren Sie es und essen Sie es schließlich. Ihr Kind muss neue Speisen mindestens zehn Mal versuchen, bis es sie akzeptiert. Geben Sie deshalb nicht so schnell auf. Mag Ihr Kind das Angebotene absolut nicht, versuchen Sie etwas anderes aus derselben Lebensmittelgruppe mit gleichem Nährwert, z. B. Käse anstelle von Joghurt.

ELTERN BERICHTEN

Für zwischendurch

Süßes nonstop

Mein Sohn aß tagsüber gerne, und ich freute mich darüber. Er bekam ein reichhaltiges Frühstück, lief dann mit seiner Milchflasche umher und aß zwischendurch, wonach ihm der Sinn stand. Zum Abendessen wendete sich jedoch das Blatt. Ihn zum Essen zu bewegen war ein Kampf, der oft mit Tränen endete. Schließlich wurde mir klar, dass er durch das ständige Nachfüllen seiner Milchflasche und den uneingeschränkten Zugriff auf Kekse tagsüber am Abend einfach nicht hungrig war. Daraufhin füllte ich seine Flasche manchmal mit Wasser und ersetzte die Kekse durch Obst- und Gemüsestücke. Zuerst protestierte er, doch nach einigen Tagen hatte er sich daran gewöhnt und die Ernährungsumstellung schien seinen Zweck zu erfüllen. Unsere Abendessen verlaufen jetzt deutlich ruhiger und mein Sohn ist mehr als willig, zu essen.

F Ist es o.k. mein Kind zu belohnen, wenn es isst?

Sie werden nicht die erste Mutter sein, die sagt: »Wenn du die Erbsen isst, bekommst du hinterher Eis«. Obwohl es eine gute Motivationshilfe zu sein scheint, zeigen Studien, dass solche Aussagen dazu führen, dass Kinder langfristig gesehen weniger Erbsen essen und Eis höher bewerten. Belohnungen helfen, doch sie müssen richtig eingesetzt werden. Studien zeigen weiterhin, dass die wirksamste Belohnung viel Lob und Zuspruch und nicht Leckerei ist, wenn sich Ihr Kind gesund ernährt. Es fühlt sich gut bei dem, was es tut und das ist besser, als ihm beizubringen zu essen, damit es ein Dessert bekommt. Belohnungen auf diese Weise einzusetzen, hilft Ihrem Kind gesunde Essgewohnheiten für sein ganzes Leben zu entwickeln.

F Familienmahlzeiten sind selten bei uns. Ist das ein Problem?

Das Leben ist hektisch und es kann schwierig sein, alle Familienmitglieder zu einer bestimmten Zeit zum Essen zusammenzutrommeln. Mahlzeiten im Familienkreis sind wichtige soziale Ereignisse, von denen Ihr Kind enorm profitiert. Gespräche am Esstisch fördern Sprache und Ausdruck. Ihr Kind sieht Ihnen dabei zu, wie Sie Speisen zubereiten, servieren und essen und lernt dabei Fähigkeiten, die es braucht, um unabhängig zu werden. Zusammen zu essen bringt ihm Tischmanieren und für die Schule wichtige soziale Fähigkeiten bei.

Der vielleicht wichtigste Aspekt ist jedoch, dass Mahlzeiten eine gute Gelegenheit sind, als Familie wirklich Zeit gemeinsam zu verbringen. Das mag nicht jeden Tag möglich sein, doch schon zwei- bis dreimal die Woche reichen aus. Stellen Sie den Fernseher ab, essen Sie miteinander und genießen Sie die Gesellschaft der anderen.

F Mein Kind weigert sich, Gemüse zu essen. Soll ich es in etwas anderem verstecken?

Kleine Kinder reagieren viel sensibler auf Bitterstoffe als Erwachsene, deshalb kann besonders Gemüse für sie anders schmecken. Ungeliebtes Gemüse in anderen Speisen zu verstecken bringt Ihr Kind dazu, es vielleicht zu essen und nimmt ihm seine Ängste. Doch wenn Ihr Kind nicht weiß, dass es Karotten gegessen hat, wird es sie später wahrscheinlich nicht freiwillig wählen. Wenn Sie Ihrem Kind sagen, was es gerade gegessen hat, kann es sich hintergangen fühlen und wird Ihnen bei anderen Gelegenheiten nicht mehr trauen.

Seien Sie bei Essen offen und ehrlich zu Ihrem Kind. Versuchen Sie, Gemüse auf verschiedene Arten anzubieten: roh, in verschiedene Größen und Formen geschnitten oder mit Soße, um den Eigengeschmack etwas zu überdecken, bis sich Ihr Kind daran gewöhnt hat. Versuchen Sie es mit verschiedenen Arten: wenn es Spinat nicht essen will, nehmen Sie Kohl. Es gibt so viele Gemüsesorten, dass Sie Ihr Kind mitentscheiden lassen können, welche es versuchen möchte.

Alles in Ordnung? Die Entwicklung Ihres Kindes

F Mein Kind kann noch nicht einmal halb so viel wie andere Kinder. Was mache ich falsch?

Es ist beunruhigend von anderen Eltern zu hören, wie weit deren Kinder bereits sind – besonders wenn Ihr eigenes Kind auf einigen Gebieten in seiner Entwicklung etwas langsamer voranzukommen scheint. Denken Sie daran, dass sich jedes Kind in seinem eigenen Tempo und auf einzigartige Weise entwickelt. Manche laufen z. B. sehr früh, brauchen aber länger, um sprechen zu lernen. Wichtig ist, dass Sie es unterstützen, sich gemäß seinen Fähigkeiten zu entwickeln. Es ist unvermeidbar, dass Sie sich und Ihr Kind mit anderen Familien vergleichen (was Ihnen manchmal ein gutes Gefühl gibt), doch es wird immer jemanden geben, der es besser kann. Sprechen Sie mit anderen Eltern und Sie werden zweifellos sehen, dass auch sie sich um ihre Kinder sorgen und dankbar für Ihren Rat sind. Sind einige der Spielkameraden Ihrer Tochter auf gewissen Gebieten schon weiter, wird sie beim Spielen mit ihnen die Fähigkeiten ebenfalls erlernen.

F Mein Sohn ist ziemlich faul – soll ich ihn zu Dingen anspornen, zu denen er fähig ist?

Kinder entwickeln sich so schnell, wie es ihr Körper und Geist erlauben. Soziale Interaktion mit Eltern, anderen Erwachsenen und Gleichaltrigen hilft Kindern, die bereit sind für die nächste Herausforderung. Kinder lernen am besten, wenn ihnen neue Erfahrungen und Anreize geboten werden, die knapp über dem Level liegen, was sie gerade tun, jedoch innerhalb ihrer Fähigkeiten. Einige Kinder brauchen mehr Ermunterung dazu als andere, doch übertreiben Sie nicht. Helfen Sie Ihrem Sohn, indem Sie ihm zeigen, wie die Dinge funktionieren, ihn dann zur Wiederholung ermutigen, Vorschläge für Problemlösungen machen und Kompliziertes in kleine Schritte unterteilen. Soll sich Ihr Sohn z. B. allein anziehen, begleiten Sie sein Bemühen mit laufenden Kommentaren, was als Nächstes kommt und helfen Sie, wenn nötig. Bedrängen Sie jedoch Ihr Kind zu sehr, führt das zu Frustration und Versagensgefühlen – für Sie und Ihr Kind. Realistische Erwartungen sind der Schlüssel zum Erfolg.

F Mein Partner versteht nicht, dass mich die Entwicklung unseres Sohnes beunruhigt. Soll ich ihn testen lassen?

Eltern kennen ihre Kinder besser als jeder andere und können am besten beurteilen, ob etwas mit ihnen nicht stimmt. Sprechen Sie mit Ihrem Partner und erklären Sie ihm die Gründe für Ihre Sorgen. Vielleicht macht er sich auch Gedanken, traut sich aber nicht, etwas zu unternehmen, falls tatsächlich ein Problem vorliegt. Eltern teilen viele ähnliche Sorgen um ihre Kinder, deshalb können Gespräche mit Familie, Freunden oder anderen Müttern bereits helfen. Sind Sie danach immer noch besorgt und haben Gründe dafür, dass ein Problem vorliegt, sprechen Sie mit Ihrem Kinderarzt, der Ihnen sicher weiterhelfen oder Sie gegebenenfalls an andere Ärzte oder Stellen verweisen wird. Es ist besser, sich zu sehr zu sorgen als zu wenig. Gibt es Auffälligkeiten bei der Entwicklung Ihres Sohnes, können frühzeitige Unterstützung und Hilfe entscheidend sein.

F Mein Sohn hat Albträume und wacht völlig verstört auf. Soll ich ihn bei uns schlafen lassen?

Mit zunehmendem Wissen über die Welt wächst auch die Fantasie Ihres Sohnes und die Fähigkeit, sich zu ängstigen. Fürchtet er sich vor dem Zubettgehen, sorgen Sie für eine möglichst entspannte Atmosphäre. Verbringen Sie Zeit mit ihm in seinem Zimmer, lesen

Entwicklungsschwierigkeiten
Wie häufig sind Probleme?

Die meisten Kinder zeigen in den ersten Jahren gewisse Auffälligkeiten. Probleme wie Albträume und Einnässen sowie wählerisches Essen und Verhaltensprobleme sind weitverbreitet und ganz natürlich in der Entwicklung Ihres Kindes. Erhebliche Entwicklungs- und Lernprobleme wie Autismus, Downsyndrom und Lernbehinderungen treffen nur auf eine sehr geringe Anzahl von Kindern zu. Insgesamt neigen Jungen eher zu Problemen als Mädchen. Der genaue Grund dafür ist nicht klar, es wird aber vermutet, dass das XX-Chromosomenmuster von Mädchen ein Schutzfaktor ist und Jungen so anfälliger für Stress sind. Verhaltensprobleme sind eher unter Jungen verbreitet und auf die Wirkung des männlichen Hormons Testosteron zurückzuführen, sowie auf die Tatsache, dass die Gesellschaft bei ihnen körperliches und aggressives Verhalten eher billigt.

Worauf sollte ich achten? Es ist hilfreich, die Meilensteine und Anforderungen zu kennen, auf die Ihr Kind in einem bestimmten Alter zusteuert (siehe S. 82–83). Machen Sie sich jedoch keine Sorgen, wenn es diese Ziele nicht exakt erreicht. Entwicklung ist eine sich langsam entfaltende Geschichte, und jedes Kind folgt seinem eigenen Weg – einige Fähigkeiten entfalten sich früh, andere spät oder langsam und wieder andere außer der Reihe. Bei einem dreijährigen Kind ist z.B. ständiges Einnässen kein Grund zur Sorge. Passiert es noch im Alter von fünf Jahren, wird zur Änderung dieses Verhaltens fachmännische Hilfe benötigt. Doch auch in diesem Alter haben ungefähr sieben Prozent der Jungen nachts noch keine vollständige Kontrolle über ihre Blase.

In ihren frühen Jahren durchlaufen Kinder eine Vielzahl von Prozessen, die ihre körperliche Entwicklung, Denkfähigkeit, Sprache und soziale Kompetenz beeinflussen. Probleme auf einem Gebiet durchdringen andere Aspekte der Entwicklung und lassen die Dinge schlimmer erscheinen als sie sind. Ein Kind, dessen sprachliche Entwicklung langsamer ist, kann wegen mangelnder Kommunikationsfähigkeit frustriert sein, mehr Wutanfälle haben und eher Probleme im Umgang miteinander als andere Kinder.

Wann sollte ich Hilfe holen? Die meisten Probleme sind kurzlebig und dauern nur ein paar Wochen oder Monate. Sollten Sie sich um die Entwicklung Ihres Kindes Sorgen machen, schreiben Sie sie auf und sprechen Sie mit Ihrem Kinderarzt.

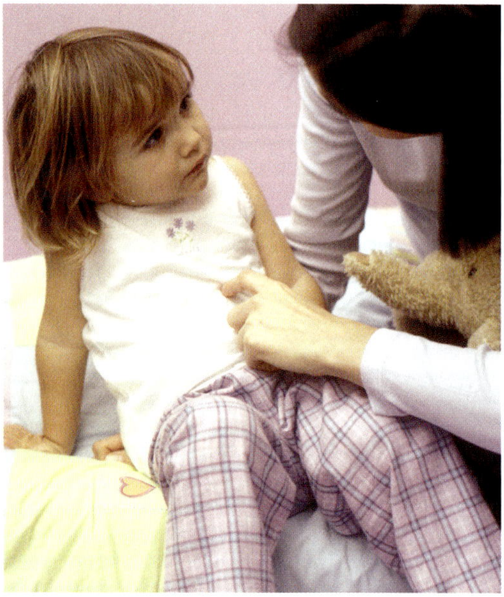

EINNÄSSEN Ein häufiges Problem, da kleine Kinder die Kontrolle der Blase erst allmählich lernen. Besteht es länger oder es nässt nach einer trockenen Phase wieder ein, quält Ihr Kind etwas.

Nehmen Sie die regelmäßigen Vorsorgeuntersuchungen wahr. Hat Ihr Kind sechs oder mehr Monate Probleme mit einer bestimmten Fähigkeit oder befürchten Sie, dass es Schwierigkeiten auf mehreren Gebieten hat, z.B. wenig Sprachkenntnisse, eingeschränkte Spielfähigkeiten, fehlendes Interesse an anderen Menschen oder sich wiederholendes ungewöhnliches Verhalten, ist es ratsam, professionelle Hilfe zu suchen.

Die Sorge um die Entwicklung Ihres Kindes ist für Eltern ein Hauptstressfaktor, doch in den meisten Fällen ist es nur eine Phase. Es ist schwer zu akzeptieren, dass Ihr Kind sich abmüht, doch bei Kindern, die tatsächlich zusätzliche Hilfe benötigen, führt frühes Eingreifen zu besseren Resultaten. Bis dahin bieten Sie Ihrem Kind viel zusätzliche Spielzeit an und üben Sie die Dinge, mit denen es Schwierigkeiten hat, gekoppelt mit viel Lob.

IN RAGE Wutanfälle sind im Kleinkindalter häufig, da Ihr Kind beginnt, unabhängig zu werden.
ALBTRÄUME Trösten und beruhigen hilft Ihrem Kind, wenn es schlecht geträumt hat.

Sie eine Gutenachtgeschichte vor (nichts Unheimliches!) und verlassen Sie ihn mit vielen positiven, glücklichen Gedanken, bevor das Licht ausgeht. Wacht er nachts auf, hören Sie seine Ängste an, nehmen Sie ihn in den Arm und sagen Sie ihm, dass alles in Ordnung ist und alles nur ein schlimmer Traum war. Legen Sie ihn wieder in sein Bett und widerstehen Sie der Versuchung, ihn mit in Ihr Bett zu nehmen. Das würde es am nächsten Abend noch schwieriger machen, ihn in sein Bett zu bekommen und ihm bei der Bewältigung seiner Albträume nicht helfen. Hat Ihr Sohn von einem Monster unter seinem Bett oder im Schrank geträumt, schalten Sie das Licht an und zeigen Sie ihm, dass da nichts ist. Passen Sie auf, was Sie sagen. »Das Monster ist jetzt weg« würde den Traum Ihres Sohnes noch realer machen, denn es deutet an, dass tatsächlich eines da gewesen ist. Versuchen Sie es stattdessen mit »Siehst du, da ist nichts«.

Jeder hat manchmal Albträume, doch wenn Ihr Sohn weiterhin schlecht träumt, versuchen Sie herauszufinden, was ihn beunruhigt.

F Warum wiegt mein Kind sich vor dem Einschlafen hin und her?

Das Wiegen des Körpers ist normales Verhalten bei Kleinkindern. Es ist vergleichbar mit Daumenlutschen oder Haarezwirbeln vor dem Einschlafen. Manchmal wird damit auch von Schmerzen abgelenkt, z.B. bei einer Ohrenentzündung. Das Verhalten beginnt meist mit einem Jahr und verliert sich meistens mit drei oder vier Jahren. Es wiegt sich auf allen vieren oder im Sitzen.

Wenn Sie dieses Verhalten nicht völlig ignorieren wollen, gehen Sie vorsichtig vor. Merkt Ihr Kind, dass Sie das Wiegen abstellen möchten, könnte es das als Herausforderung zum Weitermachen oder die zusätzliche Aufmerksamkeit als Bestärkung sehen. Ein beruhigendes Zubettgehritual wie ein warmes Bad, Kuscheln beim Vorlesen oder eine sanfte Rückenmassage können helfen, ohne Wiegen zu entspannen. Beginnt Ihr Kind damit, wenn es älter als 18 Monate ist oder zeigt es tagsüber ein ähnliches Verhalten oder hält es auch nach dem vierten Lebensjahr noch an, stellen Sie das Kind Ihrem Kinderarzt vor.

Ein bis drei Jahre
Die Entwicklungsstadien

In den nächsten beiden Jahren bemüht sich Ihr Kleinkind zunehmend, selbstständig zu werden. Es wird mobiler, erfährt etwas über seine Umwelt, sich selbst und andere Personen und entwickelt Sprachfähigkeiten. Es wird eine eigene Meinung haben und Dinge auf seine Weise tun wollen. Unterstützen Sie dieses selbstständige Denken, das sein Selbstvertrauen und Selbstwertgefühl erhöht, um in der großen, weiten Welt bestehen zu können.

Mit 12–18 Monaten können Kinder:

✱ allein laufen. Sie fallen noch gelegentlich hin, kommen aber schnell vorwärts und gehen auf Erkundungstour. Sichern Sie ihr Umfeld mit Treppengittern und prüfen Sie Möbel auf Standfestigkeit.

✱ selbst mit einem Löffel essen und aus einer Tasse trinken. Sie werden schnell erkennen, ob Ihr Kind Links- oder Rechtshänder wird.

✱ nach ihrem Lieblingsspielzeug suchen. Ihr Kind entwickelt eine größere Vorstellung von seiner Welt und denkt über Dinge nach, die sich nicht in seiner unmittelbaren Umgebung befinden. Auch über Sie!

✱ sich ihren Namen merken und reagieren auf Zuruf – es sei denn, sie sind beschäftigt.

✱ Gefallen an Kinderliedern finden und gern auf Ihrem Schoß Bücher und Bilder anschauen. Singen und sprechen Sie so oft Sie können mit Ihrem Kind.

✱ einzelne Worte benutzen. In verschiedenen Kontexten, durch Änderung der Betonung und Einsatz von Gesten können diese »Holophrasen« (einzelne, für einen Satz stehende Wörter) viele verschiedene Bedeutungen haben. »Milch« kann z. B. bedeuten »Ich will mehr Milch« oder »Ich habe meine Milch fallen lassen«. Diese Holophrasen gebraucht Ihr Kind nicht lange, denn seine Sprachentwicklung wird in den nächsten Monaten explosionsartig fortschreiten.

WACHSENDE UNABHÄNGIGKEIT Ihr Kind fängt an, sich allein anzuziehen. Knöpfe, Reißverschlüsse sind heikel, deshalb geben Sie ihm möglichst Kleidung mit einfachen Verschlüssen und helfen Sie notfalls.

✱ sich an Ihnen in ungewohnten sozialen Situationen orientieren. Sehen Sie glücklich aus und ermuntern Ihr Kind, nähert es sich vertrauensvoll neuen Spielsachen und Menschen.

✱ dem Symbolspiel nachgehen und Ihre Tätigkeiten kopieren. Ihr Kind gibt vor zu kochen, sauber zu machen, Tee zuzubereiten und Dinge zu reparieren und verwendet echte Gegenstände.

Mit 18–24 Monaten können Kinder:

✱ Treppen steigen, rennen, springen und klettern. Ihr Kind gelangt jetzt überallhin.

✱ ihr Spiegelbild erkennen und sich auf Fotos wiedererkennen.

✱ gut ihren Darm kontrollieren. Denken Sie über ein Toilettentraining nach, aber überstürzen Sie nichts – passen Sie sich dem Tempo Ihres Kindes an.

✱ dabei helfen, sich an- und auszuziehen. Sie brauchen aber noch Ihre Hilfe bei Knöpfen und Reißverschlüssen.

✱ allmählich vom Spielen nebeneinander zum Spielen miteinander übergehen, sich abwechseln, teilen und zusammen an etwas arbeiten.
✱ ihre eigenen Symbolspielabläufe entwickeln und sie kopieren weniger. Puppen, Actionfiguren und Teddybären können für die Leitung des Spiels eingesetzt werden. Die Kinder kritzeln gerne auf Papier und spielen mit Wasser, Sand und Bällen.
✱ allmählich sagen, was sie fühlen, und erkennen, dass andere Menschen Gefühle haben können, die sich von ihren unterscheiden.
✱ viele Worte verwenden, die bekannte Gegenstände, Personen und Orte bezeichnen. Zwei-Wort-Sätze wie »Mama weg« und »Mehr Milch« werden gebraucht. Denken Sie daran, dass Kinder viel mehr verstehen, als sie sagen können.

Mit zwei bis drei Jahren können Kinder:
✱ ihren Namen nennen, wenn sie gefragt werden.
✱ mit Gabel und Löffel essen.
✱ sich an Bewegungs- und Raufspielen erfreuen. Manche Kinder kämpfen auch spielerisch mit anderen.
✱ andere Kinder zum Symbolspiel ermuntern (»Lass uns so tun … «). Ihr Kind verwendet Gegenstände für etwas anderes. Ein leerer Karton kann ein Auto, ein Haus oder ein Piratenschiff sein.
✱ erkennen, dass jemand traurig oder aufgebracht ist und können trösten, indem sie ihn umarmen, Sachen zurückgeben oder Hilfe holen. Sie können auch für ein anderes Kind Vergeltung üben.
✱ langsam verstehen, dass andere Menschen die Welt anders sehen als sie. Das ist die Grundlage der »Theorie des Geistes«, die sich um das vierte Lebensjahr herum entwickelt. Sie ist die Fähigkeit Ihres Kindes, sich in andere hineinversetzen zu können und zu erkennen, dass andere Menschen Wissen, Ideen, Vorstellungen und Wünsche haben, die von den eigenen abweichen.
✱ Sätze gebrauchen und gelegentlich Wörter für Dinge erfinden, deren Aussprache ihnen Schwierigkeiten bereitet, z. B. »Jojo« für Joghurt.

Gespräche konzentrieren sich auf die Gegenwart und ihr Wissensdurst äußert sich in vielen Warum-Fragen. Versuchen Sie so viele wie möglich zu beantworten und schauen Sie zusammen Bücher an, um den Forscherdrang Ihres Kindes zu fördern.

BESSERES GLEICHGEWICHT Ab dem 18. Lebensmonat verfügt Ihr Kind über genügend Gleichgewicht, um auch laufend, hüpfend oder auf Rollern oder Dreirädern von Ort zu Ort zu kommen. Spielfahrzeuge wie dieses helfen bei der Entwicklung von Standfestigkeit und Koordination.
MITSPIELEN Einer der Meilensteine in diesem Alter und ein Zeichen wachsender Sozialkompetenz ist die Tatsache, dass die Kinder nicht mehr nebeneinander, sondern miteinander spielen.

Und plötzlich sind es zwei … Ein neues Baby

F Mein Sohn möchte unser Baby hochnehmen. Ist das sicher?

Ihr Sohn möchte helfen, das Baby zu versorgen, zu berühren und zu herzen. Da er sieht, wie Sie es hochnehmen, möchte er das nachmachen und es herumtragen. Das ist gefährlich! Seine Kraft und sein Gleichgewicht sind noch nicht gut genug entwickelt, um das Baby sicher zu halten oder den Kopf abzustützen. Eine Alternative wäre, Ihren Sohn das Baby umarmen zu lassen, während es sicher gestützt auf Ihrem Schoß sitzt. Das gibt ihm das Gefühl der Nähe zum Baby, während Sie es sicher halten.

Lassen Sie Ihren Sohn nie, auch nicht für ganz kurze Zeit, mit dem Baby allein, da er noch nicht sicher mit ihm umzugehen weiß. Das erscheint zwar sehr vorsichtig, besonders, wenn Sie nur eine Tasse Tee zubereiten oder die Waschmaschine einschalten wollen, doch nehmen Sie Ihr Kleinkind immer mit. Ein unternehmungslustiges, neugieriges Kind braucht nur eine Sekunde, um auszuprobieren, ob es sein Geschwisterchen hochnehmen kann oder nicht.

F Unser Baby ist sehr krank. Wie erklären wir das unserem Kleinkind einfühlsam?

In einer sorgenvollen Zeit ist es schwer zu entscheiden, wie viel oder wenig Sie Ihrem Kind sagen sollen. Es weiß sicher, dass etwas nicht stimmt und wundert sich. Vielleicht befürchtet es, dass das Baby krank ist, weil es einmal lieblos gedacht hat: »Ich wünschte, es wäre nicht geboren«. Solche Sorgen sind in diesem Alter normal, da das Kind wegen seiner egozentrischen Weltansicht glaubt, dass es die Macht dazu hätte. Es ist Ihre Aufgabe, ihm zu sagen, dass das Baby zwar krank ist, jedoch nicht, weil Ihr Kind etwas gesagt oder getan hat. Vielleicht fragt es, ob das Baby sterben wird. Damit ist aufgrund Ihrer eigenen Ängste und Sorgen schwer umzugehen. Antworten Sie ehrlich: falls es sein kann, sagen sie es, aber betonen Sie, dass zurzeit alles getan wird, damit es dem Baby besser geht. Ehrlichkeit gegenüber Ihrem Kleinkind erlaubt ihm, an dem Prozess des Kümmerns um sein Geschwisterchen teilzuhaben.

Erklären sie ihm, dass viele Leute, z.B. Ärzte und Krankenschwestern, der Familie helfen und dass es Fahrten ins Krankenhaus zur Untersuchung des Babys geben wird. Mindern Sie die Bedeutung der Kliniktermine für Ihr Kind, indem Sie es beschäftigen. Mit einem Puzzle, Malbüchern oder einem Lieblingsbuch ist es abgelenkt, während es wartet. Bitten Sie Freunde und Verwandte mitzukommen, um sich um Ihr Kind zu kümmern, oder es bei sich zu betreuen. So können Sie sich voll auf das Gespräch mit dem Arzt konzentrieren.

F Warum benimmt sich unser Kind seit der Geburt seines Geschwisterchens wieder wie ein Baby?

Die Geburt eines neuen Babys trifft oft zusammen mit einem Rückschritt in der Entwicklung Ihres Kleinkindes, z.B. erneutes Einnässen, Bitte um Windel oder Nuckelflasche, obwohl diese bereits abgeschafft sind, sowie anhänglicheres Verhalten.

Ihr Kleinkind versucht, dieselbe Vorzugsbehandlung zu bekommen wie sein Geschwisterchen. Es sieht, dass das Baby sofortige Aufmerksamkeit bekommt, wenn es hungrig ist oder eine neue Win-

> Ihr Kind hat seine privilegierte Einzelkindstellung eingebüßt und ist ein wenig beunruhigt.

WICHTIGE INFORMATIONEN: KLEINKINDER

Bald ist es da
Vorbereitung auf das Baby

Ein Baby bedeutet viel Freude aber auch für die Eltern und älteren Geschwister einen wahren Umbruch. Ihr Kind wird Ihre Aufmerksamkeit teilen müssen und warten, bis das Baby versorgt ist. Ihm zu erklären, dass es künftig sein Zuhause sowie Ihre Zeit mit einem anderen Kind teilen muss, ist ein Unterfangen, das wohlüberlegt und einfühlsam angegangen werden muss.

Die Gefühle Ihres Kindes: Von seiner Entwicklung her ist es für Ihr Kind sehr schwierig, Dinge aus der Perspektive eines anderen zu sehen. Es sieht sich als den Mittelpunkt des Universums und versteht nicht, warum Sie ein weiteres Kind wollen. Unter Umständen befürchtet es sogar, dass es durch das neue Baby ersetzt wird! Ist Ihr Kind besorgt, wird es anhänglicher, ist aufgebracht und hat mehr Wutanfälle als üblich. Reagieren Sie auf sein Verhalten wie bisher: Es ist wichtig, beständig zu sein, weil es ihm Sicherheit gibt.

Schwangerschaft und Geburt: Ihr Kind hat ein sehr begrenztes Zeitverständnis. Überlegen Sie deshalb gut, wann Sie ihm mitteilen, dass Sie ein Baby bekommen. Tun Sie es zu früh, werden Sie lange Zeit Fragen beantworten müssen; machen Sie es zu spät, wird Ihr Kind merken, dass etwas anders ist und sich ausgeschlossen und unsicher fühlen. Die Geburt mit einem bedeutenden Ereignis zu verknüpfen, z. B. einem Geburtstag, kann ihm helfen zu verstehen, wann das Baby geboren wird. Dadurch, dass Sie Ihr Kind zu Vorsorgeuntersuchungen mitnehmen, damit es den Herzschlag des Babys hört, und ihm erlauben, Ihren Bauch zu streicheln und mit dem Baby zu sprechen und es die Tritte des Babys spüren lassen, fühlt es sich einbezogen und die Schwangerschaft wird realer. Viele Kinderbücher handeln von einem neuen Baby, das neu in die Familie kommt. Diese Geschichten zusammen zu lesen hilft seinem Verständnis und regt zu Fragen über das zukünftige Leben an.

Gehen Sie für die Geburt in ein Krankenhaus, sollten Sie einige Dinge erklären, da Kinder Krankenhaus oft mit Kranksein verbinden und sich um Sie sorgen könnten.

Änderungen zu Hause: Schließen Sie Ihr Kind in die häuslichen Vorbereitungen ein, damit es sich von dem Baby nicht verdrängt fühlt. Es könnte z. B. bei der Auswahl von Ausstattung, Kleidung und Raumfarbe helfen. Lassen Sie es aber nur aus einer begrenzten Anzahl von Möglichkeiten wählen.

Ihr Kind ist vielleicht begeistert von der Aussicht auf einen neuen Spielkameraden und versteht nicht, dass das Geschwisterchen zuerst noch nicht herumrennen und Spaß mit ihm haben kann, sondern eher eine ziemlich lautstarke Ergänzung des Haushalts ist. Zeigen Sie Ihrem Kind Fotos und Videos von sich selbst in diesem Alter, damit es realistischer in seinen Erwartungen ist.

WAS IST DA DRIN? Gespräche mit Ihrem Bauch lassen Ihr Kind am Leben des neuen Babys teilhaben.

Eifersüchtiges Kleinkind
Eine übliche Reaktion

Ihr Kind muss eine große Veränderung verkraften – einen Rivalen beim Buhlen um Ihre Zuneigung. Nicht alle Kinder sind eifersüchtig auf ihr neues Geschwisterchen. Die meisten reagieren zumindest am Anfang positiv. Ihr Kind wird zuerst vom Baby fasziniert sein, es berühren und anschauen wollen, eifrig ein Geschenk aussuchen und stolz allen Besuchern »sein« Baby vorstellen.

Eifersucht entsteht: Bei manchen Kindern wird aus anfänglichem Wohlwollen Eifersucht, wenn die erste Begeisterung abgeklungen ist und sie merken, dass sie weniger Aufmerksamkeit bekommen und das Geschwisterchen nicht der gewollte Spielkamerad ist. Viele denken, dass das Baby ein vorübergehender Gast ist und Normalität einkehrt, wenn es geht. Die Erkenntnis, dass die Änderung dauerhaft ist, kann negative Reaktionen hervorrufen. Durfte Ihr Kind bisher bevorzugt über Ihre Zeit verfügen, muss es jetzt oft hinter dem Baby zurückstecken. Es kann sein, dass Ihr Kind nur eine leichte Reaktion zeigt, vielleicht seinen Schnuller zurückhaben möchte oder größere Trennungsängste hat oder lieber bei Ihnen bleibt, als eigenständig zu spielen. Versichern Sie Ihrem Kind liebevoll, wie wichtig es Ihnen immer noch ist. Verbringen Sie weiterhin jeden Tag Zeit nur mit ihm allein. Ein paar Minuten auf dem Teppich spielen, wenn das Baby in der Wippe liegt, und ruhige Schmusezeit vor dem Zubettgehen, vielleicht mit einer Geschichte, zeigen Ihrem Kind, dass sich Ihre Gefühle ihm gegenüber nicht geändert haben.

Behalten Sie Ausflüge und Aktivitäten so weit wie möglich bei. So merkt Ihr Kind, dass es trotz des Neuankömmlings beim Besuch der Spielgruppe oder bei Treffen mit Freunden nicht zu kurz kommt. Es wird sich sicherer fühlen, wenn einige Dinge in seinem Leben unverändert bleiben.

Eine heftige Reaktion? Einige wenige Kinder reagieren heftig auf den Neuankömmling. Sie zeigen ihre Angst, verdrängt zu werden, durch Wutanfälle, Versuche, das Baby zu verletzen und Aussagen wie »Ich wünschte, das Baby wäre tot« oder »Ich hasse das Baby«. Sicher sind Sie über die Heftigkeit solcher Emotionen geschockt, denn Sie möchten, dass Ihr Kind das Geschwisterchen liebt. Die harten Worte sind jedoch nur Ausdruck seiner Angst »in der Hitze des Gefechts«. Oft ist Ihr Kind schon kurz nach dem Ausbruch wieder liebevoll zu dem Baby. Egal, ob Ihr Kleinkind glücklich oder unglücklich über den Neuankömmling ist, lassen Sie es nie mit dem Baby allein. Ist Ihr Kind wütend oder eifersüchtig, sollten Sie aufpassen, denn es weiß nicht, wie gefährlich es ist, das Baby zu

MAMAS KLEINER HELFER Ihr Kind fühlt sich nützlich und wichtig, wenn Sie es in die Betreuung des Babys einbinden, und seine Eifersucht nimmt ab.

schlagen, zu schubsen oder sein Gesicht zu bedecken. Bleiben Sie bei verletzenden Worten ruhig und schimpfen Sie nicht. Nehmen Sie die Emotionen Ihres Kindes wahr, belassen Sie es dabei und sagen Sie: »Du scheinst böse auf das Baby zu sein« oder »Ich weiß, dass du gerade nicht glücklich über das Baby bist«. Es ist ein wichtiges Zeichen für Ihr Kind, dass Sie seine Gefühle immer noch wahrnehmen.

Eifersucht kann gemildert werden, indem Sie Ihr Kind zum Helfer machen: Mit einer Puppe kann es Sie beim Baden oder Versorgen des Babys imitieren. Das ist beliebt bei kleinen Kindern und erlaubt ihnen, ihre Gefühle durch das Spiel und nicht direkt gegenüber dem Geschwisterchen auszudrücken. Überlegen Sie, wann Sie sich intensiv um das Baby kümmern müssen und nicht ohne Weiteres auf die Bedürfnisse Ihres Kleinkindes eingehen können. Ein Snack oder Spiel für das ältere Kind verhilft Ihnen zu wertvollen Minuten für das Füttern oder Beruhigen des Babys und stellt auch Ihr Kleinkind zufrieden.

ALLE ZUSAMMEN Spielen Sie mit Ihrem Kind, wenn das Baby zwar anwesend ist, aber nicht Ihre direkte Aufmerksamkeit benötigt.

del braucht und ahmt es nach, um zu sehen, ob Sie darauf genauso schnell reagieren. Das geschieht nicht bewusst, sondern aus dem tiefen Bedürfnis nach Ihrer Aufmerksamkeit heraus.

Allerdings kann das Problem komplexer sein, da ein Rückschritt eine Reaktion auf Stress ist. Ihr Kind war der Mittelpunkt der Familie, der König, der Ihre Aufmerksamkeit bekam, wann immer er danach verlangte. Doch plötzlich wird er entthront, seiner Stellung enthoben, erhält nicht mehr Ihre ungeteilte Aufmerksamkeit, sondern muss warten, bis das Baby versorgt ist. Dieser Verlust der Position des jüngsten oder einzigen Kindes der Familie, das Ihre alleinige Aufmerksamkeit genoss, kann sich durch unselbstständigeres Verhalten äußern.

Es ist jedoch nur eine Phase bei der Anpassung an geänderte Familienverhältnisse, die meist vorübergeht, sobald der Alltag wieder einkehrt. Babyhaftes Benehmen kann ärgerlich sein, doch Ihr Kind dafür zu tadeln hilft nicht. Geben Sie ihm Sicherheit in Form von zusätzlichen Liebkosungen und tröstenden Umarmungen, stecken Sie es aber nicht wieder in Windeln oder holen Sie seinen Schnuller hervor, denn die erneute Entwöhnung wäre harte Arbeit.

F Soll ich das Angebot der Familie annehmen, mein älteres Kind einige Tage zu betreuen?

Diese Art von Angebot ist sehr verlockend, besonders, wenn Ihr Kind ungezogen oder fordernd ist und Sie übermüdet sind. Bedenken Sie jedoch die Wirkung auf Ihr älteres Kind. Es wird dadurch in seiner Annahme bestärkt, durch das neue Baby aus der Familie gedrängt zu werden oder nicht mehr gewollt zu sein. Längere Zeit, z. B. einen ganzen Tag lang oder über Nacht, weg zu sein, bedeutet für Ihr Kind eine beträchtliche Trennung von Ihnen und kann nach seiner Rückkehr zu verschlossenem oder wütendem Verhalten und verstärktem Klammern führen. Eine Alternative wäre die häufigere, jedoch kürzere Betreuung Ihres Kindes für ein bis zwei Stunden. Es kann eine aufregende Zeit in der Krippe oder bei Verwandten verbringen, ist aber nicht so lange von Ihnen getrennt, dass es sich ängstigt oder bei seiner Rückkehr verunsichert ist. Nutzen Sie diese Zeit, um sich auszuruhen.

Schulanfänger: Hinaus in die Welt

* **Der Schulstart**
  Ein großer Schritt
* **Bienchen und Blümchen**
  Erste Aufklärung
* **Lernschwierigkeiten**
  Helfen und unterstützen
* **Mein Kind ist ein Genie!**
  Fallstricke ehrgeiziger Eltern
* **Mein Gemüse ess' ich nicht!**
  Den Streit ums Essen lösen
* **Außenseiter?**
  Freunde finden
* **Familienbande**
  Feste Verbindungen knüpfen
* **Laufen, Springen, Spielen**
  Kinder in Bewegung bringen

Der Schulstart
Ein großer Schritt

Mein Sohn klagt an Schultagen morgens über Bauchschmerzen. Will er sich drücken?

Bauchweh und Kopfschmerzen sind oft ein Zeichen für Angst. Trotzdem sollten Sie einen Arzt zu Rate ziehen, um medizinische Ursachen auszuschließen. Wenn Ihr Sohn tatsächlich große Sorgen wegen der Schule hat, sind seine Bauchschmerzen echt, ohne dass ein medizinischer Grund vorliegen muss. Versuchen Sie, in einem ruhigen Moment (vielleicht abends während des Vorlesens) herauszufinden, ob ihn etwas Bestimmtes umtreibt. Manchmal ist es hilfreich zu beobachten, wann er sich krank fühlt, um so darauf zu schließen, ob ihn bestimmte Tage oder Fächer besonders belasten. Sprechen Sie mit den Lehrern Ihres Sohnes darüber – vielleicht können sie Ihnen weiterhelfen. Sagen Sie Ihrem Sohn, dass Sie seine Probleme ernst nehmen und mit der Schule an einer Lösung arbeiten. Bei einigen Kindern kann sich die Sorge um die Schule zur Schulangst entwickeln – es ist also wichtig, das Thema schnell und behutsam anzugehen, um es nicht eskalieren zu lassen.

Die Schule schreibt mir Briefe, dass mein Sohn im Unterricht stört. Zu Hause ist alles in Ordnung. Was kann ich tun?

Der Schulbeginn bringt für Kinder eine Menge neuer Herausforderungen mit sich. Sie müssen sich an bestimmte Abläufe und Regeln halten, lernen und sich mit den anderen arrangieren. Während der ganzen Schulzeit wird sich der Schwerpunkt vom spielerischen Lernen hin zu mehr theoretischer Arbeit verlagern, d.h., dass die Kinder still sitzen, zuhören und sich auf eine Aufgabe konzentrieren müssen. Manchen Kindern fällt es schwerer, sich zusammenzureißen und sie können sich immer nur kurz konzentrieren, bevor sie eine Pause benötigen. Das kann das Lernen erschweren und zu Frustration führen. Andere haben Probleme mit bestimmten Fächern wie Lesen oder Rechnen, was zu störendem Verhalten führen kann. Sprechen Sie mit dem Klassenlehrer, um herauszufinden, woran es genau liegt. Einfache Zielvereinbarungen mit der Schule können dabei helfen, die Erwartungen zu verdeutlichen. Ihr Sohn könnte sich in der Situation unwohl fühlen – sorgen Sie also dafür, dass er viel Lob und Ermutigung bekommt, um sein Selbstvertrauen zu stärken. Ein Schultagebuch kann dazu dienen, Erfolge mitzuteilen.

Meine Tochter hat Angst vor ihrem strengen Lehrer. Was soll ich tun?

Eine Klasse lauter, aufgeregter Kinder in Schach zu halten, ist keine leichte Aufgabe. Lehrer haben unterschiedliche Wege, für Ruhe zu sorgen, und einige sind dabei autoritär. Das kann schwierig sein für Kinder, die nicht an eine erhobene Stimme und strenge Blicke gewöhnt sind. Jüngere Kinder können auch den Eindruck haben, der Lehrer spräche nur sie persönlich an und reagieren sensibel auf Zurechtweisungen, wenn sie nichts falsch gemacht haben. Reden Sie mit Ihrer Tochter darüber und geben Sie ihr zu verstehen, dass der Lehrer nicht sie persönlich meint. Wenn sie weiterhin Angst hat, sprechen Sie mit dem Lehrer darüber. Den Lehrer auf die Situation aufmerksam zu machen, sensibilisiert ihn für die Reaktion Ihrer Tochter. Es wäre jedoch übertrieben zu erwarten, dass Ihre Tochter mit allen Lehrern gut zurechtkommt.

Jedes Kind muss lernen, mit Veränderungen umzugehen.

Auf die Schule vorbereiten
Ein neuer Anfang

Der Schuleintritt ist einer der größten Schritte im Leben Ihres Kindes. Eltern sorgen sich oft, wie ihr Kind mit der Situation umgehen wird, und sind traurig, dass es so schnell groß wird.

* **Lernen Sie die neue Schule kennen:** Ein Besuch in der neuen Schule, um den Lehrer und Klassenraum zu sehen, hilft Ihrem Kind, sich einzugewöhnen. Mit Erlaubnis der Schule könnten Sie Fotos vom Klassenraum machen, um es daran zu erinnern, wo es hingehen wird und wen es dort trifft. Gehen Sie gemeinsam den Schulweg und machen Sie »Ankleideproben«, damit Sie beide sich an den neuen Ablauf gewöhnen können.
* **Einkäufe:** Kinder suchen gern neue Sachen für die Schule wie Ranzen, Butterbrotdosen und Stifte aus. Allerdings sind die beliebten Dinge schnell ausverkauft – warten Sie also mit den Einkäufen nicht bis zum letzten Tag. Beschriften Sie alles mit dem Namen Ihres Kindes.
* **Der erste Schultag:** Die Erstklässler werden von den Lehrern, dem Direktor und anderen Schülern in der Aula willkommen geheißen, es gibt eine kleine Feier. Anschließend gibt es im Klassenzimmer eine kleine Vorstellungsrunde. Für die Schulanfänger gibt es von den Eltern und Verwandten meist eine Schultüte und im weiteren Verlauf des Tages findet zu Hause noch eine kleine private Festlichkeit statt. Der Ernst des Lebens beginnt dann am nächsten Tag. Legen Sie am Abend vorher alles bereit und achten Sie darauf, dass Sie beide rechtzeitig aufstehen. Bleiben Sie bis zum Unterrichtsbeginn bei Ihrem Kind, denn es ist sicherlich nervös, drücken Sie es, sagen Sie ihm, dass Sie es später abholen und gehen Sie dann.
* **Nach der Schule:** Begrüßen Sie Ihr Kind mit einer Umarmung und einem warmen Lächeln. Nehmen Sie sich Zeit, die Dinge anzusehen, die es mit nach Hause bringt und hängen Sie seine Werke auf, um zu zeigen, wie stolz Sie sind.

DER ERSTE TAG Wenn Sie zur Schule kommen, versichern Sie Ihrem Kind, dass es Spaß haben und neue Freunde finden wird. Achten Sie darauf, dass es alles dabei hat und gehen Sie dann.

ROUTINE Achten Sie darauf, dass Sie morgens genug Zeit haben, um Ihrem Kind beim Anziehen zu helfen. Hilfsmittel wie Schuhe mit Klettverschlüssen können Zeit sparen.

WICHTIGE INFORMATIONEN: SCHULANFÄNGER

Körperliche Herausforderungen
Mit Behinderungen umgehen

Wenn Ihr Kind an einer körperlichen Behinderung wie z. B. zerebrale Lähmung (eine Erkrankung, die Bewegungen, Haltung und Koordination beeinflusst) oder einer Seh- oder Hörschwäche leidet, wird der Schulbeginn weitere Herausforderungen mit sich bringen. Immer mehr Kinder mit Behinderungen gehen in sogenannte integrierte Schulen und nicht in Sonderschulen, was in vielerlei Hinsicht ein großer Fortschritt ist, andererseits fehlt vielen Schulen die notwendige Erfahrung. Ehrliche und regelmäßige Gespräche mit der Schule werden helfen, die erforderlichen Maßnahmen zu ergreifen, um Ihr Kind vollständig ins Schulleben zu integrieren und nicht in die Besucherrolle zu drängen.

Teamarbeit: Der Schlüssel zu einem behutsamen und erfolgreichen Übergang in die Schule ist die Zusammenarbeit aller betroffenen Spezialisten für Gesundheit, Erziehung und Soziales an einem Plan zur Unterstützung der Bedürfnisse Ihres Kindes. Idealerweise sollten alle Personen sich im Vorfeld der Einschulung treffen, sodass die benötigte Unterstützung von Anfang an vorhanden ist und nicht erst dann, wenn der Bedarf offensichtlich wird. Wenn Ihr Kind einen guten Kindergarten oder eine andere vorschulische Betreuung hatte, wird das Personal wertvolle Informationen weitergeben können.

Bewusstsein stärken: Lehrer und Schüler haben unterschiedliche Erfahrungen mit behinderten Kindern. Dies beeinflusst ihre Erwartungen und ihr Verhalten. Die Klassenkameraden werden vermutlich neugierig sein und Fragen stellen, während die Lehrer unsicher sind. Es wird einige Zeit dauern, sich gegenseitig kennenzulernen; dies kann ein gemeinsamer Lernprozess sein. Alle werden ihr Bestes geben, Ihr Kind zu unterstützen und einzubinden. Fehlende Kenntnis kann zunächst zu gut gemeinten, aber überflüssigen oder unpassenden Unterstützungsversuchen führen. Ein anderes Mal wird Ihr Kind kämpfen müssen, weil es nicht genügend Hilfe bekommt. Sagen Sie deutlich, was Ihr Kind braucht, und ermutigen Sie es, dasselbe zu tun. Erstellen Sie eine Liste mit seinen Stärken und Schwächen für die Schule. Oder Sie informieren das Lehrpersonal ausführlich über Ihr Kind und seine Geschichte.

Umgebung: Beachten Sie besonders die Ausstattung des Klassenraumes und anderer Räume der Schule wie Schulhof und Fachräume. Stellen Sie dem Schulpersonal folgende Fragen:

* Kann mein Kind sicher und leicht in die Schule gehen, oder sind Hilfsmittel wie Rampen und Aufzüge erforderlich?
* Ist der Klassenraum leicht zu erreichen und kann mein Kind sich darin bewegen? Wo wird es sitzen, sodass es an allen Aktivitäten teilnehmen kann?
* Welche Unterstützung bekommt mein Kind, in Pausen, bei Gruppentreffen und auf dem Heimweg, um zurechtzukommen?
* Sind die Schilder um und in der Schule deutlich, sichtbar und für mein Kind leicht zu verstehen?
* Kann mein Kind den Schulhof allein erreichen?
* Welche Hilfe bekommt mein Kind im unwahrscheinlichen Fall eines Feuers beim Verlassen des Gebäudes? Feuerschutztüren mit Magnetsicherheitsverschlüssen (die nur im Brandfall schließen) können das Leben für Kinder mit Mobilitätseinschränkungen vereinfachen.

Lehrplan: Beraten Sie mit den Lehrern, welche Unterstützung Ihr Kind benötigt, um mit seinen Klassenkameraden mithalten und dem Lehrplan folgen zu können. Denken Sie daran, dass sich dies mit Änderungen im Lehrplan ebenfalls ändert und stellen Sie sicher, dass Sie regelmäßig an Elternabenden in der Schule teilnehmen. Wenn es Ihrem Kind schwerfällt, den normalen Lehrplan zu folgen, kann ein individualisierter Plan helfen.

Folgende Themen müssen beachtet werden:

✱ Wird ein Sonderschullehrer mein Kind und die Schule zusätzlich unterstützen?

✱ Welche zusätzlichen Lehrmethoden und Lehrhilfsmittel können meinem Kind helfen?

✱ Bekommen die Lehrer eine Unterweisung für die besondere Ausstattung, die mein Kind benötigt?

✱ Benötigt mein Kind Eins-zu-eins-Betreuung?

✱ Wechselt die Betreuungsperson, damit mein Kind nicht von einer abhängig ist?

Sozialleben: Das soziale Leben Ihres Kindes in der Schule hat großen Einfluss auf die Entwicklung seines Vertrauens, Selbstbewusstseins und seiner Zufriedenheit. Die Möglichkeit zur Interaktion mit den Klassenkameraden ist besonders wichtig. Bei der morgendlichen Ankunft in der Schule sowie in den Pausen sollte Ihr Kind soweit wie möglich integriert werden. Manche Schulen haben ein Patensystem, bei dem einige Schüler sich abwechselnd mit Ihrem Kind beschäftigen und sich um es kümmern. Schulausflüge und außerschulische Aktivitäten sind ebenfalls wichtig für den Aufbau von Beziehungen. Erkundigen Sie sich nach den für das kommende Schuljahr geplanten Ausflüge und Aktivitäten und fragen Sie die Lehrer, wie Ihr Kind daran teilhaben kann.

Kinder mit offensichtlichen Behinderungen werden oft von anderen überbehütet, was ihre Möglichkeiten einschränkt, Zeit mit Gleichaltrigen zu verbringen. Die richtige Balance zwischen Sicherheit und Freiheit zu finden fällt manchmal schwer. Sie kennen Ihr Kind besser als jeder andere – sprechen Sie mit ihm, fragen Sie, was es machen möchte und versuchen Sie, dies zu ermöglichen.

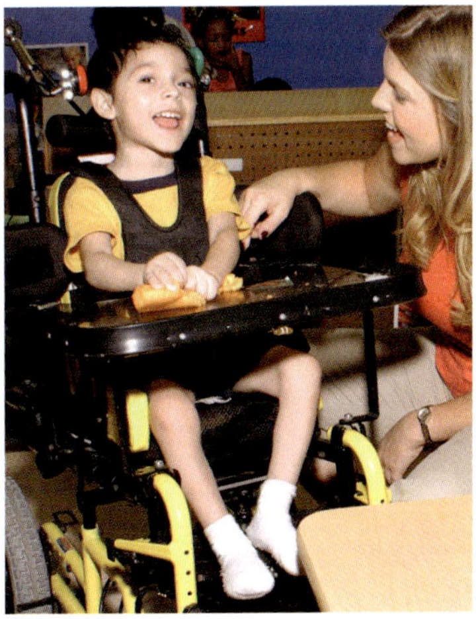

VERTRAUENSLEHRER Vertrauenslehrer kümmern sich um die Bedürfnisse der Kinder und helfen ihnen, sich zurechtzufinden.

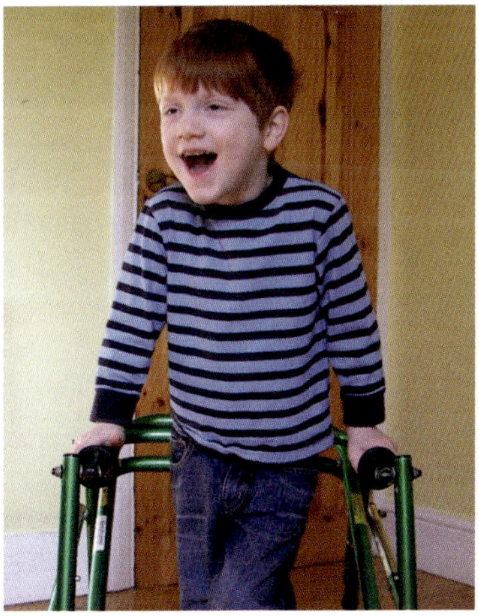

VORBEREITET Sprechen Sie mit der Schule über Hilfsmittel, die Ihr Kind benötigt und achten Sie darauf, dass Sie damit umgehen können.

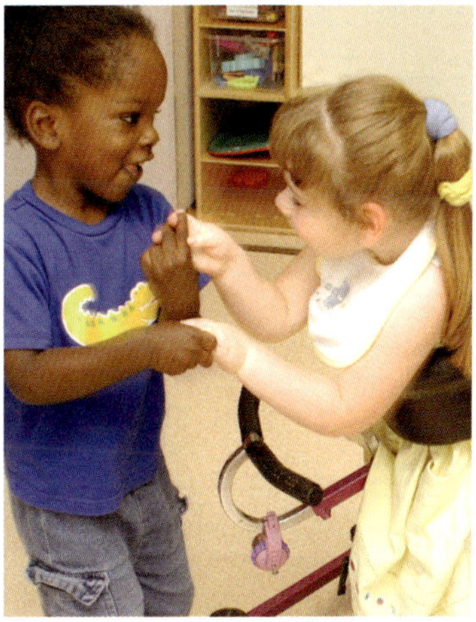

SPIELEN Ob Ihr Kind die Schule mag oder nicht, hängt zu einem Großteil von der Interaktion mit anderen Kindern ab.

Schulferien

Schulferien sind bei Eltern ebenso beliebt wie gefürchtet. Wenn Sie nicht vorbereitet sind, werden Sie schnell die Tage bis zum Schulbeginn zählen.

✱ **Struktur und Routine:** Der Übergang von der strukturierten Schulzeit zur freien Ferienzeit kann für eine oder mehrere Wochen zu Hause schwerfallen. Sie helfen allen, die Pause zu genießen, wenn Sie die familiären Abläufe beibehalten. Wenn die Kinder größer sind, dürfen sie in den Ferien vielleicht länger aufbleiben. Vereinbaren Sie dann eine Zeit und halten Sie sich daran.

✱ **Beschäftigung:** Anstatt sich jeden Tag etwas zu überlegen, sollten Sie vor Ferienbeginn eine Liste interessanter Dinge erstellen. Da das Wetter eine große Rolle spielt, sollten Sie mehrere Alternativen für alle Eventualitäten haben. So können Sie eine Fahrradtour oder einen Kinobesuch, Schwimmen, Bowling, Museumsbesuch, ein Picknick oder einen Naturlehrpfad, Brettspiele, Basteln und Malen oder Backen einplanen. Schulferien sind die Hauptzeit für Veranstaltungen für Kinder, sehen Sie also in Ihrer Lokalzeitung oder dem Internet nach, was sonst in Ihrer Gegend angeboten wird. Beziehen Sie Ihr Kind in die Entscheidung ein, aber überfordern Sie es nicht mit zu viel Auswahl. Verabreden Sie, was wann gemacht wird, und versuchen Sie, Aktivitäten für drinnen und draußen abzuwechseln. Vereinbaren Sie gemeinsame Spieltreffen, wenn Freunde Ihres Kindes in der Nähe wohnen.

F Der Schulbeginn nach den Ferien scheint meinem Kind Probleme zu bereiten. Kann ich irgendetwas tun?

Je länger die Ferien sind, desto schwerer kann die Rückkehr zu den täglichen Abläufen in der Schule sein. Zu Beginn eines neuen Schuljahres haben manche Kinder außerdem Angst vor dem Klassenwechsel oder neuen Lehrern.

Es ist wichtig, während der Ferien alles etwas zu lockern, aber dennoch einige Regeln beizubehalten – auch wenn z. B. die Schlafenszeit etwas später ist. Indem Sie über Freunde und die Fächer sprechen, die Ihr Kind mag, gerät die Schule nicht ganz in Vergessenheit. Neue Schulsachen zu kaufen stimmt gleichfalls auf den Schulbeginn ein. Gegen Ferienende sollten Sie allmählich zu den gewohnten Schlafenszeiten zurückkehren, damit der Schlafrhythmus wieder zum frühen Aufstehen passt.

F Mein Sohn erzählt nie etwas aus der Schule. Soll ich aufhören, ihn danach zu fragen?

Wenn Ihr Sohn den ganzen Tag in der Schule war, wird er nicht gleich nach seiner Heimkehr alles noch einmal durchgehen wollen. Lassen Sie ihm Zeit, sich zu entspannen und sprechen Sie später mit ihm. Das Gefühl, Ihr Kind schließe Sie aus, ist frustrierend, aber je mehr Sie ihn drängen, desto weniger wird er bereit sein, Sie einzubeziehen. Stehen Sie zur Verfügung, wenn er so weit ist, z. B. wenn Sie ihm bei den Hausaufgaben helfen. Beginnen Sie mit allgemeinen Fragen und versuchen Sie dann, auf die Fächer einzugehen, die er an diesem Tag hatte. Mit »Was habt ihr in Sachkunde gemacht« werden Sie wohl weiter kommen als mit »Wie war die Schule?«. Wenn Sie Interesse zeigen, wird er Ihnen beizeiten auch sagen, wie es läuft.

Bienchen und Blümchen
Erste Aufklärung

F Meine Eltern haben meinem Sohn gesagt, dass seine Geschlechtsteile abfallen, wenn er sie anfasse. Was soll ich tun?

Der Unterschied zwischen den Generationen bezüglich der Sexualentwicklung kann immens sein, da heute bekannt ist, dass Neugier über den eigenen Körper eine normale Entwicklungsstufe ist und alte Tabus und Ängste nachgelassen haben.

Als Erstes sollten Sie Ihrem Sohn sagen, dass es nicht falsch ist, sich selbst zu berühren und dass dadurch nichts Schlimmes mit seinem Körper passiert. Sagen Sie ihm vor allem, dass sein Penis nicht abfallen wird, damit er hierüber Klarheit bekommt. Nutzen Sie die Gelegenheit, um mit ihm über Intimsphäre zu reden, und wann es angebracht ist, sich selbst anzufassen. Betonen Sie, dass es in Ordnung ist, seinen Körper zu entdecken, aber dass er dies zu Hause tun sollte wenn er allein ist. Sie können es vielleicht so ausdrücken: »Es ist völlig in Ordnung, wenn du dich selbst berührst, aber das solltest du tun, wenn du allein in deinem Zimmer bist.«

Entscheiden Sie, wie Sie ihm den Tadel der Großeltern erklären wollen, z. B. indem Sie sagen, dass das eine alte Geschichte ist, aber man heutzutage weiß, dass sie nicht stimmt. Sagen Sie möglichst nicht, dass Ihre Eltern gelogen haben, da dies die Beziehung zwischen Ihrem Sohn und den Großeltern beeinflussen könnte.

Die einzige Möglichkeit, eine Wiederholung zu verhindern, ist, Ihren Eltern zu sagen, wie Sie mit dem Thema umgehen und sie darum zu bitten, dasselbe zu tun. Erinnern Sie sie daran, dass Ihr Kind vermutlich nicht wusste, dass sie sein Verhalten anstößig fanden.

> Wenn Sie erklären, wie Babys gemacht werden, können Sie Ihre Ansichten von Beziehungen und Liebe vermitteln.

F Mein Kind fragte mich, was Sex ist. Was soll ich sagen?

Irgendwann im Alter von vier bis sieben Jahren werden die Fragen unweigerlich kommen, da Ihr Kind das Wort sicher in Liedern oder im Fernsehen aufschnappt oder auch falsche Informationen von älteren Kindern bekommt.

Wenn Sie das Thema besonnen angehen und seine Fragen offen beantworten, vermitteln Sie ihm, dass Sex und Liebe zusammengehören und daran nichts Geheimnisvolles oder Schlechtes ist. Halten Sie Ihre Erklärungen einfach, z. B. indem Sie sagen: »Sex ist etwas, das Erwachsene tun, wenn sie sich sehr gern haben. Mann und Frau umarmen sich eng und zeigen sich, dass sie sich lieben, indem sie sich küssen und miteinander kuscheln. Manchmal kann ein Baby im Bauch der Mama entstehen, wenn ein Mann und eine Frau Sex haben.«

Wenn Sie den Begriff »Liebe machen« bevorzugen, erklären Sie, dass es das Gleiche bedeutet wie »Sex«, damit Ihr Kind nicht denkt, dass dies zwei verschiedene Dinge sind. Vielleicht fragen Sie sich, ob über Sex zu sprechen, Ihr Kind so sehr an die Idee gewöhnen könnte, dass es selbst früher damit anfängt als Kinder, die nicht so gut informiert sind. Das Gegenteil ist der Fall. Kinder aus Familien, in denen Aufklärung üblich ist, haben später Sex und verhüten besser.

»Wo kommen die Babys her?« Wie Sie es Ihrem Kind erklären

Fürchten Sie die Frage »Wo komme ich her?« von Ihrem neugierigen Kind? Die Versuchung »aus dem Krankenhaus« zu antworten, ist sicher groß, aber gewiss haben Sie selbst gemerkt, dass es an Ihnen liegt, Ihr Kind über Sex, Geschlecht und Fortpflanzung aufzuklären. Vielleicht kommt sein Interesse früher als Sie es erwartet hätten, was eventuell an größerer Offenheit in der Gesellschaft oder mehr Gelegenheiten, Schwangerschaft und Intimität im Fernsehen und auf Plakaten zu sehen, liegt. Die Überraschung können Sie verhindern, wenn Sie die Initiative übernehmen und mit Ihrem Kind über Babys sprechen, bevor es fragt.

Vorbereiten: Die erste Herausforderung liegt darin, die Informationen auf das Alter und das Verständnis Ihres Kindes abzustimmen. Zu viele Details verwirren es, während zu wenige seinen Wissensdurst nicht stillen. Es lohnt sich, vorher zu überlegen, was Sie antworten, sodass Sie auf jede Frage vorbereitet sind. Suchen Sie Ihren eigenen Weg und Worte, indem Sie Bücher lesen und sich mit Ihrem Partner besprechen, damit Sie beide das Gleiche sagen.

Warten Sie einen ruhigen Moment ab. Wenn Sie gefragt werden, unterbrechen Sie, was Sie tun, und antworten Sie möglichst sofort, auch wenn es Ihnen peinlich ist. Wenn es unpassend ist, sprechen Sie das Thema bei nächster Gelegenheit an, und sprechen Sie dabei nicht vom Körper oder Sex als etwas Schlechtem oder Schmutzigem. Andernfalls könnte Ihr Kind den Eindruck gewinnen, das Thema sei geheim, böse oder tabu und wird vielleicht nicht noch einmal fragen.

»Woher kommen die Babys?« ist die typische Frage, die Ihr vier- oder fünfjähriges Kind stellen wird. Es ist bereit für einige grundlegende Informationen, aber fragen Sie, was es denkt, wie Babys gemacht werden, bevor Sie antworten. So können Sie Missverständnisse ausräumen und das Niveau bestimmen, auf dem Sie antworten. Kleine Kinder glauben oft, dass das Baby schon immer da war und nur wächst. Später haben sie eine gewisse Vorstellung bekommen, wie das Baby entstanden ist und dass Papa beteiligt war, wissen aber noch nicht, was wirklich dabei vorgeht. Erklären Sie das mit einer einfachen Aussage wie »Wenn das Ei einer Frau und der Samen eines Mannes im Körper der Frau zusammenkommen, entsteht ein Baby. Das Baby wächst fast ein Jahr lang im Bauch der Frau und kommt dann zur Welt.« Ihre Antwort wird zweifellos weitere Fragen darüber nach sich ziehen, wie das Ei und der Samen aussehen, wie sie in die Mutter kommen, und wie das Baby herauskommt. Beantworten Sie diese Fragen korrekt, aber altersgerecht. Wenn Ihre Antwort zu einfach ist, wird Ihr Kind weitere Fragen stellen. Wenn es zu kompliziert ist, wird

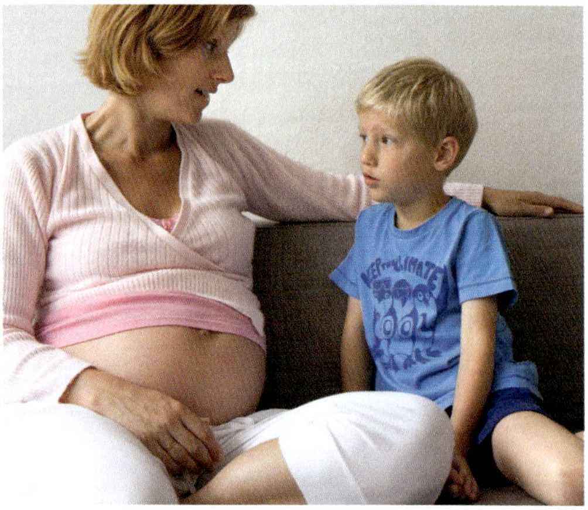

VERTRAUEN Erklären Sie Ihrem Kind in einem ruhigen Moment, wie Babys gemacht werden.

es sich abwenden und vielleicht weggehen. Achten Sie auf Zeichen, dass Ihre Antwort nicht passend ist und verändern Sie gegebenenfalls Ihren Stil.

Illustrierte Bücher können hilfreich sein, wenn Sie sie zu Ihrer Erklärung zeigen. Ihr Kind diese Bücher allein anschauen zu lassen, reicht jedoch nicht – es benötigt Ihre Erläuterungen. Rechnen Sie damit, das Thema später noch einmal anzusprechen, wenn Ihr Kind mehr wissen will.

»Warum sind Jungen anders als Mädchen?« ist eine normale Folgefrage, wenn bekannt ist, woher Babys kommen. In diesem Alter sind Kinder mehr interessiert an offensichtlichen Merkmalen als an inneren Organen oder Unterschieden, die in der Pubertät auftreten. Sie wollen die Bezeichnungen für die Geschlechtsteile von Mädchen und Jungen wissen und den Sinn dieses Unterschiedes kennenlernen.

Vielleicht gibt sich Ihr Kind mit einer einfachen Antwort wie »Jungen haben einen Penis und Mädchen eine Vagina. Mädchen sind so, damit sie ein Baby im Bauch haben können und Jungen helfen dabei es zu machen, aber sie können das Baby nicht selbst im Bauch haben.«

WICHTIGE AUFGABE Ihr Kind bekommt vielleicht Informationen über Fortpflanzung im Unterricht.

F Wann kann ich mit meinem Kind über sexuellen Missbrauch reden und ihm erklären, welche Berührungen erlaubt sind und welche nicht?

Ab drei Jahren sollten Sie Ihrem Kind den Unterschied zwischen erlaubten und unerlaubten Berührungen erklären und auf diesem Grundverständnis aufbauen, wenn es älter wird. Es ist wichtig zu wissen, dass sein Körper ihm gehört und es »Nein« sagen darf, wenn es nicht angefasst werden will. Erklären und zeigen Sie ihm auf lustige Weise zulässige Berührungen wie Kitzeln und Knuddeln mit den Eltern. Mit fünf Jahren können Sie Ihrem Kind erklären, wann Berührungen nicht in Ordnung sind, wenn z. B. die Genitalien berührt werden, ohne dass es dies will oder wenn es die Genitalien eines Erwachsenen oder älteren Kindes anfassen soll. Sagen Sie ihm, dass es Ihnen oder anderen vertrauten Erwachsenen wie seinem Lehrer sagen kann, wenn es auf eine ungute Art berührt wurde.

Sprechen Sie auch über gute und schlechte Geheimnisse, da missbrauchte Kinder oft dazu gezwungen werden, den Missbrauch geheim zu halten. Erklären Sie ihm, dass gute Geheimnisse Dinge sind wie seiner Mama nichts von seinem Geburtstagsgeschenk für sie zu sagen. Ein schlechtes Geheimnis ist, wenn man sich damit unwohl oder ängstlich fühlt. Sagen Sie Ihrem Kind, dass es sich an einen vertrauten Erwachsenen wenden soll, wenn es sich über ein Geheimnis unschlüssig ist. Ihre eigene Wachsamkeit ist ebenso gefragt. Sie sollten immer wissen, wo es ist, mit wem es spielt und wer auf es aufpasst. Der Aufsichtsperson Ihres Kindes sollten Sie vertrauen können. Achten Sie auch darauf, ob sich Ihr Kind bei dieser Person wohlfühlt. Denken Sie daran: Kinder werden häufiger von Menschen missbraucht, die sie kennen als von Fremden.

F Mein Sohn fragte mich, was »schwul« bedeutet. Ist er zu jung, um das zu wissen?

Sie entscheiden über den Zeitpunkt, da Sie das Thema Homosexualität ansprechen. Wenn er das Wort »schwul« als Schimpfwort hört, kann ein Gespräch dazu führen, dass er dieses Verhalten nicht kopiert. Ihre Antwort kann ganz einfach sein: »Schwul bedeutet, dass ein Mann einen anderen Mann liebt.« Mit älteren Kindern können Sie das Thema ausweiten und die Bedeutung von Wörtern wie »lesbisch« oder »homosexuell« erörtern. Bei dieser Gelegenheit können Sie auch über Mobbing sprechen. Sie können erklären, dass und wie Wörter Menschen verletzen. Ihr Kind soll sich z. B. vorstellen, wie es ist, beschimpft zu werden. Es kann so verstehen, dass Beschimpfungen nicht akzeptabel sind, weil sich andere Menschen dadurch verletzt oder ausgegrenzt fühlen. Wenn Sie sich nicht wohl damit fühlen, über Homosexualität zu sprechen, bitten Sie einen anderen vertrauenswürdigen Erwachsenen, dies für Sie zu tun. Wenn Sie es unangebracht finden, überhaupt darüber zu reden, konzentrieren Sie sich auf den Aspekt der Beleidigung und warum das nicht akzeptabel ist.

ELTERN BERICHTEN

Ertappt

Was macht ihr?

Unser sechsjähriger Sohn platzte neulich ins Schlafzimmer, als mein Mann und ich Sex hatten. Ich weiß nicht, wer von uns erschrockener war, und wir schrien ihn an, rauszugehen. Nachdem wir uns schnell angezogen hatten, redete ich mit ihm. Er scheint Geräusche aus dem Schlafzimmer gehört zu haben, die sich anhörten wie ein Kampf, und er wollte helfen. Ich sagte ihm, dass nichts Schlimmes passiert ist und erklärte in Grundzügen, dass Mama und Papa sich liebhatten, nicht kämpften. Es war lehrreich für mich, und wir sind jetzt vorsichtiger, versuchen, leiser zu sein und schließen ab, um weiteren Überraschungen zu entgehen. Außerdem haben wir eine neue Regel – dass alle anklopfen, bevor sie in das Schlafzimmer des anderen gehen.

F Ich habe meinen Sohn und seinen Freund nackt und kichernd in seinem Zimmer erwischt. Muss ich mir Sorgen machen?

Den Körper und die Genitalien eines anderen Kindes anzusehen und anzufassen ist bei Kindern zwischen vier und sieben normal. Wenn die Kinder im gleichen Alter sind (der Unterschied nicht mehr als zwei Jahre beträgt), sich dabei wohlgefühlt und keine sexuellen Handlungen nachgespielt oder beschrieben haben, brauchen Sie sich keine Gedanken machen. Dies ist eine andere Art, den eigenen Körper und die Unterschiede zwischen sich und anderen zu entdecken. Mutter, Vater, Kind, Lehrer und Schüler oder Arzt und Patient zu spielen ist in diesem Alter ebenfalls normal. Es bleibt zu überlegen, den Eltern des anderen Kindes davon zu erzählen, damit jene auch darüber nachdenken können, wie sie reagieren – sie haben möglicherweise eine andere Ansicht. Wenn Ihr Kind jedoch mehr über Sex weiß als für sein Alter üblich ist, sexuelles Verhalten an den Tag legt oder deutlich sexualisierte Sprache benutzt, fragen Sie Ihren Arzt oder die Familienhilfe um Rat.

F Mein Kind hat ein Schimpfwort benutzt. Woher hat er das?

Fluchen ist weitverbreitet und wird oft von anderen abgeschaut, wenn Ihr Kind den Reiz an schlimmen Wörtern entdeckt. Zwischen vier und sieben Jahren wird es kaum die Bedeutung der Wörter kennen, oder wissen, wie beleidigend sie sind. Ihre Reaktion entscheidet, ob es weitermacht oder bemerkt, dass es nicht in Ordnung war. Versuchen Sie, Ihre Reaktion zu steuern, weil Ihr Kind darauf besonders achten wird. Wenn Sie kichern oder darüber hinweggehen, weiß es, dass es auf etwas gestoßen ist. Reagieren Sie besonnen, z. B. »Dieses Wort benutzt man nicht, sag das bitte nicht noch einmal« und lenken Sie seine Aufmerksamkeit auf etwas anderes. Je mehr Aufhebens Sie machen, desto wahrscheinlicher wird es das Wort wiederholen. Wenn Ihr Kind freundliche und respektvolle Worte benutzt, loben Sie es dafür, um die Aufmerksamkeit auszugleichen, die es für Schimpfwörter bekommt.

MYTHEN UND MISSVERSTÄNDNISSE

Stimmt es, dass …

* ich anatomisch richtige Wörter benutzen muss, wenn ich mit meinem Kind über Sex und Fortpflanzung spreche?

Verwenden Sie die richtigen Begriffe für die Körperteile und erklären Sie die Koseworte. Wenn Ihr Kind beides kennt, weiß es immer, wovon gesprochen wird.

* ich sagen kann, dass der Storch die Kinder bringt?

Diese Geschichten darüber, woher Kinder kommen, sind nicht schlimm, sondern Teil einer magischen Vorstellung, die für Kinder unter vier Jahren passend sind. Wenn Ihr Kind über vier alt Jahre ist, erzählen Sie ihm, wie Babys wirklich geboren werden, da Ihr Kind neugierig darauf ist und verwirrt, wenn es schwangere Frauen sieht und dies mit der Geschichte vom Storch vergleicht.

* ich warten soll, bis mein Kind danach fragt, woher die Babys kommen – wird es fragen, wenn es so weit ist?

Das stimmt nicht. Wenn Sie das Thema ansprechen, können Sie gut vorbereitet sein statt überrumpelt zu werden. Darüber zu reden, bevor Sie gefragt werden, bedeutet, dass Sie die korrekten Informationen geben können, bevor Ihr Kind auf dem Spielplatz Märchen hört.

Lernschwierigkeiten
Helfen und unterstützen

F Mein sechsjähriger Sohn hat eine Entwicklungsverzögerung. Wird er immer hinterherhinken?

Der Ausdruck »Entwicklungsverzögerung« ist irreführend. Er impliziert, dass Fähigkeiten, die Ihr Kind noch nicht entwickeln hat, irgendwann eintreffen – so wie ein verspäteter Zug. Da Ihr Sohn noch sehr jung ist und einige Entwicklungen vor sich hat, kann man nicht sicher sein, wie sich seine Fähigkeiten zukünftig mit denen seiner Altersgenossen vergleichen lassen. Je weitreichender seine Einschränkungen sind, desto unwahrscheinlicher ist es, dass er in allen Bereichen aufholen kann. Wie alle Kinder wird auch Ihr Sohn mit der Zeit den Höhepunkt in der Entwicklung bestimmter Fähigkeiten erreichen. D.h. dass der Abstand zwischen ihm und anderen in einigen Bereichen größer ist als in anderen. Jedes Kind hat Stärken und Schwächen – versuchen Sie, sich auf das zu konzentrieren, was Ihr Sohn gut kann und nutzen Sie dies, um seine Schwächen in anderen Bereichen auszugleichen und sein Potenzial auszunutzen.

F Unsere Tochter hat eine leichte Lernbehinderung. Sollen wir zu Hause nachsichtig mit ihr sein?

Jedes Kind muss innerhalb seiner Möglichkeiten lernen, sich angemessen und akzeptabel zu verhalten. Nur, weil Ihre Tochter eine Lernbehinderung hat, müssen Sie sie nicht anders behandeln. Wenn Sie jetzt keine Grenzen für ihr Verhalten setzen, werden Sie später Probleme mit ihrem Verhalten bekommen. Vielleicht versucht sie, auch in der Schule mit diesen Dingen durchzukommen, was noch mehr Probleme verursachen könnte. Besprechen Sie Ihr Anliegen mit Ihrem Partner und vereinbaren Sie einige einfache Regeln über das Verhalten als Familie. Um Ihrer Tochter das Verständnis zu erleichtern, malen Sie die Regeln auf und hängen Sie sie an einer gut sichtbaren Stelle auf. Loben und ermuntern Sie sie, wenn sie Regeln befolgt (»Schön, dass du dein Spielzeug weggeräumt hast!«) und lassen Sie einfache Konsequenzen folgen, wenn sie Regeln bricht. Seien Sie nicht überrascht, wenn alles zunächst schlimmer zu werden scheint. Es ist normal, dass Kinder erst einmal aufdrehen, wenn die Eltern durchgreifen. Wenn Sie und Ihr Partner konsequent bleiben, wird sie bald verstehen, was Sie von ihr erwarten. In einer entsprechenden Elterngruppe können Sie neue Wege kennenlernen, ihre Entwicklung zu unterstützen und ihr Verhalten zu steuern. Mit Eltern anderer Kinder mit Behinderungen zu reden ist ein guter Weg, Hilfe zu finden und Tipps auszutauschen. Ihr Kinderarzt kann Ihnen entsprechende Möglichkeiten nennen.

F Mein Sohn ist Autist und ich habe im Internet etwas über eine neue Therapie gelesen. Soll ich sie ausprobieren?

Das Internet ist eine tolle Hilfe für Eltern und liefert eine Fülle an Informationen. Der Nachteil ist, dass dort viele widersprüchliche und verwirrende Hinweise zu finden sind, nehmen Sie also nicht alles für bare Münze. Als Eltern probieren Sie natürlich alles, was Hilfe für Ihr Kind verspricht. Die meisten Therapien werden wahrscheinlich nicht schaden, und vielleicht erreichen Sie in einigen Bereichen Fortschritte, aber leider gibt es derzeit keine Heilung für Autismus. Manche Therapien sind besser erforscht, sodass es Belege dafür gibt, wie und bei wem sie wirken und welche Veränderungen Sie erwarten können. Andere Ansätze stützen sich auf Berichte von Eltern und haben kaum wissenschaftlichen Hintergrund. Wenn Sie jemanden kennen, der die Lösung, an die Sie denken, bereits angewandt hat, fragen Sie ihn nach seinen Erfahrungen. Sie können außerdem einen der Verbände für Autismus um Empfehlun-

WICHTIGE INFORMATIONEN: SCHULANFÄNGER

Verzögerung oder Behinderung? Den Unterschied verstehen

Viele Kinder erreichen ihre Meilensteine verzögert und etwa fünf Prozent leiden an einer Form der Lernstörung. Wenn es Zweifel an der Entwicklung Ihres Kindes gibt, werden Fachleute in den ersten Jahren Ausdrücke verwenden wie »Entwicklungsverzögerung«. Das heißt nicht immer, dass Ihr Kind eine Lernbehinderung hat.

Globale Entwicklungsverzögerung, Lernschwäche oder Lernbehinderung?
Wenn die Entwicklung Ihres Kindes in ein oder mehreren Bereichen stark verzögert ist, spricht man von einer »globalen Entwicklungsverzögerung«. Wenn Ihr Kind älter ist und seine Fähigkeiten präziser eingeschätzt werden können, wird sie dann vielleicht als Lernbehinderung bezeichnet. Sie wird diagnostiziert, wenn Ihr Kind einen IQ von unter 70 hat und seine Beschwerden erhebliche Probleme zu Hause, in der Schule oder in Gesellschaft verursachen, die zusätzlicher Unterstützung bedürfen. Nur zwei bis drei Prozent aller Kinder haben eine Lernbehinderung, davon werden 80 Prozent als leicht eingestuft. Wenn dies nicht auf Ihr Kind zutrifft, spricht man von Lernschwäche. Die Begriffe werden manchmal synonym verwendet, was verwirrend ist. Bitten Sie die Fachleute Ihnen genau zu erklären, was sie meinen.

Ein Kind mit Lernproblemen braucht länger, um bestimmte Dinge zu lernen, benötigt mehr Hilfe und bewegt sich auf einem niedrigeren Niveau als seine Altersgenossen. Es kann außerdem Schwierigkeiten mit der Kontrolle über sein Verhalten und seine Gefühle haben. Manche Kinder werden mit genetischen Störungen wie dem Downsyndrom geboren, die Lernbehinderungen hervorrufen. In den meisten Fällen sind die genauen Ursachen für Entwicklungsverzögerungen unbekannt. Wenn sie bei einer Routineuntersuchung erkannt wurden, waren Sie eventuell bereits bei einem Spezialisten, der die erforderlichen Therapien einleitet. Wenn die Lernschwierigkeiten erst in der Schule aufgetreten sind, sprechen Sie mit einem Psychologen oder Ihrem Kinderarzt über psychologische Behandlung, Erziehungsberatung, Logopädie, Ergo- und Physiotherapie.

Wie kann ich meinem Kind helfen? Es könnte hilfreich sein, eine Gruppe für Eltern behinderter Kinder zu besuchen, um die Abläufe zu Hause anpassen zu können. Brechen Sie Aufgaben auf kleine Schritte herunter, um das Lernen zu vereinfachen und loben Sie viel. Sagen Sie, was genau Ihnen gefällt. Geben Sie kurze und präzise Anweisungen; Bilder können helfen. Ein Kind mit Lernproblemen zu erziehen ist eine Herausforderung, aber es gibt viel Hilfe und Unterstützung.

ERMUTIGUNG Lernprobleme können geringes Selbstvertrauen und Frustration hervorrufen. Sorgen Sie dafür, dass Ihr Kind viel Zeit mit Dingen verbringt, die es gerne tut.

Autistische Behinderungen
Ein komplexes Thema

Menschen mit autistischen Behinderungen haben Störungen in drei Hauptbereichen (»Triade der Beeinträchtigungen«): Kommunikation, Sozialverhalten sowie Denkmuster und Verhaltensweisen, die als »starr« bezeichnet werden können. Autistische Störungen werden in vier Gruppen unterteilt. Neben den **psychogenen** und **somatogenen** Formen werden das **Kanner-** und das **Asperger-Syndrom** unterschieden. Diese beiden Syndrome bilden die Hauptformen des Autismus. Autistische Behinderungen sind unabhängig vom Intelligenzgrad. Jungen sind drei- bis viermal häufiger betroffen als Mädchen.

Was bedeutet das für mein Kind? Kinder mit einer autistischen Behinderung haben Schwierigkeiten, soziale Umgangsregeln zu verstehen, bedeutsame Beziehungen zu anderen aufzubauen, sich anzupassen und ihre Fantasie zu benutzen. Jedes Kind ist jedoch anders: Manche haben Schwierigkeiten in der Sprachentwicklung, während andere hervorragend sprechen, aber nur über ein bestimmtes Thema reden. Manche Kinder haben eine Über- oder Unterempfindlichkeit eines oder mehrerer Sinne. Häufig sind auch ausgeprägte Interessen und starre Wiederholungen. Einige dieser Verhaltensweisen treten auch bei Kindern ohne autistische Störung auf, beispielsweise wenn ein Kind ein besonderes Interesse an einer bestimmten Cartoonfigur hat und deswegen fast nur Bücher, Spielsachen, DVDs, Kleidung, Bettwäsche und Gardinen mit diesem Thema mag. Die Liste der autistischen Verhaltensweisen ist lang, aber das Auftreten einzelner Merkmale bedeutet nicht automatisch, dass Ihr Kind autistisch ist. Autistische Kinder haben eine bestimmte Weltsicht, die sich in besonderen Stärken wie einem besonders guten Gedächtnis und Detailgenauigkeit zeigt. Wenige Menschen, sogenannte Savants, verfügen über eine sogenannte Inselbegabung, also außergewöhnliche mathematische, künstlerische, musische oder Gedächtnisfähigkeiten. Diese Fähigkeiten zeigen sich in einem kalendarischen Gedächtnis (z. B. für jedes beliebige Datum in Sekundenschnelle den Wochentag zu berechnen), gründlicher Fachkenntnisse bestimmter Themen, dem Geschick, unglaublich detaillierte Szenen aus dem Gedächtnis zu zeichnen oder schwierige Musikstücke nach einmaligem Hören nachzuspielen.

Wie wird Autismus diagnostiziert? Wenn Sie befürchten, Ihr Kind könnte an einer autistischen Störung leiden, fragen Sie Ihren Arzt nach einer Überweisung zum Spezialisten. Üblicherweise wird die Diagnose durch mehrere Fachleute wie Kinderarzt, Logopäde, Kinderpsychiater oder -psychologe gestellt.

HELFENDE HAND Autistische Kinder haben in vielen Bereichen Schwierigkeiten. Frühe Förderung erleichtert vieles.

Was ist der Auslöser? Derzeit sind die genauen Ursachen für Autismus noch unbekannt. Es gibt verschiedene Theorien, und viele Experten glauben, dass die große Bandbreite mit Autismus assoziierter Verhaltensweisen nicht nur eine Ursache haben kann. Viele aktuelle Forschungen haben ergeben, dass es keine Verbindung zwischen der Masern-Mumps-Röteln-Impfung und Autismus gibt und damit die bekannte Studie, die eine Verbindung herstellte, widerlegt. Es gibt keinen Beleg, dass einzelne Impfungen sicherer sind als andere. Sicher ist jedoch, dass Eltern nicht für diese Probleme ihres Kindes verantwortlich sind.

Was kann ich tun? Autisten haben eine Reihe von Störungen – eine gute Zusammenarbeit mit Fachleuten aus Gesundheit, Erziehung, Sozialwesen und Verbänden wird das Beste für Ihr Kind sein. Derzeit gibt es keine Heilung, aber frühe Förderung hilft die Beeinträchtigungen Ihres Kindes zu erkennen, Kommunikations- und soziale Fähigkeiten zu verbessern und mit schwierigem Verhalten umzugehen. Fragen Sie Ihren Arzt oder einen der Autismusverbände nach Gruppen und Kursen in Ihrer Umgebung.

KLEINE GENIES Einige wenige autistische Kinder, Savants genannt, haben unglaubliche Talente wie starke musische oder mathematische Fähigkeiten.

gen bitten. Wenn Sie die Ernährung Ihres Kindes umstellen wollen, sprechen Sie zunächst mit Ihrem Kinderarzt darüber.

F Meine Tochter geht auf eine Sonderschule und kann ihre Freunde nicht sehr oft sehen. Ich befürchte, dass sie später einsam wird.

Sonderschulen haben oft große Einzugsgebiete, daher haben viele Eltern und Kinder dieses Problem. Freunde sind wichtig für das Gefühl von Akzeptanz, Unterstützung und Sicherheit – sie machen uns glücklicher und selbstsicherer. Wenn Ihre Tochter ihre Freunde nicht außerhalb der Schule treffen kann, stellt dies besondere Anforderungen an die Familie. In diesem Alter werden die Grundlagen für Freundschaften durch gemeinsame Aktivitäten und Interessen gelegt. Finden Sie heraus, ob es nach der Schule Gruppen oder Aktivitäten gibt, an denen Ihre Tochter teilnehmen kann. Falls dies nicht der Fall ist, suchen Sie Angebote vor Ort – vielleicht treffen sich bereits Eltern aus der Schule bei lokalen Veranstaltungen. Wenn Sie etwas finden, das auch für andere Eltern interessant sein kann, geben Sie es weiter. Viele Vereine haben Angebote sowohl für normal entwickelte Kinder als auch für solche mit zusätzlichen Bedürfnissen. Wenn Sie sich nicht sicher sind, fragen Sie! In Ihrer direkten Umgebung Kontakte zu knüpfen und Freundschaften aufzubauen ist ebenso wichtig wie das soziale Netzwerk an der Schule.

F Mein Sohn hat sich immer gern mit Büchern befasst. Warum hat er alles Interesse verloren, seit er in die Schule geht?

Mit dem Schulbeginn bedeuten Dinge, die bislang mit Spiel und Spaß verbunden waren, nun Pflicht und sind damit weniger reizvoll. Es kann sein, dass Ihrem Sohn das Lesenlernen schwerfällt und er deswegen Bücher meidet. Versuchen Sie, Bücher und Lesen wieder mit Spaß zu verknüpfen. Gehen Sie in eine Bücherei und helfen Sie ihm, Bücher zu finden, die ihn interessieren. Anderen Menschen beim Lesen zuzuhören ist genauso wichtig für Ihren Sohn wie die Wörter selbst zu erkennen und auszusprechen; lesen Sie ihm möglichst jeden Abend eine Geschichte vor. Es gibt viele Möglichkeiten, gemeinsam zu lesen, aber fordern Sie ihn nicht auf vorzulesen, um zu prüfen, ob er neue Worte lesen kann. Loben Sie seine Fortschritte und korrigieren Sie Fehler einfühlsam. Wenn Sie sich sorgen, dass Ihr Sohn sich mit dem Lesen schwertut, fragen Sie seinen Lehrer, ob Sie irgendetwas tun können, was ihm in der Schule hilft. Lesen zu lernen ist eine komplexe Aufgabe – nehmen Sie den Druck von ihm.

F Mein Sohn tut sich in der Schule schwer, ist aber im Unterricht in seiner Klasse integriert. Sein Verhalten verschlechtert sich. Was kann ich tun?

Mit jeder weiteren Klassenstufe steigen die Anforderungen an Ihren Sohn. Die Aufgaben werden schwieriger, er wird länger still sitzen und sich konzentrieren müssen, und es wird erwartet, dass er selbstständig lernen kann. Wenn Ihr Sohn bestimmte Aufgaben zu schwierig findet, zeigt er dies eventuell, indem er den Unterricht stört. Ihn im Unterricht bei seiner Klasse zu lassen ist gut für sein Selbstbewusstsein – solange er das Gefühl hat, mithalten zu können. Alle Kinder sollten gleichberechtigt behandelt werden, aber das bedeutet nicht, dass mit allen auf dieselbe Art umgegangen werden soll. Wenn seine Bedürfnisse nicht abgedeckt werden, sollten Sie eine individuellere Lösung bedenken. Teile des Lehrplans können in kleine, leichter zu erreichende Schritte aufgeteilt werden. Vielleicht hilft ihm auch Einzelbetreuung oder Kleingruppenarbeit. Es kann dauern, zusätzliche Unterstützung zu erhalten, kümmern Sie sich früh darum. Sprechen Sie mit seinem Lehrer, um herauszufinden, welche Möglichkeiten die Schule bietet.

ELTERN BERICHTEN

Je früher desto besser

Hilfe bekommen

Als meinen Sohn die Matheaufgaben immer mehr frustrierten, wusste ich gut, wie er sich fühlte. Ich fand Mathematik immer schwer und wollte ihn nicht dieselbe Erfahrung machen lassen. Ich redete mit seinem Lehrer und drängte auf Förderstunden in der Schule. Zunächst war mein Sohn nicht begeistert davon, einige Stunden in einer kleinen Gruppe ohne seine Freunde zu verbringen. Jetzt macht er dank Förderunterricht Fortschritte und findet es gut, mit Kindern zu lernen, die auf seinem Level sind. Ich rate Eltern, deren Kind Schwierigkeiten in der Schule hat, so früh wie möglich Hilfe zu suchen und nicht darauf zu hoffen, dass es von selbst besser wird.

F Unser Kind hat Dyspraxie, und es fällt uns schwer, damit umzugehen. Sollen wir versuchen, eine Pflegeentlastung zu beantragen?

Ein behindertes Kind zu erziehen ist anspruchsvoll und eine zusätzliche Belastung für die Familie – Pflegeentlastung hilft, allen eine dringend benötigte Pause voneinander zu geben. Inzwischen gibt es viele ehrenamtliche Helfer, die Ihnen zur Hand gehen oder sich auch mit Ihrem Kind beschäftigen, während Sie ein wenig Zeit für sich brauchen. Teilweise gibt es auch einen Pflegeurlaub mit Kindern, der teils von den Krankenkassen bezahlt wird, um Sie zu entlasten und Ihnen trotzdem gemeinsame Zeit zu schenken.

Bei der Pflegeentlastung nimmt ein qualifizierter Helfer Ihr Kind regelmäßig für einige Stunden zu einer mit Ihnen vereinbarten Aktion mit. Das kann eine Kindergruppe sein, Ausflüge oder zusätzliche Aktivitäten während der Schulferien. Erklären Sie Ihrem Kind, dass dies eine besondere Zeit nur für sie ist. Ihre Tochter wird ihren Helfer vorher kennenlernen, da es wie mit einem Freund sein soll. Wenn sie sich sträubt, versuchen Sie, sich auf einen Probelauf für einige Wochen zu einigen und dann noch einmal darüber zu entscheiden. Wenn Sie Ihre Tochter in die Planung einbeziehen, nimmt es ihr das Gefühl, abgeschoben zu werden und unerwünscht

Dyspraxie

Man geht davon aus, dass etwa fünf Prozent aller Kinder an Dyspraxie leiden. Dyspraxie ist keine Bewegungsstörung. Es handelt sich vielmehr um eine Störung, Bewegung und Handlung in Einklang zu bringen bzw. um eine Störung, zielorientiert zu planen. Dyspraxie kann ebenso das Lernen erschweren.

Was bedeutet das für mein Kind? Ihr Kind benötigt länger, um Fortschritte in der Entwicklung wie im Sprechen und Laufen zu machen. Wenn es älter wird, hat es Schwierigkeiten, zu springen, zu laufen, Fahrrad zu fahren, einen Ball zu fangen oder zu treten und sich zu konzentrieren, vor allem bei Geschicklichkeitsspielzeugen wie Puzzles. Vielleicht hat es auch ein schlechtes Zeitgefühl und aufgrund einer verminderten Raumwahrnehmung eine Neigung, zu fallen, stolpern oder gegen Dinge zu laufen (was die Bezeichnung »Syndrom des ungeschickten Kindes« begründet). Wahrscheinlich wird es Probleme mit dem Anziehen, Schuhebinden und Benutzen von Besteck haben. In der Schule vermeidet es vielleicht, auf dem Schulhof mitzuspielen und seine Schrift ist ungelenk. Die Ursachen für Dyspraxie sind noch nicht hinreichend erforscht, aber man geht davon aus, dass die unvollständige Entwicklung von Motoneuronen (Nervenzellen zur Muskelsteuerung) ursächlich ist. Dadurch werden Nachrichten nicht korrekt an den Körper übermittelt, was Ihrem Kind die Umsetzung von Plänen in Taten erschwert.

Wie wird es diagnostiziert? Ihr Arzt kann eine Untersuchung veranlassen. Diese sollte bestenfalls von einem Kinderarzt, einem Schul- oder klinischen Psychologen, Logopäden oder Physiotherapeuten gemeinsam durchgeführt bzw. diagnostiziert werden.

Wie kann ich meinem Kind helfen? Dyspraxie ist nicht heilbar, aber man kann vieles tun, um sie zu bessern. Sie bekommen Hilfe bei einer Reihe von Experten wie Ergo- und Physiotherapeuten, die beobachten, wie Ihr Kind alltägliche Dinge zu Hause, in der Schule und beim Spiel bewältigt. Fertigkeitstraining kann bei der Entwicklung von intellektuellen und körperlichen Fähigkeiten helfen.

zu sein. Eine kurze Pause voneinander wird Ihnen helfen, Ihre Batterien wieder aufzuladen und macht die gemeinsame Zeit angenehmer. Fragen Sie Ihren Kinderarzt nach Möglichkeiten in Ihrer Nähe. Ihre Krankenkasse kann Sie zur Finanzierung und den Abläufen beraten.

F Die Freunde meines Sohnes hänseln ihn wegen seiner Schwierigkeiten in der Schule. Soll ich ihm den Umgang verbieten?

Kinder können grausam zueinander sein, und Beschimpfungen sind für dieses Alter ein typisches Verhalten. Meistens ist das schnell vergessen, was es natürlich nicht richtig macht. Wenn Sie sich sorgen, dass Ihr Sohn aufgrund seiner Schulschwächen permanent Ziel von Beschimpfungen seiner Freunde ist, können Sie sie zu sich einladen und so ein Auge auf alles haben. Wahrscheinlich werden Sie merken, dass Ihr Sohn Paroli bietet, insbesondere, wenn er auf vertrautem Terrain ist, schreiten Sie also auch bei ihm ein, wenn er ausfallend wird. Wenn Kinder besondere Fürsorge brauchen, findet man sich leicht zunehmend in der Beschützerrolle. Ihrem Kind Sicherheit zu geben, hat selbstverständlich höchste Priorität, aber es ist wichtig, ein Gleichgewicht zwischen Schutz und Unabhängigkeit zu finden.

Wie alle Kinder muss Ihr Sohn lernen, mit anderen Menschen, ob sympathisch oder nicht, als auch schwierigen zwischenmenschlichen Situationen umzugehen. Wenn Ihr Kind zu sehr behütet wird, kann dies zu sozialem Rückzug führen. Helfen Sie also Ihrem Sohn, das Vertrauen und die Fähigkeiten zu erlernen, auf sich selbst zu achten.

Mein Kind ist ein Genie!
Fallstricke ehrgeiziger Eltern

Ich versuche, meinen Sohn so viel wie möglich zu loben, um sein Selbstbewusstsein zu stärken. Ist das richtig?

Beim Lob das richtige Maß zu finden, kann schwierig sein. Einerseits empfehlen Experten, jeden positiven Aspekt zu beachten, andererseits haben Untersuchungen ergeben, dass Kinder mit einem übersteigerten Selbstbewusstsein als Teenager häufiger zu riskantem Verhalten wie schnellem Fahren oder Fahren unter Alkoholeinfluss neigen. Sie können nichts falsch machen, wenn Sie ihn ehrlich loben und ihn genau wissen lassen, was Sie an ihm mögen. Übertreiben Sie es nicht, indem Sie ihn glauben lassen, dass er besser wäre als die anderen oder immer gewinnt. Das wird unweigerlich nach hinten losgehen, wenn es nicht so läuft, wie er möchte, z.B. wenn er nicht in eine Schulmannschaft gewählt wird oder schlechte Noten bekommt. Ihr Kind wird diese Enttäuschungen gut verkraften, wenn Sie seine Belastbarkeit aufbauen, indem Sie seine Mühe wertschätzen, unabhängig vom Erfolg. Das beinhaltet auch, Beständigkeit zu fördern, also zu entscheiden, ob er sich mehr bemüht oder sich ein neues Ziel sucht, wenn er etwas nicht erreichen kann. Wenn er z.B. eine Rolle in der Schulaufführung nicht bekommt, bestärken Sie ihn, sich eine andere Rolle auszusuchen oder ein guter Sänger zu werden, um an der Aufführung teilzunehmen. So versteht Ihr Kind, dass es sein Leben steuern kann und neue Herausforderungen annehmen soll. Belastbare Kinder können besser mit Schwierigkeiten umgehen, weil sie besser motiviert sind, etwas auszuprobieren, aber nicht automatisch erwarten, alles zu bekommen, was sie wollen.

> Das Wichtigste für Ihr Kind sind Ihre Liebe, Zuneigung und die Bestätigung, dass es liebenswert ist, egal, was passiert.

Mein Kind ist dauernd unterwegs. Wie viele Hobbys sind zu viel?

Es kann schwer sein, der Begeisterung Ihres Kindes für außerschulische Beschäftigungen zu begegnen – gleichzeitig ist es sinnvoll, seine Interessen zu fördern. Nur Sie und Ihr Kind können entscheiden, wie viel es sein soll. Im Alter von vier Jahren sollten Verabredungen zum Spielen völlig ausreichen.

Mit fünf bis sieben Jahren bilden ein bis zwei Termine pro Woche ein gutes Gleichgewicht zwischen Schule, Freunden und Familie. Achten Sie darauf, dass es sich in seinem Eifer nicht überlastet, es ist Ihre Aufgabe, negative Effekte zu verhindern. Es ist zu viel, wenn Essen regelmäßig zu »schnellen Mahlzeiten« werden, weil Sie schon zum nächsten Termin hetzen, oder wenn keine Zeit zum Spielen oder für die Familie bleibt. Übermüdung ist ein weiteres Warnsignal – wenn Ihr Kind ständig erschöpft ins Bett fällt und am Morgen schwer aus dem Bett kommt.

Wenn Sie negative Auswirkungen bemerken, helfen Sie Ihrem Kind bei der Entscheidung, welche Aktivitäten es weitermachen und welche es aufgeben will. Zu viele Termine können Sie ebenfalls belasten. Wenn Sie sich gehetzt fühlen, gereizt sind oder Ihr Kind laufend zur Eile antreiben, um zum nächsten Termin zu kommen, wird es Zeit, kürzerzutreten. Die Überlastung durch außerschulische Interessen kann zu Spannungen in der Familie führen, die den Wert der Aktivitäten überwiegen.

Ihr Kind unterstützen
Oder drängen Sie es?

Sie sind der größte Fan Ihres Kindes: Sie sehen das Beste in ihm, sind stolz auf seine Leistung und hoffen, dass es seine Sache gut macht. Indem Sie es unterstützen, bieten Sie die beste Grundlage für sein Lernverhalten und seine Entwicklung. Forschungen haben ergeben, dass das Engagement der Eltern den größten Einfluss auf die Leistung des Kindes hat.

✱ **Auswahl:** Geben Sie Ihrem Kind die Möglichkeit, verschiedene Hobbys auszuprobieren. Wenn es viele ausprobiert hat, lassen Sie es entscheiden, welche es weitermachen will. Vielleicht erlernt es dabei neue Fähigkeiten oder bekommt sogar eine Idee für seinen späteren Werdegang.

✱ **Abwechslung:** Es ist schwer, in diesem Alter die späteren Neigungen und Interessen Ihres Kindes vorherzusagen. Vermeiden Sie daher, sich auf eine Sache zu konzentrieren. Wenn es mehrere Hobbys hat und das Interesse an einer Sache verliert, bleiben andere, die sein Selbstwertgefühl und Interesse aufrechterhalten.

✱ **Motivation:** Trainingsstunden, die sich auf kleine Schritte konzentrieren, sind motivierender als ein zu hoch gestecktes Ziel.

✱ **Ausgleich:** Kinder benötigen Freizeit. Wenn Ihr Kind mit Terminen, Hausaufgaben und Training überfrachtet ist, verpasst es das Schönste der Kindheit: zu spielen. Es hat außerdem weniger Möglichkeiten, sich selbst zu beschäftigen – eine Schlüsselkompetenz, wenn es älter wird.

✱ **Zu sehr drängen:** Bevor Sie Aktivitäten für Ihr Kind suchen, prüfen Sie Ihre Beweggründe: Handeln Sie im Interesse Ihres Kindes oder im eigenen und hoffen, dass es erreicht, wovon Sie früher geträumt haben? Möchten Sie, dass es mit bestimmten Kindern mithält oder bestimmte Freundschaften verstärkt? Vielleicht fällt es ihm schwer, Freundschaften zu schließen, und Kurse helfen ihm, andere Kinder kennenzulernen oder Sie sorgen sich, es könnte so aussehen, als würden Sie es nicht unterstützen, wenn Sie ihm nicht genügend Aktivitäten bieten. Prüfen Sie gut, wie viel Beschäftigung Ihr Kind verkraftet.

MITSPIELEN Ermuntern Sie Ihr Kind, zusätzlichen Hobbys und Interessen, wie Musik, nachzugehen, aber denken Sie daran: Es ist das Erlebnis, das Ihr Kind motiviert.

PRIMABALLERINA Wenn Ihr Kind in einem bestimmten Hobby ganz aufgeht, z.B. Ballett, und ein Gleichgewicht zwischen Schule und Freizeit besteht, gibt es keinen Grund, es von seinem Training abzuhalten.

Ist mein Kind wirklich ein Genie?
Hochbegabte Kinder

»Hochbegabt« ist das neue Schlagwort für Kinder, die Überflieger sind oder das Potenzial dazu haben. Es ist das gängige Wort innerhalb des Schulsystems und unserer Gesellschaft. Herauszufinden, ob Ihr Kind hochbegabt ist, ist nicht immer einfach; zur Entscheidungsfindung werden Ihre Meinung, die der Lehrer als auch die herausragenden Arbeiten und Testergebnisse Ihres Kindes herangezogen. Es ist nicht bekannt, wie viele hochbegabte Kinder es wirklich gibt; wer in den oberen zwei Prozent eines Intelligenztests abschneidet, wird als hochbegabt bezeichnet. Vor dem sechsten oder siebten Lebensjahr gibt es meist keine Anzeichen für eine Hochbegabung. Rechnen Sie damit, dass Ihr Ansinnen, herauszufinden, ob Ihr Kind ein Genie ist, angefochten wird. Es muss nicht hochbegabt sein, um in der Schule und im Leben zurechtzukommen.

* **Erkennen:** Es ist wichtig, dass die Lehrer die Fähigkeiten Ihres Kindes erkennen, damit sie den Lehrplan anpassen können, Ihr Kind fordern und Langeweile verhindern. Manche Lehrer schrecken davor zurück, besondere Talente zu fördern, weil sie fürchten, den Rest der Klasse zu benachteiligen. Wird Ihr Kind nicht gefördert, kann das seine Entwicklung stören.
* **Freie Arbeit:** Wenn Ihr Kind ermutigt wird, seine Interessen und Lernvorlieben zu entdecken, wird es in der Schule mehr erreichen. Freie Arbeit oder offener Unterricht ist bei jüngeren Kindern normalerweise auf freie Zeit zum Spielen begrenzt, wird aber im Lauf der Schulzeit zunehmen, wenn Ihr Kind mehr Freiheit hat, die Lernmethoden mitzubestimmen.
* **Ausgleich:** Wie begabt Ihr Kind auch sein mag, es benötigt Zeit, zu entspannen, zu spielen oder einfach bei Ihnen zu sein. Ungezwungene Aktivitäten außerhalb seiner normalen Interessen tun ihm gut. Wenn es sich z. B. für ein wissenschaftliches Thema interessiert, können Sport oder Aktivitäten im Freien ein Ausgleich sein. Eine Fahrradtour oder Schwimmen können erfrischende Abwechslungen zu den Hausaufgaben sein.
* **Probleme:** In der Schule geht für Ihr hochbegabtes Kind nicht immer alles glatt. Wenn die Stunden nicht angepasst werden, findet es die Arbeit zu leicht und ist gelangweilt. Dies kann zu Frustration und Fehlverhalten führen. Sie müssen sich selbst stark anstrengen, um mitzuhalten und ihm bei den Hausaufgaben helfen zu können. Egal, wie begabt Ihr Kind ist, es wird immer von Ihrer Unterstützung profitieren. Wenn Sie es loben und seine Mühe belohnen, bauen Sie sein Selbstwertgefühl auf und erkennen es als jemanden an, der sich bemüht. So wird sein Selbstwertgefühl nicht nur von guten Leistungen oder Siegen abhängen.

AUFMERSKAMKEIT Ihr Kind wird von vielfältigen Aktivitäten und dem Interesse Ihrerseits und dem der Lehrer profitieren.

F Wird mein Kind mehr erreichen, wenn wir gemeinsame Zeit mit Lernausflügen verbringen?

Die ganze Familie in den Lernprozess einzubinden ist für die Bildung Ihres Kindes nützlich. Familienausflüge zu interessanten Orten und Lernspiele haben die Doppelfunktion gemeinsamer schöner Erfahrungen und der Wissenserweiterung. Andere Wege, die Ihrem Kind beim Lernen helfen, sind die Ausbildung selbst zu schätzen, Interesse zu zeigen an den Themen, die Ihr Kind in der Schule bespricht, mit ihm gemeinsam zu lesen, ihm bei den Hausaufgaben zu helfen und sicherzugehen, dass es nur fehlt, wenn es krank ist.

Zusätzliche Aufgaben erfordern eine sorgfältige Abwägung von Nutzen und Kosten. Ihr Kind muss zu Hause andere wichtige Bereiche seiner Entwicklung durchlaufen können wie Spielen, Kontakte knüpfen, die Auseinandersetzung mit religiösen oder kulturellen Themen, und Zeit haben, abzuschalten. Diese werden meist vernachlässigt, wenn zu viel Zeit zum Lernen verwendet wird. Bestenfalls schätzen die Lehrer ein, wie viel Ihr Kind neben den Hausaufgaben tun soll, um es in der Schule zu unterstützen, aber nicht zu überfordern. Meist reichen dazu die normalen Hausaufgaben. Wenn Sie dennoch der Ansicht sind, dass die Aufgaben Ihr Kind nicht genug fordern, sprechen Sie mit den Lehrern, um deren Meinung zu hören oder sie zu bitten, anspruchsvollere Aufgaben zu stellen.

Wenn Sie darüber nachdenken, zusätzliche Aufgaben zu stellen, bedenken Sie, dass Ihr Kind sein Zuhause nicht als Erweiterung der Schule betrachten soll, sondern als Ort für Spaß mit der Familie, bei dem das Lernen nebenbei geschieht.

F Mein Kind ist hochbegabt. Ist es sinnvoll, es außerhalb der Schule zu Fördern?

Ursprünglich war Nachhilfeunterricht für Schüler gedacht, die nicht mitkamen; der Erfolg dieses Ansatzes ist erwiesen. In letzter Zeit hat sich der Fokus dahin verändert, Kindern durch frühe Förderung, oft in Fächern wie Mathematik oder Musik, einen Vorsprung zu verschaffen, den Schulstoff zu festigen oder vorwegzunehmen. Es ist schwer zu sagen, ob Ihr Kind von solch einem Nachhilfe- oder Einzelunterricht profitiert, ob manchen Kindern zusätzliche Förderung in der Schule reicht, andere aber durch Einzelunterricht aufblühen. Bei Ihrer Entscheidung müssen Sie ebenfalls den Ausgleich zwischen Einzelunterricht und den anderen Bedürfnissen wie Spiel, Sozial- und Familienleben und Ausruhen bedenken. Fragen Sie Ihr Kind nach seiner Meinung. Manche Kinder betrachten Einzelunterricht als Statussymbol, hinterfragen Sie die Gründe, wenn es zustimmt. Wenn Sie sich dafür entscheiden, suchen Sie einen qualifizierten, seriösen Lehrer mit Erfahrungen mit Kindern im selben Alter. Vereinbaren Sie eine Probezeit, regelmäßige Besprechungen und entscheiden Sie aufgrund dessen, was Sie als Erfolg werten, z. B. das Interesse am Thema zu behalten, die Motivation fördern oder bessere Erfolge. Eine weitere Möglichkeit ist ein Unterricht, in dem ein Kind lernt zu lernen.

Talentiert aber nicht motiviert

Es kann frustrierend sein, wenn Ihr Kind unmotiviert ist, obwohl es ohne großen Aufwand viel erreichen könnte. Ein Kind zu motivieren ist eine heikle Sache, da Lernen mehr von Freude und Interesse abhängt als dem Streben nach einem fernen Ziel. Wenn Ihr Kind in der Schule unmotiviert ist, sprechen Sie mit den Lehrern, um sicherzugehen, dass es Aufgaben mit spielerischen und praktischen Anteilen erhält, um sein Interesse zu wecken. Belohnungen wie Sterne für besondere Anstrengungen können motivieren. Sie können seine Begabung fördern, indem Sie z. B. das Lernen außerhalb der Schule zum Erlebnis machen. Besuchen Sie Orte von historischem, sportlichem oder künstlerischem Interesse; viele Museen haben interaktive Aufgaben und multimediale Informationen, die unterhalten, beschäftigen und lehren. Zwingen Sie Ihr Kind nicht zum Lernen, da das nur zu Ärger und Ablehnung führt.

Mein Gemüse ess' ich nicht! Den Streit ums Essen lösen

F Meine Tochter will kein Fleisch mehr essen. Soll ich ihr erlauben, sich vegetarisch zu ernähren?

Ihre Tochter beginnt, einige Entscheidungen für ihr Leben zu treffen, die auf einer größeren Weltsicht und nicht mehr nur auf ihren eigenen Wünschen und Bedürfnissen basiert. Besprechen Sie den Gedanken mit ihr, um sicherzugehen, dass sie weiß, was sie aufgibt. Vegetarische Ernährung kann gesund sein, wenn sie ausgewogen ist. Sie müssen beachten, dass Ihre Tochter genug Eisen zu sich nimmt. Eisen wird für die körperliche und mentale Entwicklung benötigt und Eisenmangel (Anämie) ist eines der häufigsten Ernährungsprobleme. Als Vegetarierin wird Ihre Tochter das meiste Eisen aus Eiern, Getreide, Gemüse und Hülsenfrüchten zu sich nehmen. Dieses Eisen kann vom Körper nicht so gut aufgenommen werden wie Eisen aus Fleisch. Vitamin C verbessert allerdings die Aufnahme; stellen Sie sicher, dass sie genug Obst isst. Nüsse und Erdnussbutter sind eine gute Quelle für Proteine, Mineralien und Vitamine.

Informieren Sie sich und planen Sie die Ernährung mit Ihrer Tochter zusammen, um ihr zu zeigen, dass Sie ihre Entscheidung verstehen und akzeptieren. Sie können ein Regal für die Nahrungsmittel Ihrer Tochter reservieren. Vereinbaren Sie eine Probezeit, um zu sehen, wie es läuft. Wenn Ihre Tochter sich entscheidet, nicht weiterzumachen, loben Sie sie dennoch dafür, für etwas eingestanden zu sein, woran sie glaubt.

Wenn Ihr Kind sich gesund ernähren soll, müssen Sie ihm ein Vorbild sein.

F Mein Kind bringt die Hälfte seiner Pausenbrote wieder nach Hause zurück. Isst es genug?

Schulpausen sind hektische, betriebsame Angelegenheiten, da die Kinder sich beeilen, um ihre Freunde zu treffen und so schnell wie möglich essen, um noch genug Zeit zu haben, bevor der Unterricht beginnt. Ihr Kind hat vielleicht einfach nicht genug Zeit, alles zu essen, was Sie ihm einpacken.

Vielleicht mag es auch nicht alles, oder es isst genug für seinen Appetit. Wenn Sie keine anderen Sorgen hinsichtlich seiner Ernährung haben und es ansonsten genug isst – bleiben Sie ruhig und versuchen Sie, sich nicht zu sehr zu sorgen. Derzeit bringt Ihr Kind die Reste mit zurück, darauf vertrauend, dass Sie nicht überreagieren. Wenn Sie das Thema zu sehr aufblähen, wird es die Reste in der Schule wegwerfen. Packen Sie ihm Sachen ein, von denen Sie wissen, dass es sie mag und überfordern Sie es nicht mit zu viel. Wechseln Sie traditionelle Butterbrote mit Brötchen, Wraps, Bagels oder Nudelsalaten ab, um das Essen interessant zu gestalten, und sorgen Sie dafür, dass es gesunde Snacks für die Pausen hat. Vergessen Sie vor allem nicht, es zu loben, wenn es gut isst.

F Wie kann ich meinen Sohn dazu bringen zu frühstücken?

Man hört oft »Frühstück ist die wichtigste Mahlzeit des Tages«, und es steckt ein wenig Wahrheit darin. Wenn er aufwacht, hat der Körper Ihres Sohnes schon einige Stunden kein Essen gehabt und ein Frühstück gibt ihm die Energie, die er für den Tag braucht. Forschungen haben gezeigt, dass Kinder, die gesund frühstücken weniger übergewichtig sind, weniger Probleme mit dem Blutzuckerspiegel (die das Diabetesrisiko steigern) haben, aufmerksamer sind, sich besser konzentrieren können, besser an

Gesunde Ernährung
Kennen Sie Ihre Lebensmittel?

Kinder benötigen nahrhaftes Essen und viel Wasser, um Treibstoff für ihre Aktivitäten, das Wachstum und die Entwicklung zu haben. Sie legen heute schon den Grundstein für seine spätere Einstellung zur Ernährung.

Welche Nahrung brauchen Kinder?
Die fünf Hauptgruppen sind:
* Obst und Gemüse
* Brot, Getreide und Kartoffeln
* Milch und Milchprodukte
* Fleisch, Fisch, Eier, Soja, Bohnen und Hülsenfrüchte
* Lebensmittel mit Zucker und/oder Fett

Eine gesunde Ernährung enthält viele Lebensmittel der ersten beiden Gruppen, weniger der nächsten beiden und nur einzelne aus der letzten Gruppe. In einem ausgewogenen Gleichgewicht wird dies Ihrem Kind alle Kohlehydrate geben, die es für die Energie braucht, Protein für das Wachstum, Eisen und Kalzium für ein gesundes Blut und starke Knochen, ungesättigte Fettsäuren für das Zellwachstum, Ballaststoffe, um das Verdauungssystem gesund zu halten, und viele Vitamine und Mineralstoffe für eine optimale Entwicklung.

Snacks und Getränke: Ihrem Kind zu viele ungesunde Snacks und süße Getränke zu erlauben, macht jeden positiven Effekt gesunder Ernährung zunichte. Werden diese Lebensmittel aber verbannt, sind sie umso verlockender; erlauben Sie Süßigkeiten also gelegentlich. Ermuntern Sie Ihr Kind, gesunde Snacks zu essen, indem Sie eine Schüssel mit frischem und getrocknetem Obst und Nüssen bereithalten. Erinnern Sie Ihr Kind, dass es davon essen kann, wenn es sein Maß an Süßigkeiten für den Tag erreicht hat. Smoothies sind eine gute Möglichkeit, Kindern Obst schmackhaft zu machen. Reichen Sie zum Essen Wasser statt ungesunde Limonaden. Sie enthalten oft viel Zucker – was einen starken Anstieg aber danach ebenso schnellen Abfall des Blutzuckers bewirkt – und künstliche Farb- und Geschmacksstoffe.

Pausenbrote: Achten Sie darauf, dass die Pausenverpflegung und Snacks gesund und ausgewogen sind. Die kleinen Mahlzeiten sollten gesunde Alternativen bieten – geben Sie gelegentlich Obst oder auch einen Joghurt oder Smoothie mit.

Wenn Sie möchten, dass Ihr Kind sich gesund ernährt, müssen Sie mit gutem Beispiel vorangehen. Erwarten Sie nicht, dass es von Obst begeistert ist, wenn es Sie jedes Mal zu den Schokoladenkeksen greifen sieht, wenn Sie hungrig sind!

OBST UND GEMÜSE Wenn Sie Ihr Kind zu einer gesunden Ernährung ermuntern, wird diese ihm zur Gewohnheit.

Kleiner Chefkoch
In der Küche helfen

Wenn Ihr Kind nicht an Essen interessiert ist, versuchen Sie es mit einem Kochbuch für Kinder. Seine Reaktion wird Sie überraschen. Ihr Kind könnte Spaß daran bekommen, neue Rezepte auszuprobieren, Zutaten einzukaufen und so die Verantwortung für sein Essen zu übernehmen. Seine Werke zu servieren wird es stolz machen und Sie verbringen in der Küche viel gemeinsame positive Zeit miteinander. Wenn Sie sein Interesse an Lebensmitteln und Kochen wecken, können Sie ihm vielleicht später feste Aufgaben in der Küche übertragen.

sportlichen Aktivitäten teilnehmen können und insgesamt gesünder essen. Wie vielen Kindern ist Ihrem Sohn gleich nach dem Aufstehen noch nicht nach Essen zumute und der Zeitdruck am Morgen lässt es nicht zu, zu warten, bis er so weit ist. Sie können versuchen, Ihren Sohn früher zu wecken, um seinem Körper die nötige Zeit zu geben, aufzuwachen. Alternativ können sie ihm am Abend vorher ein Frühstück mit frischen oder trockenen Früchten, Nüssen, frischem Saft, und Früchtebrot einpacken. Einige Müslis enthalten viel Salz und Zucker, überprüfen Sie daher die Nährwertangaben auf der Packung. Frühstücksriegel sind wegen hoher Fett-, Salz- und Zuckerwerte nicht immer eine Alternative, lesen Sie auch hier die Packungsangaben. Vielleicht gibt es in der Schule einen Frühstücksservice oder Ihr Sohn möchte lieber mit seinen Freunden essen.

F Meine Tochter isst alles außer Gemüse. Soll ich sie dazu zwingen?

Gemüse kann für Kinder sehr bitter schmecken, und es kann schwierig werden, sie daran zu gewöhnen, wenn sie nicht von Anfang an eine Vorliebe dafür entwickeln. Sie können Ihre Tochter nicht zwingen, Gemüse zu essen, und Sie werden später wollen, dass sie es von sich aus isst.

Versuchen Sie, Gemüse zu pürieren und zu würzen oder fein zu hacken. Wahrscheinlich wird Ihre Tochter etwas über gesunde Ernährung in der Schule lernen, Sie können also ihr steigendes Wissen ansprechen und mit ihr darüber diskutieren, warum Gemüse ein wichtiger Ernährungsbestandteil ist. Sie können aus vielen Sorten wählen – nehmen Sie Ihre Tochter mit zum Einkaufen und lassen Sie sie wählen. Wenn Sie Platz haben, legen Sie Ihren eigenen Gemüsegarten an und beziehen Sie Ihre Tochter in die Entscheidung ein, was gepflanzt wird. Sie kann beim Anpflanzen, der Pflege und Ernte helfen. Es ist unglaublich, was Kinder essen, wenn sie es selbst gepflanzt haben!

F Hilfe, meine Tochter wird wählerisch beim Essen, weil sie nicht dick werden will!

Ihre Tochter ist einer Fülle an Botschaften aus Fernsehen, Radio, der Schule und Gesellschaft ausgesetzt, die die Wichtigkeit gesunder Ernährung und die Gefahr von Junkfood betonen. Tatsächlich hat Übergewicht bei Kindern in den letzten zehn Jahren signifikant zugenommen und Ihre Tochter sollte dafür gelobt werden, dass sie gemerkt hat, dass sie selbst etwas für ihre Ernährung und ihr Wohlbefinden tun kann.

Es ist wichtig, dass Sie sie ermuntern, eine ausgewogene Sicht zu haben und Lebensmittel nicht entweder als »gut« oder »schlecht« zu betrachten, da dies später zu Essstörungen führen kann. Eine gesunde Ernährung sollte auf jeden Fall Lebensmittel mit ungesättigten Fettsäuren beinhalten, die Ihre Tochter braucht. Wenn sie fette oder süße Nahrungsmittel reduzieren will, ist dies eine positive Veränderung, die Sie als Familie unterstützen sollten. Über andere Faktoren zu sprechen, die die Figur ebenso beeinflussen (wie Sport und Veranlagung), werden ihr helfen zu verstehen, dass sie nicht nur vom Essen dick wird. Richten Sie Ihr Augenmerk auf eine gesunde Lebensweise, um die Angst Ihrer Tochter vor dem Essen zu verringern.

F Mein Sohn isst nur das halbe Abendessen, weil er sagt, er sei satt, aber später will er Süßigkeiten. Wo soll ich die Grenze ziehen?

Es ist wichtig zu wissen, wie brisant das Thema ist, bevor Sie es offen ansprechen. Wenn Sie sich sorgen und es scheint, als würde dieses Problem täglich auftreten, vergessen Sie vielleicht die Tage, an denen Ihr Sohn ohne Widerrede aufisst.

Führen Sie ein Essenstagebuch, um festzuhalten, was er jeden Tag isst – wenn möglich auch Getränke und Snacks. Wenn Ihr Sohn regelmäßig einen Großteil seines Essens übrig lässt, kann das verschiedene Gründe haben. Vielleicht mag er das Essen an diesen Tagen nicht oder er ist überfordert mit zu großen Portionen; vielleicht hat er während des Tages zu viele Süßigkeiten gegessen und ist deswegen noch nicht hungrig oder er sagt die Wahrheit – und er hat genug gegessen und ist satt. Ein Essenstagebuch kann Ihnen helfen herauszufinden, welche der Lösungen am wahrscheinlichsten ist.

Geben Sie Ihrem Sohn nach der Schule eine leichte Mahlzeit und vermeiden Sie kohlensäurehaltige Getränke, die füllen und oft viel Zucker und Süßungsmittel enthalten. Geben Sie ihm zum Abendessen eine passende Portion eines Essens, das er mag, und Wasser zu trinken. Wenn er genug gegessen hat, erlauben Sie ihm später einige Süßigkeiten, aber achten Sie darauf, wie viele und setzen Sie eine Grenze, da es leicht ist, im Lauf eines Abends die Übersicht zu verlieren.

F Mein Sohn besteht auf Energy Drinks, wenn er zum Fußball geht. Sind diese für Kinder geeignet?

Energy Drinks sind in den vergangenen Jahren sehr beliebt geworden, und sind auch für Kinder reizvoll, seit Prominente dafür werben. Es gibt zwei Arten von Energy Drinks: solche, die anregend wirken sollen, wenn man müde ist, und Sportgetränke (die oft als isotonisch bezeichnet werden). Der Energieschub bei diesen Getränken resultiert aus dem Zuckergehalt, der auch für eine hohe Kalorienzahl sorgt. Die Kombination aus schnell- und langsam wirkenden Zuckern verspricht einen sofortigen Energieschub und anhaltende Wirkung, daher ist es verständlich, warum Ihr Sohn glaubt, damit besser spielen zu können. Manche enthalten auch Kräuter, Koffein und andere Stimulanzien.

Kinder sind nicht an die Wirkung von Koffein gewöhnt und könnten sie beunruhigend finden. Außerdem wirkt Koffein diuretisch und sorgt dafür, dass Ihr Sohn öfter zur Toilette muss, also Flüssigkeit verliert. Wenn Ihr Sohn sich gesund und ausgewogen ernährt, werden isotonische Sportgetränke ihm nicht schaden, aber lesen Sie erst das Etikett. Wenn er während des Sports viel Wasser trinkt und in der Halbzeit (wie viele Sportler) kaliumreiches Obst wie Bananen und Orangen isst, erzielt er den gleichen Effekt.

ELTERN BERICHTEN

Abwechslung

Einen Gast vorstellen

Monatelang war Mais das einzige Gemüse, das meine Tochter essen wollte. Schließlich entschied ich, einmal pro Woche ein »Gastgemüse« neben ihrem Liebling einzuführen. Um sie zu begeistern, nahm ich Gemüse, das sie kannte, aber auch Artischocken und Spargel. Die ganze Familie bewertete den Gast auf einer Skala von eins bis zehn, und die beliebtesten wurden wieder eingeladen. Daraus ein Spiel zu machen, nahm dem Ganzen den Druck und sie ließ allmählich auch anderes Gemüse zu.

Außenseiter?
Freunde finden

F Meine Tochter kommt oft weinend nach Hause, weil sie in der Schule ausgeschlossen wird. Was kann ich tun?

Nicht zu wissen, ob Ihr Kind angenommen oder zurückgewiesen wird, kann sowohl beunruhigen als auch Angst machen, wenn jeder Tag neue Unsicherheit bringt. Sich mit Freunden zu streiten ist in diesem Alter normal, regelmäßige Zurückweisung jedoch ist ernster und sollte wie Mobbing behandelt werden: Sagen sie Ihrer Tochter, dass Sie ihre Lehrer um Hilfe bitten. Vielleicht bittet sie Sie, nichts zu tun, aber Mobbing wird ohne Intervention nicht aufhören. Der Plan könnte Unterricht zum Thema Freundschaft und Mobbing beinhalten. Der Lehrer könnte Ihrem Kind helfen, neue Freunde zu finden, indem er es für Aufgaben mit anderen Kindern zusammenbringt.

ELTERN BERICHTEN

Das umgängliche Kind
Intro- oder extrovertiert?

Ich war immer kontaktfreudig, oft diejenige, die Unterhaltungen und Freundschaften begonnen hat und erstaunt, dass meine Tochter genau das Gegenteil ist. Es war schwer zuzusehen, wenn sie am Rand stand und sich nicht traute zu fragen, ob Sie mitspielen darf. Ich sagte ihr, was sie tun könne. Wir übten, auf eine Spielpause zu warten, dann vorzutreten, jemanden anzusehen, zu fragen »Darf ich mitspielen?« und abzuwarten, was passiert. Ich erklärte ihr, dass das nicht immer funktioniert. Einen Plan zu haben schien ihr den Anstoß zu geben und sie spielt jetzt normalerweise mit, auch wenn sie nicht der Anführer ist.

> Freundschaften aus früher Kindheit können Ihr Kind bis ins Erwachsenenalter begleiten.

Die Pausenaufsicht sollte für ausgeschlossene Kinder sensibilisiert sein und einschreiten können. Diejenigen, die Ihr Kind ausschließen und deren Eltern sollten aufgefordert werden, ihr Verhalten zu ändern.

Sprechen Sie regelmäßig mit dem Klassenlehrer, um herauszufinden, ob die Ansätze wirken und sprechen Sie täglich mit Ihrem Kind darüber, was gut läuft – oder nicht. Wenn sich nichts ändert, prüfen und verändern Sie die Strategie. Wenn Sie sich für Ihr Kind einsetzen, lernt es, dass es hilft, von Mobbing zu erzählen und wird Ihnen vertrauen, wenn es wieder passiert.

F Meine Tochter wird nie zu Geburtstagsfeiern eingeladen. Bedeutet das, dass sie unbeliebt ist?

Ihr Kind enttäuscht oder ausgeschlossen zu sehen kann belastend sein, aber Einladungen sind nur ein Zeichen für Freundschaften. Vielleicht hat sie wie viele Mädchen nur eine oder zwei enge Beziehungen, und daher auch einen kleineren Kreis derer, die sie einladen können. Wenn Ihre Tochter aber traurig ist, sollten Sie herausfinden, woran es liegt. Vielleicht ist es eine Frage der Reife: es gibt große Unterschiede in der Entwicklung sozialer Fähigkeiten bei Kindern. Wenn Ihr Kind ein wenig hinter den anderen zurücksteht, hat sie vielleicht Probleme mit Schüchternheit, Offenheit und auf andere zuzugehen, was sie als Freundin weniger attraktiv macht. Helfen Sie

Kindergeburtstage
Ohne Stress feiern

Kinder mögen unterschiedliche Partys, aber Kinder zwischen vier und sieben Jahren möchten vermutlich mit vielen Freunden feiern. Später möchten sie vielleicht nur zwei oder drei »beste Freunde« zu etwas Größerem wie einem Tagesausflug einladen.

✱ Vorbereitung: Um zu vermeiden, dass es seine ganze Klasse einlädt, bitten Sie Ihr Kind, diejenigen auszuwählen, die neben ihm sitzen und mit denen es die Pausen verbringt. Mit sechs oder sieben Jahren sollte es keine großen Probleme haben, allein eine Liste aufzustellen. Manche Eltern möchten aber auch, dass ihr Kind jeden aus seiner Klasse einlädt, um Enttäuschungen zu vermeiden. Es bleibt Ihre Entscheidung und die Ihres Kindes, wen Sie einladen. Wenn Sie nicht alle einladen möchten, kann ein Geburtstagskuchen in der Schule eine Lösung sein, um alle zu beteiligen. Machen Sie am Partytag einen Sicherheitscheck für den Raum, sichern Sie aber auch alle Teiche und Becken im Garten und entfernen Sie zerbrechliche Gegenstände und das Lieblingsspielzeug Ihres Kindes. Wenn Erwachsene kommen und Alkohol serviert wird, begrenzen Sie die Mengen und achten Sie darauf, dass die Getränke vor Kindern gesichert sind.

✱ Spiele: Planen Sie eine Mischung aus ruhigen und aktiven Partyspielen, z. B. eine Schnitzeljagd und »Taler, Taler«. Geben Sie traditionellen Spielen ruhig einen neuen Schwung. Ein kleines Geschenk wie Stifte oder Radiergummis in jeder Runde von »Taler, Taler« gibt jedem Kind das Gefühl, gewonnen zu haben.

✱ Emotionale Überlastung: Achten Sie auf Zeichen, wenn Kinder überreizt werden, wie kleine Streitereien, Spielzeug wegnehmen oder Stillwerden. Beziehen Sie das Kind mit ein, indem Sie ihm eine kleine Aufgabe geben.

OBEN LINKS Kleine Kinder mögen kurze Partys mit vielen Aktivitäten und kleinen Geschenken wie Papierhüten, um sie zu einem Erlebnis zu machen.

UNTEN LINKS Wenn Ihr Kind älter wird, lädt es weniger Kinder für eine längere Zeit ein, z. B. zu einem Ausflug.

RECHTS Erwartungen und Trubel bei einer Party ergeben Spaß, können aber auch zu Traurigkeit und Wutanfällen führen, wenn Kinder emotional überfordert sind. Schreiten Sie bei Bedarf ein.

Freundschaftsqualitäten
Ein komplexes Thema

Es scheint, als würde eine Freundschaft einfach so als angenehmer Nebeneffekt beim gemeinsamen Spielen und Spaß entstehen. Bei diesen scheinbar einfachen Aktivitäten werden jedoch eine Reihe persönlicher und sozialer Fähigkeiten ausprobiert.

✱ **Geben und Nehmen:** Die Fähigkeit zu teilen, die Ihr Kind allmählich im Alter von drei bis fünf Jahren gewonnen hat, macht es zu einem guten Freund. Kinder spielen gerne mit ihm, wenn es ein Spielzeug auch abgeben kann statt sie nur an sich zu reißen und den Ideen anderer genauso nachgibt, wie es eigene vorschlägt. Ermuntern Sie es, ein guter Teamspieler zu sein, indem Sie kooperative Spiele oder Aktivitäten auswählen und loben Sie es, wenn es mit anderen kooperiert. Denken Sie daran, Ihr Kind arbeitet noch an Fähigkeiten wie Kooperation, es wird nicht immer alles glatt gehen.

✱ **Kreativität:** Freundschaften beginnen größtenteils durch gemeinsames Spiel. Wenn Ihr Kind die Fantasie besitzt, ein Spiel zu beginnen und das Interesse anderer zu wecken, hat es damit eine Möglichkeit, Freundschaften zu schließen und zu stärken. Einfache Ideen funktionieren am besten – vielleicht ruft es einfach »Lasst uns Piraten spielen« oder beginnt einen Wettbewerb wie »Wer läuft am schnellsten zur Schaukel«. Was auch immer passiert, es hat Spaß und reißt andere Kinder mit.

✱ **Empathie:** Mit anderen Kindern zurechtzukommen bedeutet, dass Ihr Kind deren Bedürfnisse und Gefühle ebenso erkennen muss wie seine eigenen. Seine Fähigkeit, die Emotionen anderer zu verstehen und darauf zu reagieren, ist an Ihrer Reaktion auf seine Gefühle gewachsen. Wenn Sie es trösten, lernt es, wie gut das tut und die Wirkung, dies für andere zu tun. Mit vier Jahren tröstet es seine Freunde, indem es sich daneben setzt und sie streichelt, oder es weiß, wann es einen Erwachsenen zu Hilfe holen muss. Später wird es seine Freunde auch mit Worten beruhigen können, versuchen, Probleme zu lösen und andere herausfordern, wenn sie etwas Verletzendes gesagt haben. Helfen Sie ihm, sich in andere hineinzuversetzen, indem es sich vorstellt, wie Sie oder es sich in einer bestimmten Situation fühlen würde.

✱ **Gelegenheiten:** Je mehr Zeit ein Kind mit Freunden verbringt, desto enger wird die Freundschaft, da beide sich besser kennenlernen. Unterstützen Sie wachsende Beziehungen, indem Sie Ihr Kind viel Zeit mit anderen nach der Schule verbringen lassen. Lernen Sie die Eltern der Freunde Ihres Kindes kennen, sodass Sie ein gutes Gefühl haben, wenn es sie besucht und deren Kinder zu Ihnen kommen. Sie erweitern Ihr soziales Netzwerk, indem Sie seines unterstützen.

✱ **Persönlichkeit:** Der Charakter Ihres Kindes beeinflusst seine Freundschaften. Offene, selbstsichere Kinder haben lieber viele Freunde, während schüchterne oder ruhige Kinder sich mit einer kleineren Gruppe von Freunden wohlfühlen, zu denen sie eine engere Beziehung haben. Es bringt nichts, Ihr Kind zu mehr oder weniger Freundschaften zu zwingen als es selbst will. Helfen Sie Ihrem Kind trotzdem, Freunde zu finden, wenn es das möchte, aber sich allein nicht traut.

✱ **Freundschaften festigen:** Sechs- bis Siebenjährige festigen ihre Gruppenidentität häufig durch das Bilden von »Banden« oder »Geheimclubs«, manchmal geben sie sich auch Namen und bauen ein Lager. Dies ist ein Weg, Beziehungen aufzubauen, der aber auch Probleme mit sich bringen kann. Zwischen verschiedenen Gruppen können Rivalitäten entstehen oder Kinder fürchten, ausgeschlossen zu werden. Viele Schulen verbieten solche »Banden« deswegen. Sie müssen entscheiden, ob Ihr Kind in einer ausgelassenen und positiven Gruppe ist, die Werte teilt und die Gemeinsamkeit schätzt, oder ob die Gruppe einen schlechten Einfluss hat. Wenn die Schule diese Gruppenbildung verhindern will, sollten Sie das Ansinnen, das aus Sorge um die Kinder geschieht, unterstützen.

Tipps, Freunde zu finden

* **Gemeinsame Zeit:** Schaffen Sie Möglichkeiten für Ihr Kind und seine neuen Freunde, Zeit miteinander zu verbringen. Verabreden Sie gemeinsame Besuche, Schulwege oder gehen Sie mit ihnen in den Park.
* **Zusammen arbeiten:** Freundschaften werden gefestigt, wenn Kinder ein gemeinsames Projekt oder Ziel haben. Geben Sie ihnen Aufgaben, die zu Teamarbeit anregen, wie z. B. der Bau einer Höhle im Garten.
* **Führen und Folgen:** Ihr Kind muss lernen, wann es ein Spiel anführt und wann es den Ideen anderer folgt. Ein zwanghafter Kontrollwille ist oft eine Frage des Selbstbewusstseins, bilden Sie sein Selbstwertgefühl zu Hause mit Lob und Spielen, um das Bedürfnis zu verringern, andere zu beherrschen.
* **Verständnis:** Gute Freunde bemerken und verstehen die Gefühle anderer und freuen sich mit ihnen oder trösten, wenn es angebracht ist. Reden Sie zu Hause über Gefühle, um Ihr Kind auf andere einzustellen. Sie können auch verschiedene Situationen durchspielen, in denen Sie ihm ein gutes Beispiel bieten.
* **Den Vortritt lassen:** Wenn Ihr Kind anderen den Vortritt lässt, Spielzeug teilt und ein guter Verlierer ist, wird es feste Freundschaften finden. Betreuung, Lob für Fairness und Übungen zum Abwechseln verbessern diese Fähigkeiten.
* **Versöhnen:** Wenn Ihr Kind einen Streit mit einem Freund hat, helfen Sie ihm, ihn beizulegen. Eine kurze Klärung und Entschuldigung ist oft alles, was es braucht, und das Spiel kann weitergehen.
* **Selbst Freunde finden:** Gesellige Kinder haben oft auch kontaktfreudige Eltern. Wenn Sie sich mit den Eltern der Freunde Ihres Kindes anfreunden, geben Sie den Kindern mehr Möglichkeiten, sich zu treffen.

TEAMWORK Gemeinsam an einer Aufgabe zu arbeiten, um ein Ziel zu erreichen, erleichtert es Freundschaften aufzubauen.

HAND IN HAND Empathie und Mitgefühl für andere und das Kommunizieren von Gefühlen sind wichtige Qualitäten für eine Freundschaft.

ABWECHSELN Teilen und gemeinsames Spiel ist eine wichtige Fähigkeit in diesem Alter und hilft dabei, Freundschaften zu schließen.

Partyzwang

Ein Viertel aller Eltern sagen, dass sie sich unter Druck gesetzt fühlen, was die Gastgeschenke betrifft. Sich darum zu sorgen, mit der letzten Party mithalten zu können, kann jeder Partyplanung den Spaß nehmen. Erinnern Sie sich daran, was Ihr Kind an Partys wirklich mag. Es will Spaß haben und der Mittelpunkt der Aufmerksamkeit derer sein, die es lieben. Fragen Sie es, was von den letzten Partys besonders in Erinnerung geblieben ist. Vermutlich ist es eher ein Spiel mit Freunden oder ein Witz als der Inhalt der Geschenktüte oder die Dekoration. Egal, wie viel oder wenig Sie ausgeben oder wie aufwendig oder schlicht der Ort ist, an dem die Feier stattfindet – die Atmosphäre macht den Erfolg.

ihr, soziale Fähigkeiten zu entwickeln, indem Sie sie ermuntern, z. B. Sportmannschaften beizutreten, die nur im Team funktionieren. Laden Sie Kinder zu sich nach Hause ein und regen Sie Unterhaltungen an, fördern Sie Zusammenarbeit und Gemeinsamkeiten.

F Mein Kind ist sehr schüchtern und geht nicht von mir weg. Wie wird es weniger anhänglich?

Schüchternheit ist ein Teil des Charakters und ein Aspekt dessen, was als introvertiert bezeichnet wird. Ihr Kind wird nie so kontaktfreudig werden, wie Sie es sich wünschen, aber Zurückhaltung ist nicht unbedingt ein Problem, noch ist sie für immer vorgegeben. Die Erfahrungen im täglichen Leben können Schüchternheit verstärken oder mindern; wenn Ihr Kind beispielsweise vorgeschickt wird und es ihm peinlich ist, wird das seine Zurückhaltung verstärken, während mitzuspielen oder an einer Unterhaltung teilzunehmen es dazu anregt, mehr aus sich herauszugehen. Derzeit scheint sein Charakter seiner sozialen Entwicklung und dem Familienleben im Weg zu stehen. Führen Sie es an andere Menschen und Orte heran, aber überrumpeln Sie es nicht, indem Sie es ohne Vorwarnung in fremde Situationen bringen, da dies seine Angst verstärken wird. Stattdessen erklären Sie, wo Sie hingehen, wer dort ist, und wie lange Sie bleiben. Bleiben Sie in der Nähe. Sie sind seine Basis und es wird auf Entdeckungstour gehen, aber zurückkehren, um sicherzugehen, dass Sie noch da sind. Ermuntern Sie es, mit anderen zu spielen, bleiben Sie aber anfangs in der Nähe, wenn es mit einem anderen Kind spielt. Schleichen Sie sich nicht weg oder bringen Sie es in unangenehme Situationen. Das Gefühl, verlassen, verloren oder bedrängt zu werden, bewirkt Stress. Sie können seiner Scheu aber auch eine gute Seite abgewinnen, da es darauf achtet, mit wem es Umgang hat. Sagen Sie ihm dies aber nicht zu oft, da es sich sonst umso mehr mit diesem Merkmal identifiziert. Andere Menschen könnten ebenfalls weniger von ihm erwarten und ihm weniger Möglichkeiten geben, Kontakte zu knüpfen.

F Mein Sohn will so sehr gewinnen, dass er andere abschreckt. Kann ich ihm helfen?

Die Spiele Ihres Sohnes werden immer konkurrenzbetonter und er will gewinnen und ist bestrebt, Erster zu sein. Der Vorteil dieses Leistungswillens ist, dass er sein Bestes geben wird, um gut zu sein. Starke Reaktionen können jedoch Prahlerei sein, wenn er gewinnt, und Schmollen oder Aggression, wenn er verliert.

Eine Besprechung nach einem Spiel kann ihm zeigen, dass jeder Spieler zum Gelingen beiträgt. Bitten Sie ihn, aufzuzählen, was jeder Einzelne, vom Trainer bis zum Mannschaftskapitän, zum Ergebnis beigetragen hat. Dies wird ihm Kooperation und den Wert guter Teamarbeit verdeutlichen. Spielen Sie Spiele, um den Umgang mit Sieg und Niederlage zu üben. Seien Sie ein guter Verlierer, wenn er gewinnt, indem Sie ihm gratulieren und loben Sie ihn für das gute Spiel, wenn er verliert. Wenn er Streit anfängt oder das Spiel unterbricht, bitten Sie ihn, aufzuhören und machen Sie eine Pause, um sich zu beruhigen, wenn er sich nicht zusammenreißen kann. Erliegen Sie nicht der Versuchung, ihn gewinnen zu lassen, um einen Wutanfall zu vermeiden, da ihm dies die Chance nimmt zu lernen, mit Niederlagen umzugehen.

Familienbande
Feste Verbindungen knüpfen

F Muss ich jedes Mal sofort aufspringen?

Wenn Ihr Kind sagt »Guck mal«, bietet es Ihnen eine Möglichkeit, ihm zu zeigen, dass es wichtiger ist als alles andere. Manchmal passt es aber gerade nicht – in einem hektischen Moment, wenn Sie Essen kochen oder telefonieren. Sein Bedürfnis nach Aufmerksamkeit ist in diesem Moment drängend und Sie sollten sich fragen, ob es schaden würde, sich Zeit zu nehmen, um die Leistung zu bewundern.

Wenn es kein Problem macht, unterbrechen Sie Ihre Handlung und sehen Sie, was es will. Schauen Sie zu und kommentieren Sie freudig, wenn es Ihnen zeigt, was es kann, ob es Trampolinspringen, Fahrrad fahren oder ein Bild aus der Schule ist. Achten Sie darauf, sich daran zu halten, wenn Sie sagen »einen Moment« und sich so bald wie möglich die Zeit zu nehmen. Sie laufen sonst Gefahr, dass Ihr Kind das Gleiche tut, wenn Sie es um etwas bitten. Wenn Sie so beschäftigt sind, dass Sie vergessen, sich später um Ihr Kind zu kümmern, wird es dieselbe Taktik anwenden, um Ihren Bitten nicht nachkommen zu müssen. Diese kurzen Phasen positiver Aufmerksamkeit sind die Bausteine seines Selbstwertgefühls.

> Ihrem Kind aufrichtig zuzuhören ist die wertvollste Kommunikationsfähigkeit.

ELTERN BERICHTEN

Familienwerte
Widersprüche vermeiden

Mein Partner und ich arbeiten im Schichtdienst, wenn der eine kommt, geht der andere. Wenn ich den Kindern etwas sage und er genau das Gegenteil, ohne es zu wissen, würde das täglich für Verwirrung sorgen. Die Situation spitzte sich zu, als er unserem Sechsjährigen ein brutales Videospiel erlaubte, das ich ausdrücklich verboten hatte. Zunächst gab es hitzige Diskussionen, aber dann suchten wir eine Lösung. Wir lieben beide die Technik, also schreiben wir uns täglich eine E-Mail mit allen Themen und Entscheidungen sowie den Highlights unserer Kinder vom Tag. Wir kennen nun Details, die wir vorher verpasst haben, und haben so weniger Konflikte.

F Wie kann ich meinen Partner überzeugen, dass gute Manieren wichtig sind?

Gute Manieren helfen Ihrem Kind, im Leben voranzukommen: Menschen reagieren positiv, wenn es freundlich und höflich ist. Dies zeigt Respekt und Wertschätzung, und es ist ein Lohn für Sie selbst, wenn Sie ein »Danke« für ein Mittagessen oder Hilfe bei den Hausaufgaben bekommen.

Egal, ob Sie mit Ihrem Partner einig sind oder nicht, können Sie dennoch ein gutes Vorbild sein und gute Manieren belohnen. Ihr eigenes Verhalten beeinflusst das Verhalten Ihres Kindes – wenn Sie »Bitte« und »Danke« zu Erwachsenen und Kindern sagen und respektvoll über andere reden, wird es das übernehmen. Sie können den Lernprozess beschleunigen, wenn Sie ihm klarmachen, was Sie erwarten. Erinnern Sie es daran »Bitte« und »Danke« zu sagen und loben Sie es dafür. Ein weiteres Zei-

Gut kommunizieren
Hören, was Ihr Kind sagt

Vielleicht haben Sie den Eindruck, ununterbrochen mit Ihrem Kind zu kommunizieren, und das meiste davon sind Anweisungen von »Bitte iss dein Frühstück« über »Putz dir die Zähne« bis hin zu »Zieh deine Jacke an«. Oft finden Sie bis zum Abend keine Zeit für den Austausch, der Ihr Interesse aneinander, dem Leben, den Gedanken und Meinungen zeigt. Nehmen Sie sich täglich Zeit füreinander.

* **Pause:** Unterbrechen Sie, was Sie tun, sehen Sie Ihr Kind an und geben Sie ihm Ihre ungeteilte Aufmerksamkeit. Halten Sie Augenkontakt, hören Sie zu und lassen sich möglichst nicht ablenken.
* **Deutlichkeit:** Machen Sie es Ihrem Kind leichter, Sie zu verstehen, indem Sie deutlich sind. Wenn Sie es beispielsweise bitten »Stell bitte deine Tasse in die Spüle« statt »Bitte räum auf« wird es besser klappen.
* **Zuhören:** Hören Sie Ihrem Kind zu und achten Sie auf seine Körpersprache und den Gesichtsausdruck, ohne es zu unterbrechen, Schlüsse zu ziehen oder Vorschläge zu machen.
* **Widerspruch:** Gute Diskussionen, dem Niveau Ihres Kindes angepasst, lassen Sie einander besser kennenlernen. Wenn Sie unterschiedlicher Meinung sind, nennen Sie verschiedene Standpunkte und bringen Sie Ihrem Kind bei, Streit respektvoll zu lösen, indem Sie argumentieren, ohne laut oder aggressiv zu werden.
* **Routine:** Suchen Sie jeden Abend einen ruhigen Moment (am besten, wenn Sie es ins Bett bringen), um Ihr Kind nach den Highlights und Problemen des Tages zu fragen. Fragen Sie z.B. »Was war das Tollste und das Blödeste heute?
* **Große Entfernung:** Bleiben Sie mit Verwandten und Freunden, die weit weg leben, per Telefon oder E-Mails in Verbindung.

PLAUDERTASCHE Je mehr Eltern mit ihren Kindern sprechen, desto größer wird ihr Wortschatz *(oben)*. Zeit zu zweit lässt Sie an den Erlebnissen des Tages teilhaben.

ZUNEIGUNG Gehen Sie nicht davon aus, dass Ihr Kind weiß, wie sehr Sie es lieben. Sagen Sie es ihm und zeigen Sie es durch körperliche Zuneigung.

chen für Höflichkeit ist es, zu jemand hinzugehen statt durch den Raum zu rufen, »Entschuldigung« hinzuzufügen oder den Namen der Person zu sagen, wenn man eine Frage stellt. Erklären Sie Ihrem Kind, dass »Mama, ich möchte bitte meinen Tee haben« freundlicher ist als »Ich will meinen Tee« und es so auch leichter sein Ziel erreicht.

F Mein Kind hängt mehr an seiner Großmutter als an mir. Wie kann ich herausfinden, was falsch läuft?

Großeltern können für ihre Enkel wichtige Zuhörer sein. Mit dem Abstand einer Generation kann die Großmutter für Ihr Kind ein Partner sein, um Ideen auszuloten und Reaktionen zu testen, bevor es mit Ihnen spricht.

Trotzdem kann es verletzend sein, wenn Ihr Kind lieber mit jemand anderem als Ihnen redet. Vielleicht will es Sie nicht verletzten oder kann Ihre Reaktion nicht einschätzen. Wenn Sie früher zu beschäftigt waren, seine Sorgen nicht ernst genommen oder ihm nicht geglaubt haben, hat Ihr Kind gelernt, nicht offen zu Ihnen zu sein. Neues Vertrauen zu gewinnen braucht Zeit. Wenn Sie innehalten, zuhören und ernst nehmen, was Ihr Kind sagt, wird es das Zutrauen wiedergewinnen, sich Ihnen zu öffnen. Schaffen Sie Gelegenheiten, sich zu unterhalten, indem Sie z. B. einen Abend pro Woche intensiv miteinander verbringen und sich jeden Tag die guten und schlechten Momente erzählen lassen. Sie können auch der Großmutter vorschlagen, Ihnen zu sagen, wenn etwas Wichtiges vorfällt wie z. B. Mobbing, und sie bitten, Ihr Kind darin zu bestärken, Zutrauen zu Ihnen zu haben.

F Ich meide Familienfeiern, weil ich befürchte, dass die Diskussionen meinem Sohn alles verleiden. Was kann ich tun?

Leider kommt es häufig bei Feiern zu Streit, wenn Verwandte, die sonst nicht viel miteinander zu tun haben, zusammenkommen und stundenlang auskommen müssen. Alkohol kann ebenfalls ein Auslöser dafür sein, dass Dinge ausgesprochen werden, die sonst nicht zur Sprache kommen. Maßnahmen im Vorfeld können die Spannungen mindern. Wenn es sensible Themen gibt, reden Sie mit Ihren Verwandten im Vorfeld darüber. Optimal wäre, wenn die Beteiligten bereit sind, sich vorher über bestimmte Probleme auszusprechen, vielleicht mit einem neutralen Familienmitglied als Friedensstifter. Bitten Sie ansonsten darum, dass Konflikte im Sinne des allgemeinen Vergnügens beiseitegeschoben werden. Wenn Alkohol die Sache verschlimmert, versuchen Sie eine Obergrenze für alle zu vereinbaren.

Als letzten Ausweg können Sie verschiedene Partys veranstalten, wenn die Beteiligten sich nicht darauf einigen können, sich zu vertragen. Ein kleines Familienessen zum Anlass selber und eine weniger formale Zusammenkunft etwas später können genügen. Feiern nur mit Erwachsenen kann ebenfalls vermeiden, dass Ihr Sohn mitbekommt, wenn Konflikte auflodern. Seien Sie bei gemeinsamen Feiern bereit, ihn abzulenken und wegzubringen, falls die Spannung ansteigt.

ELTERN BERICHTEN

Erschreckend ehrlich

Werte vermitteln

Mein vierjähriger Sohn ist eine Freude, aber es ist jedes Mal peinlich, wenn er alles laut kommentiert, was er sieht. Zuletzt fragte er seine Tante, warum sie so dick sei, und sagte seiner Oma, dass ihr Kleid eine hässliche Farbe hätte. Mir ist klar, dass er neugierig ist und sagt, was er sieht, also entschuldige ich mich und bitte ihn, das auch zu tun, um ihn daran zu gewöhnen. Die meiste Zeit sieht er mich jedoch an als wollte er sagen »Was hab ich falsch gemacht?«. Außerdem habe ich begonnen, ihm zu erklären, dass Menschen verschieden sind und dass unsere Welt deshalb so spannend ist, weil es Menschen aller Größen, Formen und Ansichten gibt. Hoffentlich hilft ihm das zu verstehen, jeden zu akzeptieren und zu respektieren, unabhängig vom Aussehen.

Generationenübergreifend
Die ganze Familie einbinden

Die Großeltern spielen durchaus eine Rolle in der Erziehung, egal, ob sie täglich, durch gelegentliche Besuche oder in Ihrer Erinnerung und Wertvermittlung anwesend sind. Geschichten Ihrer eigenen Kindheit können besonders spannend sein, wenn Ihr Kind sich vorstellt, dass Sie einmal in seinem Alter waren. Wenn Sie zusammensitzen und Geschichten erzählen, sich alte Bilder anschauen und an Vergangenes erinnern, entsteht Gemeinsamkeit und gibt Ihrem Kind das Gefühl von Sicherheit und Zugehörigkeit.

*** Wertschätzung:** Großeltern können praktische und emotionale Stütze sein, indem sie sich um das Kind kümmern, Ratschläge geben und ihren Sorgen und Nöten zuhören. Vielleicht passen sie regelmäßig auf Ihr Kind auf, wenn Sie arbeiten. Das sind großartige Gelegenheiten, gemeinsame Zeit mit ihren Enkeln zu verbringen, aber achten Sie darauf, dass Ihre Wertschätzung angenommen wird. Das Gefühl, kostenloser Babysitter zu sein oder als selbstverständlich betrachtet zu werden, kann Ärger provozieren und gute Familienbeziehungen untergraben. Es kann außerdem wichtig sein, im Lauf der Zeit darauf zu achten, ob die Großeltern immer noch die Energie und Gesundheit haben, die Kinder zu hüten. Sogar die Eifrigsten müssen irgendwann ihr Engagement reduzieren.

*** Gut gemeint?** Die Großeltern aktiv einzubeziehen ist nicht immer einfach. Sie könnten andere Ansichten zur Erziehung haben oder Sie fühlen sich in Ihrer Autorität untergraben, wenn Ihr Kind Geschenke und Süßigkeiten bekommt, obwohl Sie es verboten hatten. Meistens geben Großeltern jedoch gut gemeinte und willkommene Ratschläge, und es ist Ihre Entscheidung, ob Sie sie annehmen oder nicht. Manchmal werden Sie sie bitten müssen, ihren Umgang mit dem Kind zu ändern. Das klappt öfter als Sie glauben, wenn Sie ruhig, bestimmt und deutlich erklären, was Sie damit erreichen wollen, und wie es Ihnen hilft.

GEMEINSAM SPASS HABEN Großeltern kennen jede Menge alte Geschichten und sind nicht nur deshalb ein wichtiger Teil der Familie.

SPIELEN ÜBER GENERATIONEN Großeltern können Ihren Kindern Spiele zeigen, die Ihnen Spaß gemacht haben und so Erinnerungen weitergeben.

Brüder und Schwestern
Rivalität unter Geschwistern

F Meine vierjährige Tochter will ständig bei ihrer großen Schwester sein und läuft ihr nach wie ein Hündchen.

Zunächst ist es wichtig, sich in Ihre ältere Tochter hineinzuversetzen und einzugestehen, dass es ärgerlich sein kann, ihre kleine Schwester auf Schritt und Tritt bei sich zu haben. Trotzdem müssen Sie ihr beibringen, dass Gemeinheiten und Gewalt nicht akzeptabel sind. Eine ähnliche Begebenheit aus Ihrer Jugend zu erzählen kann ihr helfen, die Situation von beiden Seiten zu betrachten. Die große Schwester zu sein kann eine schwere Bürde sein, wenn Sie von ihr erwarten, sich immer richtig zu verhalten und es »besser zu wissen«, vermeiden Sie also diesen Ansatz ebenso, sie anstelle von Ihnen auf ihre kleine Schwester aufpassen zu lassen.

Stellen Sie einfache Regeln auf, um Privatsphäre und Eigentum zu schützen, und helfen Sie Ihrer jüngeren Tochter, sie einzuhalten. Sorgen Sie dafür, dass beide Kinder Verabredungen mit anderen Kindern haben, vielleicht die eine zu Hause, während die andere bei ihrer Freundin ist, um eine weitere Trennung herzustellen. Sie können ihnen auch gemeinsame Spiele vorschlagen wie Mutter und Kind oder Schule, die den Altersunterschied betonen. Mischen Sie sich nur dann ein, wenn es unbedingt nötig ist.

F Wie kann ich meine Kinder gleich gerecht behandeln?

Bei materiellen Dingen achten Sie auf Bedürfnisse und Interessen, und merken Sie sich gut, wer was bekommen hat, um sicherzugehen, dass Sie Ihre Kinder gleich behandeln. Wenn Sie ihnen Süßigkeiten geben, geben Sie allen gleich viel, aber lassen Sie Ihre Kinder selbst entscheiden, wann sie sie essen wollen. Natürlich können Sie Ihre Kinder nicht exakt gleich behandeln. Mancher wird auch sagen, dass Sie so Ihre Kinder nicht auf das Leben vorbereiten, das oft unfair ist. Daher kann das Erleben und die Wertschätzung von Gerechtigkeit eine wertvolle Lektion sein. Geben Sie jedem Kind einzeln und gleich viel Zeit, sodass sie nicht darum streiten müssen, und geben Sie vor allem gleich viel Liebe. Auch wenn Sie alles peinlich genau gleich verteilen, wird irgendwer klagen, dass es nicht gerecht sei. Manchmal geht es nicht um das Ergebnis, sondern nur um das Bestehen auf Gerechtigkeit und Ihre Reaktion darauf.

ELTERN BERICHTEN

Bevorzugung
Ein falscher Ansatz

Es war mir nicht bewusst, dass ich meine jüngere Tochter bevorzugt habe, weil sie so anders ist als ich. Meine ältere Tochter, Sally, erinnert mich so sehr an mich selbst: Sie ist ein gutes Kind, das immer macht, was es soll und nie trotzig ist. Meiner Erfahrung nach ist das im Leben nicht immer nützlich und ich nehme an, ich hätte sie gern etwas temperamentvoller gehabt, so wie ihre kleine Schwester.

Nach kurzer Zeit merkte ich, was ich tat und wie falsch es war. Sally fing an, ihre Schwester abzulehnen und ließ ihren Frust über mich an ihr aus. Mir ist bewusst, dass ich durch meine Bevorzugung einen Bruch in ihrer Beziehung hätte verursachen können, der bis ins Erwachsenalter anhält, dabei will ich nur, dass sie sich verstehen und glücklich sind. Um das zu lösen, versuche ich jetzt, Sallys nachgiebiges Wesen mehr zu beachten und mit dem Trotz meiner jüngeren Tochter konsequenter umzugehen.

Streit zwischen Geschwistern
Ein ewiger Kampf oder nützlich?

80 % aller Menschen haben Geschwister. Innerhalb dieser verbreiteten Familienbeziehung spielt sich das ganze Programm menschlicher Emotionen ab – von mörderischem Hass bis hin zu unterwürfiger Bewunderung und allen anderen Möglichkeiten, die dazwischen liegen. Diese emotionalen Reaktionen unter den Geschwistern stellen die Eltern vor große Sorgen und Herausforderungen. Untersuchungen haben ergeben, dass Kinder, die ihre kleinen Geschwister weinen sehen, alle möglichen Reaktionen zeigen können – sie werden ebenfalls traurig, zeigen keine Reaktion oder empfinden Freude, manche Kinder versuchen sogar, es noch schlimmer zu machen! Im Endeffekt sind Rivalitäten und Konflikte zwischen Geschwistern normal und unvermeidbar.

Training für später: Rivalität zwischen Geschwistern ist eine gute Möglichkeit für Kinder, Konfliktverhalten zu üben. Wenn sie zusammenleben, müssen sie eine Lösung finden: Sie können nicht einfach weggehen. Bei einem Streit muss jedes Kind die Möglichkeit bekommen, seine Meinung zu sagen und sich zu behaupten. Es muss lernen zu sagen, was es fühlt und will und letztlich einen Waffenstillstand vereinbaren oder aufgeben, um einen Streit zu beenden. Ihr Kind lernt, wie man andere Menschen versteht, beeinflusst und dominiert, tröstet und beruhigt. Es ist daher besser, wenn Eltern so wenig wie möglich eingreifen und ihren Kindern damit ermöglichen, diese Fähigkeiten in einer relativ sicheren Umgebung zu entwickeln und zu verfeinern.

Beeinflussende Faktoren: Je kleiner der Altersunterschied zwischen den Geschwistern ist, desto wahrscheinlicher werden sie viele Wettbewerbe und Konflikte austragen. Gleichgeschlechtliche Geschwister streiten öfter, und auch in jüngeren Jahren kommt es häufiger zu Streits. Manchmal können Wut und Frust überwältigend sein, vor allem für Kleinkinder, die sich noch nicht verbal gegen ältere Geschwister wehren können. Es kann aber ebenso ärgerlich für ältere Geschwister sein, wenn von ihm erwartet wird, Sein destruktives Geschwisterkind mit besonderer Nachsicht zu behandeln.

Alles in Ordnung? Es gibt bestimmte Maßnahmen, mit denen Sie verhindern, dass Streits eskalieren und mit denen Sie die Harmonie zwischen Ihren Kindern fördern. Es ist wichtig, gerecht zu sein, die Kinder dürfen nicht um Ihre Zeit und Aufmerksamkeit streiten; bevorzugen Sie niemanden, führen Sie eine harmonische und respektvolle Beziehung mit Ihrem Partner, Ihrer eigenen Familie und Ihren Geschwistern. Geben Sie keinem der Geschwister (auch nicht dem ältesten) die Schuld

STREITEN UND VERSÖHNEN Kleine Kinder streiten öfter, vor allem, wenn sie gleichen Geschlechts oder Alters sind. Meistens sind die Streits aber nur von kurzer Dauer.

für den Streit und zeigen Sie vor allem eine besondere Freude, wenn sie gut miteinander spielen. Eltern müssen gegen Gewalt und das Verletzen von Eigentum Regeln aufstellen und auch durchsetzen. Sie können klarstellen, dass Sie den Standpunkt und den Zwiespalt jedes Kindes verstehen, aber aggressives und zerstörerisches Verhalten nicht zulassen.

Letzte Mittel: Wenn der Streit zu eskalieren droht und die Regeln trotz aller Warnungen gebrochen werden, müssen Eltern einschreiten. An diesem Punkt besteht immer noch die Möglichkeit, eine gewaltfreie Lösung vorzuschlagen, z. B. sich bei einem Spiel abzuwechseln. Wenn alle Stricke reißen, bleiben Sie ruhig, entfernen den Auslöser für den Streit und wenden Sie Ihre üblichen Konsequenzen für untragbares Verhalten an. Diese können sein, auf der »stillen Treppe« zu sitzen oder das Spielzeug, um das gestritten wird, für zehn Minuten wegzunehmen. Achten Sie darauf, dass alle Konsequenzen unmittelbar und kurzzeitig sind, weil Kinder in diesem Alter noch wenig Selbstkontrolle haben. Beim nächsten Mal werden sie eher zu einer Lösung finden.

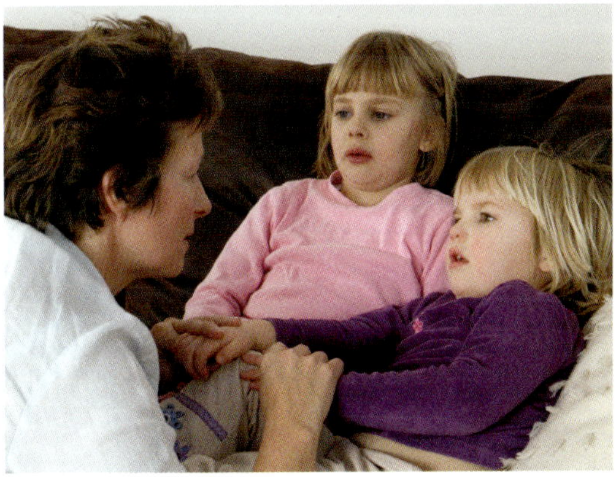

KONFLIKTLÖSUNG Obwohl es besser ist, wenn Ihre Kinder selbst die Lösung für ihren Streit finden, müssen Sie manchmal einschreiten, um gutes Benehmen zu erreichen oder Konsequenzen zu ziehen..

F Was soll ich gegen Petzen tun?

Wenn Ihre Kinder petzen, befinden Sie sich in der Zwickmühle: Natürlich wollen Sie dieses Verhalten nicht unterstützen, aber manchmal müssen Sie wissen, was passiert ist, vor allem, wenn sich eines der Kinder verletzt hat. Im besten Falle sollten Sie dem Petzen an und für sich wenig Beachtung schenken und es zu verhindern versuchen. Bringen Sie Ihre Kinder dazu, den Konflikt unter sich auszumachen und loben Sie sie, wenn Sie merken, dass sie ihn selbst lösen. Stellen Sie klar, dass Sie sich nicht dafür interessieren, wer wem was getan hat.

Wenn es jedoch für ein Kind untypisch ist, Ihnen von einem schweren Fehlverhalten seiner Geschwister zu erzählen, sollten Sie es nicht ignorieren. Aber statt einzuschreiten und die Situation selbst zu lösen, sollten Sie mit ihm gemeinsam überlegen, wie es das Problem lösen kann, ohne seine Geschwister dabei zu verpetzen.

F Meine beiden Kinder streiten sich darum, wer im Auto im Sitz hinter mir sitzen darf. Kann ich irgendetwas tun?

Nutzen Sie das als Möglichkeit, ihnen Fähigkeiten zur Problemlösung beizubringen. Sprechen Sie das Thema nur an, wenn beide Seiten gute Laune haben und nicht, wenn Sie kurz vor dem Losfahren sind. Verpacken Sie es in ein Spiel oder eine Geschichte, sodass sie Spaß daran haben. Sie könnten eine Geschichte über zwei andere Kinder erzählen, die sich ständig über etwas streiten.

Lassen Sie sie zunächst das Problem benennen, dann lassen Sie sie mögliche Lösungen vorschlagen. Lassen Sie verrückte Lösungen ebenso gelten wie realistische, sodass alle Spaß dabei haben und lassen Sie Streit als Lösungsvorschlag zu. Geben Sie nicht selbst die Antworten, sondern bringen Sie Ihre Kinder dazu, die Fantasie zu benutzen und erinnern Sie sie an andere Erfahrungen, bei denen sie Lösungen finden mussten. Als Nächstes besprechen Sie die möglichen Folgen der einzelnen Vorschläge. Überlegen Sie, was passieren könnte, wenn sie sich streiten und sich um den Platz schlagen, und was die Folgen

Respekt: Was du nicht willst …

Was ist Respekt und wie lernen ihn Kindern?
Wenn Sie Ihre Kinder respektvoll behandeln, werden sie untereinander ebenso miteinander umgehen. Ein Kind, das von seinen Eltern kritisiert und schlechtgemacht wird, wird seine Geschwister verspotten und ärgern. Die Art, mit der Sie über die Familie und mit Ihrem Partner sprechen, beeinflusst das Verhalten Ihres Kindes. Wenn Sie »bitte« und »danke« sagen, geduldig und freundlich sind, die Gefühle anderer achten und ihre Unzulänglichkeiten zu tolerieren, sind Sie ein gutes Vorbild.

Ältere Geschwister daran zu erinnern, wie sie selbst waren, als sie so alt waren wie ihre jüngeren Geschwister jetzt, erleichtert es ihnen, sich in den anderen hineinzuversetzen. Darüber nachzudenken, wie sie gern behandelt werden würden, wird sie sanfter machen.

»Eigentum« ist schon sehr früh ein wichtiges Thema, da sich Kinder häufig darüber streiten, wem ein Spielzeug gehört. Teilen, fällt Kindern zunächst schwer, wird aber unterstützt, wenn sie wissen, wem was gehört. Bringen Sie Ihren Kindern bei, das Eigentum anderer zu respektieren und um Erlaubnis zu bitten, bevor Sie es benutzen.

der anderen Ideen wie Abwechseln oder eine Münze werfen sein könnten. Lassen Sie sie abwägen, welche Lösung die meisten positiven und die wenigsten negativen Folgen hat. Probieren Sie die gewählte Lösung aus und überlegen sie gemeinsam, ob es eine gute Wahl war.

F Meine Kinder zanken sich ständig und ich weiß nicht, wie ich sie bändigen soll. Haben Sie Ideen?

Wenn Ihre Kinder alt genug sind, um über Probleme und Lösungen nachzudenken, können Sie einen wöchentlichen Familienrat abhalten. Legen Sie dazu eine Zeit fest und lassen Sie die ganze Familie zusammenkommen. Ermuntern Sie alle, Themen auf die Tagesordnung zu bringen und an die Lösung der Probleme zu glauben. Stellen Sie einfache Regeln auf – wie jeden ausreden zu lassen, dass alle ruhig bleiben und nett zueinander sind. Nutzen Sie einen »Redestab«, der weitergereicht wird und signalisiert, wer sprechen darf. Unterbinden Sie gegenseitige Vorwürfe und Beschimpfungen, und regen Sie zu konstruktiven Lösungen an. Sie können alle Themen wie den Haushalt, Familienausflüge und Geschwisterstreit ansprechen. Sich abzuwechseln ist eine sinnvolle Regel. Das erlaubt einige Flexibilität und die Möglichkeit einer Übereinkunft zwischen den Geschwistern. Zeit mit den Eltern allein ist meist ein Streitthema. Wenn Sie dafür sorgen, dass jedes Kind genug Zeit mit Ihnen allein verbringen kann und ebenso mit seinen Freunden spielen kann, ohne dass seine Geschwister immer dabei sind, werden die Kinder besser miteinander auskommen, wenn sie einmal alle zusammen spielen. Zeit für sich ganz allein ist ebenfalls wichtig. Fair zu sein ist das Wichtigste überhaupt, aber das bedeutet nicht, dass alles genau gleich sein muss, denn Ihre Kinder sind nicht gleich. Geben Sie jedem Kind Zeit und Möglichkeit, Dinge zu tun, die es mag und die es gut kann.

Laufen, Springen, Spielen
Kinder in Bewegung bringen

F Ich bin den ganzen Tag unterwegs, um meinen Sohn zu seinen Terminen zu bringen. Das kann dem Familienleben doch nicht viel bringen?

Sie kommen sich wahrscheinlich wie die Taxifahrerin der Familie vor, aber es ist eine wichtige Aufgabe, Ihrem Kind Aktivitäten zu ermöglichen. Da das Fahren zu einem Termin allein keine Familienaktion ist, können Sie das Beste daraus machen, indem Sie an der bevorstehenden Aktivität Interesse zeigen und fragen, was genau er machen wird und was ihm am meisten Spaß macht. Wenn möglich, gehen Sie zusammen zu Fuß dorthin – das wäre eine Familienaktion und Sie hätten viel Zeit zum Reden. Wenn Sie mit dem Auto fahren, können Sie auch vor Ort bleiben und Ihrem Sohn zusehen oder Sie üben einiges mit ihm zu Hause. Ob Sie Torschusstraining im Garten machen, ihn Texte für sein Theaterstück abfragen oder Purzelbäume und Balancieren für den Gymnastikkurs üben, tragen Sie Ihren Teil dazu bei.

F Der Arzt sagt, dass unser Sohn zu schwer ist für sein Alter. Ist das nicht nur Babyspeck?

So etwas gesagt zu bekommen sowie, was das Beste für Ihre Familie ist, ist sicherlich nicht leicht und kann häufig das Gegenteil bewirken: Widerstand. Fragen Sie sich, warum der Arzt Ihnen das gesagt hat. Ärzte wollen nicht verärgern und sind sich der Sensibilität des Themas bewusst.

Trotzdem müssen Sie Ihrem Glauben an »Babyspeck« entgegenwirken, weil die meisten Kinder ihn ohne eine Veränderung der Lebensweise nicht verlieren. Nichts zu unternehmen bedeutet, langfristige gesundheitliche Folgen zu riskieren und leider auch, dass Ihr Sohn das Ziel von Mobbing werden kann, was wiederum sein Selbstbewusstsein angreifen wird. Versuchen Sie, Ihre Gefühle beiseitezuschieben und konzentrieren Sie Ihre Energie darauf, die Ernährung der ganzen Familie umzustellen und mehr Bewegung in den Alltag zu integrieren. So werden alle die Vorteile erfahren und Ihr Sohn fühlt sich nicht ausgeschlossen.

F Wie kann ich mein Kind motivieren, wenn ich selbst Sport hasse?

Ihre Einstellung gegenüber Sport müssen Sie nur ein klein wenig ändern, um wahre Wunder in Sachen Motivation zu bewirken: Wenn Sie Bewegung als »Spiel« verstehen, wie Ihr Kind es wahrscheinlich tut, ändern sich Ihre Erwartungen und Gefühle. Vielleicht haben

ELTERN BERICHTEN

Stubenhocker
Ein Weckruf

Wir waren schon immer Stubenhocker. Zur Entspannung setzten wir uns am liebsten vor den Fernseher. Unser Weckruf kam, als unsere Tochter für eine Mathehausaufgabe zusammenrechnen sollte, wie viel Zeit wir mit welchen Wochenendaktivitäten verbrachten. Es war erschreckend, wie lange wir vor dem Fernseher saßen und welche Unternehmungen sie im Vergleich zu ihren Freunden nicht machte.

Wir sehen immer noch gerne fern, aber nun gehen wir regelmäßig zum Spielplatz und einmal pro Woche als Familie schwimmen. Wir essen jetzt gemeinsam am Tisch – vorher haben wir unser Essen nicht so geschätzt und vor dem Fernseher gegessen. Heute würden wir bei der Matheaufgabe besser abschneiden.

Familienaktivitäten
Einige Vorschläge

Der Entschluss sich mehr zu bewegen, kann zu keinem besseren Zeitpunkt kommen: Die Vorteile für die Gesundheit und die kindliche Entwicklung sind wohlbekannt, darüber hinaus stärken gemeinsame Aktivitäten die Familienbande, verbessern das Vertrauen Ihres Kindes und lehren es Teamwork und Regeln.

* **Tägliche Dosis:** Studien besagen, dass Übergewicht bei Kindern um die Hälfte reduziert werden könnte, wenn jede Familie sich nur 15 Minuten am Tag aktiv bewegen würde. Ihre Familie muss nicht den Fünf-Kilometer-Lauf oder ein ganzes Fußballspiel mitmachen. Versuchen Sie es mit Frisbee, Hula-Hoop oder Seilspringen im Garten, gehen Sie spazieren, trainieren Sie mit dem Hund, bringen Sie Post zum Briefkasten an der Ecke, machen Sie Tanzwettbewerbe zu Hause und Sie werden schnell auf die täglichen 15 Minuten kommen.
* **Altersstufen:** Wenn Sie Kinder verschiedener Altersstufen zusammenbringen, vermeiden Sie Mannschaftssportarten und suchen Sie Aktivitäten, bei denen jedes Kind seinem Tempo folgen kann. Beim Schwimmen, Trampolinspringen und Fahrradfahren kann die ganze Familie mitmachen. Spiele im Garten oder Park wie Schnitzeljagd, Hindernisparcours und Wurfwettbewerbe können für kleine Kinder fair abgehalten werden, indem man ihnen einen Vorsprung gibt. So kann jeder mitmachen.
* **Organisierte Aktivitäten und Vereine:** Erhöhen Sie die Motivation und den Sinn für gemeinsame Leistungen, indem Sie an einer Aktivität zusammen mit anderen Erwachsenen und Kindern teilnehmen. Ist man verabredet, sagt man kaum ab, nur weil man sich nicht danach fühlt. Probieren Sie verschiedene Sportarten aus, um eine zu finden, die zu Ihrer Familie passt. Kampfsport, Schwimmvereine, Tanz- und Theatergruppen nehmen oft Kinder ab fünf Jahren auf. Bedenken Sie, dass Ihre Familie sich zunächst immer wie Außenseiter fühlt im Vergleich zu den anderen Mitgliedern, egal wie offen ein Verein auch sein mag. Das wird sich aber schnell ändern, wenn Sie sich kennenlernen und auf gemeinsame Ziele hinarbeiten.
* **Rausgehen:** Machen Sie Ihrer Familie gute Laune, indem Sie rausgehen. Studien haben bewiesen, dass der Aufenthalt in der Natur wie im Garten, Park oder einem anderen schönen Ort die Gesundheit verbessert und die Laune hebt. An warmen Tagen können Sie zum Sandkasten gehen, eine Wasserschlacht im Planschbecken machen, ein Picknick im Park oder eine Bustour aufs Land. Springen Sie in Pfützen und bringen Sie Ihr Kind zum Lachen, wenn Sie zusammen dreckig werden. Lassen Sie sich von

nassem oder kaltem Wetter nicht abhalten – ziehen Sie Ihr Kind warm an und gehen Sie raus.

* **Gleichgewicht:** Aktivitäten sind wichtig für Ihre Familie, können aber aus dem Gleichgewicht geraten, wenn ein Kind in einer Sportart besonders talentiert ist und häufig trainiert. Wenn die Interessen einer Person auf Kosten der anderen überwiegen und Sie den Eifer nicht bremsen wollen, sind kreative Lösungen gefragt. Eine Möglichkeit wäre, ihrem Sportfan zu erlauben, so oft hinzugehen wie er will, aber selbst nicht immer dazubleiben oder mitzuspielen. Das gibt Ihnen Zeit für die anderen Kinder oder um Ihren eigenen Interessen nachzugehen. Ein Ortswechsel kann helfen. In einer Mehrfachsporthalle können die Familienmitglieder unterschiedlichen Aktivitäten nachgehen. Vielleicht können auch andere Verwandte auf Ihr Kind aufpassen oder Sie verabreden sich mit anderen Familien im Freizeitcenter. Wenn das nicht klappt, fragen Sie, ob es Trainingsstunden gibt, die Ihr Kind ausfallen lassen kann, um anderen Familienmitgliedern Raum für ihre Lieblingsbeschäftigung zu geben.

LINKS Für eine Aktion wie ein Fußballspiel rauszugehen ist gut für Sie und Ihre Kinder.
OBEN Schwimmen ist eine gute Art der Bewegung und wird von den meisten Kindern gemocht. Gehen Sie ins nächste Schwimmbad und tauchen Sie ab.

Sie Sport bisher in Verbindung gebracht mit Anstrengung, Langeweile oder Belastung, während »Spiel« die Gedanken auf Spaß und Familienzeit lenkt, was Sie gerne mitmachen lässt. Testen Sie Ihre Wahrnehmung mit einem Experiment, um herauszufinden, ob Sie Spaß am Spielen haben. Spielen Sie aktiv eine Woche lang täglich etwas und achten Sie danach auf Ihre Laune. Spielen Sie Fangen, Ballspiele oder Verstecken oder tanzen Sie mit Ihrem Kind. Achten Sie darauf, ob Ihre Zufriedenheit und Ihr Glücksgefühl sich mit jedem Mal bessert oder verschlechtert. Egal wie widerwillig Sie vorher waren, ist es wahrscheinlich, dass Sie hinterher energiegeladen und gut gelaunt sind, und Sie und Ihr Kind weitermachen wollen.

F Schläft mein Kind besser, wenn es noch kurz vor dem Einschlafen herumgetollt ist?

Körperliche Anstrengung direkt vor dem Zubettgehen kann das Einschlafen erschweren. Holen Sie Ihr Kind eine Stunde vor der Schlafenszeit ins Haus und beginnen Sie mit den Abendritualen. So kann es sich bis dahin von der Aufregung vom Fangen spielen, Fahrrad fahren oder Sport erholen.

F Ich lasse mein Kind nicht gern draußen spielen aus Sorge, es könnte entführt werden. Bin ich übervorsichtig?

Jedes Unheil, das einem Kind geschieht, ist schrecklich, und auch wenn Entführungen sehr selten sind, reagieren Eltern heute sensibler auf Risiken als früher. Nur Sie können entscheiden, wie Sie Ihr Kind schützen – aber draußen zu spielen, die Natur zu erkunden und Neues auszuprobieren ist Teil seiner Entwicklung.

Denken Sie darüber nach, wie Sie Ihr Vertrauen in seine Sicherheit stärken können. Achten Sie zunächst darauf, dass das Umfeld sicher ist. Entfernen Sie Glasscherben und Blumentöpfe, reparieren Sie alte Spielsachen und schließen Sie Gartengeräte weg. Organisieren Sie zu Ihrer Beruhigung eine Aufsicht. Es wird empfohlen, dass Kinder unter acht Jahren auch in der Gruppe von einem Erwachsenen oder älteren Kind beaufsichtigt werden. Am besten können Sie Ihr

Mehr Bewegung
Gute Veränderungen

Eine gesunde Lebensweise anzuregen ist das beste Mittel gegen Bewegungsmangel. Das bedeutet, dass die ganze Familie sich ausgewogen ernährt und Bewegung zu einer Routine im Wochenverlauf macht.

✱ Warum die Mühe? Den Sinn einer Veränderung zu verstehen erhöht die Chance, dass Änderungen beibehalten werden. Ihr Kind interessiert wahrscheinlich nicht besonders, dass eine gesunde Lebensführung sein Risiko verringert, später an Krankheiten zu leiden. Es wird aber wissen wollen, dass es mehr Energie zum Laufen, Springen und Klettern haben wird und mehr Zeit mit seiner Familie verbringt. Erklären Sie ihm, was mit seinem Körper passiert, wenn es sich bewegt. Es wird fasziniert sein von Anatomiebüchern für Kinder, die zeigen, wie Herz und Muskeln arbeiten, und warum gesundes Essen Energie verleiht.
✱ Favoriten: Fragen Sie jedes Familienmitglied nach seinem Lieblingssport oder -spiel und fügen Sie etwas hinzu, was Sie gerne ausprobieren würden. Wenn Ihr Kind sich mit neuen Ideen schwertut, helfen Sie ihm mit einigen Beispielen. Viele Dinge zu planen, die Ihre Familie mag, erhöht die Motivation, sich zu bewegen.
✱ Lösungen suchen: Auch kleine Veränderungen im Familienleben erfordern meist einen großen Aufwand. Lösen Sie Probleme, bevor sie auftreten, indem Sie sich fragen, was Ihre Familie davon abhalten kann, sich zu bewegen. Wird es praktische Probleme geben, wie Hin- und Rückweg zu einer Veranstaltung, sind die Kosten zu hoch, können Sie Probestunden nehmen oder ist eine sofortige Zusage erforderlich? Denken Sie darüber nach, wie neue Tätigkeiten sich mit den anderen Prioritäten, wie Hausaufgaben, Freunde und Ihre Lieblingssendungen, arrangieren lassen. Wenn Sie die Hindernisse erkennen und Lösungen suchen, besteht die Chance auf ein gelungenes Vorhaben.
✱ Planen: Klare, kleine Familienziele steigern die Motivation, und das immer wieder aufs Neue, wenn eines erreicht ist. Erstellen Sie einen Plan über Ihre Familienaktivitäten, drücken Sie sich dabei positiv und konkret aus, schreiben Sie z. B. »Wir wollen zu Fuß zu den lokalen Geschäften gehen« statt »Wir wollen weniger fahren«. Seien Sie realistisch bei der Zielsetzung. Wenn Sie Ihrem Kind das Ziel setzen, einen Schwimmpokal zu gewinnen, wird es die Teilnahme allein nicht zu wertschätzen wissen.
✱ Vorbild sein: Erwarten Sie nicht von Ihrem Kind, aktiv zu sein, wenn Sie es nicht sind. Wenn Sie die Essgewohnheiten, die Anzahl der Sportstunden und die Zeit draußen für die Familie als Ganzes ändern, werden Sie mehr Erfolg haben.

UNTERWEGS Als Familie Zeit an der frischen Luft zu verbringen, macht Spaß und fördert die Bewegung.

Vertrauen stärken, wenn Sie selbst nach Ihrem Kind sehen. Wenn andere Eltern die Aufsicht haben, achten Sie auf deren Einstellung zur Sicherheit: Gehen Sie nicht davon aus, dass es dieselbe ist wie Ihre. Eine der größten Gefahren draußen für Ihr Kind ist der Straßenverkehr, da Ihr Kind Geschwindigkeiten und Entfernungen noch nicht richtig einschätzen kann. Bringen Sie ihm die Verkehrsregeln bei, bleiben Sie bei ihm, wenn es spielt, und stellen Sie klare Regeln auf wie »Du kannst im Garten spielen, aber nicht außerhalb des Tors oder auf der Straße«. Bedenken Sie, dass die richtige Balance zwischen dem, Ihr Kind einerseits beschützen zu wollen und es andererseits Unabhängigkeit zu lehren, Sie noch in den kommenden Jahren auf Trab halten wird.

F Ich habe gehört, dass es eine Verbindung zwischen Fernsehen und ungesunder Lebensweise gibt. Was empfehlen Sie?

Ihr Kind hat wahrscheinlich schon Fernsehgewohnheiten entwickelt. Auch wenn seine Freizeit zunehmend von Hausaufgaben und Vereinen ausgefüllt wird, sollten Sie die Gelegenheit nutzen, seine Gewohnheiten zu überprüfen. Experten empfehlen nicht mehr als täglich zwei Stunden Bildschirmzeit für Kinder – Computer, Fernsehen und Videospiele eingeschlossen. Diese Grenze erlaubt ein ausgewogenes Spielverhalten und Zeit für Sport und Gesellschaft.

Vielleicht liegt Ihr Kind Ihnen schon wegen eines eigenen Fernsehers in den Ohren, und die Statistiken bestätigen, dass viele seiner Altersgenossen bereits einen haben. Dem zuzustimmen hat jedoch wenige Vorteile. Ein Fernseher im Zimmer kann dazu führen, dass Ihr Kind mehr Zeit allein verbringt – gerade jetzt, wo reden, spielen und mit anderen zusammen zu sein sich stark auf seine Entwicklung auswirkt. Es wird außerdem schwieriger, mitzubekommen, was Ihr Kind sich ansieht und wie lange.

Ein weiterer Nebeneffekt ist, dass Ihr Kind nicht teilen muss; Zankereien so zu vermeiden verringert seine Lebenserfahrung im Teilen und im Problemlösen. Ein Fernseher im Kinderzimmer kann auch dazu verleiten, dem Kind das Einschlafen mit laufendem Fernseher zu erlauben. Ihr Kind wird dann versuchen, die Augen lange offen zu halten, gegen den Schlaf ankämpfen und letztlich später einschlafen als sonst. Außerdem wird ein Zusammenhang hergestellt zwischen Fernsehen und Einschlafen, und Ihr Kind wird vielleicht nicht mehr ohne Fernsehen einschlafen können. Ersetzen Sie den Fernseher durch eine Gutenachtgeschichte. Ihrem Kind wird das zunächst nicht gefallen, bleiben Sie dennoch dabei – Sie verbringen so auch mehr Zeit miteinander.

Übergewicht entsteht durch ein Ungleichgewicht zwischen Energiezufuhr aus der Nahrung und körperlicher Aktivität. Fernsehen macht Ihr Kind nicht übergewichtig, aber trägt durch das beständige Sitzen zum Energieüberschuss bei. Wenn Ihr Kind immer mehrere Stunden mit passiven Tätigkeiten verbringt, hat es zu wenig Zeit für aktive Bewegung und Sport, die beide für ein gesundes Gewicht ausschlaggebend sind. Sorgen Sie dafür, dass seine Freizeit eine Mischung aus aktiven, sozialen und passiven Beschäftigungen beinhaltet, um die richtige Balance zu finden. Verringern Sie die Fernsehzeit, wenn Sie müssen, und rechnen Sie dabei mit Widerstand.

F Wie kann ich die Familie an zusätzliche Aktivitäten gewöhnen?

Beginnen Sie langsam, ergänzen Sie nur eine Aktivität pro Woche und bauen Sie darauf auf. Dadurch können sich alle an die Veränderung gewöhnen. Mehr Aktivität bedeutet nicht, dass Sie alle Computerspiele, Snacks und Süßigkeiten verbannen müssen. Radikale Änderungen können fehlschlagen, wenn Ihr Kind sich dagegen wehrt. Finden Sie einen Mittelweg zwischen aktivem und sitzendem Spiel, keines von beidem soll den Tag bestimmen.

Veränderungen funktionieren nur, wenn Ihr Umfeld sie unterstützt. Beziehen Sie Verwandte, Nachbarn und die Freunde Ihres Kindes ein, indem Sie erklären, was Sie sich von weniger Sitzen, mehr Spielen und gesünderem Essen versprechen. Animieren Sie sie, positive Veränderungen zu bemerken, weil Ihr Interesse Ihrem Kind zeigt, was es erreicht hat. Überprüfen Sie Ihren Fortschritt nach ein paar Monaten: Sie werden freudig überrascht sein!

Grundschüler
Erweiterter Aktionsradius

- **Schule? Nein danke!**
  Ängste, Einsamkeit, Mobbing
- **Enge Freunde**
  Gruppendruck und Streit
- **Zusätzlicher Aufwand**
  Probleme beim Lernen
- **In Verbindung bleiben**
  Gemeinsam Zeit verbringen
- **Mithilfe fordern**
  Aufgaben und Motivation
- **Besorgniserregende Zeiten**
  Tod und Depression
- **Medienkonsum**
  Wie viel ist zu viel?

Schule? Nein danke! Ängste, Einsamkeit, Mobbing

F Meine Tochter hat eine gemeine E-Mail über ihre Mitschülerin an Freunde weitergeleitet. Ist das Mobbing?

Ja. Man ist schnell in die Mobbingaktivitäten eines anderen verwickelt und fühlt sich unter Druck gesetzt mitzumachen, ohne zu registrieren, welchen Schaden man damit anrichten kann. Wichtig ist, dass sich Ihre Tochter unwohl dabei gefühlt und mit Ihnen gesprochen hat. Da man online dem Opfer nicht von Angesicht zu Angesicht gegenübersteht und die ganze Aktion anonym bleiben kann, werden Regeln akzeptablen Verhaltens gebrochen, bevor man merkt, was man getan hat. Betonen Sie, dass Online-Verhalten sich nicht vom »Offline-Verhalten« unterscheiden sollte. Fragen Sie Ihre Tochter, wie sie sich fühlen würde, wenn es in der E-Mail um sie gegangen wäre? Ermuntern Sie Ihre Tochter dazu, weiterhin mit Ihnen über ihre Online-Aktivitäten zu reden. Bekräftigen Sie, dass man durch das bloße Weiterleiten einer unangenehmen E-Mail Teil der Mobbingaktion wird. E-Mails, SMS und Chatroom-Gespräche können rückverfolgt und Benutzer gesperrt werden. Setzen Sie sich mit dem Website-Administrator, Internet- oder Handy-Service-Provider in Verbindung, wenn Sie sich wegen der Angelegenheit Sorgen machen.

F Ich würde am liebsten die Mutter des Mobbers zur Rede stellen, denn keiner tut etwas. Soll ich?

Es macht wütend zu sehen, wie das eigene Kind gemobbt wird, das aber von niemandem ernst genommen wird. In diesem Gemütszustand werden Sie nicht sehr überzeugend sein. Nehmen Sie die Dinge deshalb nicht selbst in die Hand. Ihr Ziel ist es, das Mobbing zu beenden und Ihrem Kind zu zeigen, wie man dabei ruhig, bestimmt und wirkungsvoll vorgeht. Informieren Sie den Klassenlehrer darüber, dass das Mobben nicht aufgehört hat und Ihr Kind immer noch leidet. Fragen Sie den Lehrer, was getan wurde, damit der Mobber nicht mehr in der Nähe Ihres Kindes sitzt, wie die anderen Lehrer außerhalb des Klassenzimmers ein Auge auf die Sache haben und was getan wird, damit der Mobber sein Verhalten ändert. Vielleicht können Mobbing und seine Auswirkungen im engen Kreis besprochen werden. Erkundigen Sie sich, wie sich Ihr Kind bei einem Mobbing-Vorfall an einen Lehrer wenden kann, ohne dass es wegen Petzens noch mehr bedroht wird. Haben Sie sich über Maßnahmen gegen das Mobbing mit der Schule abgesprochen, vereinbaren Sie einige Wochen später einen Termin, um den Stand der Dinge zu überprüfen.

Wenn Sie merken, dass Sie nicht ernst genommen werden, sprechen Sie mit dem Schulleiter, seinem Stellvertreter oder dem Vertrauenslehrer. Erstellen Sie eine Liste aller Vorfälle. Fragen Sie nach einer Anti-Mobbing-Taktik der Schule und wie Ihr Kind geschützt wird. Schreiben Sie die mit der Schule getroffenen Vereinbarungen nach dem Treffen auf.

F Ich habe mein Kind gefragt, ob es gemobbt wird, aber es verschließt sich.

Sprechen Sie regelmäßig über Ihren und seinen Tag. Stürzen Sie sich nicht gleich nach der Schule auf Ihr Kind, sondern warten Sie auf eine Gelegenheit beim Essen oder in entspannter Atmosphäre vor dem Zubettgehen. Üben Sie keinen Druck aus, sondern sprechen Sie allgemein über die Schule und Pausen, was Ihr Kind getan hat und was andere getan haben.

Spricht es darüber, was es in der Schule beunruhigt, hängt es von Ihrer Reaktion ab, ob es weitererzählt oder die Angelegenheit lieber verschweigt. Bleiben Sie ruhig und versuchen Sie, nicht überzureagieren. Wenn Ihr Kind Ihnen von Mobbing-Vorfällen berichtet, überlegen Sie sich zunächst gut, wie es den Lehrer am besten darüber informiert. Vielleicht denkt es, es sei selbst schuld oder es befürchtet, dass das Mobbing sich weiter verschlimmert. Reden Sie mit den zugänglichsten Lehrern oder Aufsichtspersonen.

Wie könnte Ihr Kind am besten den Mobbern begegnen? Spielen Sie einige Möglichkeiten durch: Hocherhobenen Hauptes und unbeeindruckt weitergehen, einen schlagfertigen Spruch bringen, der den Mobber sprachlos zurücklässt oder laut lachen. Tapferer zu klingen, als man sich fühlt, erfordert Mut – belohnen Sie die Bemühungen Ihres Kindes. Ermutigen Sie Ihr Kind nicht, Risiken einzugehen, seine Sicherheit sollte stets an erster Stelle stehen. Aber denken Sie auch daran, wie sein Selbstvertrauen sich steigern wird, wenn es Paroli bietet und als Sieger hervorgeht.

F Was bedeuten Schulverweigerung und Schulangst?

Es fängt oft scheinbar harmlos mit Bauchschmerzen am Sonntagabend an, kann aber zu einem Problem mit weitreichenden Folgen für die schulischen Leistungen und das emotionale Wohlbefinden Ihres Kindes werden, die emotionalen Reaktionen reichen von leichter Besorgnis wegen des bevorstehenden Schultags bis hin zu lähmender Angst.

Es gibt eine Reihe von Faktoren, die für den Beginn von Schulangst maßgeblich sind und mit dem jeweiligen Kind, dem Zuhause und der Familie zu tun haben oder schul- und umgebungsbezogen sind. Ihr Kind ist vielleicht generell ängstlich und hat sich schon immer schwer von Ihnen getrennt oder es war durch eine Krankheit am Schulbesuch gehindert und findet die Rückkehr nun problematisch. Es kann Schwierigkeiten mit den Hausaufgaben haben, ist jedoch außerstande diese zu artikulieren oder selbst angemessene Hilfe zu suchen.

Auch häusliche Probleme können diese Angst herbeiführen, z.B. Eheprobleme, Krankheit der Eltern oder andere familiäre Spannungen. Zu den schulischen Faktoren zählen Mobbing oder Probleme mit einem bestimmten Lehrer. Vielleicht hat Ihr Kind in der Schule keine Freunde gefunden und fürchtet sich vor der Einsamkeit dort. Schließlich kann ihm auch die Umgebung der Schule Angst einflößen, wie z.B. Begegnungen mit Kindern von benachbarten Schulen.

Tapferer aufzutreten, als man sich fühlt, erfordert Mut. Üben Sie mit Ihrem Kind und belohnen Sie es.

F Mein Kind scheint Angst vor der Schule zu haben. Was beschäftigt es?

Ängste, wie z.B. die Schulangst, sind gekennzeichnet von einer besonderen Art des Denkens. Versuchen Eltern zu verstehen, was ihr Kind ängstigt, stellen sie fest, dass es die wahrgenommene Bedrohung des Schulbesuchs überbewertet und seine Fähigkeit unterschätzt, damit umzugehen. Es sagt Dinge wie: »Der Lehrer mag mich nicht. Er schreit mich immer an« oder »In Sport werde ich immer als Letztes gewählt«. Sie können behutsam reagieren, indem Sie Fragen stellen, die Ihrem Kind zeigen, dass es die Situation auch anders bewerten kann und dass seine Einschätzung in diesem Fall keine Tatsache darstellen muss. Sie könnten fragen, wie oft der Lehrer es angeschrien hat, oder ob andere Kinder auch einmal als Letzte in eine Mannschaft gewählt werden und gemeinsam überlegen, was es tun muss, um nicht immer Letzter zu sein (z.B. Ballspiele üben oder freiwillig Mannschaftskapitän werden).

Ihr Kind sollte der von ihm gesehenen »Gefahr« in der Schule in kleinen, überschaubaren Schritten begegnen – das ist eine effektive Vorgehensweise, um eine falsche negative Wahrnehmung zu ändern. Manchmal allerdings ist Schulangst zurückzuführen auf eine vielschichtige Kombination aus Problemen, die das Kind mit sich selbst hat und die ihm zu Hause und in der Schule begegnen. Dann benötigt es professionelle Hilfe, reden Sie mit Ihrem Kinderarzt!

Mobbing
Ein auffallend häufiges Problem

Mobbing ist oft der Grund, weshalb ein Kind nur widerwillig zur Schule geht oder das Haus verlässt. Leider sind Kinder auch zu Hause nicht vor Mobbing sicher, denn Handys und das Internet bieten weitere hinterhältige Möglichkeiten zur Bedrohung und Verfolgung.

Wem passiert es? Mobbing ist ein auffallend häufiges Problem an Grundschulen und die meisten Kinder haben bereits Erfahrungen damit gemacht, und sei es nur, dass sie Mobbing beobachtet haben. Mobbing ist ein Hauptgrund für Schulverweigerung mit all seinen schulischen und emotionalen Beeinträchtigungen und führt zu Einsamkeit, Vertrauensverlust, geringem Selbstwertgefühl und einer gewissen Hilflosigkeit, aus der sich leicht eine Depression entwickeln kann. Es ist manchmal schwierig für Eltern, einen Streit unter Freunden zu unterscheiden von der für das Mobbing charakteristischen Schikane. Mobbing äußert sich unter anderem in garstiger Stichelei und Bedrohung, in der Verbreitung von Geschichten und Gerüchten und der Ausgrenzung eines Menschen. Auch körperliche Aggression kann Mobbing sein, z.B. Schubsen und Anrempeln, räuberische Erpressung, höhnische Bemerkungen über Behinderung, Rasse oder Geschlecht.

Mobber werden oft von anderen Kindern gefürchtet und bewundert. Sie wirken stark und ziehen ihre Befriedigung aus der Verletzung und Demütigung ihrer Opfer. Mobber sind jedoch oft selbst Opfer und lernen zu mobben, weil sie selbst gemobbt werden. Kein Kind ist davor geschützt, Opfer zu werden, aber gewisse Faktoren erhöhen oder senken das Risiko. Freunde zu haben schützt vor Mobbing. In der Schule allein zu spielen sowie schüchtern und ängstlich oder weniger beliebt zu sein, scheint für ein Kind ein Mobbingrisiko zu sein. Statistiken zeigen, dass sich Kinder selten jemandem mitteilen, wenn sie gemobbt werden. Eltern sollten deshalb bei ihrem Kind auf unerklärliche Verletzungen, Verlust oder Beschädigung persönlichen Eigentums und Geld sowie Stimmungsschwankungen und Schlafprobleme achten.

Helfen Sie Ihrem Kind: Ihr Kind kann sich am besten gegen Mobber schützen, indem es sich einem Erwachsenen anvertraut, wenn es bedroht wird, indem es mit erhobenem Kopf und selbstsicher auftritt, dicht bei seinen Freunden bleibt und in einer Gruppe spielt. Raten Sie Ihrem Kind, nicht zurückzuschlagen, wenn es gemobbt wird. Wenn es versucht, sich zu wehren, wird es wahrscheinlich überwältigt und seine Reaktion wird dem Mobber zu noch mehr Befriedigung verhelfen.

Für viele Kinder ist es schwierig, innerlich stark zu werden, aber Sie können dabei helfen. Sie können seine innere Stärke aufbauen, damit es nicht Ziel von Mobbingattacken wird oder damit die Auswirkungen geringer sind, falls es gemobbt wird. Erinnern Sie Ihr Kind an seine Stärken, damit sein Selbstwertgefühl gesteigert wird. Geeignet sind Aktivitäten, die Ihrem Kind Erfolg versprechen und Gelegenheit bieten, Freunde zu finden (Sportverein, Musikschule, Theatergruppe). Das Erlernen einer Kampfsportart stärkt das Selbstvertrauen, Ihr Kind soll nicht lernen, zu schlagen, sondern seine Schultern zu straffen, positiv zu denken und aufrecht zu gehen.

Bleibt das Problem bestehen, können Sie sich an die Schule Ihres Kindes wenden. Der Klassenlehrer, Vertrauenslehrer oder ein anderes Mitglied des Lehrerkollegiums kann Ihnen sicher helfen, Ihr Kind zu unterstützen. Jede Schule sollte über eine Anti-

Mobbing-Politik verfügen, die regelt, wie mit einem gemobbten Kind und wie mit dem Mobber umgegangen wird. Wirklich effektive Strategien werden von Schülern, Eltern und Lehrern zusammen entwickelt. Das Thema »Mobbing« sollte im Unterricht besprochen werden und im besten Fall bietet die Schule sogar ein Selbstbehauptungstraining an.

Einsamkeit und Freunde finden: Es ist nicht schön ein Außenseiter zu sein. Freunde zu gewinnen und zu behalten, schützt vor Schulangst und Mobbing. Ist Ihr Kind Teil eines Freundeskreises, ist die Wahrscheinlichkeit, gemobbt zu werden, geringer. Tatsächlich ist es in diesen mittleren Kindheitsjahren für eine gute psychologische Gesundheit wichtig, einen engen Freund zu haben, davon profitiert man auch noch im Erwachsenenalter. Bei Freundschaften geht es darum, dieselben Interessen zu teilen, sich gegenseitig zu helfen, Abwechseln, Teilen und Kompromisse schließen zu lernen. Freunde mögen und bewundern sich, sind einander verpflichtet und loyal. Sie streiten sich zwar, vertragen sich aber schneller als Kinder ohne Freunde. Verfügt Ihr Kind über die notwenigen Fähigkeiten, Freundschaften zu schließen, tritt es selbstbewusster auf, ist glücklicher und nicht zuletzt dadurch seltener Ziel von Mobbingattacken.

Ermuntern Sie Ihr Kind, einem Verein oder einer Sportmannschaft beizutreten oder eine Arbeitsgemeinschaft an seiner Schule zu besuchen. Ermuntern Sie Ihr Kind auch dazu, Freunde nach der Schule zum Spielen mit nach Hause zu bringen. Hat Ihr Kind dennoch Schwierigkeiten, Freunde zu gewinnen, spielen Sie zusammen durch, wie es auf andere zugehen kann, um mitzuspielen. Nehmen Sie auch die Hilfe seiner Lehrerin in Anspruch, um durch Zusammenarbeit mit anderen in der Klasse Bindungen aufzubauen.

AUSSEN VOR Ausgrenzung ist eine gängige Form von Mobbing.

STARK BLEIBEN Kampfsport stärkt das Selbstvertrauen.

IM TEAM In einem Verein findet Ihr Kind Freunde.

Leichte Unstimmigkeiten oder Mobbing?

Ihr Kind hat seinen engen Freunden gegenüber vielleicht eine große Loyalität entwickelt. Es ist deshalb bereit, sie bei Konflikten mit anderen Kindern zu verteidigen.

Diese Loyalität hat eine Kehrseite, denn die in diesem Alter häufig vorkommenden, alltäglichen Unstimmigkeiten können Ihr Kind verletzen. Dabei handelt es sich oft um kleinere Probleme, wie keine Einladung zum Spielen bekommen zu haben oder der Adressat leicht negativer Bemerkungen gewesen zu sein. Ihr Kind kommt dann verärgert oder bekümmert nach Hause. Verschwenden Sie keine Zeit damit, schnell schlichten zu wollen oder ihm dabei zu helfen, neue Freunde zu finden. Bis zum nächsten Tag sind die Dinge meistens ohne Schaden für die Freundschaft wieder im Lot. Fühlt sich Ihr Kind abgelehnt, hören Sie sich seinen Kummer an und trösten Sie es. Doch warten Sie ab, bevor Sie etwas unternehmen.

In diesem Alter kann es sehr schwer sein, herauszufinden, ob Ihr Kind einfach nur mit seinen Freunden zerstritten ist oder gemobbt wird. Wenn es wiederholt ausgeschlossen wird, körperlich oder verbal von Einzelnen oder Gruppen angegriffen wird und sich verletzt und verzweifelt fühlt, handelt es sich um Mobbing.

LOYALITÄT Auch wenn Ihr Kind enge Freunde hat *(links)*, kommen Streit und Unstimmigkeiten in diesem Alter häufig vor.
PLAUDEREI Halten Sie Ihr Kind nicht davon ab, nach der Schule mit Freunden zu plaudern *(rechts)*. Es knüpft so engmaschige soziale Netzwerke.

Mein Kind geht sehr ungern zur Schule. Was kann ich tun?

Hier ist ein Gespräch mit dem Lehrer Ihres Kindes angebracht sowie ein gemeinsames Bemühen an mehreren Fronten, damit Ihr Kind wieder Freude an der Schule hat.

Sprechen Sie über Möglichkeiten, die Position Ihres Kindes in der Klasse aufzuwerten, indem es eine besondere Aufgabe bekommt, z. B. das Klassenbuch ins Sekretariat zu bringen oder ein spezielles Sachkunde-Projekt zu betreuen. Hat es auf bestimmten Gebieten Leistungsschwächen, können Übungen zu Hause, die in der Schule belohnt werden, helfen. Finden Sie heraus, ob dort Arbeits- oder Schüler-helfen-Schülern-Gruppen geschaffen werden können, die das Schließen von Freundschaften fördern. Ist Ihr Kind besonders in den Pausen allein, kann es vielleicht mit einem Klassenkameraden im Klassenzimmer spielen oder mit ihm zusammen dem Lehrer helfen. Sie könnten diesen neuen Freund nach der Schule zu sich einladen.

Finden Sie die Stärken Ihres Kindes heraus und fördern Sie sie. Kann es gut lesen, ist jedoch schüchtern, könnte es den jüngeren Kindern helfen oder als Erzähler im Theaterstück der Klasse mitwirken. Versuchen Sie, ob es auch über die Schule Zugang zu Themen finden kann, für die es sich wirklich interessiert. Belohnen Sie Ihr Kind für den täglichen Schulbesuch mit Aktivitäten am Nachmittag. Sprechen Sie über die angenehmen Dinge in der Schule, aber auch über die, die neutral oder langweilig waren.

Enge Freunde
Gruppendruck und Streit

F Meine Tochter war Klassenbeste. Warum hat sie in ihren schulischen Leistungen so nachgelassen?

Ergründen Sie das Problem zusammen mit Ihrer Tochter. Durch ihren schulischen Erfolg setzt sie womöglich die Leistungen der anderen herab oder wird ständig als gutes Beispiel genannt (»Lehrers Liebling«), was zu Unmut bei den Mitschülern führen kann. Der Wunsch, zu einer Gruppe zu gehören, ist stark und kann Ihre Tochter darin bestärken, dass es einen Leistungsabfall wert ist.

Vielleicht hat Ihre Tochter auch eine Gruppe gefunden, die den Aufstand probt und festgestellt, dass sie dort anerkannt wird, wenn sie Regeln bricht und die Schule vernachlässigt. Sprechen Sie mit ihr über Ihre Bedenken und versuchen Sie, ihr Interesse am Lernen neu zu entfachen, indem Sie Anreize für ihr Bemühen bieten.

Fördern Sie Freundschaften mit Kindern, die auch Freude am Lernen haben, und achten Sie darauf, dass ein Gleichgewicht zwischen Lernen und Spaßhaben besteht.

F Meine Tochter wurde mit Freunden beim Klauen erwischt. Kann ich ihr je wieder trauen?

Keine Panik, das heißt nicht, dass Ihre Tochter zwangsläufig kriminell wird. Stehlen ist häufig eine Mutprobe unter Freunden. Fahren Sie nicht gleich aus der Haut.

Beziehen Sie die Eltern der Freunde Ihrer Tochter ein, um allen zu zeigen, wie ernst es Ihnen ist. Aus dem Stehlen darf nie ein Nutzen gezogen werden. Deshalb müssen die gestohlenen Sachen zusammen mit einer Entschuldigung an den Eigentümer zurückgegeben werden. Diese Begegnung von Angesicht zu Angesicht betont die Ernsthaftigkeit der Sache und ist die Grundlage für neues Vertrauen.

F Der frechste Junge der Klasse ist der beste Freund meines Sohnes. Was soll ich tun?

Kinder fühlen sich oft zu Freunden hingezogen, die ihre Eltern nicht für sie aussuchen würden. Die meisten Freundschaften basieren auf gemeinsamen Interessen oder Einstellungen, die eine positive Bindung schaffen. Gehen Sie nicht gleich vom Schlimmsten aus. Laden Sie ihn zum Spielen ein, um auch seine positiven Eigenschaften kennenzulernen. Ihr Sohn könnte einerseits in Schwierigkeiten geraten, andererseits auch positiven Einfluss auf seinen Freund nehmen. Bei einem negativen Einfluss reduzieren Sie die Zeit, die die beiden miteinander verbringen. Laden Sie stattdessen andere Kinder zum Spielen ein. Bitten Sie den Lehrer, für Klassendienste einen anderen Partner für Ihren Sohn auszuwählen. Vermeiden Sie ein absolutes Verbot, denn das könnte die Freundschaft sogar festigen.

ELTERN BERICHTEN

Sammelwut
Der letzte Schrei

Wie die meisten Jungen seiner Klasse weiß mein Sohn, was »in« ist – von Fußballkarten bis Überraschungs-Ei-Figuren. Sammelleidenschaft kann ausufern, wenn man mit den Freunden mithalten oder ein Set voll bekommen will. Ich habe die Sammelwut auf eine Sache beschränkt und meinen Sohn dazu angehalten, eine Sammlung zu vervollständigen, bevor er mit der nächsten anfängt. Er kauft die Karten von seinem Taschengeld und tauscht sie mit Freunden, so hat er mehr Kontrolle darüber. Ich habe die Aufsicht verschärft, damit es nicht ausufert.

Wie Kinder heute spielen
Zeitvertreib und Entwicklung

Freundschaften werden immer wichtiger. Das Interesse wächst nicht nur an Spiel und Spaß, sondern auch daran, wie Freunde denken und handeln. Noch haben Sie den größten Einfluss auf Ihr Kind, doch wie Freunde es selbst, sein Zuhause und seine Familie sehen, ist ebenfalls wichtig.

Neue Technik: Ihr Kind wird durch die von ihm verwendete Technik geprägt. Treffen mit Freunden werden über SMS, E-Mail und andere Kommunikationsdienste organisiert. Zu Hause spielen Kinder eher mit einer Spielkonsole oder dem Computer als mit Lego oder Brettspielen, auch wenn diese traditionellen Aktivitäten noch nicht völlig abgeschrieben sind. Es zeigt, egal welches Spiel es spielt, seinen Kampfgeist. Ihre Aufgabe ist darauf zu achten, dass es ebenso häufig an der frischen Luft wie im Haus spielt und sowohl körperlich fordernde wie auch ruhigere Spiele spielt. Anhand der Spiele können Sie mehr erfahren über die wechselnden Interessen und Freunde Ihres Kindes – spielen Sie mit ihm, schauen Sie ihm zu und lassen Sie sich einmal das neueste Spiel von ihm beibringen.

Unterschiede zwischen den Geschlechtern: Sowohl Jungen als auch Mädchen haben ein paar enge Freunde, doch Ihr Sohn wird lieber in einer großen Gruppe mit Mannschaften Wettkämpfe ausfechten. Mädchen spielen dagegen oft ruhigere Spiele in kleineren Gruppen mit einer oder zwei besten Freundinnen. Wenn Sie Ihren Sohn fragen, was er über Mädchen denkt, ist die Antwort wahrscheinlich: »Igitt« und er verzieht das Gesicht. Er wird bevorzugt mit Jungen spielen. Spielt er mit Mädchen, wird er vielleicht gehänselt, und tut es dann deutlich seltener. Im Vergleich dazu wird Ihre Tochter in diesem Alter eher geneigt sein, mit Jungen zu spielen, obwohl auch sie sich meistens mit ihren Freundinnen umgibt.

UNTER JUNGEN In diesem Alter umgeben sich Jungen eher mit Jungen als mit Mädchen.

DU UND ICH Mädchen verbringen ihre Zeit mit ein oder zwei engen Freundinnen.

FRIEDLICHE SZENE Ruhige Beschäftigung ist genauso wichtig wie körperliches Spiel im Freien.

F Wie kann ich meinem Kind helfen, »Nein« zu sagen?

Stärken Sie den Widerstand Ihres Kindes gegen Gruppendruck durch Bildung von Selbstvertrauen, um bei riskanten Aktionen »Nein« sagen zu können. Kindern mit hohem Selbstwertgefühl macht es weniger aus, deshalb Freunde zu verlieren. Sie vertrauen darauf, dass ihre Entscheidung akzeptiert wird oder dass sich andere Freundschaften ergeben werden. Bleiben Sie jedoch realistisch: Ihr Kind wird manchmal dem Gruppendruck nachgeben. Sagen Sie dann offen, was Sie beunruhigt, diskutieren Sie die Folgen der Entscheidung Ihres Kindes und sein zukünftiges Verhalten.

F Mein Sohn will nur noch barfuß laufen, wenn er keine Nike-Turnschuhe bekommt. Warum ist er so unvernünftig?

Ihr Sohn findet das völlig in Ordnung: die »richtige« Kleidung zu tragen, kann enorm wichtig sein, um akzeptiert und vielleicht sogar eines der »coolen« Kinder zu werden. Wenn er unbedingt Nike-Turnschuhe möchte, kann er sein Taschengeld dafür sparen. Eventuell erreicht er, obwohl er die richtige Marke trägt, trotzdem nicht den von ihm gewünschten Status, doch aus Erfahrung wird er klug. Verhelfen Sie ihm zu einem anderen Blickwinkel, indem Sie die Personen von ihrem Äußeren trennen und über die Eigenschaften reden, die er an seinen Freunden mag. Stellen Sie heraus, dass es ihre Persönlichkeit, ihr Humor oder ihre Freundlichkeit sind, die gefallen und nicht deren Kleidung.

F An meiner Tochter ist ein Junge verloren gegangen. Ist das o.k.?

Burschikose Mädchen sind abenteuerlustig, spielen mit Dingen, die eher Jungen zugeordnet werden und kümmern sich nicht besonders um ihr Äußeres. Das sind keineswegs negative Attribute, denn solche Mädchen sind beliebt und gute Anführer. Mit Eintritt in die Pubertät werden burschikose Mädchen jedoch schlechter von Gleichaltrigen akzeptiert. Zu diesem Zeitpunkt entscheidet Ihre Tochter selbst, wie sie in die Gruppe passt, und es ist deshalb nicht sehr ratsam, sie von diesem Verhalten abzubringen. Jungenhaftes Verhalten basiert auf biologischen und sozialen Faktoren. Forscher haben herausgefunden, dass Mädchen, die im Bauch der Mutter einem hohen Testosteronspiegel ausgesetzt waren, als kleine Kinder maskulinere Interessen haben. Doch auch Sie beeinflussen das Verhalten Ihrer Tochter – wenn Sie Beschäftigungen anbieten, die ihrem Naturell entsprechen und sie loben, wird sie sich mit diesem Aspekt ihrer Identität wohlfühlen.

F Warum möchte meine Tochter einen BH, obwohl sie keinen braucht?

Körperliche Merkmale der Pubertät auch zu zeigen, ist für manche Mädchen Statussymbol. Ihr erster BH kennzeichnet diesen Wandel. Unsere Kinder sollen die relative Arglosigkeit ihrer Kindheit genießen, doch sie scheinen entschlossen, sie recht bald hinter sich zu lassen. Es gibt wenige Gründe, die Bitte abzuschlagen. Ihre Tochter schätzt vielleicht Ihre Hilfe beim Kauf, betrachten Sie ihn als Eltern-Kind-Qualitätszeit und zeigen Sie ihr altersgerechte Modelle. Widerstehen Sie unbedingt der Versuchung, Witze über ihre Figur oder Größe zu machen. Das kann verheerend sein für ein Mädchen, das empfindlich auf seinen sich ändernden Körper reagiert.

F Mein Kind macht seinem neuen Freund vieles nach. Ist das nur eine Marotte?

Freunde kopieren sich oft – von der Wahl der Kleidung bis zur Musik, die sie hören. Dieses Nachahmen ist in der Anfangsphase einer Freundschaft stärker und eher ein Weg, die Bindung zwischen Kindern zu festigen, als ein Zeichen von Anpassungsdruck. Das Bedürfnis, sich anzupassen, lässt nach, wenn die Freundschaft stabiler ist. In der Zwischenzeit sollten Sie die Bitten Ihres Kindes erfüllen, solange sie nicht zu ausgefallen sind. Allerdings ist Vorsicht geboten, wenn Sie merken, dass Ihr Kind ein Sklave der Launen seines neuen Freundes ist. Dann sollten Sie ihm beim Schließen anderer, ausgeglichener Freundschaften helfen.

Zusätzlicher Aufwand
Probleme beim Lernen

F Mein Sohn kommt in der Schule gut mit und ist organisiert, aber zu Hause ist er sehr chaotisch. Was kann ich machen?

Schule läuft vorhersehbar, routinemäßig und nach Stundenplänen ab, und Ihr Sohn fühlt sich dort aufgehoben, unterstützt und geborgen. Bei der Planung der außerschulischen Aktivitäten braucht er Ihre Hilfe. Erstellen Sie eine Liste der Dinge, die er gern macht, veranschaulicht mit gemalten oder ausgeschnittenen Bildern. Nachdem er sich nach der Schule ein wenig entspannt hat, erstellen Sie mit ihm anhand der Bilder einen Tätigkeitsplan für den Nachmittag/Abend. Nach den Hausaufgaben kann er von dem Plan wählen, doch achten Sie darauf, dass es eine Mischung aus Dingen ist, bei denen er Sie braucht (Kochen, Brettspiele) und solchen, die er allein tun kann (z. B. Malen). Um Langeweile zu vermeiden, geben Sie ihm jeden Tag eine leicht abgewandelte Auswahl. Heften Sie die Bilder in der von Ihrem Sohn bestimmten Reihenfolge an eine sichtbare, zugängliche Stelle und erinnern Sie ihn, wenn es Zeit ist, zur nächsten Aktivität überzugehen. Der Plan sollte auch routinemäßige Aufgaben enthalten, wie z. B. Baden/Duschen und Zähneputzen. So wird Ihr Sohn den ganzen Tag beschäftigt sein.

F Meine Tochter hat Lese- und Schreibprobleme und vergisst ihre Hausaufgaben. Kann ich helfen?

Die meisten Kinder können in der am Ende einer Schulstunde herrschenden Hektik viele Dinge gleichzeitig tun, z. B. Schulsachen wegräumen, mit Freunden erzählen und darüber nachdenken, wohin sie als Nächstes gehen, während sie mit halbem Ohr die Hausaufgaben registrieren, die der Lehrer aufgibt. Ihre Tochter scheint im Gegensatz zu ihren Freunden Schwierigkeiten damit zu haben, sich mehr als eine Sache zu merken und so sind die Hausaufgaben schnell vergessen, wenn sie sie nicht aufschreibt. Kaufen Sie ihr ein Hausaufgabenheft mit Platz für Notizen zu jedem Fach, falls Sie das nicht schon getan haben. Bitten Sie die Lehrer Ihrer Tochter, am Ende der Stunde die Hausaufgaben an die Tafel zu schreiben, damit Ihre Tochter sie abschreiben kann. Davon profitiert die gesamte Klasse.

Falls Ihre Tochter mehr Zeit zum Aufschreiben benötigt, bitten Sie die Lehrer, die Aufgaben 5–10 Minuten vor Ende der Schulstunde anzuschreiben und nicht erst beim Klingeln. Wahrscheinlich wird sie zuerst mit kurzen, gekritzelten Notizen nach Hause kommen, von denen sie hofft, dass sie ihrem Gedächtnis auf die Sprünge helfen. Bringen Sie ihr bei, das Hausaufgabenheft effektiv zu nutzen. Gehen Sie es mit ihr durch und sprechen Sie darüber, was sie in der Stunde getan hat. Achten Sie darauf, dass sie die Aufgabenstellung gut verstanden hat.

F Mein Sohn soll nur die Hausaufgaben machen, die er kann. Trotzdem ist er frustriert. Was können wir tun?

Ein volles Hausaufgabenblatt, von denen der Lehrer als auch Ihr Sohn wissen, dass er sie nicht bewältigen kann, steigert zwangsläufig Unbehagen und Versagensängste. Der Lehrer zeigt zwar seine Bereitschaft, auf Ihren Sohn zuzugehen, indem er ihm erlaubt, nur die Aufgaben zu machen, denen er sich gewachsen fühlt, doch durch die Abgabe halbfertiger Aufgaben werden seine Schwächen noch offensichtlicher. Das könnte dazu führen, dass er immer weniger Hausaufgaben erledigt, weil er kaum Motivation zum Lernen hat. Klären Sie ab, ob der Lehrer bereit wäre, ihm nur die Aufgaben aufzugeben, von denen er weiß, dass Ihr Sohn sie lösen kann. Die Erkenntnis, sämtliche aufgegebenen Matheaufgaben bearbeitet zu haben,

Tätigkeitspläne zum Anschauen

Tätigkeitspläne zum Anschauen sind ein einfacher, flexibler und sehr effektiver Weg, das Lernvermögen von Kindern zu unterstützen und ihre Selbstständigkeit zu fördern – besonders bei Kindern mit zusätzlichen Bedürfnissen. Der Tätigkeitsplan ist hauptsächlich eine Bilderfolge (mit oder ohne Worte), die eine Routine in ein paar einfache Schritte aufteilt, z. B. den morgendlichen Ablauf eines Kindes vom Aufstehen bis zum Einsteigen in den Schulbus. Verwenden Sie Bilder aus dem Internet oder Fotos, die Ihr Kind bei den einzelnen Schritten zeigen. Es ist ratsam, die Bilder zu laminieren, damit sie länger halten. Sie werden mit Nadeln an einer Pinwand befestigt. Nach Erledigung eines Schrittes kann Ihr Kind das Bild entfernen und nachsehen, welcher folgt. Sie können die Bilder auch nacheinander durch einen Schlüsselring ziehen. Hat Ihr Kind das Prinzip verstanden, können Sie ihm mit Tätigkeitsplänen helfen, neue Fähigkeiten und Abläufe zu erlernen und seinen Tag übersichtlich planen. Hat Ihr Kind Schwierigkeiten mit der Zeiteinschätzung, helfen Sanduhren, die Dauer der Tätigkeit zu veranschaulichen. Der größte Vorteil solcher Pläne ist, dass sie überall hin mitgenommen werden können.

verhilft Ihrem Sohn zu einem größeren Erfolgserlebnis und mehr Selbstvertrauen. Zu Hause benötigt Ihr Sohn viel Unterstützung und Zuspruch. Vielleicht sollten Sie zusätzlich Nachhilfeunterricht erwägen. Kleinere Arbeitseinheiten, unterbrochen von Pausen, sind effektiver, als Ihren Sohn bis zur vollständigen Erledigung am Tisch »anzuketten«. Wenn er ein Thema verstanden hat, sprechen Sie mit seinem Lehrer, damit er den Aufgabenumfang allmählich erhöht. Ein kleiner Erfolg ist besser als ein großer Reinfall. Passen Sie sich der Lerngeschwindigkeit Ihres Sohnes an.

F Wie kann ich meiner Tochter helfen, ihre kurze Aufmerksamkeitsspanne zu verbessern?

Ständig meckern zu müssen, damit Ihre Tochter bei einer Sache bleibt, ist frustrierend für Sie, macht Ihrer Tochter ihre Schwierigkeiten noch bewusster und kann zu Reibereien zwischen Ihnen führen. Hat sie zusätzlich Ärger in der Schule, leidet ihr Selbstwertgefühl. Probieren Sie Folgendes: Wenn Sie eine Anweisung geben, sollten Sie sich im selben Raum befinden, damit Sie die ungeteilte Aufmerksamkeit Ihrer Tochter haben und diese nicht etwa mit einem Auge zum Fernseher schielt. Geben Sie ihr jeweils nur eine Anweisung und untermauern Sie diese mit etwas Visuellem, z. B. einem Bild. Wollen Sie, dass sie ihre Schuhe wegräumt, bringen Sie sie dorthin. Bitten Sie sie, Ihre Anweisung laut zu wiederholen, damit sie sie im Gedächtnis behält. Prüfen Sie, ob sie alles verstanden hat, und erinnern Sie sie freundlich, wenn sie nach ein paar Minuten noch nicht angefangen hat. Ermuntern und loben Sie sie ausgiebig, wenn sie die Aufgabe beendet hat. Bei einer Verbesserung Ihrer Fähigkeiten können Sie allmählich komplexere Anweisungen geben.

Wo sitzt Ihre Tochter in der Schule? In der ersten Reihe ist es einfacher für den Lehrer, ihre Aufmerksamkeit zu bekommen und sie zu unauffällig zu unterstützen.

ADHS Aufmerksamkeitsdefizit-/ Hyperaktivitätsstörung

Kinder mit der Diagnose Aufmerksamkeitsdefizit-/Hyperaktivitätsstörung (ADHS) haben drei Hauptprobleme: Unaufmerksamkeit, Hyperaktivität und Impulsivität. Im Allgemeinen treten sie gemeinsam auf. Manche Kinder sind jedoch vorrangig überaktiv und impulsiv, während andere mehr mit Aufmerksamkeits- und Konzentrationsfähigkeit zu kämpfen haben. Früher nannte man Aufmerksamkeits-/Konzentrationsschwierigkeiten Aufmerksamkeitsdefizitsyndrom (ADS). ADHS beeinflusst die Denkfähigkeit, die Emotionen und das Verhalten Ihres Kindes. In kognitiver Hinsicht ist Ihr Kind sehr zerstreut, hat eine kurze Aufmerksamkeitsspanne, Schwierigkeiten zu planen und Mühe, die Konsequenzen seines Verhaltens zu verstehen. Emotional kann es reizbar sein, keine Impulskontrolle haben und eine niedrige Toleranzschwelle. Sein Verhalten ist gekennzeichnet von ständiger Unruhe und Risikofreude. Laut Schätzungen sollen drei bis neun Prozent der Kinder und Jugendlichen an ADHS leiden, wobei mehr Jungen als Mädchen diese Diagnose gestellt wird.

Was bedeutet das für mein Kind? Die Kinder haben zu Hause und in der Schule Probleme. Ist die Aufmerksamkeit eingeschränkt, kann sich Ihr Kind schwerlich länger auf eine Aufgabe konzentrieren, hört nicht zu, wenn andere mit ihm reden, hat Probleme zu planen und versäumt, Dinge zu erledigen. Ist es überaktiv, erscheint es ruhelos, zappelig und sehr geschwätzig, verlässt oft seinen Platz im Klassenzimmer, ist immer in Bewegung und findet es schwierig, ruhig mit anderen zu spielen. Fehlende Impulskontrolle bedeutet, unaufgefordert im Unterricht zu reden, nicht abwechseln zu wollen und einen Hang zu möglicherweise riskanten Aktivitäten zu haben, z.B. mit dem Skateboard ohne Helm und Knieschützer oder anderen Schonern die steilste Straße hinunterzufahren.

Diese Schwierigkeiten bedeuten, dass es Ihrem Kind schwererfällt, Erwartungen zu erfüllen und sich an Regeln zu halten.

Freunde zu gewinnen und zu behalten gestaltet sich problematisch, da Ihr Kind nie lange bei einer Aktivität verweilt und beim Spielen nicht abwechseln will. Fehlendes Wissen über ADHS kann dazu führen, dass die Kinder als ungezogen abgestempelt werden. Das kann das Selbstwertgefühl der Kinder untergraben und zu Frustration und Verstimmungen führen. Doch Kinder mit ADHS haben auch viele Stärken. Meistens sind sie kreative Problemlöser, haben ein gutes Langzeitgedächtnis, viel Enthusiasmus und eine künstlerische Ader.

Wodurch entsteht ADHS? Alle Kinder unterscheiden sich in puncto Aufmerksamkeit, Aktivität und Impulsivität. Es wird nur bei den Kindern eine Diagnose gestellt, die offensichtlich ernsthafte Probleme in der Schule und zu Hause haben. Die genauen Ursachen von ADHS sind unbekannt, doch es gibt viele mögliche Erklärungen. Genetische Faktoren können ursächlich sein, da bei Eltern und Geschwister mit vier- bis fünfmal größerer Wahrscheinlichkeit ebenfalls ADHS festgestellt wird. Vermutlich führt eine Wechselwirkung zwischen geerbtem Temperament und der Umwelt dazu, dass einige Kinder ADHS entwickeln.

Schwangerschaftsprobleme werden ebenfalls als möglicher Grund angeführt. Doch viele Kinder, die kein ADHS entwickelten, waren denselben Risiken ausgesetzt, wie Rauchen oder Alkoholmissbrauch der Mutter, niedriges Geburtsgewicht. Auch hier kann die Wechselwirkung mit weiteren Faktoren ausschlaggebend sein. Andere Erklärungen nennen mögliche Unterschiede in der Funktionsweise des Gehirns. Botschaften im Gehirn werden durch sogenannte Neurotransmitter weitergeleitet, die die Kommunikationswege ein- oder ausschalten. Unterschiedliche Verwendung der Neurotransmitter Dopamin, Noradrenalin und Adrenalin durch das Gehirn in den für die Steuerung von Aufmerksamkeit, verhinderndem Verhalten sowie Planung und Organisation verantwortlichen Bereichen machen die Hauptprobleme bei ADHS aus.

Wie kann ich helfen? Das mit ADHS verbundene Verhalten kann viele Lebensbereiche Ihres Kindes beeinflussen, deshalb ist es wichtig, mit anderen Betreuungspersonen Ihres Kindes, besonders Lehrern, Informationen auszutauschen und zusammenzuarbeiten. Als erste Maßnahme können Sie zu einem Elternseminar eingeladen werden. Das heißt nicht, dass Experten Ihnen die Schuld an den Problemen Ihres Kindes geben oder dass Sie schlechte Eltern sind. Ein zweckmäßiges Elternseminar vermittelt neuestes Wissen und die wirksamsten Strategien. Ferner kann Ihrem Kind individuelle psychologische Unterstützung und/oder ein Platz in einer Trainingsgruppe für soziale Kompetenz angeboten werden. Diese Gruppen wollen Ihrem Kind helfen, mit Gleichaltrigen besser klarzukommen und Problemlösungsfähigkeiten, Verhaltenssteuerung und Zuhörfähigkeiten zu entwickeln.

Hat Ihr Kind beträchtliche Probleme oder bestehen sie schon über längere Zeit, kann eine medikamentöse Behandlung eine Option sein. Lassen Sie sich von Ihrem Kinderarzt beraten. Je nach Bedarf bekommt es gegebenenfalls Methylphenidat oder Atomoxetin. Diese Medikamente wirken auf die Teile des Gehirns, in denen wichtige Neurotransmitter nicht effektiv funktionieren. In Selbsthilfegruppen für Eltern bekommen Sie nützliche Informationen, Rat und Zugang zu sozialen und Freizeit-Aktivitäten für Ihr Kind.

Wo kann ich mein Kind untersuchen lassen? Sprechen Sie mit Ihrem Kinderarzt, der Sie eventuell an einen Spezialisten überweisen wird, z. B. an einen Kinderpsychiater oder Psychologen oder eine andere auf ADHS spezialisierte Einrichtung, die Diagnose, Einstufung und Unterstützung für Familien anbietet.

VOLLER ENERGIE Kinder mit ADHS sind oft ruhelos, überaktiv und ohne Impulskontrolle.

AUFMERKSAM SEIN Ein Kind mit ADHS tut sich schwer, still zu sitzen und sich auf eine Sache zu konzentrieren.

F Mein Sohn wird wegen seiner Lernprobleme gehänselt und schlägt oft zu. Wie kann ich helfen?

Wegen eines solch heiklen Themas schikaniert zu werden, muss Ihren Sohn zwangsläufig aufregen und die Kontrolle seiner Gefühle noch mehr erschweren. Zeigt er nach diesen Vorfällen echte Reue, hat er die Einsicht, nicht optimal gehandelt zu haben. Doch es ist nicht nur das Problem Ihres Sohnes. Wenn er ständig von anderen Schülern ins Visier genommen wird, muss dieses Mobbing seinem Lehrer gemeldet und bewältigt werden. Helfen Sie ihm lieber dabei, ruhige und souveräne Wege zu finden, mit diesen Situationen umzugehen, als ihn zu belehren, was richtig und falsch ist. Ihr Sohn ist motivierter, sein Verhalten zu ändern, wenn er sich unterstützt sowie verstanden und nicht schuldig fühlt. Sprechen Sie zu Hause über seinen Tag. Vielleicht hilft es ihm, Vorfälle aufzuzeichnen, um Ihnen zu zeigen, was passiert ist. Überlegen Sie zusammen, wie er mit der Situation umgegangen ist, was er gut gemacht hat und was er beim nächsten Mal anders machen kann. Es kann schwierig für ihn sein, die Folgen seines Handelns zu durchdenken, darum malen oder schreiben Sie auf, was er sagen und tun könnte, und erörtern Sie, was wahrscheinlich passieren wird. Darauf kann er später zurückkommen und davon lernen. Ermuntern Sie Ihren Sohn, für sich einzutreten, ohne aggressiv zu werden, und mit einem Lehrer zu sprechen, wenn er gemobbt wird. Vielleicht gibt es in seiner Schule eine Gruppe, in der Sozialkompetenz gelehrt wird. Dort könnte er seine Fähigkeiten in einer sicheren Umgebung praktizieren und Vertrauen zu Schulkameraden aufbauen. Sollte es solche Gruppen nicht in seiner Schule geben, informieren Sie sich beim psychosozialen Dienst oder Eltern- und Familienberatungsstellen.

> Ihr Sohn ändert sein Verhalten eher, wenn er sich verstanden fühlt.

F Mein Kind hat ADHS. Gibt es andere Strategien als eine medikamentöse Behandlung?

Viele Experten sind sich darüber einig, dass ADHS am besten durch mehrere sich ergänzende Methoden angegangen werden sollte, wie Elternseminare für Sie, Kompetenztraining und eventuelle Verhaltenstherapie für Ihr Kind. Auch die Ernährung ist wichtig: einige Kinder mit ADHS vertragen bestimmte Lebensmittel nicht, wie z. B. Kuhmilch, Weizenmehl, künstliche Farbstoffe und Zusatzstoffe. Diese Ernährungsprobleme können einige Verhaltensweisen verschlimmern.

Führen Sie ein Ernährungs- und Verhaltenstagebuch. Notieren Sie, was Ihr Kind täglich isst und welche Verhaltensprobleme auftauchen. Nach einigen Wochen können Sie vielleicht einen Zusammenhang zwischen bestimmten Lebensmitteln und schlechterem Benehmen erkennen. Lassen Sie sich dann von Ihrem Kinderarzt an einen entsprechenden Ernährungsspezialisten überweisen, der eventuell eine Ausschlussdiät zur genauen Bestimmung der Ernährungsprobleme vorschlagen wird. Vielleicht rät er Ihnen auch, bestimmte Lebensmittel, die einen Einfluss auf das Verhalten haben können, aus dem Ernährungsplan zu streichen. Ändern Sie die Ernährung Ihres Kindes nicht ohne vorher einen Arzt zu befragen.

F Mein Kind ist Legastheniker und behauptet, dass die Worte beim Lesen verschwimmen.

Um eine Sehschwäche auszuschließen, sollten Sie Ihr Kind regelmäßig einem Augenarzt vorstellen. Einige Kinder mit Legasthenie berichten jedoch, dass die Worte beim Leseversuch verschwimmen oder vor ihren Augen herumtanzen. Ein Grund dafür könnte sein, dass Menschen mit Legasthenie alle Worte auf einer Seite als eine Masse sehen und versuchen, sie alle auf einmal zu lesen und nicht die Sätze Wort für Wort von links nach rechts, Reihe für Reihe. Transparente Farbfolien helfen einigen Kindern, sich besser zu konzentrieren. Finden Sie heraus, bei welcher Farbe es Ihrem Kind am leichtesten fällt, zu lesen, da nicht alle Kinder mit derselben Farbe zurechtkommen.

MYTHEN UND MISSVERSTÄNDNISSE

Stimmt es, dass …

* hyperaktive Kinder oder solche mit Verhaltensproblemen keine Limonade trinken sollten?

Ja und nein. Einige Getränke enthalten viel Zucker und eventuell künstliche Zusatzstoffe. Kinder bekommen dadurch einen sofortigen Energieschub, gefolgt von einem Blutzuckerabfall. Bei Kindern mit hohem Bewegungsdrang können sich dadurch einige Verhaltensweisen verschlimmern. Nicht alle Brausegetränke haben diese Inhaltsstoffe, doch viele Eltern vermeiden sie einfach komplett.

* ich meinem Kind nicht mehr vorlesen sollte, weil es jetzt selbst lesen kann?

Das stimmt nicht! Es braucht Jahre, um ein versierter Leser zu werden und Zuhören hilft Ihrem Kind, seine Fähigkeiten zu verbessern. Hat es Probleme beim Lesen, Schreiben oder Buchstabieren, dann ist das Beste, was Sie tun können, mit ihm zusammen zu lesen. So lernt es nebenbei. Außerdem bedeutet gemeinsame Lesezeit, wertvolle Zeit miteinander zu verbringen.

* mein Kind durch den Gebrauch von Bildern wortkarg wird?

Eher das Gegenteil ist der Fall. Mit Bildern helfen Sie Ihrem Kind, besser zu verstehen, was von ihm erwartet wird und seine eigenen Bedürfnisse und Gefühle auszudrücken. So ist es weniger frustriert und eher motiviert, durch gesprochene Sprache, unterstützt von visuellen Hilfsmitteln, zu kommunizieren.

Legasthenie
Ein sprachbasiertes Problem

Kinder mit Legasthenie haben erhebliche Probleme beim Lesen, Schreiben und Buchstabieren. Dieser Zustand wird oft als spezifische Lernschwierigkeit bezeichnet, was jedoch irreführend ist, da die meisten Kinder auf anderen Gebieten genauso intelligent sind wie ihre Klassenkameraden. Schätzungen zufolge sind fünf bis zehn Prozent der Bevölkerung in gewisser Weise von Legasthenie betroffen, wobei eher Jungen als Mädchen diese Diagnose erhalten. Einige Experten meinen, dass Mädchen Probleme besser verstecken können, indem sie sich mehr auf ihre verbalen Fähigkeiten verlassen. Jungen zeigen als Folge ihrer Lernprobleme oft ein störendes Verhalten in der Schule und werden so eher getestet.

Was bedeutet das für mein Kind? Vor seiner Einschulung hatte Ihr Kind vielleicht Probleme bei der Entwicklung einer klaren Aussprache, fand es schwierig, den Zusammenhang zwischen den Reimwörtern »Katze« und »Tatze« zu verstehen und hatte eventuell Koordinationsprobleme. In den ersten Schuljahren hatte es Schwierigkeiten, das Alphabet und kleine Einmaleins zu erlernen, mehr als ein paar einfache Wörter zu lesen, links und rechts voneinander zu unterscheiden und allgemein bekannte Folgen aufzusagen, wie die Wochentage oder Monate des Jahres. Ohne die richtige Unterstützung frustriert das Ihr Kind, was zu Verhaltensproblemen führen kann oder dazu, dass es immer stiller wird und sich zurückzieht.

Forschungen zeigen, dass Menschen mit Legasthenie die rechte Gehirnhälfte, die für kreatives Denken verantwortlich ist, mehr nutzen. Sie haben häufig gute verbale, soziale und visuelle Fähigkeiten und verfügen über Assoziationsvermögen, lösen komplexe Probleme durch unerwartete Verknüpfungen und schätzen das große Ganze richtig ein.

Was ist die Ursache? Kinder werden mit der Fähigkeit zum Erlernen gesprochener Sprache geboren. Lesen und Schreiben sind jedoch relativ neue Verhaltensweisen menschlicher Entwicklung, die Kindern zahlreiche Fähigkeiten abverlangen. Die phonologische Verarbeitungstheorie besagt, dass Kinder für das Lesenlernen zuerst die Laute (Phoneme) lernen müssen, die mit der Form der geschriebenen Buchstaben (Grapheme) verbunden sind. Diese Bausteine können zu ganzen Worten verbunden werden. Legastheniker haben bekanntlich Probleme, Worte in ihre verschiedenen Laute zu zerlegen. Experten zufolge ist das aber eher ein Symptom der Legasthenie als ihr Hauptgrund.

Legastheniker sind in den Frühphasen der Sprachentwicklung deutlich langsamer und machen mehr Fehler bei Wortwiederholungen, z. B. wenn Sie Kinderlieder mitsingen. Diese Artikulationsschwierigkeiten führen zu Problemen beim Verstehen der Laute ähnlicher Worte, was zu Schwierigkeiten bei der Entwicklung eines Bewusstseins für das schriftliche Erscheinungsbild dieser Worte führt. Forschungserkenntnisse zeigen, dass Kinder, die im frühen Alter die Fähigkeit entwickeln, die Laute und visuellen Ähnlichkeiten von Wörtern zu bestimmen, gute Leser werden, während diejenigen, die damit Probleme haben, Leseprobleme entwickeln.

Wie kann ich meinem Kind helfen? In der Schule benötigt Ihr Kind ein gewisses Maß an Einzel- oder Kleingruppenunterricht, der vom Grad der Schwierigkeiten Ihres Kindes abhängt. Sowohl zu Hause als auch in der Schule profitiert Ihr Kind optimal von folgenden Methoden:

* **Multisensorisch:** Ermuntern Sie Ihr Kind, so viele Sinne wie möglich beim Lernen zu gebrauchen, z. B. einen Buchstaben anschauen, ihn laut

benennen und ihn in die Luft schreiben – und das alles gleichzeitig.

✱ Strukturiert: Helfen Sie Ihrem Kind, in kleinen Schritten zu lernen. Überfordern Sie es nicht und führen Sie neue Herausforderungen erst ein, wenn es das Gelernte sicher beherrscht.

✱ Stärkend: Ihr Kind braucht mehr Hilfe und Übung beim Erlernen der Grundfertigkeiten des Lesens und Schreibens und profitiert von regelmäßigem Wiederholen und viel Lob.

Sehen Sie pro Tag 10–15 Minuten für das Lesen vor. Gemeinsames Lesen unterstützt Ihr Kind optimal bei der Entwicklung seiner Fertigkeiten. Lassen Sie es ein Buch auswählen, dann ist es motivierter. Setzen Sie sich nebeneinander, damit beide den Text sehen können und beginnen Sie gemeinsam zu lesen. Passen Sie sich der Geschwindigkeit Ihres Kindes an. Wenn es bereit ist, allein zu lesen, soll es Ihnen signalisieren, leise zu sein. Hat es mit einem Wort Probleme, warten Sie einige Sekunden und helfen Sie ihm erst dann. Seien Sie geduldig, besonders, wenn es sich um ein Wort handelt, dass es bereits mehrfach gelesen hat. Lassen Sie es das Wort korrekt lesen, loben Sie es dafür, und fahren Sie dann fort. Sprechen Sie danach mit Ihrem Kind über das Gelesene und beantworten Sie eventuelle Fragen. Untersuchungen zeigen, dass sich Kinder, die gemeinsam mit ihren Eltern lesen, dreimal schneller verbessern als andere Kinder.

Viele Kinder mit Legasthenie fühlen sich wohler, wenn sie zum Schreiben und Lernen einen Computer benutzen. Vielleicht kann auch Ihr Kind einen Teil seiner Hausaufgaben so erledigen. Textverarbeitungsprogramme verfügen über Rechtschreibprüfungen und Autokorrektur-Funktionen zum Erkennen von Fehlern. Außerdem gibt es viele lustige und fesselnde Websites und Lernsoftwarepakete, die das Lernen unterstützen.

Wer testet mein Kind? Zeigt Ihr Kind unerklärliche Schwierigkeiten beim Lesen, obwohl es über die notwendige Intelligenz und verbalen Fähigkeiten verfügt, sprechen Sie mit seinem Lehrer über einen Legasthenie-Test. Der sollte von einem Fachmann durchgeführt werden – gewöhnlich von einem Kinder- und Jugendpsychiater oder auch einem Schulpsychologen.

TECHNISCHE HILFEN Vielleicht kann Ihr Kind einige Hausaufgaben mit dem Computer erledigen, wenn es Probleme beim Schreiben hat.

VIEL ÜBUNG Ihr Kind findet es vielleicht schwierig, Buchstaben zu schreiben. Wiederholen Sie sie mit ihm beim Lernen immer wieder.

BÜCHERWURM Zusätzliche Hilfe ist nötig, wenn Ihr Kind Probleme beim Lesen hat. Lesen Sie gemeinsam ein Buch, das es mag.

In Verbindung bleiben
Gemeinsam Zeit verbringen

F Unseren Sohn langweilen unsere Ideen für gemeinsame Aktivitäten. Wie können wir ihn begeistern?

Sein Interesse an Unternehmungen mit Ihnen bleibt erhalten, wenn Sie seinen Forscherdrang oder Interessen befriedigen. Nutzen Sie seine natürliche Neugierde, wenn Sie unterwegs sind und erfinden Sie Familienwettkämpfe. Wer erkennt z. B. auf dem Land oder im Park als Erster fünf verschiedene Baumarten oder drei Vogelarten? Wettläufe sind beliebt – wer ist am schnellsten zurück beim Auto oder um ein Fußballfeld gerannt? Steuern Sie auf besonderen Ausflügen für ihn interessante Orte an, z. B. historische Stätten oder bestimmte Museen. Dort gibt es oft Lernpfade oder Quizfragen. Da Freunde ein immer wichtigerer Teil seines Lebens werden, ermuntern Sie ihn, jemanden einzuladen. Er wird sich über die Gesellschaft freuen und Sie verbringen trotzdem Zeit mit ihm. Zu Hause möchte er vielleicht seinen Kampfgeist in Video- oder Gesellschaftsspielen mit Ihnen messen. Manchmal macht es ihm auch Spaß, mit Ihnen zu kochen oder den Wagen zu waschen, Ihnen bei Handwerksarbeiten zu helfen oder mögliche Ferienziele im Internet zu erkunden.

F Ich möchte keine Zeit mehr mit meiner aufsässigen Tochter verbringen. Was kann ich tun?

Man ist schnell in solch ein ablehnendes Verhaltensmuster verstrickt. Es begann mit ein paar Konflikten und jetzt verbringen Sie und Ihre Tochter immer weniger schöne Zeiten miteinander. Die Ihr Leben bestimmenden Streitigkeiten machen es schwer, etwas Positives am anderen zu sehen.

Sie als Erwachsene müssen dieses Muster durchbrechen. Machen Sie sich bewusst, was Sie an Ihrer Tochter mögen. Entdecken Sie die kleinsten Tugenden – vielleicht steht sie pünktlich auf, isst ordentlich ihr Frühstück und hängt beim Heimkommen die Jacke auf. Beginnen Sie, ihre guten Eigenschaften zu loben und zu kommentieren. Mildern Sie Ihre Ausdrucksweise und zeigen Sie Ihre Zuneigung auch körperlich. Das erscheint anfangs gezwungen, doch ihre guten Seiten zu bemerken und anzuerkennen ist die Vorstufe für echte, herzliche Gefühle. Zuerst mag Ihrer Tochter Ihr Verhalten vielleicht suspekt sein und sie fragt, was Sie vorhaben. Lassen Sie sich nicht entmutigen – denn sie bemerkt offenbar die Änderung. Wenn Sie unermüdlich das Positive verfolgen, wird es auch Ihrer Tochter schwerfallen, Ihnen keine warmherzigen Gefühle entgegenzubringen.

ELTERN BERICHTEN

Miteinander auskommen
Ein Zimmer teilen

Meine beiden Söhne teilen sich ein Zimmer, aber Sie sind sehr unterschiedlich. Der eine mag es aufgeräumt, während der andere alles herumliegen lässt. Sie gehen sich ständig auf die Nerven. Ich habe ihre Etagenbetten gegen Einzelbetten ausgetauscht, um den Raum einfacher teilen zu können und jedem die Verantwortung für seine Hälfte übertragen. Jeder wählte eigene Dekoartikel und Poster aus. Das machte sie stolz auf ihren Teil. Sie haben ausgehandelt, wann einer seine Musik spielen oder ein Hörbuch hören darf und wie man freundlich den anderen bittet, die Lautstärke leiser zu stellen. Es klappt nicht immer, doch es gibt jetzt seltener hitzige Momente.

Interesse zeigen
Von Mahlzeiten profitieren

Ihr Kind hat Freunde und wird unabhängiger. Doch Sie bleiben diejenige, die zuerst über seine Erfolge und Niederlagen informiert wird. In vielen Familien ist Freizeit Mangelware. Die Erwachsenen sind zwischen Arbeit oder Studium und dem Versuch, jede Woche ins Fitnessstudio zu gehen, hin und her gerissen, während Schule, Sport, Vereine und Freundschaften Ihr Kind beschäftigen. Doch auch an hektischen Tagen sind es die kurzen Phasen guter Kommunikation, die Ihre Familie verbindet.

Zusammen essen: Die meisten Familien reden am Esstisch am meisten miteinander. Dort können Sie an den Ereignissen des Tages teilhaben und die Stimmung in der Familie einschätzen. Diese tägliche Dosis Kommunikation ermöglicht Ihnen, positive oder negative Stimmungen wahrzunehmen, bedeutende Leistungen zu registrieren oder Spannungen schon im Entstehen zu mildern – alles das stärkt die Bindung zwischen Ihnen.

Von Mahlzeiten maximal profitieren

* Seien Sie beim Timing flexibel, um so viele Familienmitglieder wie möglich um den Tisch zu versammeln.
* Starten Sie das Gespräch und halten Sie es durch offene Fragen in Gang.
* Keine Ablenkung bei den Mahlzeiten! Man kann sich besser auf Gespräche konzentrieren, wenn Fernseher, Handy und Gameboy ausgeschaltet sind.
* Kochen Sie zusammen. Durch gemeinsames Kochen und Essen können Sie Fürsorge zeigen.
* Kein Druck. Minimieren Sie den Stress beim Essen, indem Sie ruhig bleiben und an Ihrem Kind nicht herumnörgeln, wenn es langsam isst oder nicht bei der Sache ist.
* Keine Zeit? Wenn Sie nicht zusammen essen können, finden Sie andere Gelegenheiten zum Reden während des Tages, nach der Schule bevor Ihr Kind spielen geht oder abends beim Zubettgehen, wenn es zur Ruhe kommt.

ENTSPANNTE MAHLZEITEN Die gemeinsamen Mahlzeiten sollten ruhig und stressfrei verlaufen. Reden Sie über den Tag und versuchen Sie, nicht an Ihrem Kind herumzunörgeln, z. B. wegen fehlender Tischmanieren.

KLEINER HELFER Versuchen Sie, Ihr Kind zum gemeinsamen Kochen zu motivieren, so können Sie mit ihm reden und auf dem Laufenden bleiben oder Alltagsfähigkeiten vermitteln.

F Mein Kind spannt mich ganz schön ein. Wie finde ich mehr Zeit zum Entspannen?

Es wird definitiv Zeit, dass Ihr Kind sich selbst hilft und Sie nicht mehr hinter ihm her rennen. Klare Regeln erleichtern ihm die Entwicklung vom hilflosen zum hilfsbereiten Kind. Erklären Sie ihm, dass Sie bereit sind, ihm mit zunehmendem Alter einige eigene Aufgaben zu übertragen. So erscheinen diese wie ein Privileg und nicht wie die Folge Ihrer Frustration. Fangen Sie klein an und bitten Sie Ihr Kind, sich selbst etwas zu trinken zu holen, kleine Snacks zuzubereiten und seine Schultasche jeden Tag selbst zu packen. Alle Aufgaben müssen machbar sein. Vielleicht müssen Sie die Küche ein wenig umräumen, damit Ihr Kind an das benötigte Geschirr und Lebensmittel kommt. Bringen Sie ihm die bei der Zubereitung heißer Getränke und Speisen erforderliche Vorsicht bei. Wahrscheinlich wird es Sie noch eine Weile aus Gewohnheit um Dinge bitten, doch ein höfliches Erinnern an seine neuen Fähigkeiten und Aufgaben sollte es dazu bringen, sich selbst zu helfen.

Überlegen Sie, wie Sie die neu gewonnene Freizeit mit Ihrem Kind verbringen und genießen Sie die zusätzliche Familienzeit.

Gute Streitkultur

Sie streiten zu sehen, kann für Ihr Kind eine positive Lernerfahrung sein, wenn Sie ihm ein Vorbild in Sachen Verhandlung und Problemlösung sind und ruhig bleiben. Es ist nicht gut für Ihr Kind, wenn bei einem Streit geschrien wird, herabsetzende Bemerkungen oder Schimpfwörter fallen, Unangenehmes aus der Vergangenheit vorgeworfen wird oder Sie sich gegenseitig körperlich oder auf andere Weise verletzen. Das verängstigt Ihr Kind und beeinträchtigt sein Sicherheitsbedürfnis.

Wenn Streitereien für Ihr Kind oder Sie selbst ein Problem sind, suchen Sie Hilfe in Form einer Eheberatung oder anderweitigen Unterstützung.

Durch klare Richtlinien wird aus ihrem hilflosen ein hilfsbereites Kind.

F Mein Kind will nicht an Familienkonferenzen teilnehmen.

Das ist sicher enttäuschend. Ihr Kind macht jedoch eine rasante Entwicklung durch und hat beim nächsten Mal vielleicht eine andere Meinung dazu, deshalb sollten Sie es weiterhin versuchen. Ermuntern Sie es durch positive Themen in den ersten Zusammenkünften, z. B. die Planung einer Feier oder Renovierung. Führen Sie allmählich anspruchsvollere Themen ein, z. B. Hausarbeiten oder Zubettgehzeiten. Führen Sie die Treffen durch, auch wenn Ihr Kind nicht daran teilnimmt, denn so zeigen Sie Ihre Absicht, es in Familienentscheidungen mit einbeziehen zu wollen. Irgendwann wird es bereit sein, daran teilzunehmen.

Sind Familienkonferenzen von Krisen und Fehlverhalten dominiert, sind sie für alle anstrengend und Ihr Kind klinkt sich aus, indem es nicht kommt oder schweigt. Müssen Sie Fehlverhalten regeln, tun Sie das unter vier Augen.

F Mein Sohn und ich sind stur. Wie kann ich unsere Streits konstruktiv und zügig beenden?

Die Sturheit Ihres Sohnes birgt sicher Vorteile, denn die Fähigkeit, seine Ziele mit Überzeugung und Ausdauer zu verfolgen, gehört einfach dazu. Doch Sturheit bedeutet, nicht zu Kompromissen bereit zu sein und der Kick, einen Streit gewonnen zu haben, hält den Widerstreit zwischen Ihnen aufrecht. Anstatt einen Sieg anzustreben, fordern Sie sich lieber gegenseitig zur Lösungsfindung heraus. Drosseln Sie den Streit, um Zeit zum Zuhören zu haben, beachten Sie die Bedürfnisse des anderen und entwickeln Sie Ideen. Bewerten Sie sich mit einer Punktzahl bis zehn bei jedem Streit – höhere Punktzahlen bedeuten, zu mehr Kompromissen bereit zu sein. Überdenken Sie

Familienkonferenzen

Täglich werden Hunderte von Entscheidungen in Ihrer Familie getroffen, z.B. was mittags gegessen wird, wer zum Spielen kommt oder wohin der Ausflug am Wochenende geht. Mit zunehmendem Alter möchte Ihr Kind daran teilhaben und seine Vorlieben vorbringen. Versuchen Sie es mit Familienkonferenzen: eine leicht formelle Versammlung der gesamten Familie, bei der große und kleine Probleme diskutiert, die Meinung jedes Einzelnen berücksichtigt und Entscheidungen gemeinsam getroffen werden.

✱ Familienkonferenzen sollten regelmäßig stattfinden und zur Gewohnheit werden. Einmal im Monat eine halbe bis zu einer Stunde sind ausreichend oder auch öfter, wenn es viel zu besprechen gibt.

✱ Legen Sie eine Uhrzeit fest und einen Ort, vielleicht den Esstisch, an dem Sie alle zusammensitzen können. Schalten Sie Störquellen wie Fernseher und Computer aus, damit sich alle konzentrieren können. Es kann verlockend sein, Ihr Treffen während einer Mahlzeit abzuhalten, doch es ist nicht ratsam, zu essen und sich gleichzeitig auf ernste Themen zu konzentrieren.

schließlich, ob Sie unbedingt »gewinnen« müssen. Gefallen Sie sich in dieser Rolle oder möchten Sie nicht doch lieber der Schlichter sein?

F Wie kann man unsere Familienkonferenz gut strukturieren?

Erstellen Sie eine Liste, nachdem Sie jedes Familienmitglied nach einem Thema gefragt haben. Achten Sie auf Ausgeglichenheit, d.h. neben positiven Themen sollten auch ein oder zwei negative dabei sein. Eine typische Liste wäre z.B.: Wie oft sind Auswärtsübernachtungen erlaubt? Sollen wir am Wochenende kegeln gehen oder ins Kino? Sollte man für mehr Privatsphäre das Bad und die Schlafzimmer abschließen dürfen? Keiner reinigt das Katzenklo – wessen Aufgabe ist das?

Besprechen Sie ein Thema nach dem anderen und fragen Sie jedes Familienmitglied nach seiner Meinung. Hören Sie genau hin: Versuchen Sie Einigkeit oder einen Kompromiss zu erzielen. Wenn z.B. drei von vier Personen kegeln gehen wollen, haben Sie eine Mehrheit und werden wahrscheinlich kegeln gehen. Beim Thema Privatsphäre gibt es unterschiedliche Ansichten und den Sicherheitsaspekt zu beachten, deshalb könnte ein Kompromiss lauten: Schlüssel im Bad und »Vor dem Eintreten anklopfen«-Schilder an den anderen Türen.

Manchmal treffen Sie die endgültige Entscheidung. Sie haben die Verantwortung dafür, dass Entscheidungen vernünftig und durchführbar sind, deshalb informieren Sie Ihr Kind bei manchen Themen darüber, dass Sie die entscheidende Stimme haben. Vielleicht plädiert es für drei exotische Urlaube pro Jahr, während Sie wissen, dass das Haushaltsbudget nur einen zulässt. Nennen Sie die Preisspanne und die Wahlmöglichkeit zwischen zwei kurzen oder einem langen Urlaub und beginnen Sie die Diskussion.

Beenden Sie das Treffen mit etwas Positivem. Jeder kann einen Witz erzählen oder das Beste, das ihm in der letzten Woche passiert ist. So beenden Sie die Treffen in fröhlicher Stimmung.

Mithilfe fordern
Aufgaben und Motivation

F Mein Sohn behauptet, dass jeder in der Schule mehr Freiheiten habe als er. Unterscheide ich mich wirklich so sehr von anderen Eltern?

Ihr Kind verwendet ein übliches und einflussreiches Verhandlungsinstrument: den Vergleich mit anderen Eltern und Kindern. So bringt es Sie dazu, den Freiraum, den Sie ihm einräumen zu überdenken und zu prüfen. Treffen Sie Ihre Entscheidungen jedoch nicht nur aufgrund seiner Aussage. Überprüfen Sie in Gesprächen mit anderen Eltern und anhand von Informationen aus Büchern, was für seine Alterklasse akzeptabel ist, und überdenken Sie die von Ihnen angewendeten Werte und Normen. Mit diesen Informationen entscheiden Sie dann, ob Sie die Grenzen lockern sollten oder daran festhalten können. Bedenken Sie jedoch immer, dass Sie in diesem Alter seine Unabhängigkeit fördern, weshalb Freiräume regelmäßig überprüft und angepasst werden müssen, um ihm mehr und mehr Entscheidungsfreiheit zu geben.

Weniger direktiv, mehr reflektiv

Ihr Erziehungsstil passt sich der wachsenden Unabhängigkeit Ihres Kindes an. Sie werden ihm seltener sagen, was zu tun ist und öfter nur noch Rat und Unterstützung anbieten. Ihr Kind lernt vor allem durch eigene Erfahrung, selten durch Ihre. Es kann hart sein, dabeizustehen und nicht einzugreifen, doch es gibt Zeiten, in denen Ihr Kind gefahrlos seine eigenen Fehler machen kann. Endet das Ganze mit Tränen, seien Sie tröstend zur Stelle and halten Sie sich mit Kommentaren wie »Ich habe es dir doch gesagt« zurück.

F Mein Partner sagt, ich sei zu hart zu den Kindern. Ich finde, er ist zu weich. Wer hat recht?

Unterschiedliche Erziehungsansätze können für Sie beide frustrierend sein und dazu führen, dass Ihr Kind Sie gegeneinander ausspielt. Den einen richtigen Erziehungsstil gibt es nicht. Fragen Sie sich, was Ihr Kind von Ihnen lernt. Stellt es fest, manipulieren zu müssen, um zu bekommen, was es will, oder dass sich Erwachsene gegenseitig missachten und widersprechen dürfen? Das Gelernte wendet Ihr Kind in seinen eigenen Beziehungen außerhalb seines Zuhauses an. Überlegen Sie, was Sie ihm beibringen wollen – vielleicht, dass Erwachsene ihre Entscheidungen gegenseitig respektieren und es durch Verhandlungen eher ein Mitspracherecht erhält als durch das Umgehen von Regeln. Mit Lockerung der Kontrolle und Einbeziehung Ihres Kindes in Entscheidungen merkt es, dass seine Meinung geschätzt wird. Weiß Ihr Partner nicht, wann er nachgeben oder hart bleiben soll, helfen Sie ihm, indem Sie sich austauschen. Wenn Sie ein Vorbild in Bezug auf gegenseitigen Respekt und Kompromissbereitschaft sind, werden Ihre Kinder in Ihre Fußstapfen treten.

F Das Zimmer meines Kindes sieht verheerend aus. Was kann ich tun?

Das Kinderzimmer der Ort im Haus, an dem Ihr Kind seine Persönlichkeit ausdrücken und Privatsphäre genießen kann – und manchmal in einem riesigen Chaos lebt. Bevor Sie etwas unternehmen, fragen Sie sich, ob das Ihr Problem ist. Falls nicht, schließen Sie die Tür und akzeptieren Sie, dass Ihr Kind so leben will. Wenn Sie der Meinung sind, dass Sie Sauberkeits- oder Gesundheitsrisiken, wie verdorbenes Essen im Zimmer, abwenden müssen, dann machen Sie sich gemeinsam mit Ihrem Kind gründlich über

Verhandeln mit Ihrem Kind
Debatten erfolgreich führen

Ihr Kind möchte zunehmend seine Bedürfnisse und Ansichten äußern und sich gelegentlich behaupten. Je besser es kommunizieren und verhandeln kann, desto effektiver ist der Übergang zur Unabhängigkeit.

✱ Erfolgreich verhandeln: Definieren Sie klar den Diskussionspunkt, z. B. geht es um die Schlafenszeit. Fragen Sie Ihr Kind, wie viel später es ins Bett gehen möchte und an welchen Wochentagen.
✱ Gründe für die Diskussion: Ermuntern Sie Ihr Kind, Gründe vorzubringen, z. B. hatte es Geburtstag und möchte die Zeit angepasst haben oder es will eine späte TV-Show sehen oder es hat Freunde, die länger aufbleiben dürfen.
✱ Pro und Kontra: Versuchen Sie so viele positive und negative Folgen des Vorschlags aufzuzählen wie möglich – ernsthafte ebenso wie alberne. Ein Nachteil wäre, dass Ihr Kind übermüdet ist, wieder einschläft und das Frühstück verpasst oder andere durch Lärm am Schlafen hindert. Zu den Vorteilen gehört, dass es mit Freunden in der Schule über die Sendung reden kann, mehr Exklusivzeit mit Ihnen verbringt, weil Geschwister bereits im Bett sind oder sich erwachsener fühlt.
✱ Überdenken: Betrachten Sie jede Option sorgfältig, versuchen Sie den Standpunkt Ihres Kindes zu verstehen und Ihren verständlich zu machen. Einige Optionen können eventuell schnell gestrichen werden. Ist die TV-Show nicht für sein Alter geeignet, bedarf es darüber keiner Diskussion. Haben Sie eine endgültige Liste der Gründe dafür und dagegen erstellt, wägen Sie zusammen ab. Einige Gründe, z. B. die Exklusivzeit mit Ihnen, sind stärker als andere, z. B. mehr Freizeit.
✱ Einen Kompromiss schließen: Vereinbaren Sie klar, was erlaubt ist und was nicht. Sie können z. B. vereinbaren, dass Ihr Kind am Freitag und Samstag eine Stunde länger aufbleibt, jedoch dann ohne Murren ins Bett geht.
✱ Überprüfung: Setzen Sie eine Probezeit von zwei oder drei Wochen an, um zu sehen, ob die Entscheidung richtig war. Verfolgen Sie weiterhin die Vor- und Nachteile. Am Ende der Probezeit entscheiden Sie, ob die Vereinbarung aufrechterhalten, geändert oder verworfen wird.
✱ Keine Verhandlung: Die Sicherheit, Gesundheit und bestimmte Werte betreffende Themen möchten Sie nicht diskutieren. Wenn Ihr Kind z. B. Alkohol probieren, bis spätnachts ausgehen und gewalttätige Videospiele spielen möchte, die nicht für seine Altersklasse freigegeben sind, hören Sie zu, legen jedoch klar dar, warum das nicht akzeptabel ist.

NICHT MÜDE Wenn Sie mit Ihrem Kind diskutieren, z. B. über die Schlafenszeit, lernt es verhandeln und wird unabhängiger.

Hausarbeiten: Vorteile für alle

Von Hausarbeiten profitiert jeder in der Familie. Sie sollten nicht mit den täglichen Aufgaben Ihres Kindes verwechselt werden, selbst seine Cornflakes zu holen oder die Schultasche packen. Hausarbeiten und tägliche Aufgaben sind wichtig für die Entwicklung Ihres Kindes. Für sich selbst zu sorgen und Arbeiten zu übernehmen sind Teil der Lebenskompetenzen, die es als Erwachsener braucht.

Was erwarten Sie? Ihr Kind hat reichliche Ansprüche an seine Zeit. Zu Hause braucht es Zeit, die Hausaufgaben zu erledigen, mit Freunden zu spielen und zu entspannen, ebenso wie im Haushalt zu helfen.

Es gibt keine feste Anzahl von Hausarbeiten, die Kinder in einem bestimmten Alter übernehmen sollten, doch überhäufen Sie es nicht. Prüfen Sie, was es abhängig von Schule, Sport und anderen Verpflichtungen übernehmen kann. Fangen Sie klein an – vielleicht mit zehn Minuten pro Tag. Das ist effektiver, als es unter einem Berg von Aufgaben zu begraben, die Sie dann reduzieren müssen. Prüfen Sie, ob Ihr Kind für die anliegenden Aufgaben bereit ist. Während es einfache Dinge, wie sein Zimmer aufräumen oder schmutzige Kleidung in den Wäschekorb legen, allein erledigen kann, braucht es bei komplexeren Aufgaben Hilfe. Stärken Sie seine Kompetenz und sein Selbstvertrauen, indem Sie ihm zeigen, wie Haushaltsgeräte funktionieren, z. B. der Staubsauger oder die Mikrowelle. Ideal ist es, die Hausarbeiten zusammen zu erledigen, bis Ihr Kind den Bogen heraushat.

das Zimmer her. Wichtig ist, dass Ihr Kind seine Privatsphäre nicht verletzt sieht. Vereinbaren Sie Regeln, z. B. dass der Fußboden jeden Abend frei von Spielzeug sein muss oder schmutzige Wäsche täglich in den Wäschekorb gehört. Beachten und loben Sie jede Aufräumhandlung und gehen Sie wie immer mit gutem Beispiel voran.

Ich erinnere meine Tochter ständig an ihre Aufgaben, doch sie macht nichts. Was kann ich tun?

Sie und Ihre Tochter befinden sich in einem Kreislauf aus endlosen Bitten und Verweigerungen. Es geht dabei nicht mehr um die Hausarbeit, sondern um einen Machtkampf. Während Ihr ständiges Erinnern von Ihrer Tochter als mangelndes Vertrauen empfunden wird, frustrieren Sie die fehlenden Anstrengungen. Durchbrechen Sie diesen Teufelskreis ohne zu nörgeln: Es hilft sowieso nichts. Finden Sie heraus, was Ihre Tochter an der Erledigung der Aufgabe hindert und wie sie an Ihrer Stelle handeln würde. Kinder können überraschend einsichtig sein, wenn es um ihre Motivation geht. Vielleicht liegt es an versteckten Gründen, z. B. dass sie während ihrer Lieblingssendung den Tisch abräumen soll oder den Geruch des Katzenfutters hasst. Suchen Sie zusammen nach Lösungen. Ändern Sie eventuell den Zeitplan oder füttern Sie die Tiere zusammen, wobei Sie den Teil übernehmen, den Ihre Tochter nicht mag. Befreien Sie sich von der Last, sie zu erinnern, indem ein Küchenwecker oder ein Poster ihrem Gedächtnis auf die Sprünge hilft. Steigern Sie ihre Motivation, indem Sie die Belohnung für die Hausarbeiten ändern, vielleicht ist die bisherige kein Anreiz mehr. Ein anderes Privileg, wie die Auswahl der Freitagabendpizza oder einer DVD oder ein kleiner Geldbetrag könnten ihr auf die Sprünge helfen. Sind auch diese Bemühungen erfolglos, müssen Konsequenzen folgen wie z.B. das Streichen von Belohnungen und Privilegien.

F Kann ich bei späterem Fehlverhalten Geld für Arbeiten zurückverlangen?

Geld als Belohnung für erledigte Arbeiten anzubieten, ist ein guter Anreiz und ermöglicht Ihnen, Teile davon einzubehalten, wenn Aufgaben nicht vollends beendet wurden. Es ist jedoch unklug, Geld wegen Fehlverhaltens zurückzuverlangen, das Ihr Kind für Hausarbeiten erhalten hat. Es bekommt ansonsten den Eindruck, dass es noch so hart arbeiten kann und trotzdem nicht belohnt wird. Das empfindet es als unfair und stellt die Hilfe vielleicht ein.

Trennen Sie Geld für Hausarbeiten von Taschengeld. So können Sie Taschengeld als Belohnung für gutes Benehmen verwenden und es bei Fehlverhalten einbehalten, ohne dass der Anreiz für Hausarbeiten verloren geht.

F Mein Kind hilft fast gar nicht im Haushalt. Wie kann ich es dazu bringen?

Nennen Sie einen triftigen Grund, weshalb Hausarbeiten aufgeteilt werden müssen. Erklären Sie, dass bei der Mithilfe aller mehr Zeit für gemeinsame Aktivitäten bleibt. Geben Sie ein konkretes Beispiel, was Sie als Familie unternehmen werden, wenn die Hausarbeiten aufgeteilt sind, sonst überzeugen Sie Ihr Kind nicht.

Schreiben Sie zusammen mit Ihrem Kind eine Liste der Arbeiten, die jeden Tag erledigt werden müssen, und lassen Sie Ihr Kind eine bevorzugte aussuchen. Dadurch wird es motiviert, seine Aufgaben zu erledigen. Sind die Hausarbeiten mit persönlichen Interessen verbunden, ist die Mitarbeit noch besser. Hat sich Ihr Kind z.B. ein Haustier gewünscht, betrauen Sie es mit der Pflege. Ist es auf sein eigenes Zimmer stolz, lassen Sie es staubsaugen. Ihr sportbegeistertes Kind ist eher bereit, die schmutzige Wäsche zu sortieren, wenn dadurch seine Sportsachen schneller gewaschen werden.

Für Sie selbst besteht der Anreiz, eine Aufgabe zu beenden, in der Befriedigung, dass die Arbeit gut gemacht oder nach dem Chaos alles aufgeräumt ist. Ihr Kind kennt jedoch diese persönliche Erfüllung noch nicht und braucht externe Belohnungen.

Erstellen Sie mit ihm eine Belohnungsliste zum Auswählen. Begrenzen Sie Kosten und Zeitaufwand, dann müssen Sie nicht zu vielen fantasiereichen oder teuren Vorschlägen »Nein« sagen. Aktivitäten und Privilegien erfüllen den Zweck gut, so z.B. eine spätere Schlafenszeit am Wochenende, ein zusätzlicher Familienausflug ins Schwimmbad oder bestimmen zu dürfen, was am Sonntag gegessen wird. Eine Tafel mit Aufklebern, die zeigt, dass es seine Aufgaben erledigt hat, kann motivierend sein, ebenso wie kleine Geldbeträge, die Ihrem Kind den Umgang damit lehren. Doch auch die am meisten geschätzte Belohnung verliert nach einer Weile ihren Reiz. Ändern Sie sie regelmäßig, damit Ihr Kind motiviert bleibt.

Fertigen Sie einen Dienstplan für alle an, damit jeder weiß, wer wann was zu tun hat. So sieht Ihr Kind, dass die Aufgaben gerecht verteilt sind und jeder seinen Beitrag leistet. Dienstpläne dienen als Erinnerung und erledigte Arbeiten können abgehakt werden. Anhand dieser Liste können auch die Belohnungen zugeteilt werden. Ihr Ziel ist, Ihr Kind etwas an den Haushaltspflichten zu beteiligen, deshalb sind ein bis zwei kleinere Aufgaben pro Tag ausreichend. Wählen Sie die Aufgaben sorgfältig aus, da Konzentration und die Fähigkeit, Risiken zu erkennen und damit umzugehen, bei Ihrem Kind noch nicht voll entwickelt sind.

Kinder, die im Haushalt regelmäßig helfen, sind für das Erwachsenenleben besser gerüstet.

Besorgniserregende Zeiten
Tod und Depression

F Wie erkenne ich, ob mein Kind depressiv ist und was kann ich tun?

Die Stimmungen von Kindern sind manchmal schwer einzuschätzen. Greifen Sie zu sehr unterstützend ein, obwohl es nicht nötig ist, lernt Ihr Kind nicht, mit schwierigen Gefühlen umzugehen; halten Sie sich fern, wenn es ernst ist, fühlt es sich im Stich gelassen. Depression zeigt sich an verschiedenen Verhaltensweisen und Emotionen wie zunehmender Traurigkeit, Reizbarkeit, Interessenverlust an Freundschaften, Hobbys, Sport oder Schule oder körperlichen Beschwerden wie Bauchschmerzen, Müdigkeit oder Kopfschmerzen. Bemerken Sie einige oder sämtliche dieser Anzeichen über einen Zeitraum von mindestens zwei Wochen, dann wenden Sie sich an Ihren Arzt, der Ihr Kind eventuell an einen Spezialisten überweisen wird. Ihre Unterstützung zu Hause ist bei der Genesung Ihres Kindes wichtig. Reden Sie miteinander und nehmen Sie Ihr Kind ernst, wenn es seine Sorgen mitteilt, auch wenn sie unverhältnismäßig klingen. Ermuntern Sie Ihr Kind zu Dingen, die es früher gern getan hat, z. B. aneinandergekuschelt eine lustige Sendung sehen oder einen Freund kurz vorbeikommen lassen, um in Kontakt zu bleiben. Diese kleinen Freuden können allmählich seine Stimmung heben.

Lenken Sie die Aufmerksamkeit Ihres Kindes auf seine Erfolge. Kommentare wie »Hast du bemerkt, wie schnell du heute mit dem Puzzle fertig warst?« helfen ihm, positiv zu denken. Unterstützen Sie Ihr Kind dabei, an seinem täglichen Ablauf festzuhalten: Regelmäßige tägliche Aufgaben unterteilen den Tag in kleine überschaubare Schritte, während unstrukturierte Zeit schwer durchzustehen ist. Der Schulbesuch, obwohl schwierig, lässt Ihr Kind weiterhin lernen und Freundschaften aufrechterhalten.

Beobachten Sie Ihr Kind und gehen Sie zum Arzt, wenn sich keine Besserung einstellt.

ELTERN BERICHTEN

Tod eines Haustiers
Große Themen

Als ihre geliebte Katze starb, war meine Tochter tief getroffen und verzweifelt. Die einzige Möglichkeit, ihren Schmerz zu lindern, war ein richtiges Begräbnis für das Tier. Wir wickelten es vorsichtig in ein Handtuch, legten es in einen Schuhkarton und beerdigten es im Garten. Ich half meiner Tochter, an der Stelle einen kleinen Busch zu pflanzen. Wir sprachen darüber, wohin die Seele des Tieres nun wandern würde und wie viel Freude sie in unser Leben gebracht hatte. Obwohl es traurig war, brachte uns das dazu, über einige große Themen wie Lebenszyklus und Tod zu sprechen, die ich ansonsten nicht angesprochen hätte.

F Wie wähle ich den richtigen Therapeuten?

Wählen Sie Therapie und Therapeuten sorgfältig aus. Empfehlungen erhalten Sie von Ihrem Kinderarzt oder auch von Freunden, die die Dienste eines solchen bereits in Anspruch genommen haben. Überprüfen Sie seine Referenzen und auf welchen Gebieten er eine besondere Ausbildung hat. Da er mit Ihrem Kind arbeiten wird, sollte er entsprechend geschult sein. Fragen Sie nach Einzelheiten der Therapie. Sprechen Sie auch über die Grenzen der Schweigepflicht. Sie werden von ihm keine Einzelheiten über die Therapiesitzungen mit Ihrem Kind erfahren, doch sollte er Sie informieren, wenn Ihr Kind Gefahr läuft, sich oder andere zu verletzen. Wichtig ist auch, dass Thera-

Mit dem Tod umgehen

Kommt es in Ihrer Familie oder in Ihrem näheren Umfeld zu einem Todesfall, müssen Sie mit Ihrer eigenen Trauer umgehen und Ihrem Kind bei der Bewältigung seiner Trauer helfen. Selbst Trost finden und sich um Ihr Kind kümmern, steht dabei an erster Stelle. Ihr Kind braucht jetzt Erklärungen. Es versteht, dass der Tod etwas Endgültiges ist und der Verstorbene nicht zurückkehrt. Aufgrund der konkreten Denkweise in diesem Alter möchte es vielleicht den Sarg oder die Urne sehen und den Friedhof. Ehrliche und aufrichtige Kommunikation ist begrüßenswert. Sagen Sie z. B.: »Opa ist tot« und nicht »Wir haben Opa verloren« oder »Opa ist zur Ruhe gegangen«. Wenn Sie Umschreibungen für den Tod gebrauchen, wie »Er ist eingeschlafen«, wird Ihr Kind sich vielleicht sträuben, selbst zu schlafen, weil es Angst hat, dann auch zu sterben. Trauern Sie mit Ihrem Kind um den Verlust. Es schützen zu wollen, indem der Tod verschwiegen oder es von der Beerdigung ferngehalten wird, kann Sterben rätselhaft und beängstigend machen.

Ihr Kind kann immer wieder nach dem Tod und dem Sterben fragen, denn es versucht, seine Gefühle und Ängste zu verstehen. Das kann für Sie in ihrem eigenen Schmerz quälend sein. Teilen Sie die Last mit Ihrem Partner oder Verwandten, die mit Ihrem Kind sprechen können. Besprechen Sie in dieser Zeit eventuell Ihren Glauben. Es kann beruhigend für Ihr Kind sein, dass die Seele eines Menschen nach dem Tod in den Himmel aufsteigt. Seine Gefühle kann es in Bildern mit dem Verstorbenen oder Zeichnungen vom Himmel ausleben.

peut und Patient sich gut verstehen. Der Therapeut muss Ihrem Kind sympathisch sein, schließlich soll es Vertrauen zu ihm fassen. Welche Art von Therapie Ihr Kind auch bekommt, Ihre Unterstützung zu Hause wird für seinen Erfolg wichtig sein.

Informieren Sie sich in Ratgebern über die Schwierigkeiten, die Ihr Kind gerade durchmacht und suchen Sie nach Ratschlägen für seine Genesung. Fragen Sie den Therapeut im Elterngespräch, wie Sie Ihr Kind zu Hause unterstützen können. Dazu können Änderungen in der Beziehung zueinander gehören oder Hausaufgaben und Aktivitäten, die Sie mit Ihrem Kind durchführen sollen, um die Therapie zu begleiten. Fragen Sie Ihr Kind, inwieweit Geschwister oder Verwandte über das Problem informiert werden sollen und respektieren Sie seinen Wunsch, die Sache vertraulich zu behandeln. Vermeiden Sie, Ihr Kind nach den Therapiesitzungen auszufragen. Druck, darüber etwas erzählen zu müssen, könnte es vermuten lassen, dass die Sitzungen nicht vertraulich sind und dazu führen, dass es sich vor dem Therapeuten verschließt.

F Mein Kind fragt ständig, ob ich sterben werde. Hat das mit dem Tod seiner Tante zu tun?

Der Verlust einer geliebten Person kann bei Ihrem Kind Besorgnis über Ihre Sterblichkeit auslösen. Bringen Sie das Thema zur Sprache, denn Ihr Kind ist vielleicht zu ängstlich. Leugnen Sie nichts: Ihr Kind lässt sich nicht mit einem fröhlichen »Ach, wir werden immer da sein« abspeisen. Mindern Sie seine Angst mit einer Antwort wie »Wir werden irgendwann sterben, aber das dauert noch ganz, ganz lange«. Wenn der Tod ein offenes Thema ist und Ihr Kind bei Beerdigungen und

Therapien für Kinder
Verschiedene Alternativen

Es gibt eine Vielzahl von Therapien und es kann schwierig sein, zu beurteilen, welche die beste für Ihr Kind und sein Problem ist. Wenn Sie sich nach einer Therapie umsehen, prüfen Sie, ob eindeutig bewiesen ist, vorzugsweise durch wissenschaftliche Forschungen und Fallstudien, dass sie wirksam ist. Beachten Sie, ob der spezielle Therapieansatz für das Problem Ihres Kindes empfohlen wird. Familientherapie wird beispielsweise bei Essstörungen angeraten, während eine kognitive Verhaltenstherapie bei Depressionen angewendet wird. Fragen Sie auch Ihren Kinderarzt und nicht zuletzt Ihre Krankenkasse, die Ihnen auch sagt, welche Therapie sie zahlt. Welche Therapie Sie auch wählen: ein Vertrauensverhältnis zwischen Ihrem Kind und seinem Therapeuten wird eine zentrale Rolle spielen.

Erziehungsseminare: Diese auch als Elternkurse bekannten Seminare werden von Eltern und Bezugspersonen besucht, wenn das Kind Probleme mit Verhalten und Hyperaktivität hat. Der Grundgedanke, dass Sie Ihrem Kind am besten helfen können, wenn Sie positives Verhalten lenken und fördern. Erziehungsseminare werden oft in Gruppen abgehalten, normalerweise über 8–12 Wochen, in denen Sie lernen, die Beziehung zu Ihrem Kind aufzubauen und mit Fehlverhalten umzugehen. Erziehungsseminare basieren auf der sozialen Lerntheorie und sind am wirksamsten, wenn sämtliche Sitzungen besucht und Hausaufgaben erledigt werden. Hat Ihr Kind ernsthafte Probleme mit der Aufmerksamkeit, kann eine Medikamentengabe nötig sein.

Kognitive Verhaltenstherapie (KVT): Diese weitverbreitete Methode wird bei Zwängen, Depressionen und Ängsten angewendet. KVT hilft Ihrem Kind zu verstehen, wie seine Gedanken seine Gefühle und sein Verhalten beeinflussen. Es wird angeleitet, negative Denkmuster zu hinterfragen und zu ersetzen. KVT ist kurz und umfasst gewöhnlich sechs einstündige Einzel- oder Gruppensitzungen. Übliche Themen sind Wutbewältigung und Verbesserung der sozialen Kompetenz. KVT ist gut erforscht und wird oft als Erstbehandlung angeboten.

Nicht-direktive Unterstützungstherapie: Auch bekannt als klientenzentrierte Therapie oder Beratung für Kinder mit leichten Problemen. Der Therapeut bietet Ihrem Kind die Möglichkeit, seine Gedanken und Gefühle gegenüber einem warmherzigen, einfühlsamen und unvoreingenommenen Zuhörer auszudrücken und zu erforschen. Ziel ist die Befähigung des Kindes, selbstbewusst zu werden. Die Anzahl der Sitzungen variiert beträchtlich und wird zwischen Therapeut, Kind und Eltern abgesprochen.

Interpersonelle Psychotherapie (IPT): Diese Methode konzentriert sich auf die Beziehungen Ihres Kindes und strebt die Verbesserung seiner Fähigkeit, Unstimmigkeiten, Verlust und Veränderung zu bewältigen, an. Ihr Kind trifft sich allein mit dem Therapeuten zu gewöhnlich einstündigen Sitzungen. IPT ist zeitlich begrenzt auf 16–20 Sitzungen und u. a. hilfreich bei Essstörungen und Depressionen.

Psychodynamische Therapien: Diese Form der Psychotherapie schließt eine Vielzahl von Verfahrensweisen ein, die auf der Prämisse basieren, dass Ihr Kind vom Verstehen sowohl der bewussten wie unbewussten Erfahrungen profitiert. Der Therapeut hört sich die Überlegungen Ihres Kindes an und kommentiert oder interpretiert ihre Bedeutung. Der Beweis für die Wirksamkeit der psychodynamischen Methode bei Kindern ist beschränkt, obwohl einige Studien ihren Nutzen bestärkt haben. Eine psychodynamische Therapie ist langwierig und umfasst, abhängig vom Fortschritt und der Therapieart, 30 und mehr Sitzungen.

Häufige psychodynamische Therapien bei Kindern

* **Spieltherapie:** Probleme und Emotionen werden durch Spielen ausgelebt und gelöst. Sie wird meistens Kindern zwischen drei und elf Jahren angeboten und beinhaltet Sitzungen, die einmal die Woche mit einem Spieltherapeuten in einem Spielzimmer stattfinden. Ihr Kind wird aufgefordert, mit allem zu spielen, was sich im Zimmer befindet. Der Therapeut beschränkt sich auf die Kommentierung des Spiels. Die Spieltherapie kann zwölf Wochen oder über ein Jahr dauern.
* **Psychodrama und Dramatherapie:** Mit Rollenspiel, Geschichtenerzählen und Spiel lernt Ihr Kind, seine Gefühle auszudrücken und zu verstehen. Meistens finden Gruppensitzungen von mindestens einer Stunde statt. Im Psychodrama wird Ihr Kind oft seinen eigenen Part übernehmen, wohingegen es in der Dramatherapie eine Rolle spielt, vielleicht von jemandem mit ähnlichen Problemen.
* **Kunsttherapie:** Gedanken, Gefühle und Ereignisse werden durch visuelle Kunst wie Malen, Zeichnen und Bildhauerei ausgedrückt. Sie wird bei Kindern, die nicht in der Lage sind, Ihre Erfahrung in Worte zu fassen oder nicht über die Entwicklungsfähigkeit verfügen, dies klar zu tun, als Alternative zu verbaler Kommunikation gesehen. Ein Ziel dieser Therapie ist, die unterdrückten Emotionen Ihres Kindes hervorzubringen.
* **Familientherapie:** Die Schwierigkeiten Ihres Kindes werden im Zusammenhang mit Familienangelegenheiten gesehen. Meist treffen sich die Familienmitglieder mit dem Therapeuten als Gruppe, doch es können auch Einzelsitzungen stattfinden. Sie werden angeleitet, Spannungen und Konflikte zu erforschen sowie Ihre Rolle und die Ihres Kindes in der Familie. Alternative Wege der Beziehung und Unterstützung untereinander werden betrachtet. Familientherapie kann schon in 14–15 Sitzungen erfolgreich sein, doch kann auch abhängig vom Fortschritt länger dauern.

PSYCHODYNAMIK Spiel- und Dramatherapie sind häufige Methoden für Kinder in der Therapie. Sie erlauben Ihrem Kind, seine Emotionen auszuleben, da es Probleme haben kann, seine Gefühle in Worte zu fassen.

KÄMPFEN Sehr grobes und durchweg aggressives Verhalten muss behoben werden. Eine Therapie ist die ideale Methode Ihrem Kind zu helfen, sich ruhig auszudrücken.

ANZEICHEN Ist Ihr Kind ständig extrem traurig und verschlossen, sollten Sie eine Therapie in Betracht ziehen.

Bei Stimmungsschwankungen eine Therapie?

Weniger als eines von zehn Kindern hat in jungen Jahren psychische Probleme. Am häufigsten sind Verhaltensprobleme, Angstzustände und Zwänge. Auslöser psychischer Probleme ist oft eine Kombination aus Verletzlichkeit des Kindes und einem belastenden Ereignis in seinem Leben. Vielleicht gibt es auch familiäre Belastungen, die sein Risiko erhöhen, psychische Probleme zu entwickeln. Mobbing oder der Verlust einer geliebten Person beispielsweise bedeuten zwar nicht automatisch, dass es psychische Probleme haben wird, doch bei manchen Kindern können sie der Auslöser sein.

Starke Emotionen: Ihr Kind erlebt viele Stimmungen, die völlig normale Reaktionen auf den Alltag sind. Streit mit Freunden, das Erreichen persönlicher Ziele oder ein Umzug lösen starke Emotionen wie Traurigkeit, Euphorie oder Frustration aus. Beobachten Sie Ihr Kind genau, wenn Sie bemerken, dass es traurig ist, besorgt erscheint, Schlafprobleme hat oder Verhaltensweisen zeigt, die Beziehungen und dem Alltag im Wege stehen. Bleiben diese mehrere Wochen bestehen, sprechen Sie mit Ihrem Kind, um es wissen zu lassen, dass Sie besorgt sind, fragen Sie nach seiner Sichtweise und bitten Sie Ihren Kinderarzt um Rat.

Wo Sie Hilfe bekommen: Suchen Sie Ihren Kinderarzt auf, wenn möglich, zusammen mit Ihrem Kind. Geben Sie Auskunft darüber, wie lange das Problem besteht, wie es das Familienleben beeinflusst und was mögliche Auslöser sein könnten. Meint Ihr Arzt, dass es sich um leichte Probleme handelt, wird er Ihnen raten, zwei bis vier Wochen aufmerksam abzuwarten. Meistens vergeht der Kummer ohne Therapie, kann aber wieder auftreten, deshalb erlaubt Ihnen dieser Zeitraum, Ihr Kind zu beobachten. Bleibt das Problem bestehen, wird Sie Ihr Kinderarzt zur Gesprächstherapie an einen Spezialisten überweisen. Die Gabe von Medikamenten ist nur in wenigen Fällen hilfreich.

Gedenkgottesdiensten einbezogen wird, nimmt es am Trauerprozess teil und kann seine Gefühle zeigen. Wenige Kinder können Ihre Trauer nicht ohne Hilfe überwinden. Bleibt der anfängliche Schmerz bestehen oder hat ein Kind emotionale Probleme, die sein Leben störend beeinflussen, wird gewöhnlich eine Therapie, mit Familie, empfohlen.

F Welche Anzeichen gibt es bei Pavor Nocturnus?

Während eines Nachtschrecks (auch Nachtangst) wirft sich Ihr Kind hin und her und schreit oder ruft im Schlaf um Hilfe. Es ereignet sich meistens jede Nacht um dieselbe Zeit, oft vor Mitternacht, wenn Ihr Kind gegen 19 Uhr ins Bett geht und ist für Sie beängstigender als für Ihr Kind, das sich später oft nicht daran erinnern kann. Egal wie erschreckend die Reaktion Ihres Kindes ist, wecken Sie es nicht auf, denn nach ungefähr zehn Minuten wird es sich beruhigt haben, als wäre nichts geschehen. Nachtschrecken sind kein Anzeichen einer psychischen Notlage oder aufregender Lebensereignisse. Sie sind eine schnelle körperliche Angstreaktion, die durch Erregung des zentralen Nervensystems verursacht wird und keine Reaktion auf einen Albtraum. Bei den meisten Kindern verschwindet der Nachtschreck mit Beginn der Pubertät, doch Sie können einschreiten, wenn er häufig und störend auftritt.

Finden Sie heraus, wann das Problem nachts genau auftritt. Dazu müssen Sie selbst wach oder in Alarmbereitschaft bleiben, damit Sie Ihr Kind hören. Schreiben Sie die genaue Uhrzeit jede Nacht ungefähr eine Woche lang auf, dann können Sie ein klares Muster erkennen. Als nächsten Schritt wecken Sie Ihr Kind 15 Minuten bevor der Nachtschreck gewöhnlich auftritt und halten es 15 Minuten wach. Das ist nicht einfach, wenn Ihr Kind tief schläft, doch erforderlich, um das Muster zu durchbrechen. Ändert sich trotzdem nach einer Woche nichts, konsultieren Sie Ihren Kinderarzt.

Medienkonsum
Wie viel ist zu viel?

F Wie finde ich eine sichere Regelung in Bezug auf die Videospiele meiner Söhne?

Helfen Sie Ihren Söhnen bei der Auswahl altersgerechter Spiele und Websites, indem Sie Temperament und Entwicklungsstufe jedes einzelnen Kindes bei Ihrer Entscheidung berücksichtigen. Ein lebhaftes, hitziges Kind wird durch Kriegsspiele noch aufgeregter und aggressiv, deshalb seien Sie vorsichtig, was Sie erlauben und wie lange.

Stellen Sie klar, dass beide Jungen Ihre Erlaubnis brauchen, wenn Sie spielen, online gehen oder Material downloaden wollen. Setzen Sie strikt einzuhaltende zeitliche Grenzen. Spielen und lernen Sie zusammen und haben Sie ein Auge auf Videogames, die allein gespielt werden. Das ist nicht zwangsläufig schlecht: Sie würden Ihr Kind auch nicht davon abhalten, stundenlang allein zu lesen, wenn es ein gutes Buch wäre und seine soziale Entwicklung keinen Anlass zur Sorge gäbe. Die Spielkonsole sollte in einem Gemeinschaftsraum stehen, damit Sie überschauen können, was Ihre Jungen spielen und wie es auf sie wirkt.
Bei fast allen Spielen steht die Altersangabe auf der Packung und sollte vor dem Kauf überprüft werden. Hilfreiche Informationen über sicheres Spielen gibt es online für Eltern und es werden Sicherheitsmaßnahmen wie Elternkontrollen auf Spieleplattformen installiert. Um diese effektiv nutzen zu können, benötigen Sie dennoch gewisse Kenntnisse; Sie können sich nicht darauf verlassen, dass die Branche Ihre Kinder schützt.

F Wie werden Kinder durch das Fernsehen beeinflusst?

Einige Menschen befürchten, dass durch das Fernsehen gewisse Klischees und Vorurteile in der Gesellschaft verstärkt werden. Das Argument, dass Kinder eher Geschlechterstereotypen entsprechen, wenn sie viel fernsehen, ist nicht bewiesen. Die positive Darstellung von gewissen Gruppen wie Behinderten und ethnischen Minderheiten im Fernsehen hat sogar einen positiven Effekt auf die Sicht von Kindern. Sie hat wahrscheinlich auch einen positiven Effekt auf die Ansichten von Erwachsenen, durch die die Meinung von Kindern eher gebildet wird als durch das Fernsehen. Eine Beeinflussung ist wahrscheinlicher, wenn die Darstellung im Fernsehen ihrem Umfeld ähnelt. Die klare Botschaft lautet: Eltern spielen eine entscheidende Rolle bei der Vermittlung der Auswirkungen, die das Fernsehen auf ihre Kinder hat. Eltern können den Fernsehkonsum Ihrer Kinder einschränken, sollten die Auswahl der Sendungen überwachen und, was besonders wichtig ist, erkennen, dass ihr eigenes Verhalten ihre Kinder in diesem Alter mehr beeinflusst, als das Fernsehen es je tun wird.

Elektronische Sicherheit

* Installation von Software, die den Zugriff auf ungeeignete Websites blockiert.
* Überprüfung der Internetnutzung.
* Festlegung von Regeln zum Online-Verhalten: keine persönlichen Informationen; verbotene Websites; kein illegales Downloaden; Online-Zeit einschränken.
* Erklären Sie, warum Sie besorgt sind, und dass es Ihre Aufgabe ist, Ihre Kinder zu schützen; verdeutlichen Sie das mit einer Offline-Analogie wie Fahrrad fahren lernen.
* Diskussion über Internetinhalt und -Verhalten.
* Unterstützung der Kinder bei der Beurteilung der Verlässlichkeit von Internetinhalten.
* Kind zur Übernahme der Verantwortung für seine eigene E-Sicherheit anhalten.
* Zeit zusammen im Internet verbringen.

Videospiele
Risiko oder Nutzen

Denken wir an neunjährige Jungen, dann sind Videospiele nicht weit entfernt. Wie beim Internet gibt es Risiken (z. B. Erwachseneninhalte) und Gutes. Die Spiele-Technologie entwickelt sich dermaßen schnell, dass Eltern und sogar manche Wissenschaftler nicht nachkommen. Das bedeutet, wir wissen in vielen Fällen einfach nicht, welche Auswirkungen Videospiele auf Kinder haben können.

Nutzen der Spiele: Es ist bewiesen, dass bei Sechsjährigen, die bestimmte Spieleübungen am Computerbildschirm absolvierten, eine Verbesserung der Entscheidungsfindung und Aufmerksamkeit festgestellt wurde. Es ist jedoch gefährlich, sich damit trösten zu lassen, denn obwohl diese Veränderungen direkt nach den Übungen nachgewiesen wurden, wissen wir weder, ob dies auch auf Dauer so ist, noch ob es sich von der Spielsituation auf das wirkliche Leben übertragen lässt.

Videospiele zum Lernen zu verwenden, erhöht sicher die Motivation Ihres Kindes, doch der Gesamterfolg wird von Ihrem Kind, seinem Lehrer und dem Unterrichtsfach abhängen. Bei Kindern mit besonderem Förderbedarf wurden Videospiele zur Vermittlung von Fähigkeiten eingesetzt, so z. B. bei autistischen Kindern ein Spiel für die Erkennung von Emotionen. Der Einsatz von Videospielen nach schmerzhaften Eingriffen im Krankenhaus zeigte, dass weniger Schmerzmittel gebraucht wurden.

Zusammen mit Freunden oder Familie Videospiele zu spielen – vom einfachsten Puzzle über Autorennen bis hin zu interaktiven und körperaktiven Sport- und Musikspielen – ist äußerst gesellig und macht Spaß. Kinder lernen sich abzuwechseln, zu verhandeln, zu gewinnen und zu verlieren.

Was wissen wir über die Risiken? Besorgniserregend ist, wie viel Zeit Kinder mit Videospielen verbringen. Man kann vielleicht nicht behaupten, dass ein Kind wirklich abhängig ist, doch es besteht erheblicher Handlungsbedarf, wenn Ihr Kind täglich lange Zeit spielt und Hausaufgaben, körperliche Betätigung, Freunde und Schlaf vernachlässigt werden und seine Laune davon abhängig ist, ob es spielt oder nicht. Von klein auf stundenlang allein zu spielen, kann einen schädlichen Einfluss auf die Entwicklung von Sprache und Sozialkompetenz haben sowie darauf, sein Verhalten und seine Emotionen kontrollieren zu lernen. Eltern sollten die Altersangaben prüfen, um sicherzustellen, dass Ihr Kind ein seinem Alter entsprechendes Spiel spielt.

Und Eltern entscheiden, wie viel Zeit ihre Kinder mit Videospielen verbringen. Führen Sie die Regel ein, dass erst nach den Mahlzeiten, den Aufgaben im Haushalt und der Erledigung der Hausaufgaben neben viel körperlicher Betätigung gespielt wird.

MASSHALTEN Videospiele sind gut, solange Sie die Zeit begrenzen.

Wie schütze ich mein Kind vor Pädophilen im Netz?

Man hört ab und zu von Erwachsenen, die sich in Kontaktportalen für Kinder als Kinder ausgeben, um mit ihnen in Kontakt zu kommen. Eigenschaften, die ein Kind im täglichen Leben für diese Art der Annäherung anfällig machen, tun dies auch online. Doch bleiben wir realistisch: Obwohl die Gefahr offenkundig ist, passiert tatsächlich relativ selten etwas, der tatsächliche Schaden ist also relativ gering. Kinder zwischen acht und zehn Jahren zeigen diese riskanten Verhaltensweisen eigentlich nicht. Es sollte reichen, wenn Sie ihnen vernünftige Ratschläge geben und die Online-Aktivitäten eingehend beobachten. Stellen Sie sicher, dass Ihr Kind öffentliche Chatrooms mit guter Moderation benutzt und abzuschätzen lernt, wann jemand nicht der ist, für den er sich ausgibt. Führen Sie die allgemein übliche Regel ein, dass keine persönlichen Informationen herausgegeben werden, einschließlich der E-Mail-Adresse.

Mein Zehnjähriger steht auf Online-Spiele in einer Fantasiewelt. Ist das schädlich für ihn?

Die neue Welt der Online-Spiele bietet für die Spieler außergewöhnliche Gelegenheiten, neue Persönlichkeiten (auch »Avatars« genannt) in dreidimensionalen virtuellen Welten anzunehmen und interaktiv mit bekannten und unbekannten Personen über das Internet zu spielen. Ihr Sohn betritt ein Fantasie-Universum mit einer selbst geschaffenen Identität, baut Häuser und Gemeinden, kämpft und erlebt Abenteuer mit anderen. Mit zehn Jahren ist er eventuell noch nicht in der Lage, zwischen Realität und Fantasie zu unterscheiden und die Menschen, die er in der virtuellen Welt trifft, vernünftig einzuschätzen. Er könnte auch an Material geraten, dass seinem Alter nicht angemessen ist.

Andererseits zieht er einen gewaltigen Nutzen aus der Schaffung dieser neuen Identität und dem Nachspielen spannender Abenteuer. Sie als seine Eltern müssen ihn anhand seines Charakters und seiner Reife beurteilen und seinem Verhalten einige Grenzen setzen. Befolgt er Ihre Sicherheitsbestimmungen und lässt Sie an seiner Welt teilhaben, sodass Sie involviert und informiert sind, können Sie ihn fortfahren lassen. Vielleicht möchten Sie selbst mitspielen? So können Sie sein Spiel effektiver überwachen.

Kann mein Kind durch Fernsehen gewalttätig werden?

Es herrscht die landläufige Meinung, dass Fernsehen schlecht für Kinder ist. Neben vielen anderen sozialen Missständen wird Fernsehen verantwortlich gemacht für Fettleibigkeit bei Kindern, passive Aufnahme von stupidem Unsinn, Schaffung eines endlosen Verlangens nach materiellen Gütern, Aufrechterhaltung gesellschaftlicher Klischees und Begünstigung gewalttätigen Verhaltens.

Seitdem der Fernseher in den Fünfzigerjahren des letzten Jahrhunderts Einzug in die Familien gehalten hat, wurde viel über den gefürchteten Einfluss von Fernsehen auf wachsende Gehirne und Körper geforscht. Bis heute bleiben diese Forschungen komplex und uneindeutig. Sie werden stark vereinfacht und oft missverstanden, um den vorherrschenden Zeitgeist zu bedienen. Sicher ist allerdings, dass Fernsehen das Sozialverhalten von Kindern beeinflussen kann, doch das hängt auch vom einzelnen Kind ab sowie von Alter, Geschlecht, sozialer Herkunft und der vorher bestehenden, betroffenen Verhaltensebene (z. B. akademische Leistung oder aggressives Verhalten).

Einige Studien deuten an, dass ohnehin schon aggressive Jungen durch das Schauen von brutalen Sendungen noch aggressiver werden, doch es gibt Faktoren, wie ihre Umwelt oder ihre Interaktion mit anderen, die ihr Verhalten eher beeinflussen. Interessanterweise wurde das Schauen informativer Sendungen im Alter von fünf Jahren mit besseren Schulabschlussnoten bei Jungen in Zusammenhang gebracht, während sich das Schauen gewalttätiger Sendungen im Alter von fünf Jahren nur auf schlechte Schulabschlussnoten bei Mädchen bezog.

Solange Sie die Zeit einschränken, die Ihr Kind vor dem Fernseher verbringt (nicht mehr als zwei Stunden pro Tag), und sicherstellen, dass es sich an altersgerechte Sendungen hält, hat das Fernsehen sehr wahrscheinlich keinen schlechten Einfluss auf Ihr Kind.

Das Internet
Vor- und Nachteile

Fast alle acht- bis siebzehnjährigen Kinder nutzen das Internet. Jetzt haben Sie die Möglichkeit, das Online-Verhalten Ihres Kindes zu beeinflussen, denn es ist noch jung und hört auf Sie – Sie können die Weichen stellen, um den Nutzen maximieren und die Risiken reduzieren.

Risiken: Diese lassen sich in vier Kategorien einteilen: was Ihr Kind im Internet findet, wen es dort trifft, wie sein Verhalten und das der anderen ist; und wie Ihr Kind das, was ihm begegnet, auffasst. Die Nutzung des Internets erhöht die Wahrscheinlichkeit, auf pornografisches Material zu treffen. Die Auswirkungen von dem, was es dort sieht, können durch seine Herkunft, sein Alter, seine kognitive, soziale und körperliche Entwicklung beeinflusst werden. Es mehren sich die Hinweise, dass Pornografie einen sehr negativen Einfluss auf Kinder haben kann, der von Besorgnis bis zur Entwicklung verzerrter Glaubenssysteme reicht.

Damit das nicht passiert, können Sie elterliche Kontrollen einbauen, die den Zugang zu ungeeignetem Material blockieren. Fragen Sie nach, ob die Computer von Freunden über ähnliche Kontrollen verfügen. Die meisten Eltern werden Ihnen Ihre Eigeninitiative danken. Sollten die Vorsichtsmaßnahmen fehlschlagen und Ihr Kind über sexuell eindeutiges Material stolpern, kann es mit Schock, Neugierde, Erheiterung oder Ekel reagieren. Sie sollten mit ihm ein allgemeines Gespräch über solche Bilder führen und Rat und Unterstützung anbieten, die der Persönlichkeit und dem Temperament Ihres Kindes entsprechen – beruhigen Sie ein erschrockenes Kind und reden Sie ernst und besänftigend mit einem, das begeistert und erregt ist von solcher »Grobheit«. Welchen Ton Sie anschlagen und wie viel Gewicht Sie der Sache beimessen, obliegt Ihnen als Eltern. Zu viel Aufhebens könnte Ihr Kind ermuntern, gezielt nach solchen Bildern zu suchen.

Netz-Mobbing: Dieses Phänomen ist genauso schädlich wie »Offline-Mobbing«, mit dem zusätzlichen Element der Anonymität und des Eindringens über das Internet in Ihr Zuhause. Teil der Macht von Netzmobbern ist das Verfälschen und Missbrauchen persönlicher Informationen.

Obwohl Sie Ihr Kind gebeten haben, keine Details über sich preiszugeben, wird es auf einer Social-Networking-Seite wahrscheinlich nicht zögern, Informationen mit jemandem auszutauschen, von dem es denkt, er sei ein Freund. In einer großen Studie unter Acht- bis Siebzehnjährigen gab fast die Hälfte zu, persönliche Informationen im Internet weiterzugeben. Nützen mündliche Ermahnungen nichts, lassen Sie von Ihrem Kind ein großes Schild über dem Computer anbringen, auf das es die grausigsten Bilder malt, die es sich vorstellen

NETZWERKE Der große Vorteil des Internets ist, dass es Menschen weltweit verbindet.

kann und das es selbst und seine Geschwister daran erinnert, NIEMALS persönliche Daten herauszugeben.

Ein weiteres großes Risiko für jüngere Kinder ist die kommerzielle Werbung und möglicher Betrug im Internet. Helfen Sie Ihrem Kind mit kritischem Blick zu erkennen, was wirklich angeboten wird. Weisen Sie auch darauf hin, wie wichtig Vorsicht und Recherche vor einem Online-Kauf sind. Berichten Sie ihm von wahren Vorkommnissen von Freunden und Familie, die über den Tisch gezogen wurden.

Großer Nutzen: Das Internet bietet großartige Möglichkeiten zum Erlernen und Entwickeln kognitiver Fähigkeiten durch lustige, interaktive Seiten, die Kinder auf eine Art fesseln, die die Schule nicht immer bieten kann. Für Kinder, die sich schulisch schwertun, kann das die Rettung sein. Online-Gemeinschaften vertreten alle Arten von Interessen und geben Kindern die Möglichkeit, daran auf eine Art teilzuhaben, die offline nicht möglich ist. Besonders der globale Charakter des Internets kann Kinder weltweit in sozialen, kulturellen, ökologischen, politischen und ethnischen Gruppen verbinden.

RISIKOMANAGEMENT Sehen Sie Ihrem Kind beim Surfen über die Schulter.

F Meine beiden Kinder streiten ständig um den Computer. Soll ich ihn komplett verbieten?

Einen Computer mit jemandem zu teilen, ist eine wichtige Übung für Kinder. Computerzeit können Sie als Belohnung dafür einsetzen, dass sich Ihr Kind korrekt an die Nutzungsregeln gehalten hat oder auch als Strafmaßnahme bei Regelbruch. Ein komplettes Verbot würde Sie dieser Möglichkeit berauben und Ihren Kindern die Vorteile, die Computer bieten, vorenthalten.

F Wie garantiere ich Internet-Sicherheit?

Wie bei jeder neuen Aktivität, der Ihr Kind nachgeht, erfordert auch das Internet ausgewogene elterliche Verantwortung in Form von Interesse, Regeln, Kontrolle und Sicherheitsmaßnahmen. Sie müssen wissen, worum es geht, so viele Sicherheitsmaßnahmen wie möglich installieren, die Internetaktivität Ihrer Kinder überwachen und ihnen verantwortungsvolle Sicherheitsmaßnahmen vermitteln.

Noch wichtiger für Eltern internetkundiger Kinder ist die Notwendigkeit, informiert zu sein und die Technik sicher zu beherrschen. Sind Sie wegen technischer Hilfe auf Ihr Kind angewiesen, ist das für Sie als verantwortlicher Erwachsener ein Nachteil, der Ihr eigenes Sicherheitsempfinden und das Ihres Kindes untergraben kann.

Legen Sie durch klare, einfache Regeln fest, wie viel Zeit jedes Kind wann (nach Erledigung der Hausaufgaben wäre ideal) am Computer verbringen darf und machen Sie klar, welches Verhalten Sie von Ihren Kindern untereinander, Ihnen gegenüber und bezüglich des Computers erwarten.

Sie könnten eine Liste von Erlaubtem und Verbotenem erstellen, z. B.: Wenn deine Zeit vorbei ist, hast du noch fünf Minuten, um das Spiel zu beenden – dann ist der Nächste dran; warte bis dein Bruder/deine Schwester fertig ist, einschließlich der zusätzlichen fünf Minuten, bis du an der Reihe bist; geht respektvoll miteinander und ordentlich mit dem Computer um (kein Essen oder Trinken in der Nähe); sprecht ruhig und leise.

Pre-Teenager
Zwischenwelten

* **Der Schulwechsel**
  Die neue Schule beginnt
* **Strategien für Klassenarbeiten**
  Wie kann ich helfen?
* **Die Pubertät beginnt**
  Vielfältige Veränderungen
* **Faulpelz oder Arbeitstier?**
  Der Charakter Ihres Kindes
* **Wie geht es weiter?**
  Trennung und Scheidung
* **Online-Zeiten**
  Sichere Internetnutzung
* **Möchtegern?**
  Klamotten, Make-up und Erwachsensein

Der Schulwechsel
Die neue Schule beginnt

F Meine Tochter will sich für die Schule nicht ordentlich anziehen. Ich möchte nicht, dass sie Schwierigkeiten bekommt. Was kann ich tun?

Ihre Tochter versucht, sich ihren Klassenkameraden anzupassen und Teil einer Gruppe zu sein, die sich ähnlich kleidet. Die Lehrer sind daran gewöhnt, dass Schüler ihre Persönlichkeit durch die Kleiderwahl ausdrücken. Wenn Sie Ihre Tochter in eine bestimmte Kleidung zwingen, erschweren Sie ihr damit den Schulalltag mit ihren Mitschülern. Ihre Tochter könnte auch die Dinge selbst in die Hand nehmen und sich umziehen, sobald sie aus dem Haus gegangen ist. Suchen Sie nach einer Lösung, mit der Sie beide glücklich sind. Vergleichen Sie, was andere Schüler tragen und finden Sie einen Mittelweg zwischen Ihren eigenen Ansprüchen und denen Ihrer Tochter.

Dazuzugehören, einen Sinn für ihre Identität zu bekommen und Freunde zu finden, ist in dieser Phase wichtig für Ihre Tochter, reagieren Sie deshalb flexibel und helfen Sie ihr. Wenn Sie sich als Teil einer Gemeinschaft fühlt, wird sie zufriedener und besser in der Schule sein. Den Standpunkt Ihrer Tochter zu respektieren und mit Ihnen zu verhandeln hilft Ihrer Tochter, künftig auch in anderen Bereichen mit Ihnen übereinzukommen.

F Meine Tochter will nicht an der Klassenfahrt teilnehmen. Soll ich darauf bestehen?

Ihre Tochter zur Teilnahme an der Klassenfahrt zu zwingen wird sie wahrscheinlich noch ängstlicher machen und Ihre Beziehung zueinander erschweren. Finden Sie heraus, ob sie grundsätzlich an einer Klassenfahrt teilnehmen möchte und wenn ja, weshalb sie sich Sorgen macht, und ob Sie ihr dabei helfen können. Wenn Ihre Tochter Angst vor der Busfahrt hat oder sie sorgt sich, das Zimmer mit Kindern teilen zu müssen, mit denen sie nicht klarkommt, so sprechen Sie mit dem Organisator der Klassenfahrt darüber. Wahrscheinlich wird Ihr Kind nicht das Einzige sein, das sich wegen dieser Themen sorgt. Sprechen Sie auch mit den Lehrern Ihrer Tochter, vielleicht können diese Ihnen weiterhelfen. Wenn Ihre Tochter befürchtet, Heimweh zu haben, sagen Sie ihr, wie sie damit umgehen kann und erklären Sie, dass Heimweh normal ist. Sie kann einige Fotos oder Erinnerungen an zu Hause mitnehmen, die sie sich ansehen kann, wenn sie traurig ist. Finden Sie heraus, wie die Schule zu Anrufen steht, denn sie sind manchmal unerwünscht, Notfälle natürlich ausgenommen. Wenn Ihre Tochter trotz der Bemühungen nicht an der Klassenfahrt teilnehmen will, helfen Sie ihr dabei, sich auf die nächste vorzubereiten, denn es wird sicherlich eine weitere geben. Lassen Sie sie bei Freunden oder Verwandten übernachten, um sie daran zu gewöhnen, von zu Hause entfernt zu sein. Manche Organisationen wie der Sportverein bieten ebenfalls regelmäßige Übernachtungsfahrten an.

F Mein Sohn ist still geworden und zieht sich zurück, seit er auf die neue Schule geht. Was kann ich tun?

Die weiterführende Schule bringt viele Veränderungen mit sich und vielleicht muss sich Ihr Sohn erst

Es ist schwer für Eltern, über alle Veränderungen im Freundeskreis Ihres Kindes auf dem Laufenden zu bleiben.

Eine Schule auswählen
Die Bedürfnisse Ihres Kindes

Die Entscheidung, auf welche weiterführende Schule ihr Kind gehen soll, fällt vielen Eltern nicht leicht. Sie werden von jedem Ihrer Bekannten und Freunde über jede infrage kommende Schule eine andere Meinung hören. Die folgenden Punkte können Ihnen bei Ihrer Entscheidung helfen. Denken Sie bei allen Ratschlägen und Informationen, die von außen an Sie herangetragen werden aber auch daran, dass die Schule zu den Bedürfnissen Ihres Kindes passen muss.

Umgebung

* Die meisten Schulen haben einen Tag der offenen Tür für Schüler und Eltern. Besuchen Sie die Schulen, an denen Sie interessiert sind und unterhalten Sie sich mit den Lehrern, um einen persönlichen Eindruck zu bekommen. Nehmen Sie Ihr Kind zu diesem ersten Besuch der Schulen mit!
* Lassen Sie sich von unansehnlichen Gebäuden nicht abschrecken. Was innen passiert, ist wichtig. Zudem muss die Schule sicher und gut ausgestattet sein.
* Gibt es aktuelle Werke von Schülern in den Klassenräumen und Fluren? Dies zeigt, dass die Schule auf die Leistungen ihrer Schüler stolz ist.
* Welche Fächer kann Ihr Kind wählen?
* Werden die Schüler nach ihren Fähigkeiten gefördert? Wie wird Ihr Kind unterstützt, wenn es Hilfe braucht oder ein besonderes Talent hat?
* Sind die Lehrer zugänglich und an Ihrem Kind interessiert?
* Versuchen Sie, mit dem Direktor zu sprechen, da er den Umgangston bestimmt. Ist er engagiert und begeisterungsfähig?
* Fahren Sie an einem normalen Tag zu Schulbeginn oder -ende an der Schule vorbei. Das gibt Ihnen einen Eindruck vom Verhalten der Schüler.
* Auf welche Schulen gehen die Freunde Ihres Kindes? Sprechen Sie mit den Eltern der Freunde, vielleicht halten Sie es beide für sinnvoll, dass die Kinder dieselbe weiterführende Schule besuchen.

Offizielle Quellen

* Ihr örtliches Schulamt hat Listen der weiterführenden Schulen und kann Ihnen mitteilen, welche in Ihrem Einzugsgebiet liegen.
* Achten Sie auf spezielle Interessen und Talente Ihres Kindes, und prüfen Sie, welche Schule diese besonders fördert.
* Auf den Internetseiten der Schulen erhalten Sie oft Informationen über spezielle Lehrmethoden.

Aufnahmebedingungen:

Manchmal bekommt das Kind keinen Platz an der von seinen Eltern favorisierten Schule. Die Schulen haben nur eine begrenzte Anzahl an Plätzen. Finden Sie zunächst heraus, ob Ihr Kind den Anforderungen entspricht, wenn Sie sich an einer bestimmten Schule bewerben wollen.

RECHERCHE Informieren Sie sich durch Prospekte oder im Internet über die weiterführenden Schulen.

Schulstress
Neue Herausforderungen

Die Zeit des Wechsels auf die weiterführende Schule kann für Sie und Ihr Kind anstrengend sein. Neue Umgebung, Lehrer, Freunde, Fächer, mehr Arbeit und Ihr Kind will beweisen, wie unabhängig es ist, gerade wenn Sie das Gefühl haben, mehr helfen zu müssen!

* **Kleine Fische … großer Teich:** Die neue Schule wird zunächst als unüberschaubares Gewirr von Fluren und Klassenräumen erscheinen. Ihr Kind wird aber schnell lernen, sich zurechtzufinden, und merken, dass jeder Jahrgang seinen eigenen Bereich auf dem Schulhof hat. Vielleicht haben Sie eine Möglichkeit, sich mit Ihrem Kind schon vor Schulbeginn die Räumlichkeiten genauer anzusehen. Wenn Ihr Kind sich zurechtfindet, wird das sein Selbstbewusstsein fördern und es vielleicht bei seinen Klassenkameraden beliebt machen.
* **Zeigen, was man hat:** Die Schule wird Ihnen eine lange Materialliste schicken. Einige Schulsachen sind sehr beliebt, Sie sollten also möglichst bald mit dem Einkauf beginnen. Die richtigen Utensilien, der schöne neue Ranzen und ein gut gefülltes Federmäppchen geben Ihrem Kind das Gefühl, gut vorbereitet zu sein. Einem Klassenkameraden einen Stift leihen zu können, ist außerdem eine gute Möglichkeit, sich neue Freunde zu machen.
* **Arbeitspensum und Hausaufgaben:** Ihr Kind wird neue Fächer haben, mit denen es klarkommen, Bücher in denen es sich zurechtfinden muss, mehr Hausaufgaben und einen vollen Stundenplan. Wenn es sich selbst gut organisiert, sollte das kein Problem darstellen. Wenn es aber daran gewöhnt ist, dass Sie seine Schultasche packen und ihm sagen, welche Fächer es am nächsten Tag hat, könnte es sich mit den neuen Anforderungen überfordert fühlen. Schlagen Sie ihm vor, dass es den Stundenplan in seinem Zimmer aufhängt und machen Sie sich eine Kopie davon. Schulbücher, die mit nach Hause gebracht werden, verschwinden manchmal auf mysteriöse Weise am Abend bevor sie gebraucht werden. Ein fester Platz für diese Bücher verhindert, dass Sie Ihr Haus regelmäßig auf den Kopf stellen müssen, um sie zu finden.

Die Hausaufgaben werden stetig anwachsen, sie sind aber ein wichtiger Bestandteil des Schulunterrichts. Sorgen Sie für einen ruhigen Arbeitsplatz und lassen Sie Ihr Kind die Aufgaben auf seine Weise angehen. Manche Kinder brauchen nach der Schule eine kurze Pause, andere gehen ihre Hausaufgaben lieber sofort an. Manche Schulen bieten auch eine Hausaufgabenbetreuung. Wenn Ihr Kind ein Hausaufgabenheft hat, schauen Sie mit ihm gemeinsam nach, ob es alles aufschreibt und sein

HAUSAUFGABEN Ihr Kind wird mehr Hausaufgaben aufhaben. Es braucht einen ruhigen Arbeitsplatz.
SELBSTVERTRAUEN Ermuntern Sie Ihr Kind, sich am Unterricht zu beteiligen.

Pensum abarbeitet. Sie werden es auch gelegentlich daran erinnern müssen, seine Aufgaben zu machen, um die Panik am Abend zu verhindern.

✱ Freund oder Feind? Auch wenn Ihr Kind wahrscheinlich einige der Schüler schon kennt, sorgt es sich vielleicht darum, wie es mit den älteren Schülern zurechtkommt. In den oberen Jahrgängen aller Grundschulen kursieren häufig Horrorgeschichten über die bösen Rabauken an den weiterführenden Schulen, die die Neuen aufmischen oder ihre schönen neuen Sachen klauen. Es ist daher nicht verwunderlich, wenn Ihr Kind ängstlich zurückschreckt, wenn es eine Gruppe von Teenagern am Schuleingang stehen sieht. Tatsächlich werden die älteren Schüler aber wenig Interesse an Ihrem Kind zeigen, und es wird viele neue Klassenkameraden geben, mit denen es sich anfreunden kann. Die Schule wird Ihrem Kind viele Möglichkeiten geben, neue Aktivitäten auszuprobieren und einer Arbeitsgemeinschaft oder einem Club beizutreten – auch das sind gute Gelegenheiten, um andere Schüler mit gleichen Interessen kennenzulernen.

ALLES ZUSAMMEN Ein fester Platz für die Schulsachen erleichtert das Packen der Schultasche.

SCHÜCHTERN Ermutigen Sie Ihr Kind, an Aktivitäten teilzunehmen, um andere Kinder kennenzulernen.

noch an diese neuen Anforderungen gewöhnen. Auch wenn er das anscheinend lieber mit sich selbst ausmacht, wird er es schätzen, wenn Sie sein verändertes Verhalten bemerken. Sagen Sie z. B.: »Du bist in letzter Zeit so still, willst du über etwas reden?«, dann kann er selbst entscheiden, ob er mit Ihnen darüber sprechen will. Wählen Sie den Zeitpunkt für solche Gespräche mit Bedacht. Wenn es Ihrem Kind leichterfällt beim Gespräch neben Ihnen, statt Ihnen gegenüber zu sitzen, sind kurze Autofahrten gut geeignet. Verständnis, eine Umarmung und einige Worte der Ermunterung, um ihn an seine Stärken und Erfolge zu erinnern, sind vielleicht schon alles, was er braucht. Wenn es Anzeichen dafür gibt, dass Ihr Sohn gemobbt wird oder es ernsthafte Probleme mit der Schule gibt, helfen Sie ihm, Lösungen für seine Probleme zu finden, und sprechen Sie wenn nötig mit den Lehrern oder einer Vertrauensperson (Vertrauenslehrer oder -schüler), wenn das Ihrem Kind lieber ist. Vereinbaren Sie einen Zeitpunkt einige Wochen später, an dem Sie darüber reden, wie es mittlerweile läuft. Fragen Sie öfter nach, damit Ihr Sohn weiß, dass er sich an Sie wenden kann, wenn er Hilfe braucht.

F Soll ich meine Tochter mit ihren Freunden zur Schule laufen lassen statt sie zu fahren?

Früher oder später erreichen die meisten Kinder den Punkt, an dem es ihnen peinlich ist, von den Eltern zur Schule gebracht und abgeholt zu werden. Vielen Eltern fällt es schwer, diese Rolle aufzugeben. Es erfordert auch, dass Sie Ihrer Tochter vertrauen und viel Verantwortung überlassen. Ihre Tochter wird ihre wachsende Unabhängigkeit schätzen – aber Sie können auch weiterhin etwas für ihre Sicherheit tun: Laden Sie seine neuen Freunde nach Hause ein, damit Sie sie kennenlernen. Gehen Sie den Schulweg mit Ihrer Tochter ab. Wenn sie mit dem Bus fährt, sehen Sie sich die Haltestelle an und geht sie zu Fuß, halten Sie sie an, nur die Hauptstraßen und sichere Überwege zu benutzen. Hat Ihre Tochter ein Handy, kann Sie Ihnen in der ersten Zeit, bis Sie sich an die neue Situation gewöhnt haben, eine SMS schicken bzw. Sie anrufen, wenn sie in der Schule angekommen ist oder losfährt. Vereinbaren Sie mit Ihrer Tochter, was sie machen soll, wenn es Probleme gibt – der Bus z. B. nicht kommt oder die Freundin, die denselben Schulweg hat, an einem Tag nicht zur Schule geht. Wenn Sie sicher sind, dass sie die Gefahren kennt und weiß, wie sie sie beherrschen kann, machen Sie einen Probelauf und anschließend eine Testphase von etwa einer Woche. Denken Sie daran, dass dies auch für Ihre Tochter ein großer Schritt ist, und loben Sie sie, wenn sie sich an die Abmachung hält. Bei schlechtem Wetter wird sie sicher gern auf Ihr Angebot zurückkommen, sie zu fahren!

F Meine Tochter sagt, dass sie ihre Schule hasst und zur selben gehen will wie ihre beste Freundin. Soll ich sie wechseln lassen?

Durch verschiedene Schulen von den besten Freunden getrennt zu sein, ist für manche Kinder schwierig. Aber es kann auch andere Gründe geben, warum Ihre Tochter unglücklich ist. Die Schule zu wechseln erscheint ihr momentan wie eine einfache Lösung für all ihre Probleme, ist aber nicht unbedingt immer die beste. Zeigen Sie Ihrer Tochter Verständnis für ihre Gefühle, aber zeigen Sie ihr auch Alternativen auf, über die sie nachdenken kann. Setzen Sie sich zusammen und erstellen Sie eine Liste ihrer Probleme und Sorgen. Bitten Sie sie, jedes Thema auf seine Wichtigkeit auf einer Skala von eins bis zehn zu bewerten, und versuchen Sie, für jedes Thema eine Lösung zu finden, die ihr helfen kann. Lassen Sie sie über die Folgen, Vor- und Nachteile aller Möglichkeiten nachdenken. Was würde z. B. nach einem Schulwechsel passieren, wenn sie vieles an der neuen Schule nicht mag oder ihre Freundschaft endet? Vereinbaren Sie, was Sie beide machen können, um ihre Probleme zu verbessern. Wenn nötig, binden Sie die Lehrer mit ein.

Es ist möglich, dass Ihre Tochter ihre Meinung ändert, wenn sie sich in der Schule eingelebt und neue Freunde gefunden hat. Wenn die Situation sich aber bis zum Schuljahresende nicht bessert, sollten Sie einen Wechsel in Betracht ziehen, auch um zu verhindern, dass Ihre Tochter die ungeliebte Schule zu schwänzen beginnt.

ELTERN BERICHTEN

Schulwechsel
Freundschaftlicher Übergang

Als mein Sohn auf die weiterführende Schule kam, sorgte ich mich, ob er damit umgehen könnte. Er kam von einer kleinen Grundschule gleich um die Ecke zu einer riesigen Schule, die eine 20-minütige Busfahrt entfernt ist. In den ersten paar Wochen gab es morgens und manchmal auch nach der Schule Tränen und Wutanfälle. Ich versuchte, nicht einzugreifen, und hoffte, die Sache würde sich von selbst ergeben. Der Durchbruch kam, als er begann, über einen neuen Freund zu reden, den er im Bus kennengelernt hatte. Sie fingen an, sich nach der Schule zu treffen, und er schien viel glücklicher. Sobald er diesen neuen Freund hatte, hörten die Tränen auf und er war in der Schule besser integriert.

F Mein Sohn ist sehr sportlich, will aber keiner Mannschaft beitreten. Woran kann das liegen?

Ihr Kind bei den Siegen und Niederlagen seiner Mannschaft anzufeuern ist ein großer Moment für stolze Eltern. Dass Ihr Sohn wenig Interesse an Sport hat oder daran, einer Mannschaft beizutreten, kann daran liegen, dass er erst eine Aufnahmeprüfung bestehen muss, bevor er aufgenommen wird und Angst davor hat, sie nicht zu bestehen. Vielleicht hat er auch Angst davor, mit fremden Kindern um einen Platz zu kämpfen oder dass sie ihm überlegen sind. Oder er will in seiner Freizeit einfach anderen Interessen als Sport nachgehen. Seine Freunde haben großen Einfluss auf seine Freizeitgestaltung. In der Schule hat er im normalen Schulalltag viele Gelegenheiten, Sport zu treiben. Wenn er sich in der neuen

Schule eingelebt hat, möchte er vielleicht einer Mannschaft beitreten oder ein Lehrer entdeckt sein Talent und ermutigt ihn. Suchen Sie zwischenzeitlich Möglichkeiten, seine anderen Interessen wie Musik, Kunst oder Theater zu fördern. Wenn die Schule den Kindern nur wenige Sportangebote bietet und diese nicht seine Interessen treffen, machen Sie ihm neue Vorschläge, die er in einem Verein trainieren kann, wie eine Kampfsportart, Trampolinspringen oder Tennis spielen.

F Mein Sohn war immer gut in der Schule, aber sein letztes Zeugnis war schlecht. Wie kann ich ihn wieder zum Lernen ermuntern?

Es gibt viele Gründe, warum die schulischen Leistungen Ihres Sohnes so nachgelassen haben. Vielleicht tut er sich mit einem oder mehreren Fächern schwer oder verbringt zu viel Zeit mit seinen Freunden anstatt sich mit dem Unterricht und den Hausaufgaben zu beschäftigen. Vielleicht hat er auch andere Sorgen, die es ihm erschweren, sich auf die Schule zu konzentrieren. Wenn sein Freundeskreis eine Clique ist, in der gilt: »nichts zu wissen ist cool«, sorgt er sich eher um seinen Status als um seine Noten. Reden Sie mit Ihrem Sohn über Ihre Sorgen und versuchen Sie, die Ursache für sein schlechtes Zeugnis herauszufinden. Beachten Sie, dass er selbst auch von der Beurteilung getroffen sein könnte und loben Sie ihn deshalb für die (wenigen) guten Noten. Wenn er Probleme in der Schule hat, finden Sie einen Weg, sie gemeinsam anzugehen. Wenn es eine Frage von Motivation und Aufwand ist, helfen Sie ihm, sein Lernen zu organisieren, aber achten Sie auf einen Ausgleich durch Freizeitaktivitäten während der Woche. Sie können ihm außerdem Belohnungen anbieten, um seine Motivation zu heben.

F Mein Sohn tut sich schwer damit, Freunde zu finden. Ich fürchte, dass das seine Schulleistung beeinträchtigt.

Die Größe, Organisation und Anforderungen der weiterführenden Schule machen es Kindern fast unmöglich, nach dem Wechsel denselben Freundeskreis beizubehalten. Ein oder zwei bekannte Kinder verringern das Gefühl der Unsicherheit und Angst, selbst wenn sie nicht seine besten Freunde sind. Freundschaften basieren auch in diesem Alter auf gemeinsamen Interessen und Erfahrungen. Sie werden also feststellen, dass Ihr Sohn bald einen gänzlich neuen Freundeskreis haben wird. Seien Sie nicht überrascht, wenn Kinder, mit denen Ihr Sohn früher keine Zeit verbracht hat, jetzt im selben Atemzug genannt werden wie seine anderen Freunde. Es kann schwer für Eltern sein, über alle Änderungen im Freundeskreis auf dem Laufenden zu bleiben, wer »bester Freund« ist, kann sich ständig ändern.

Ermutigen Sie Ihren Sohn, mit so vielen Klassenkameraden wie möglich zu sprechen. Er soll sie nach ihrem Namen fragen (und seinen nennen), da dies die Bindungen fördert. Sie können die entstehenden Freundschaften unterstützen, indem Sie ihn fragen, ob er seine neuen Freunde nach der Schule oder am Wochenende einladen möchte. Erinnern Sie ihn daran, dass er seine alten Freunde nach der Schule noch sehen kann.

Aufbauen
Selbstvertrauen bilden

Wenn Ihr Kind in diese neue, wichtige Phase seines Lebens eintritt, wird es beginnen, über seine Identität nachzudenken. Es wird sich zunehmend seines Aussehens, seiner Fähigkeiten und dem Status im Freundeskreis bewusst und beginnen darüber nachzudenken, was es erreichen will und wie es in die Welt passt. Dadurch kann es eher unsicher werden. Wenn es sicher ist, wer es ist, wird der Eintritt in die neue Schule leichter. Loben Sie es für seine Fähigkeiten und nutzen Sie die gemeinsame Zeit, um über seinen Tag zu sprechen. Versuchen Sie, an seiner Welt teilzuhaben, erinnern Sie daran, dass niemand immer alles richtig macht, hören Sie aufmerksam zu und fördern Sie seine Unabhängigkeit und sein freies Denken.

Strategien für Klassenarbeiten
Wie kann ich helfen?

F Meine Tochter lernt stundenlang, ohne Unterlass. Soll ich das begrenzen?
Erfolg in der Schule ist offenbar wichtig für Ihre Tochter und ihre Motivation sollte bestärkt werden. Dieser Enthusiasmus ist aber nicht unbedingt der beste Weg. Wenn sie sich selbst überfordert, könnte das fehlschlagen und letztlich zu schlechteren Ergebnissen führen. Gelerntes braucht Zeit, um sich zu festigen: Pausen sind also nicht nur wichtig für das Wohlbefinden Ihrer Tochter, sondern verbessern auch den Lernerfolg. Wenn ihr schulischer Erfolg wichtig ist, würde es nur ihre Ängste vergrößern und Spannungen zwischen Ihnen aufbauen, wenn Sie sie vom Lernen abhalten wollten. Schlagen Sie stattdessen alternative Lernmethoden vor wie gemeinsam Internetseiten anzusehen, vergangene Klassenarbeiten durchzugehen oder sie über ihr Thema abzufragen. Dadurch haben Sie eine bessere Kontrolle über die Zeit, die sie zum Lernen aufwendet und eine Gelegenheit, ihre aktuelle Lernstrategie zu diskutieren. Wenn Ihre Tochter nicht effektiv lernt, kann das auch ein Grund für ihre langen Lernphasen sein. Lassen Sie sie alle 40 Minuten eine zehnminütige Pause einlegen und bieten Sie ihr gesunde Snacks an, um ihren Energiepegel beizubehalten. Stellen Sie sicher, dass sie nachts abschalten kann.

F Warum schiebt mein Sohn das Lernen immer bis zur letzten Minute auf?
Das kann unterschiedliche Gründe haben. Es könnte sein, dass ihm das Vertrauen in seine Fähigkeiten fehlt und er Angst vor der Prüfung hat. Oder er findet Lernen langweilig im Vergleich zu dem, was er sonst tun könnte. Oder er glaubt, den Stoff zu beherrschen und hat keine Angst vor Prüfungen. Der Versuch, alles in letzter Minute zu lernen, wird jedoch scheitern. Studien haben ergeben, dass Jungen allgemein zu weniger sicheren Lernmethoden neigen als Mädchen. Es bis zur letzten Minute aufzuschieben mag bislang funktioniert haben, aber mit der Zeit wird diese Strategie immer weniger effektiv sein. Wenn er sich jetzt gute Lerngewohnheiten zulegt, wird ihm das langfristig nutzen. Helfen Sie Ihrem Sohn, seine Zeit einzuteilen, sodass er sich einige Zeit im Voraus mit Ihnen vorbereitet. Versuchen Sie die Themen aufzulisten, die er wiederholen muss, und lassen Sie ihn bewerten, wie sicher er sich jeweils fühlt. Helfen Sie ihm, seinen Lernplan so einzuteilen, dass er zwischen Themen abwechselt, die er beherrscht und solchen, die er noch nicht beherrscht. Wenn er den schwierigen Stoff bis zum Schluss aufschiebt, wird es ihm vorkommen, als wüsste er hinterher weniger als zuvor. Lernen ist zumeist eine langweilige Beschäftigung: Sorgen Sie also dafür, dass Ihr Sohn in kurzen Abschnitten lernt, mit vielen regelmäßigen Pausen. Kleine Aufmerksamkeiten zwischendurch motivieren ihn zusätzlich.

F Mein Sohn ist fleißig, aber bei Prüfungen hat er einen Blackout. Wie kann ich ihm helfen, sich an das Gelernte zu erinnern?
Es muss frustrierend für Ihren Sohn sein, so viel Arbeit und Mühe in die Vorbereitungen investiert zu haben und dann den Lohn nicht ernten zu können. Er ist damit nicht allein – viele Schauspieler, Sänger und Sportler haben Lampenfieber, welches es schwer macht, die Informationen abzurufen, die für das große Ereignis gelernt und gespeichert wurden. Vielleicht ist es hilfreich, wenn Sie im Vorfeld mit ihm einige einfache Entspannungsübungen durchgehen. Er kann versuchen, bewusst zu atmen, um sich selbst zu beruhigen, bevor die Prüfung beginnt und wenn er nervös wird. Üben Sie mit ihm: Er atmet durch die Nase ein, während er gedanklich langsam bis fünf

Hausaufgaben – gut und schnell
Ihr Kind unterstützen

Wenn Sie Ihrem Kind helfen, die Hausaufgaben richtig zu machen, unterstützen Sie es beim Lernen und dabei, mit Klassenarbeiten und Prüfungen umzugehen. Umfragen zufolge verbringen Eltern bis zu sechs Stunden pro Woche damit, ihren Kindern bei den Hausaufgaben zu helfen. Diese Zeit ist gut investiert, da Sie Ihrem Kind so helfen, sein Potenzial auszuschöpfen.

✱ Gehen Sie zu Elternabenden, um die Unterrichts- und Lernmethoden kennenzulernen. Geben Sie nicht der Versuchung nach, ihm zu zeigen, wie Sie gelernt haben, das würde Ihr Kind nur verwirren.

✱ Richten Sie einen Arbeitsplatz mit allem ein, was Ihr Kind benötigt. Die Hausaufgaben immer am gleichen Ort zu erledigen hilft, sich aufs Lernen zu konzentrieren.

✱ Es ist nicht gut, beim Fernsehen zu arbeiten, aber manchen Kindern hilft es, Musik zu hören.

✱ Sehen Sie jeden Tag im Hausaufgabenheft nach, um mit Ihrem Kind zu planen, wann es jede Aufgabe erledigt und wie viel Zeit es dazu hat.

✱ Vereinbaren Sie eine Zeit für die Hausaufgaben. Lassen Sie Ihrem Kind eine Pause nach der Schule, um etwas zu essen. Schieben Sie die Hausaufgaben nicht bis zum Abend auf, weil Ihr Kind zu dieser Zeit nicht seine beste Leistung bringt.

✱ Bitten Sie Ihr Kind, Ihnen die Hausaufgaben zu erklären und was sie im Unterricht gerade durchnehmen. So finden Sie heraus, wie es in der Schule vorankommt.

✱ Unterstützen Sie Ihr Kind, aber lösen Sie nicht für es die Aufgabe – auch dann nicht, wenn es sich schwertut. Bleiben Sie ruhig, geduldig und freuen Sie sich über seine Fortschritte. Helfen Sie ihm zu lernen, indem Sie es unterstützen, etwas eigenständig zu erarbeiten anstatt ihm die Antwort zu nennen.

✱ Gehen Sie die Hausaufgaben mit Ihrem Kind motiviert an. Wenn Ihr Kind Ihnen die Hausaufgaben gibt und Ihre Mundwinkel nach unten gehen, wird es demotiviert.

✱ Wenn Ihr Kind Ihre Hilfe ablehnt, aber Schwierigkeiten hat, loben Sie es für den Versuch, selbstständig zu lernen, lassen Sie es wissen, dass Sie da sind, wenn es Ihre Hilfe braucht und bieten Sie an, die Aufgaben hinterher zu überprüfen. Wenn es Fehler macht, loben Sie zunächst, was gut ist und bestehen Sie nicht darauf, dass es alles korrigiert, da die Schule die Stärken und Schwächen Ihres Kindes kennen muss.

✱ Wenn Ihr Kind sich immer schwertut, reden Sie mit dem Lehrer darüber. Manche Schulen bieten eine Hausaufgabenbetreuung zur zusätzlichen Unterstützung an.

HELFEN Wenn Ihr Kind Ihnen seine Aufgaben erklärt, versteht es sie besser.

Wiederholungsstrategien
Lernmethoden

Die Methode, mit der Ihr Kind lernt, ist genauso ausschlaggebend für seinen Erfolg, wie die Zeit, die es investiert. Setzen Sie sich zusammen, bevor es seinen Kopf in die Bücher steckt, und erarbeiten Sie einen Zeitplan.

Wenn es mehrere Fächer zu lernen hat, setzen Sie realistische Tagesziele, damit es seinen Fortschritt beobachten kann. Wenn es mit dem Lernen begonnen hat, ist die größte Herausforderung, motiviert zu bleiben.

Viel Lob und Ermunterung tragen dazu bei, aber zusätzliche Anreize wie Videospiele, Fernsehen oder Zeit mit Freunden helfen, wenn die Motivation abfällt. Sie könnten eine zusätzliche Belohnung für die Zeit nach der Klassenarbeit in Aussicht stellen. Regelmäßige Pausen, gesunde Ernährung, viel Schlaf und Bewegung sind ebenfalls wichtig für den Lernerfolg.

Strategien zum Lernen und Erinnern: Jedes Kind hat eine eigene Methode, mit der es am besten lernen kann. Manche lesen einen Text immer wieder, andere machen sich Notizen und Zeichnungen. Auch wenn die Schule bestimmte Methoden empfiehlt, sollten Sie mit Ihrem Kind Alternativen betrachten, um zu sehen, was am besten funktioniert.

Wiederholen und Aufsagen: Wiederholung ist die am häufigsten genutzte Lernstrategie und bedeutet, dasselbe Material mehrfach zu lesen, um es besser im Gedächtnis zu behalten. Wiederho-

EIGENER WEG Ermutigen Sie Ihr Kind, seinen eigenen Weg zu finden: Manche möchten Hilfe, andere lernen lieber allein.

ERMUNTERN Ihr Kind verliert sicher irgendwann die Motivation. Belohnungen helfen, es auf dem Weg zu halten.

MINDMAPS Grafiken und Diagramme zu einem Thema helfen Ihrem Kind, sich die Informationen einzuprägen.

lung wird noch effektiver, wenn Ihr Kind mehrere Informationen unter bestimmten Kategorien zusammenfasst – diese Methode wird auch Chunking genannt. Jüngere Kinder benötigen ein wenig Hilfe dabei. Das Thema laut oder leise aufzusagen (ähnlich wie Texte für Aufführungen) verbessert das Lernen ebenfalls.

Notizen und Zeichnungen: Notizen zu erstellen, Netzdiagramme oder Mindmaps zu zeichnen, um aufzuzeigen, wie bestimmte Lerninhalte zusammengehören, macht das Lernen zu einem aktiven Prozess. Neufassungen und Kürzungen der Notizen helfen, das Wissen in Stichwörtern zu fixieren. Animieren Sie Ihr Kind, darauf hinzuarbeiten, am Ende seiner Wiederholungen jedes Thema auf einer Seite als Notizen und einem Diagramm zusammenzufassen.

Ausarbeitung: Eine andere Lernmethode ist es, Informationen durch Bilder zu ersetzen. Je seltsamer das Bild, desto besser kann man sich daran erinnern. Merksätze und Eselsbrücken sind eine weitere Möglichkeit. Beispielsweise kann der Satz »Nie ohne Seife waschen« helfen, die Himmelsrichtungen zu lernen – die Anfangsbuchstaben jedes Wortes stehen für die einzelnen Himmelsrichtungen. Jüngere Kinder können solche Strategien nicht selbst entwickeln, sie aber mit Ihrer Hilfe gut nutzen.

Multimedia: Ihr Kind nutzt wahrscheinlich größtenteils Bücher, Handouts und seine eigenen Notizen zur Wiederholung. Andere Medien können das Lernen deutlich verbessern. Das Internet bietet den Zugang zu vielen zusätzlichen Informationen. Lernseiten enthalten oft Lernspiele und Rätsel, um das Wissen zu überprüfen. Fernsehsendungen können hilfreich sein, und Ihr Kind wird sie interessanter finden als Bücher zu lesen. Museen, historische Stätten und andere relevante Sehenswürdigkeiten geben den Unterrichtsthemen Leben und Bedeutung. Je größer die Bandbreite an Erinnerungen ist, die Ihr Kind zu einem Thema hat, desto größer wird sein Lernerfolg.

zählt, und durch den Mund wieder aus. Dabei sagt er sich gedanklich immer wieder die Worte »ganz ruhig«. Wenn er entspannt ist, soll er sich einige Minuten Zeit nehmen und den Test durchlesen und mit einer oder zwei Fragen beginnen, die er leicht beantworten kann. Dies wird ihn sicherer machen und ihm helfen, sich an das Gelernte zu erinnern. Die große Angst zu versagen macht ihn eher noch ängstlicher; deshalb sollte er ruhig und organisiert in seine Prüfungen gehen. Helfen Sie ihm beim Lernen, sagen Sie ihm, dass Sie zufrieden sind, wenn er sein Bestes gibt. Unternehmen Sie nach der Prüfung etwas mit ihm, das ihm Spaß macht – egal wie sie ausgeht.

F Meine Tochter nimmt an vielen Arbeitsgemeinschaften nach der Schule teil und hat kaum Zeit für ihre Hausaufgaben. Wie können wir ein Gleichgewicht schaffen?

An zusätzlichen Gruppen teilzunehmen ist wichtig für die soziale, emotionale und körperliche Entwicklung, und Ihre Tochter sollte darin bestärkt werden, ihren Interessen nachzugehen. Wenn sie keine Zeit für ihre normalen Hausaufgaben findet, scheint sie sich jedoch übernommen zu haben. Wenn Sie ihr helfen, ein gesundes Gleichgewicht zwischen Schule und Privatleben zu finden, ermöglicht das, ihr Potenzial in der Schule auszuschöpfen und ihren anderen Aktivitäten nachzugehen, ohne sich um die Hausaufgaben zu sorgen. Erstellen Sie mit Ihrer Tochter einen Wochenplan mit allen Unterrichtsstunden und Arbeitsgemeinschaften. Dadurch zeigen sich die Problempunkte. Statt einen großen Zeitblock für die Hausaufgaben zu schaffen, sollten Sie regelmäßige Zeitfenster einplanen. So kann Ihre Tochter auf Abgabetermine reagieren und ihre Lernphasen für Klassenarbeiten unterbrechen. Vielleicht kann sie manche ihrer Termine verschieben, aber es wird nicht alles zusammenpassen und Sie müssen ihr helfen Prioritäten zu setzen. Stehen viele Klassenarbeiten an, müssen einige Aktivitäten für eine oder zwei Wochen ausfallen, um Zeit zum Lernen zu schaffen. Sprechen Sie darüber mit ihr im Vorfeld und erstellen Sie dazu einen neuen Zeitplan.

Die Pubertät beginnt
Vielfältige Veränderungen

F Ist mein Sohn zu jung für Verabredungen?

In diesem Alter bedeutet ein »Date« häufig nur, Zeit miteinander zu verbringen, häufig sogar in einer Gruppe, es sind also weitere Freunde Ihres Kindes dabei. Das ist gut so: Ihr Kind betritt die Welt der Verabredungen, ohne den Druck allein zu sein, sich zu unterhalten und zu viel Taschengeld zum Ausgehen auszugeben.

Ihre Unterstützung bei dieser Erfahrung ist für Ihren Sohn wichtig. Nehmen Sie ihn ernst: Bitten Sie ihn, seine Freundin mit nach Hause zu bringen und akzeptieren Sie seine Wahl, auch wenn Sie nicht überzeugt sind, dass sie die Richtige ist. Zeigen Sie Interesse, indem Sie nach seiner Freundin fragen, aber vermeiden Sie Verhöre, da er sich sonst unter Druck gesetzt fühlt und Ihnen nichts mehr erzählt. Sie müssen entscheiden, wie viel Privatsphäre Sie ihm geben. Wenn er und seine Freundin in seinem Zimmer sein wollen, ist es Ihnen vielleicht lieber, wenn die Tür offen bleibt und Sie in der Nähe bleiben. Dies ist eine gute Gelegenheit, um mit ihm über das Thema Sex zu sprechen. Obwohl die Unterhaltung peinlich sein könnte, ist es wichtig, dass er Ihre Werte kennt, und weiß, was Sie von ihm erwarten.

Wenn er zum ersten Mal Verabredungen hat, seien Sie darauf eingestellt, ihn auch einmal trösten zu müssen. Nehmen Sie seinen Liebeskummer ernst: Diese frühen Erfahrungen können sehr schmerzhaft sein. Es kann auch für Sie eine neue schwierige Erfahrung sein, ihn leiden zu sehen.

> Leiten Sie Ihr Kind durch die körperlichen und emotionalen Veränderungen der Pubertät.

F Mein Kind ist zum ersten Mal verliebt. Wie ernst soll ich das nehmen?

Die erste Schwärmerei Ihres Kindes kann viel Zeit in Anspruch nehmen und sowohl heftig als auch schmerzhaft für Sie als Beobachter sein. Eine Studie in den USA hat ergeben, dass Jugendliche fünf bis acht Stunden pro Woche über mögliche Partner nachdenken. Schwärmereien dienen als Übung für die Liebe: Der Schwarm Ihres Kindes kann unerreichbar sein, wie ein Film- oder Popstar, ein Lehrer oder älterer Teenager, sodass Ihr Kind starke Gefühle entwickeln kann, ohne seinem Schwarm nahezukommen. Es ist auch normal, Gefühle für Menschen des gleichen Geschlechts zu entwickeln. So kann diese Seite der eigenen Sexualität aus der Distanz entdeckt werden.

Diese intensiven Beziehungen geben Ihrem Kind die Möglichkeit, das Thema mit seinen Freunden zu besprechen. Wenn es sich darüber unterhält, wie eine Beziehung sein könnte, wie es sich verhalten würde und welche Bereiche der Intimität ihm angenehm wären, entwickelt es seine eigenen Werte und Normen. Die Schwärmereien mögen Ihnen zwar belanglos erscheinen, doch wenn Sie an die Höhen und Tiefen Ihrer eigenen Jugendromanzen zurückdenken, werden Sie die Ängste Ihres Kindes besser verstehen. Wenn seine Verliebtheit endet, wird Ihr Kind es zu schätzen wissen, wenn Sie mit ihm reden, es wird aber auch Zeit brauchen, in der es allein sein kann. Seine Gefühle werden vorbeigehen und jemand anderes wird kommen, auch wenn das Ihrem Kind zu diesem Zeitpunkt unmöglich erscheint. Verliebt zu sein bringt es oft mit sich, dass Ihr Kind das

MYTHEN UND MISSVERSTÄNDNISSE

Stimmt es, dass …

alle Pre-Teenager am Rand der Krise stehen und große Konflikte mit den Eltern die Regel sind?

Nein, kleine Konflikte und Meinungsverschiedenheiten zwischen Eltern und Kindern sind in dieser Entwicklungsphase normal. Mehr als die Hälfte aller Jugendlichen berichten über nur wenige oder gar keine schweren Auseinandersetzungen. Die Familie ist für die meisten in der Kindheit und Jugend eine starke Quelle der Unterstützung.

Freunde wichtiger werden als die Familie, wenn Kinder in die Pubertät kommen?

Das stimmt nicht ganz: Sie und die Freunde Ihres Kindes haben einen starken Einfluss. Wie gut die Beziehung zu Ihrem Kind ist, bestimmt, wie sehr es Ihre Meinung schätzt. Bei einer guten Beziehung haben Sie mehr Einfluss auf seine Entscheidungen. Viele Kinder wünschen sich, dass ihre Eltern öfter mit Ihnen sprechen und 75 % würden sich wünschen, mit ihren Eltern über Sex und Verhütung reden zu können.

die körperliche Entwicklung der psychischen vorausgeht?

Das stimmt. Statistiken zeigen, dass der Beginn der Pubertät im vergangenen Jahrhundert immer früher eingesetzt, aber die soziale und emotionale Reife der Kinder offenbar nicht mit der körperlichen Entwicklung Schritt gehalten hat. Kinder erscheinen also körperlich erwachsen, sind aber nicht unbedingt in der Lage, die damit zusammenhängenden emotionalen Anforderungen zu erfüllen.

Was erwartet mich in der Pubertät

Körperliche Veränderungen

Mit dem Beginn der Pubertät vollzieht der Körper Ihres Kindes Veränderungen, die für den Übergang zum Erwachsensein nötig sind. Diese Veränderungen werden bei Jungen von dem Hormon Testosteron, das in den Hoden produziert wird, und bei Mädchen von dem Hormon Östrogen, das in den Eierstöcken produziert wird, in Gang gesetzt.

Normalerweise beginnt die Pubertät bei Mädchen zwischen 9 und 13, bei Jungen zwischen 10 und 15 Jahren. Der genaue Zeitpunkt ist zu einem Teil durch die körperliche Gesundheit, durch die Ernährung sowie genetisch bedingt. Wenn Sie und Ihr Partner z.B. früh in die Pubertät kamen, wird wahrscheinlich dasselbe für Ihr Kind gelten.

Erklären Sie Ihrem Kind, was es in der Pubertät erwartet. Wenn es weiß, was passiert, kann es mit den körperlichen Veränderungen besser umgehen. Sie können zunächst ein langes, vertrauliches Gespräch führen, gefolgt von vielen kleineren, wenn neue Fragen auftauchen.

Geben Sie Ihrem Kind Bücher über die Pubertät bei Jungen und Mädchen, sodass es in Ruhe und ganz ohne falsche Peinlichkeiten mehr erfahren kann. Oft werden die Gespräche zwischen Mutter und Tochter bzw. Vater und Sohn geführt, dies ist aber keine feste Regel: Lassen Sie Ihrem Kind die Wahl, ob es mit einem von Ihnen oder mit beiden sprechen will.

Äußerlichkeiten

*** Penis und Hoden:** Ihr Sohn wird merken, dass sein Penis und seine Hoden wachsen. Dies kann schon mit zehn oder elf Jahren beginnen, meist aber mit 13 bis 14 Jahren.

*** Brüste und Körperform:** Das erste Zeichen der Pubertät bei Ihrer Tochter ist vermutlich die Entwicklung der Brüste. Sie beginnt im Alter von 12 bis 13 Jahren mit der Entwicklung der »Brustknospen«: Die Brustwarzen schwellen an und das Brustgewebe wächst allmählich. Ebenso werden die Hüften breiter, wenn ihr Körper weiblicher wird.

*** Größe:** Mit der Pubertät setzt ein Wachstumsschub ein. Bisher ist Ihr Kind etwa 5–6 cm pro Jahr gewachsen. Ihre Tochter wächst nun bis zu 9 cm pro Jahr, am stärksten um das zwölfte Lebensjahr herum. Bei Ihrem Sohn kommt der Wachstumsschub etwas später: Er wächst mit 10 cm pro Jahr am stärksten im Alter von etwa 14 bis 15 Jahren, manchmal setzt diese Entwicklung auch schon mit 12 bis 13 Jahren ein.

*** Haare:** Bei Jungen und Mädchen wächst Scham- und Achselbehaarung. Ihr Sohn bekommt außerdem Gesichts- und Brustbehaarung und Sie können ihn des Öfteren dabei beobachten, wie er im Spiegel nach Flaum auf der Oberlippe sucht.

*** Stimme:** Die Stimme Ihres Sohnes wird im Alter von 14 bis 15 Jahren tiefer, da die Stimmbänder durch das Testosteron länger und dicker werden. Der Stimmbruch kann ein allmählicher Prozess sein oder auch ein plötzlicher Wechsel der Stimme von der normalen Höhe zu einer neuen Tiefe. Das mag Ihnen komisch erscheinen, ist ihm aber vermutlich peinlich. Irgendwann wird die tiefe Stimme normal und der Adamsapfel macht sich als Beule an der Kehle bemerkbar, wenn sich die Stimmbänder neigen. Auch die Stimme Ihrer Tochter wird etwas tiefer. Normalerweise tritt dies zwischen 15 und 16 Jahren ein.

*** Schweiß:** Die Schweißdrüsen Ihres Kindes werden aktiver und es kann Akne bekommen. Jungen haben häufiger Pickel als Mädchen. Sie entstehen, wenn Talg, der die Haut weich und geschmeidig machen soll, zu viel produziert wird und die Poren verstopft. Die Haut sauber zu halten hilft, Pickel zu reduzieren. Gute Körperhygiene ist ein Muss, da

Schweiß starken Körpergeruch erzeugt, wenn nicht regelmäßig Seife benutzt wird. Vielleicht müssen Sie Ihr Kind daran erinnern.

Innenleben

*** Zeugungsfähigkeit:** Ihre Tochter erreicht die Geschlechtsreife zuerst, wenn sie mit 9 bis 17 Jahren, meistens mit 13 oder 14 Jahren, die erste Menstruation (auch Periode oder Tage genannt) erlebt. Die Menstruation ist das Zeichen dafür, dass die Gebärmutterwand einen Fötus halten kann. Es bedeutet auch, dass die Eierstöcke Eizellen produzieren, aber die ersten Menstruationen können auch auftreten, bevor Eizellen produziert werden.

Ihre Tochter kann besser mit ihrer ersten Periode umgehen, wenn sie weiß, was auf sie zukommt und auf die Benutzung und Entsorgung von Binden und Tampons sowie die Körperhygiene vorbereitet ist.

Ihr Sohn beginnt zwischen 11 und 17 Jahren, Spermien zu produzieren. Die meisten Jungen erreichen dieses Stadium mit etwa 15 Jahren. Das bedeutet, dass sein Sperma eine Eizelle befruchten und ein Baby entstehen kann. Wenn Sie im Vorfeld mit ihm über Erektionen, Ejakulation und »feuchte Träume« sprechen, kann er damit besser umgehen. Auch wenn Sie glauben, dass Ihr Kind noch nicht bereit ist für sexuelle Beziehungen, muss es über Verhütung und die Bedeutung von Intimität in Beziehungen aufgeklärt werden.

Grund zur Sorge: Die Zeitspanne für den möglichen Pubertätsbeginn ist groß. Bei einem kleinen Teil der Kinder gibt es jedoch medizinische Ursachen, die das Einsetzen der Pubertät beeinflussen. Wenn Ihr Kind mit 14 Jahren noch keine Anzeichen für die Pubertät zeigt, wie die Entwicklung der Brüste oder Hoden, sprechen Sie mit einem Arzt.

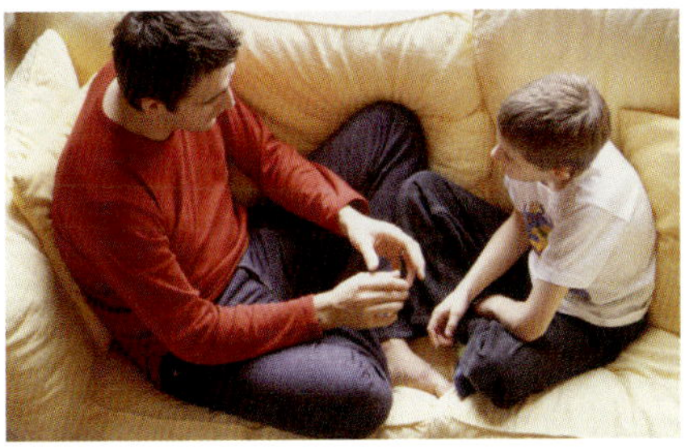

AUFKLÄRUNG Es ist wichtig, dass Sie Ihrem Kind die Veränderungen der Pubertät erklären. Für Ihr Kind wird es einfacher, wenn es weiß, was es erwartet.

OBERLIPPENBART Ihr Sohn bekommt Gesichtsbehaarung. **REINLICHKEIT** Helfen Sie Ihrem Kind bei der Körperhygiene, indem Sie ihm Deodorant mitbringen. **ERSTER BH** Neue Unterwäsche hilft Ihrer Tochter dabei, sich in ihrem verändernden Körper wohlzufühlen.

Verlegenheit
Peinliche Eltern …

Im Moment sind Sie vermutlich das Peinlichste für Ihr Kind. Wenn Sie ihm einen Abschiedskuss geben oder es daran erinnern, sich warm anzuziehen, ernten Sie verachtende Blicke oder es dreht sich weg, um nicht mit Ihnen gesehen zu werden.

Dies resultiert aus dem Versuch, erwachsen zu wirken. Zeichen seiner Abhängigkeit, wie an der Schule abgesetzt zu werden, untergraben das Bild der Selbstständigkeit, die es gern hätte. Die Lösung ist nicht, ihm nicht mehr zu helfen, sondern seine Verlegenheit zu respektieren, indem Sie es unterstützen. Setzen Sie es z. B. um die Ecke ab und heben Sie sich Küsse und Sorgen für zu Hause auf. Ihr Kind liebt Sie dadurch nicht weniger, aber wird Ihre Diskretion schätzen.

Interesse an Schule und Freunden verliert. Wenn dies so weit geht, dass seine Noten oder sein emotionales Wohlbefinden betroffen sind oder wenn das Bedürfnis, bei seinem Schwarm zu sein in dessen persönlichen Raum und sein Leben eingreift, z. B. durch Verfolgen oder übermäßige Geschenke, wird es besorgniserregend. Wenn die starken Gefühle Ihres Kindes Sie sorgen, sprechen Sie mit einem Arzt über Ihre Bedenken. Mitarbeiter von Telefonhotlines für Eltern und Jugendliche können Ihnen und Ihrem Kind ebenfalls helfen.

F Meine Tochter hat sich früh entwickelt und betont ihre Kurven durch ihre Kleidung gern. Warum tut sie das?

Der Körper Ihrer Tochter kann ihren Status unter Gleichaltrigen verändern. Wenn ihre Freunde sie als Wissensquelle über die Pubertät schätzen, steigt sie im Ansehen. Sie wird dann auf ihren Körper stolz sein. Sie könnte auch »falsche« Aufmerksamkeit von Jungen und jungen Männern auf sich ziehen, was eine starke Motivation darstellt, sich zu zeigen. Frühreife Mädchen haben häufiger ältere Freunde und werden eher in riskantes Verhalten wie Alkoholgenuss/-missbrauch und sexuelle Aktivitäten verwickelt als Mädchen, die sich später entwickeln. Nur weil sie körperlich erwachsen ist, kann sie nicht automatisch mit ihren älteren Freunden mithalten. Sprechen Sie offen über Ihre Sorge und arbeiten Sie daran, Vertrauen aufzubauen und Grenzen zu setzen. Beobachten Sie ihre Freundschaften mehr als Sie es sonst tun würden, bitten Sie sie, ihre Freunde nach Hause einzuladen, um jene kennenzulernen und sorgen Sie dafür, dass sie die Freiheiten und Grenzen hat, die ihrem Alter, und nicht dem ihrer Freunde, entsprechen.

F Warum versteckt meine Tochter schmutzige Wäsche und Binden?

Die erste Periode kann Ihre Tochter verwirren, da sie nun körperlich und psychisch die Schwelle zum Erwachsensein übertritt. Sie muss außerdem mit den praktischen Aspekten der Menstruation umgehen. Es kommt oft vor, dass Binden und verschmutzte Unterwäsche in Schubladen oder unter dem Bett versteckt werden. Vielleicht ist es ihr peinlich, sie in die Gemeinschaftsräume des Hauses oder den Hausmüll zu bringen. Sie möchte vermeiden, dass die ganze Familie von ihrer Periode weiß und sie kommentiert. Erklären Sie Ihrer Tochter, dass es eine Lösung für ihr Problem gibt, um zu zeigen, dass Sie sie verstehen. Stellen Sie kleine Tüten und einen Mülleimer in der Toilette bereit, damit sie ihre Binden sofort entsorgen kann, ohne sie aus dem Bad zu bringen. Sagen Sie ihr, dass verschmutzte Unterwäsche durchaus normal ist. Vielleicht hilft es, wenn sie eine eigene Wäschetonne in ihrem Zimmer bekommt, um verschmutzte Wäsche zu entsorgen, und Sie können sie waschen, ohne dass die ganze Familie es mitbekommt.

F Wann soll ich über Verhütung sprechen?

Je früher Sie über Verhütung sprechen desto besser. Das bedeutet nicht, dass Ihr Kind sofort loszieht und Sex hat: Gute Aufklärung erhöht nicht die sexuelle Aktivität von Jugendlichen. Frischen Sie ihr eigenes Wissen über Verhütung auf, bevor Sie mit Ihrem

Babyspeck und andere Sorgen
Ein gesundes Körperbild

Veränderungen der Figur sind ein unvermeidbarer Bestandteil der Pubertät. Ihr Kind wird besonders auf sein Aussehen, Größe, Haut und Pickel eingeschlossen, und seine Entwicklung achten, insbesondere, ob es genauso weit entwickelt ist wie seine Freunde. Auch wenn gerne gesagt wird, dass Kinder in der Pubertät ihren »Babyspeck« verlieren, stimmt das nicht. Wenn Ihr Kind schon früh übergewichtig ist, wird es ohne eine Ernährungs- und Lebensumstellung wahrscheinlich auch später dick bleiben. Ein zusätzlicher Faktor für die Gewichtsveränderung in der Pubertät ist, dass die Zeit für Sport und körperliche Aktivität mit dem Schulwechsel abnimmt. Die Verringerung der Aktivität kann das Gewicht beeinflussen, während Ihr Kind gleichzeitig ein größeres Körperbewusstsein entwickelt. Ihre Aufgabe ist es, Ihr Kind in einer gesunden Lebensweise zu unterstützen und seine Sorgen ernst zu nehmen, ohne es zu bevormunden oder sie kleinzureden. Das ist schwierig, weil Sie einerseits verständnisvoll sein wollen, aber nicht gleichzeitig implizieren möchten, dass es ein Problem hätte.

Ein gesundes Körpergefühl

* Bringen Sie gesundes Essen und regelmäßige Bewegung in den Tagesablauf der Familie ein. Eine ausgewogene Ernährung verbessert das allgemeine Wohlbefinden und das Hautbild. Wenn die ganze Familie sich beteiligt, bekommt Ihr Kind nicht das Gefühl, ausgeschlossen zu sein, oder dass Sie es für übergewichtig halten.
* Akzeptieren Sie Ihr Kind, wie es ist. Loben Sie Erfolge, Aussehen und seine persönlichen Stärken, um die Selbstkritik auszugleichen.
* Achten Sie darauf, was Sie sagen: Vergleiche mit anderen oder Witze über die Pubertät oder sein Aussehen können Ihr Kind zutiefst verletzen, auch wenn Sie es nicht so meinen.
* Verstehen und akzeptieren Sie seine Sorgen über sein Aussehen. Versichern Sie ihm, dass Sie es und sein Aussehen lieben, aber akzeptieren Sie, wenn es anderer Meinung ist. Bieten Sie Ihre Hilfe an, wenn es ein bestimmtes Problem hat. Ihre Hilfe wird an einem »schlechten Tag« oder auch beim Abdecken von Pickeln gern gesehen, und sei es, dass Sie nur die benötigten Produkte kaufen.

ICH MÖCHTE WIE DU SEIN Wenn die Sorge um seinen Körper Ihrem Kind Stress bereitet, z.B. wenn es meint, so dünn wie Models sein zu müssen, kann das zu Gesundheitsproblemen führen – fragen Sie einen Arzt um Rat!

WIE SEHE ICH AUS? Helfen Sie Ihrem Kind, ein gesundes Körperbild zu entwickeln, indem Sie sich einfühlsam und beschwichtigend zeigen.

Kind sprechen. Lesen Sie aktuelle Bücher und fragen Sie einen Arzt, wenn Sie unsicher sind. Räumen Sie Mythen darüber aus, wie Schwangerschaften entstehen. So glauben viele Kinder z.B., dass Mädchen nicht schwanger werden, wenn sie Sex im Stehen oder während der Menstruation haben oder wenn sie gleich danach herumlaufen und -springen. Sprechen Sie auch über den möglichen Gruppendruck sich küssen zu müssen, zu berühren oder Sex zu haben. Ihr Kind glaubt vielleicht, dass »alle es tun« und es mitmachen muss. Nehmen Sie ihm die Last, sagen Sie ihm, dass die wenigsten Kinder in seinem Alter das getan haben, was sie erzählen und ebenso viel Angst davor haben wie es selbst. Sprechen Sie darüber, was körperliche Intimität in einer Beziehung bedeutet und dass es am schönsten ist, wenn Liebe mit im Spiel ist und es beide Personen wollen. Sex zu haben, nur um anderen etwas zu beweisen, macht keinen Spaß. Bitten Sie Ihr Kind, sich an Sie zu wenden, wenn es sich unter Druck gesetzt fühlt, etwas zu tun, wozu es nicht bereit ist.

F Warum ist mein Kind so unberechenbar?

Ihr Kind hat Stimmungsschwankungen, wie jeder, der unter Druck steht und mit großen Veränderungen umgehen muss. Manchmal scheinen diese Veränderungen wunderbar und voller Möglichkeiten zu sein, im nächsten Moment ist die zunehmende Verantwortung überwältigend. Es ist beunruhigend für Ihr Kind, seine Gefühle nicht kontrollieren zu können und fast genauso verwirrend für Sie, nicht zu wissen, was Sie erwartet und wie Sie reagieren sollen.

Scheinbar harmlose Dinge werden zu großen Enttäuschungen, wenn Ihr Kind immer komplexere soziale Beziehungen aufbaut. So empfindet Ihr Kind z.B. es als große Zurückweisung, wenn ein Freund im Bus woanders sitzt oder nicht anruft, obwohl es vereinbart war. Ebenso kann Ihr Kind übertrieben optimistisch sein, wenn etwas gut läuft: eine Einladung zu einer Verabredung oder ein Kompliment für eine gute Schularbeit geben ihm einen Moment purer Freude, in dem die ganze Welt toll ist. Alles-oder-Nichts-Aussagen wie »Alle starren mich an, seit ich diese Zahnklammer habe« oder »Niemand mag mich, alle lachen mich aus, seit ich in der Schule Ärger hatte« sind normal. Sie neigen wahrscheinlich dazu, diesen Aussagen zu widersprechen, aber das zwingt Ihr Kind in eine Verteidigungshaltung. Oft reicht es, zuzuhören, Verständnis zu zeigen und Hilfe anzubieten.

F Mit welchen weiteren emotionalen Ausbrüchen muss ich während der Pubertät rechnen?

In den nächsten Jahren strebt Ihr Kind nach Unabhängigkeit, entwickelt intime Beziehungen, eigene Werte und Ansichten. Angesichts dieser großen Veränderungen ist es kein Wunder, dass seine Emotionen und sein Verhalten Ihnen irritierend und unberechenbar erscheinen. Die körperlichen Entwicklungen haben einen Einfluss auf sein Selbstbewusstsein, Ihr Kind fühlt sich unproportioniert und schämt sich dafür. Für Mädchen ist es normal, sich um Figur, Gewicht und den Umgang mit der Menstruation zu sorgen. Jungen kümmern sich um ihre Körpergröße und die Penislänge und später darum, ob eine Erektion zu ungünstigen Zeitpunkten wie beim Sport oder im Unterricht bemerkt wird.

Eine der Herausforderungen Ihres Kindes in den nächsten Jahren ist, eigene Werte und Ansichten unabhängig von Ihren zu entwickeln. Dabei weist es vielleicht Ihre Normen und Einstellungen zurück oder macht sogar das genaue Gegenteil, um Ihre Reaktion zu erfahren und zu testen. Dies ist ein hilfreicher Prozess für Ihr Kind, auch wenn er für Sie zeitweise besorgniserregend und schmerzhaft ist. Es braucht Ihr Vertrauen und Ihren Glauben jetzt mehr denn je, dass es die richtigen Entscheidungen trifft, sich selbst schützen kann und seinen eigenen Erwartungen gerecht wird. Der Drang nach Unabhängigkeit kann mit Ihrem Bedürfnis, Ihr Kind zu schützen und der Vorsicht, zu früh zu viele Freiheiten zu gewähren, in Konflikt geraten. Daher sind kleine Auseinandersetzungen normal. Vertrauen entsteht jedoch nur, wenn Sie Ihrem Kind erlauben, seine Unabhängigkeit auszuprobieren und ihm in kleinen Schritten mehr Eigenverantwortung übertragen.

Faulpelz oder Arbeitstier?
Der Charakter Ihres Kindes

F Meine Tochter will nur noch Zeit mit ihren Freunden verbringen. Braucht sie mich nicht mehr?

Je älter Ihre Tochter wird, desto wichtiger werden ihre Freunde dabei, ein unabhängiger, freidenkender junger Mensch zu werden und sich auf das Leben vorzubereiten. Auf eigenen Füßen zu stehen und eine eigene Identität zu entwickeln, sind wichtige Teile der Entwicklung. Nehmen Sie ihre Zurückweisung also nicht persönlich. Untersuchungen haben ergeben, dass Jugendliche mehr als die Hälfte ihrer Zeit mit Gleichaltrigen verbringen und weniger als fünf Prozent mit den Eltern. Wenn Kinder gefragt werden, wem sie näher stehen und von wem sie die meiste Unterstützung erhalten, stehen die Eltern aber an erster Stelle. Die Freundschaften Ihrer Tochter werden wichtiger, das bedeutet aber nicht, dass Sie nun unwichtig sind. Ihre Tochter benötigt nach wie vor die Liebe und Sicherheit, die sie von zu Hause gewohnt ist (Freunde können das nicht ersetzen), nur ihre Art damit umzugehen ändert sich.

F Ich habe Angst, dass die Freunde meines Sohnes schlechten Einfluss auf ihn haben. Soll ich ihm den Umgang verbieten?

Wenn Ihr Sohn versucht, neue Freundschaften zu schließen, könnte er sich zu Mutproben hinreißen lassen, um zu zeigen, dass er »dazugehört«. Das mag besorgniserregend sein, aber bedenken Sie, dass er seine Freunde inzwischen nach Qualitäten wie gemeinsamen Interessen, Ansichten und Werten wählt. Wenn Ihr Sohn seine Freunde besser kennengelernt hat, merkt er vielleicht, dass sie nicht zu ihm passen und sucht sich aus eigenem Antrieb neue Freunde. Wenn Sie seine Wahl anzweifeln, wird er seine Freunde wahrscheinlich verteidigen und Sie treiben ihn noch näher zu ihnen. Sprechen Sie mit ihm über Ihre Sorge wegen seines Verhaltens und mögliche Konsequenzen, aber lassen Sie ihm die Wahl – es sei denn, er bringt sich oder andere in Gefahr.

Ihr Sohn muss kein Anführer sein, um für das einzustehen, was er glaubt. Im Lauf der Zeit und mit Ihrer Unterstützung wird er die richtige Wahl für sich treffen.

F Meine Tochter gibt ihr Taschengeld immer gleich aus. Wie kann ich sie dazu bringen, etwas zu sparen?

Vielleicht haben Sie gehofft, dass Ihre Tochter aus der »Ich will es sofort«-Phase herauswächst, aber manche Jugendlichen entwickeln die Fähigkeit, Zusammenhänge zu erkennen, erst später. Viele Eltern scheuen sich, kleine Belohnungen zugunsten einer größeren zurückzuhalten. Einige Wissenschaftler argumentieren, dass Heranwachsende materielle Belohnungen nützlicher finden, weil sich die Art und Weise verändert, wie das Gehirn mit Anerkennung und Freude umgeht. Daher neigt Ihre Tochter vermutlich eher dazu, sich beim Einkauf zu belohnen – und Sparen ist da keine Option. Natürlich wird Ihre Tochter auch von ihren Freunden und der Gesell-

Ihr Kind beginnt, eigene Entscheidungen zu treffen, die auf dem basieren, was es glaubt und für richtig hält.

Die Hirnfunktionen Jugendlicher
Eine zweite Welle der Entwicklung

Es ist seit Langem bekannt, dass Kinder ab der Geburt und bis zum Alter von circa 18 Lebensmonaten eine wichtige und kritische Phase der Gehirnentwicklung durchmachen. In dieser Zeit bildet sich ein Geflecht von Verbindungen zwischen Gehirnzellen (Neuronen). Dieser Prozess ist als Synaptogenese bekannt. Oft genutzte Verbindungen werden gestärkt und wenig genutzte Verbindungen entfernt. Kleine Kinder sollten daher viele verschiedene Erfahrungen machen, um so viele neue Verbindungen beizubehalten wie möglich.

Neue Studien mit Magnetresonanztomografen (MRT) haben erwiesen, dass verschiedene Bereiche des Gehirns sich unterschiedlich entwickeln. Im Frontalhirn, das für Funktionen wie Planen, Organisieren, Impulskontrolle, logisches Denken und Entscheidungen zuständig ist, findet eine weitere Synaptogenese statt, die ihren Höhepunkt bei Jungen mit etwa zwölf, bei Mädchen mit elf Jahren hat. Sobald langfristige Verbindungen geschaffen wurden, werden sie durch eine Myelinscheide (Isolierung, die die Synapsen umgibt) stabiler gemacht. MRT-Aufnahmen zeigen, dass diese Myelinisierung im hinteren Bereich des Gehirns beginnt und sich vorwärtsbewegt, sodass die Frontallappen bis zum Jugendalter wohl noch nicht voll ausgereift sind. Andere Bereiche, wie jene für die Wahrnehmungs-, Fühl-, Hör- und Sprechfunktionen, sind im jugendlichen Gehirn weitestgehend ausgereift.

Untersuchungen haben gezeigt, dass Teenager Gedanken und Gefühle anderer zwar besser verstehen als kleine Kinder, aber noch nicht so gut wie Erwachsene. Das lässt darauf schließen, dass die Empathie (die Fähigkeit, sich in andere hineinzuversetzen) sich auch über das Jugendalter hinaus entwickelt.

Was bedeutet das für mein Kind?

* In dieser zweiten Phase der Gehirnentwicklung hat Ihr Kind weit mehr Einfluss auf sein Verhalten und kann einiges dazu beitragen, die Verbindungen in seinem Gehirn zu formen. Ermuntern Sie es, das Beste aus seinen Talenten und Möglichkeiten zu machen und unterstützen Sie es dabei, neuen Interessen nachzugehen, auch wenn Sie glauben, dass dies nur eine vorübergehende Leidenschaft ist. Bieten Sie ihm neue Erfahrungen, aber widerstehen Sie der Versuchung, Museen zu besuchen und es in Kunstkursen anzumelden, wenn es kein Interesse daran zeigt. Ihre Unterstützung hilft Ihrem Kind, das Beste aus seinen Talenten zu machen und die Basis für wichtige lebenslange Fähigkeiten zu schaffen.
* Einige Probleme mit Ihrem Kind resultieren aus der Entwicklung der Frontallappen. Es wird selbstbewusster, nachdenklicher und kann

FÜR DICH DA SEIN Ihr Kind braucht nach wie vor Ihre Hilfe und Anleitung.

ROCKSTAR Ermuntern Sie Ihr Kind, neuen Interessen nachzugehen..

Gedanken, Gefühle und Verhalten anderer besser verstehen. Diese und andere Wahrnehmungsfähigkeiten wie Planen, Konsequenzen erkennen, Impulse und Gefühle zu steuern, brauchen Zeit, sich zu entwickeln. Das heißt nicht, dass Sie unpassendes Verhalten dulden müssen: Behalten Sie Regeln und Grenzen bei.

* Nehmen Sie am Leben Ihres Kindes teil – auch, wenn es nicht immer damit einverstanden ist. Bieten Sie Hilfe an, wenn es sie braucht, hören Sie ihm zu, geben aber auch feste Regeln und Anweisungen, damit es auf dem richtigen Weg bleibt.

Ein Wort zur Vorsicht: Diese Phase ist wichtig, aber diese biologischen Prozesse sind nicht die einzigen Faktoren, die die Persönlichkeit Ihres Kindes bilden. Die Verbindungen zwischen den Hirnstrukturen, ihre Funktion und Anteil an bestimmten Verhaltensweisen zu verstehen ist ein langer Weg. Die Beziehung zwischen Ihnen und Ihrem Kind, seinem Zuhause und der Schule, zu den Freunden und schließlich der Einfluss der Hormone spielen bei dieser komplexen Entwicklung eine Rolle.

NICHT NUR BIOLOGIE Familie und Freunde Ihres Kindes sowie seine Beziehung zur Schule und zu anderen Personen beeinflussen maßgeblich die Entwicklung.

schaft beeinflusst, die die Werbebotschaft »Du kannst alles sofort haben« verbreitet. Für einen jungen Menschen kann es schwer sein, den vielen Dingen, die man haben muss, zu widerstehen.

Lassen Sie Ihre Tochter eigene Entscheidungen darüber treffen, wofür sie ihr Geld ausgibt (innerhalb bestimmter Grenzen), aber helfen Sie ihr, den Wert des Geldes zu schätzen, indem Sie über Kosten und Nutzen ihrer Wahl sprechen. Sie können ihr auch Tipps geben, dass ihr Geld länger reicht, wenn sie sich in Secondhandläden und auf Trödelmärkten umschaut, die oft echte Schätze zu einem Bruchteil des Normalpreises anbieten. Wenn Ihre Tochter etwas haben möchte, das sie sich nicht leisten kann, weil sie nicht spart, bleiben Sie konsequent und geben Sie nicht nach, wenn sie einen Zuschuss haben möchte.

F Mein Sohn verbringt immer mehr Zeit allein in seinem Zimmer. Soll ich ihn in Ruhe lassen?

Mit den Herausforderungen des Erwachsenwerdens umzugehen erfordert ein unterstützendes Umfeld, gute Freunde, Entfaltungsmöglichkeiten und genügend Privatsphäre. Während der fortschreitenden Pubertät benötigt Ihr Sohn Zeit und Raum, um sich zurückzuziehen, zu entspannen, über sein Leben und sich selbst nachzudenken. Sein wachsender Sinn für Unabhängigkeit bedeutet auch, dass er nicht mehr wie früher alles mit ihnen teilt, und Zeit allein wichtig ist.

Solange Sie nicht befürchten, dass er sich aus Stress, Angst oder schlechter Laune zurückzieht, lassen Sie ihm die Zeit, die er braucht, um all die Veränderungen zu verarbeiten. Versuchen Sie, Ihren Sohn weiter in das Familienleben einzubeziehen. Sagen Sie ihm, was Sie vorhaben und bitten Sie ihn, mitzumachen, wenn er möchte. Ihn zu gemeinsamen Aktivitäten zu zwingen bringt jedoch niemandem etwas. Wenn Sie sich um die emotionale Gesundheit Ihres Sohnes sorgen, suchen Sie einen Weg, mit ihm darüber in Ruhe zu reden, und sprechen Sie mit Ihrem Arzt, wenn Sie glauben, dass Ihr Sohn professionelle Hilfe benötigt.

F Meine Tochter sitzt Ewigkeiten an ihren Hausaufgaben. Verpasst sie nicht einen wichtigen Teil der Teenager-Zeit, nämlich Zeit mit Freunden zu verbringen?

Ihre Tochter ist in einem Alter, in dem sie Zukunftspläne macht. Schulischer Erfolg kann ein wichtiger Teil ihrer Karrierepläne sein. Vielleicht spiegeln ihre Lerngewohnheiten auch die ihrer Freunde wider oder sie hat einfach Spaß an der Arbeit und zieht aus dem Erfolg Befriedigung und Selbstwertgefühl. Wenn Ihre Tochter damit zufrieden ist, müssen Sie nicht befürchten, dass sie etwas verpasst. Ihr Sozialleben ist wichtig, aber wichtiger als die Häufigkeit der Treffen ist die Qualität ihrer Freundschaften. Wenn Sie fürchten, dass Ihre Tochter sich von ihren Freunden zurückzieht, sorgen sie für ein Gleichgewicht zwischen Schule und Freizeit. Setzen Sie einen Zeitrahmen für die Hausaufgaben und schaffen Sie Gelegenheiten, um Zeit mit ihren Freunden zu verbringen. Wenn Sie glauben, dass Ihre Tochter mehr Zeit mit den Hausaufgaben verbringt, weil sie Schwierigkeiten hat im Unterricht mitzuhalten, sprechen Sie mit ihr darüber und fragen Sie in der Schule nach zusätzlicher Hilfe.

ELTERN BERICHTEN

Wie der Vater so der Sohn? Loslassen

Um ehrlich zu sein, habe ich die Pubertät meines Sohnes gefürchtet – hauptsächlich, weil ich mich an die Probleme erinnerte, die ich mit meinen Eltern hatte. Als er in die Pubertät kam, habe ich mich auf Launen, Diskussionen und schwieriges Verhalten vorbereitet und war nicht überrascht, als es anfing. Nach einer Weile merkte ich, dass ich mehr Probleme verursachte als mein Sohn. Ich hatte solche Angst, er könnte in Schwierigkeiten kommen, dass ich versuchte, alles zu kontrollieren, was er tat, und gab ihm wenig Freiraum, was ihn umso mehr gegen mich aufbrachte. Es war nicht leicht, aber ich begann, ihm (mit klaren Grenzen) Freiheiten zu geben und versuchte, mit ihm zu reden statt einfach »Nein! « zu sagen. Es hilft, Probleme zu besprechen. Wir haben immer noch Meinungsverschiedenheiten, aber ebenso viel Spaß und wir kommen viel besser miteinander aus als ich damals mit meinem Vater.

F In letzter Zeit streitet mein Kind mit mir über alles. Warum?

Wenn Sie und Ihr Kind bislang gut miteinander ausgekommen sind, spiegelt sein Verhalten eher seine wachsende Fähigkeit wider, sich besser auszudrücken und zu argumentieren als ein Problem zwischen Ihnen. Statt zu akzeptieren, was ihm gesagt wird, beginnt es, die Regeln infrage zu stellen. Das mag für seine schulische Entwicklung hervorragend sein, aber nicht, wenn Sie es bitten, sein Zimmer aufzuräumen. Früher hat es Ihre Anordnungen vielleicht mit einem gemurmelten Kommentar hingenommen – jetzt bekommen sie seinen wachsenden Intellekt zu spüren. Versuchen Sie, es nicht persönlich zu nehmen. Sagen Sie ruhig und deutlich, was Sie möchten und versuchen Sie, sich nicht in Diskussionen verwickeln zu lassen. Lassen Sie Ihr Kind zu Wort kommen, aber versuchen Sie, Probleme anzusprechen, wenn es ruhig ist statt im Eifer des Gefechts. So beeinflussen Sie, wie es seine neuen Fähigkeiten künftig nutzt.

F Unser Sohn weigert sich, im Haushalt zu helfen. Wie können wir ihn dazu bringen?

Kinder werden nicht über Nacht faul – dazu bedarf es langer Übung! Wenn Ihr Sohn bisher mit wenig Hausarbeit davongekommen ist, gibt es keinen Grund, warum er plötzlich damit anfangen sollte. Viele Eltern schimpfen mit ihren Kindern, dass sie endlich das Geschirr weg-, das Zimmer aufräumen, die Kleider aufhängen sollen, machen es aber dann um des lieben Friedens (und einer ordentlichen Wohnung) willen selber. Ebenso kommen viele Kinder mit einem Minimalaufwand in der Schule davon, obwohl sie einiges mehr erreichen könnten. So lernen diejenigen, die sich an ein wenig Nörgelei nicht stören, dass Faulheit am Ende belohnt wird. Sie können Ihren Sohn motivieren, indem Sie das Verhalten loben, das Sie gern öfter sehen würden. Sie könnten auch einige einfache Pflichten mit dem Taschengeld verbinden oder Leistungen in der Schule belohnen. Faulheit ist keine Phase, aus der Ihr Sohn einfach herauswächst – sein Verhalten kann sich aber mit der richtigen Motivation ändern.

F Mein Sohn hängt nur zu Hause herum und spielt Videospiele. Kann ich ihn dazu bringen, seine Zeit sinnvoll zu nutzen?

Vielleicht erholt sich Ihr Sohn auf diese Art von den Anstrengungen des Tages. Tipps und Fortschritte über das neueste Videospiel auszutauschen, kann außerdem ein wichtiges Gesprächsthema mit seinen Freunden sein, sodass Ihr Sohn diese Zeit benötigt, um auf dem Laufenden zu bleiben. Neue Erkenntnisse über die Entwicklung der Gehirne bei Jugendlichen zeigen, dass er in einer wichtigen Wachstums- und Entwicklungsphase ist, in der wichtige Problemlösungs-, Planungs- und Organisationsfähigkeiten verfeinert werden. Diese Fähigkeiten werden selten genutzt und daher nicht auf die gleiche Weise gefestigt – was bei einigen Forschern zu der Bezeichnung »use it or lose it«-Prinzip geführt hat; anders gesagt: »Wer rastet, der rostet«. Wenn Ihr Sohn seine gesamte Freizeit faul herumhängt, müssen Sie ihn vielleicht dazu bringen, sich anderweitig zu beschäftigen, indem Sie das Videospiel zeitlich begrenzen. Bedenken Sie aber, dass das, was Sie zu Hause sehen, nur ein Teil dessen ist, was Ihr Sohn macht. Möglicherweise arbeitet er hart in der Schule und hat andere Interessen, die seine Fähigkeiten fördern.

F Ich mache mir Sorgen, weil meine Tochter sehr schüchtern ist und nur wenige Freunde hat.

Individuelle Temperamente beeinflussen von Anfang an, wie Menschen aufeinander reagieren und wie gesellig sie sind. Natürlich will nicht jeder Teil einer Gruppe oder der Mittelpunkt der Aufmerksamkeit sein – es sind immer die gleichen Kinder, die die Hauptrolle im Schultheater übernehmen, während andere im Hintergrund bleiben.

Wenn Ihre Tochter erwachsen wird, führen die Veränderungen, die sie wahrnimmt, vielleicht dazu, dass sie sich unsicher fühlt und ihre Schüchternheit zunimmt. Schüchternheit an sich ist jedoch kein Problem, solange diese sie nicht von Aktivitäten abhält, die sie gern machen würde. Vielleicht genügen ihr einige enge Freunde. Sie können Ihre Tochter nicht zwingen, an etwas teilzunehmen – das würde es vermutlich schlimmer machen. Versuchen Sie, ihr Selbstbewusstsein aufzubauen, indem Sie loben, was sie gut kann und bieten Sie ihr Rückhalt, wenn Sie sehr selbstkritisch ist.

Neue Ansichten
Umweltthemen

Die erweiterten Wahrnehmungsfähigkeiten ermöglichen Ihrem Kind, komplexer und »erwachsener« über moralische und ethische Themen nachzudenken. Es beginnt, neue und vielleicht herausfordernde Ansichten zu entwickeln, z. B. ein besonderes Interesse an Recycling und globaler Erwärmung. Statt Ihre Entscheidung zu akzeptieren, dass es sich nicht lohnt, jedes Teil aus Plastik, Papier, Pappe und Weißblech auszusortieren, beginnt Ihr Kind, seine Entscheidungen auf Basis eigener Prinzipien und Ansichten zu treffen. Neben seinen Umweltschutzaktivitäten werden Sie ein neues Interesse an Nachrichten und aktuellen Ereignissen bemerken. Nutzen Sie seinen Enthusiasmus für Gespräche über das, was es macht, und versuchen Sie, seinen Optimismus, die Welt retten zu können, nicht zu untergraben. Wir können alle etwas für die Umwelt tun; einige Veränderungen zu Hause umzusetzen, zeigt ihm, dass Sie seine Ansichten unterstützen – so stärken Sie außerdem sein Selbstbewusstsein.

Wie geht es weiter?
Trennung und Scheidung

F Mein Kind sieht seinen Vater jedes zweite Wochenende, will aber Fotos von ihm überall im Haus haben.

Ihr Kind hat eine Möglichkeit gefunden, seinen Vater im täglichen Leben präsent zu haben. Eine gute Beziehung zu Ihnen beiden ist wichtig, damit es sich mit der Trennung arrangieren kann. Während es eine für Sie schmerzhafte Erinnerung an den Ex-Partner ist, bleibt für Ihr Kind so die Beziehung erhalten. Suchen Sie Orte, an denen es Fotos und Erinnerungen an seinen Vater aufstellen kann, vor allem in seinem Zimmer. Geben Sie Ihrem Kind genügend Gelegenheiten, die Verbindung zum Vater aufrechtzuerhalten, über das Telefon, SMS oder per E-Mail.

F Ich treffe meine Ex-Partnerin, wenn sie unseren Sohn abholt oder zurückbringt. Manchmal streiten wir uns an der Tür. Ist das schlecht?

Wenn Ihr Kind abgeholt oder nach Hause gebracht wird, ist das der einzige Moment, in dem Sie Ihren Ex-Partner sehen. Dann sensible oder schmerzhafte Themen anzusprechen, kann dazu führen, dass Ihr Kind diese Momente fürchtet. Spannungen zwischen den Eltern machen Ihren Sohn ängstlich und unglücklich. Er könnte denken, dass er den Streit nur schlichten kann, wenn er ein Elternteil nicht mehr sieht oder dass er einschreiten und einen von Ihnen beschützen muss. Es ist wichtig, ihn nicht in die Rolle eines erwachsenen Streitschlichters oder -lösers zu drängen. Es ist Ihre Aufgabe, andere Kommunikationswege zu finden. Briefe, E-Mails, SMS oder Anrufe halten die Auseinandersetzungen von Ihrem Kind fern. Wenn Sie keine Problemlösung finden, ist eine Mediation oder ein Prozess vielleicht die beste Alternative.

F Mein Sohn lebt unter der Woche bei mir. Er hat einige Probleme in der Schule, aber seine Mutter scheint nichts davon zu wissen.

Wenn Ihr Kind hauptsächlich bei einem von Ihnen lebt, müssen Sie beide sich zusätzlich bemühen, in Schulthemen auf dem Laufenden zu bleiben. Informieren Sie Schule und Lehrer darüber, dass Informationen und Zeugnisse an Sie beide gerichtet werden müssen. Verbessern Sie bei Problemen die

---

ELTERN BERICHTEN

Ortswechsel
Frust verringern

Mein Mann und ich haben uns getrennt, als unser Sohn erst fünf war, und uns darauf geeinigt, dass er die halbe Woche bei mir und die andere Hälfte bei seinem Vater verbringt. Bis zum Schulwechsel funktionierte das gut, aber als Hausaufgaben und sein Sozialleben komplexer wurden, kam Frustration auf. Er ließ Hausaufgaben oder Schulmaterial in der einen Wohnung, das er in der anderen brauchte, oder war frustriert, wenn er auf unserem Computer etwas angefangen hatte, das er am anderen wieder von vorn beginnen musste. Es entstanden Spannungen und wir entschieden, die Regelung zu überdenken. Derzeit haben wir eine Probezeit, in der er die Schulwoche bei uns verbringt, aber die Wochenenden und Ferien zum Ausgleich bei seinem Vater. Bislang findet er es leichter und es gibt deutlich weniger Fahrten zwischen beiden Orten, um Vergessenes zu holen.

MYTHEN UND MISSVERSTÄNDNISSE

Stimmt es, dass …

alle Stiefmütter böse sind?

Zum Glück nicht. Stiefmütter müssen aber dank Kindermärchen und -filmen mit Klischees kämpfen. Helfen Sie, das Vorurteil auszuräumen, indem Sie den Willen zeigen, sich gegenseitig kennenzulernen und von ihr anerkannt zu werden. Vermeiden Sie den Fehler, sich zu sehr um eine Freundschaft zu bemühen, weil dies als unaufrichtig verstanden werden kann und den Verdacht um Ihre »bösen« Motive eher erhärtet.

es besser ist, wegen der Kinder zusammenzubleiben?

Das stimmt nicht unbedingt. Wenn Ihre Beziehung von Ablehnung und Konflikten bestimmt wird, wird Ihr Kind einige Erleichterung spüren, wenn Sie sich trennen, weil es dann weniger Spannungen und Konflikten ausgesetzt ist. Dank einer guten Beziehung zu Ihnen beiden und Ihrer Fähigkeit, in Erziehungsfragen zusammenzuarbeiten, kann Ihr Kind sich besser mit der Trennung arrangieren.

ein Baby die Stieffamilie enger zusammenbringt?

Viele Eltern in einer Stieffamilie entscheiden sich für ein weiteres Kind. Ein Baby bringt sicher Liebe in die Familie; leider können auch Eifersucht und Ablehnung entstehen. Wenn Sie sich für ein Baby entscheiden, ist es wichtig, Ihr Kind während der Schwangerschaft einzubeziehen, ihm zu sagen, dass es genauso wichtig ist wie vorher, und dass Sie täglich gemeinsame Zeit mit ihm verbringen.

Wenn Eltern sich trennen
Mit der Entscheidung umgehen

Die Entscheidung sich zu trennen fällt niemandem leicht und die größte Herausforderung ist, das Beste für Ihr Kind zu erreichen, während Sie selbst mit der Veränderung umgehen müssen. Ohne Zweifel wird auch die einvernehmlichste Trennung anstrengend für Sie und Ihr Kind.

Schadensbegrenzung

* **Erklären:** Sagen Sie Ihrem Kind, wenn Sie und Ihr Partner sich für eine Trennung entschieden haben und erklären Sie Ihre Gründe. Sagen Sie Ihrem Kind, dass Sie beide es lieben. Sie könnten beginnen mit »Deine Mama und ich lieben uns nicht mehr und haben entschieden, getrennt zu leben. Wir beide lieben dich sehr und werden das immer tun«.
* **Keine Schuld:** Ihr Kind wird sich fragen, ob seine Launen und Wutanfälle Sie verärgert haben und es schuld an der Trennung ist.

  Warten Sie nicht, bis es das Thema anspricht – versichern Sie ihm, dass die Entscheidung auf der Beziehung zwischen Ihnen als Erwachsenen beruht und machen Sie deutlich, dass es nicht dazu beigetragen hat.
* **In Verbindung bleiben:** Die wichtigsten Fragen für Ihr Kind sind, wie viel Zeit es mit jedem von Ihnen verbringen kann, wo und mit wem es leben wird. Legen Sie das von vornherein fest, sodass es Sie beide in jeder Phase der Trennung sehen kann. Eine langfristige Lösung zu finden kann schwierig werden: Sie müssen seine Bedürfnisse und Wünsche, praktische Belange und Ihre eigenen Wünsche gegeneinander aufwiegen. Oft hilft es dann, eine neutrale Person, die nicht in die Trennung einbezogen ist, wie einen Mediator oder Psychologen einzubeziehen, um Ihr Kind nicht dem Druck auszusetzen, zwischen Ihnen zu wählen.
* **Veränderungen minimieren:** Halten Sie sich zurück, auch wenn Sie gern neu anfangen würden: Ihr Kind benötigt so viel Routine wie möglich. Konstanten im täglichen Leben helfen ihm, die Situation zu verarbeiten. Wenn möglich, bleiben Sie im selben Haus oder der Gegend wohnen, weil eine vertraute Umgebung Sicherheit vermittelt. Wenn es in derselben Schule bleiben, seine Freunde treffen und seinen Hobbys nachgehen kann, verarbeitet es die Veränderungen leichter.
* **Streitfreie Zone:** Wenn die Trennung nicht einvernehmlich ist, müssen Sie darauf achten, Ihr Kind aus dem Streit herauszuhalten. Kinder reagieren auf Konflikte zwischen den Eltern sehr sensibel und verzweifelt, achten Sie also besonders darauf, in seiner Nähe ruhig zu bleiben und sich nicht vor ihm zu streiten. Achten Sie auch beim Telefonieren darauf, was Sie sagen, weil Ihr Kind mithören kann.
* **Vernünftig bleiben:** Sie und Ihr Partner mögen sich vielleicht nicht mehr, aber Ihr Kind liebt und bewundert Sie beide. Es will loyal zu Ihnen beiden

NICHT VOR DEN KINDERN Lassen Sie Ihr Kind keine Diskussionen zwischen Ihnen und Ihrem Partner mithören, da diese Konflikte quälend sind.

sein; lassen Sie es daher so selten wie möglich zwischen Ihnen wählen. Schlagen Sie z.B. vor, dass Sie beide zu einer Schulaufführung kommen, statt Ihr Kind zwischen Ihnen wählen zu lassen. An Geburtstagen und Weihnachten können halbe Tage bei jedem oder eine jährliche Abwechslung eine Lösung sein. Sprechen Sie direkt mit Ihrem Ex-Partner, damit Ihr Kind nicht zwischen die Fronten gerät. So kann es Sie beide respektieren und muss keine Partei ergreifen.
* **Hilfe holen:** Auch bei einer einvernehmlichen Trennung sind Sie verletzt, erschöpft und einsam. Wenn Sie selbst anderen am wenigsten geben können, braucht Ihr Kind besonders viel Liebe und Aufmerksamkeit. Bitten Sie Angehörige oder Freunde, Ihnen zu helfen. Je mehr Unterstützung Sie haben, desto besser sind Sie für Ihr Kind ansprechbar.
* **Es erzählen:** Es ist wichtig, dass die Kontaktpersonen Ihres Kindes, wie sein Arzt, die Schule oder Vereine, alle neuen Kontaktdaten und Notfallrufnummern kennen. Informieren Sie außerdem das Schulpersonal, damit sie Sie unterstützen können, wenn Ihr Kind die Trennung in seinen Gefühlen und Schularbeiten verarbeitet. Sagen Sie ihm, dass Sie das tun werden und bitten Sie darum, die Information vertraulich zu behandeln.

NICHT DEINE SCHULD Wenn Sie sich von Ihrem Partner trennen, erklären Sie es Ihrem Kind und sagen Sie ihm, dass es nicht an ihm lag.

Kommunikation mit der Mutter. Regelmäßiger Austausch oder die Teilnahme an Elternabenden mögen lästig sein, sind aber notwendig. Persönliche Treffen eignen sich am besten, um das Problem und mögliche Lösungen zu besprechen.

F Mein Kind wird von seinem Vater verwöhnt. Was kann ich tun?

Es erscheint unfair, wenn Ihr Ex-Partner Ihr Kind verwöhnt, beschenkt und es den Eindruck macht, als wollte er seine Liebe kaufen. Bevor Sie ihn darauf ansprechen, sollten Sie herausfinden, was Sie stört. Vielleicht haben Sie Sorge, dass Ihr Kind materialistisch wird, Sie um noch mehr Spielsachen und Süßigkeiten anbettelt oder sich ungesund ernährt. Fürchten Sie, dass Ihr Kind von all den Kleinigkeiten, die Sie nicht erlauben, weggelockt wird? Fragen Sie sich, ob Geschenke die Art sind, auf die Ihr Ex-Partner Liebe zeigt oder die Unsicherheit über die Beziehung zu Ihrem Kind ausdrückt. Erklären Sie Ihrem Ex-Partner in einem ruhigen Moment Ihre Bedenken. Sprechen Sie darüber, wie es Ihnen geht, z.B.: »Wenn er von dir zurückkommt, erwartet er, dass ich ihm genauso viel Spielzeug kaufe wie du. Ich kann mir das nicht leisten und fühle mich unter Druck gesetzt« anstatt Anschuldigungen wie »Du machst mir das Leben schwer, weil ich ihm nicht so viel kaufen kann wie du« vorzubringen. Akzeptieren Sie, dass Sie nur Vorschläge machen aber nicht erzwingen können, sich darüber zu einigen, was Sie für Ihren Sohn kaufen. Seien Sie aber versichert, dass Süßigkeiten nur eine kurze Freude sind, und Ihre Beziehung zu Ihrem Kind mehr zählt als die erhaltenen Geschenke.

F Ich fühle mich schlecht, weil ich mein Stiefkind nicht mag. Muss ich das?

Sie können Ihr Stiefkind nicht automatisch lieben. Sie brauchen einige Zeit, weil Ihnen der Gefühlsrausch vor und während der Geburt oder kurz danach fehlen, um eine Beziehung aufzubauen. Bedenken Sie, dass Ihr Stiefkind keine Wahl hatte, ob Sie in die Familie kommen, während Sie von sich aus gekommen sind; es ist also an Ihnen, den ersten Schritt zu

ELTERN BERICHTEN

Nur ein Name?
Du bist nicht mein Vater!

Bevor Lukas und ich zusammengezogen sind, haben wir darüber geredet, wie meine Kinder ihn nennen würden. Ich fürchtete, der Vorschlag »Papa Lukas« würde einen Aufstand verursachen, auch wenn ich mir insgeheim wünschte, dass sie ihn als Vaterfigur sehen würden. Mein Sohn war mit der ganzen Situation unzufrieden und wollte ihn gar nicht ansprechen, meine Tochter wollte ihn Lukas nennen. Am Ende einigten wir uns auf »Lukas« und mein Ex-Partner ist froh, dass er als einziger »Papa« genannt wird. Lukas Kinder kommen am Wochenende und nennen mich »Tante Lisa«. Ich mag das nicht besonders, aber ich kann damit leben, um ihnen eine Freude zu machen. Letztlich geht es um Kompromisse und dass niemand einen Namen benutzen muss, den er ausschließlich für seine echten Eltern benutzen will.

machen. Behandeln Sie es respektvoll, zeigen Sie Interesse an dem, was es tut, und geben Sie sich selbst die Chance, es kennenzulernen. Betrachten Sie auch seinen Standpunkt, wenn es zunächst nicht so herzlich zu Ihnen ist, wie Sie es gern hätten. Vielleicht fürchtet es, an zweiter Stelle hinter Ihnen und Ihren Kindern zu stehen oder wartet ab, ob die Geschichten über böse Stiefmütter wahr sind. Wenn Sie warm und herzlich sind, werden Sie merken, dass es mit der Zeit auch auftaut.

F Mein neuer Partner ist Moslem, meine Kinder und ich nicht. Wie kann ich Spannungen verhindern?

Menschen verschiedener kultureller oder religiöser Hintergründe zusammenzubringen kann ein sehr bereichernder Aspekt Ihrer neuen Familie sein, erfordert aber viele Überlegungen und Kompromisse. Andere Traditionen und Feste kennenzulernen und zu feiern, fördert das Verständnis für deren Hintergründe und Werte. Aus diesen Unterschieden können sich auch Einschränkungen ergeben. Ist Ihr Partner sehr religiös, dann kann er bestimmte Lebensmittel nicht essen, lebt nach bestimmten, Ihnen bisher fremden Ritualen und feiert andere Feiertage. Nutzen Sie diese Unterschiede als Möglichkeit, der ganzen Familie den Glauben und seine Regeln zu erklären. Vereinbaren Sie, was für alle gilt und wo Kompromisse gemacht werden können. So ist es z. B. möglich, dass zu Hause kein Schweinefleisch gegessen oder aufbewahrt wird, Ihre Kinder es aber auswärts oder in der Schule essen dürfen. Einigen Sie sich darauf, dass jedes Familienmitglied die religiösen Bräuche der anderen respektiert. Das bedeutet auch, die Feiern der anderen kennenzulernen und daran teilzunehmen. Machen Sie aber klar, dass niemand seinen Glauben ändern muss, um den des anderen anzuerkennen.

F Meine Tochter macht meinem neuen Ehemann das Leben schwer. Wie kann ich beiden helfen, miteinander auszukommen?

Die Lösung besteht darin, die Ängste, Sorgen und den Ärger zu erkennen, die das Verhalten Ihrer Tochter verursachen. Das kann Eifersucht sein, weil sie Ihre Liebe und Aufmerksamkeit teilen muss oder die Angst, verdrängt oder unwichtig für Sie zu werden. Oder aber sie baut Barrieren zwischen sich und Ihrem Partner auf, um nicht verletzt zu werden, wenn er geht, aus Sorge, dass die Beziehung zerbricht. Vielleicht sieht sie eine gute Beziehung zu ihrem Stiefvater auch als Betrug an ihrem Vater. Sie müssen auch in Betracht ziehen, ob das Verhalten gegenüber Ihrem Partner ein Zeichen dafür ist, dass er sie in irgendeiner Form verletzt. Wenn Sie mitfühlend sind und die Gefühle Ihrer Tochter über Ihre Heirat und ihren Platz in Ihrem Herzen herausfinden, werden Sie auch merken, was sie bedrückt. Wenn Sie nur ihr Verhalten bestrafen, schüren Sie ihre Ängste, dass Sie »auf seiner Seite« statt auf ihrer stehen. Wenn Sie herausgefunden haben, was Ihre Tochter beschäftigt, überlegen Sie, wie Sie damit umgehen. Vielleicht benötigt sie mehr gemeinsame Zeit mit Ihnen. Sprechen Sie darüber, wie sie gerne behandelt werden würde und wie sie respektvoll sein kann. Vielleicht hilft ihr ein Tagebuch, Angst und Wut auszudrücken, ohne sie an ihrem Stiefvater auszulassen. Wenn sie sagt, dass sie verletzt wurde, müssen Sie sie schützen und Sozialdienste um Hilfe bitten.

F Mein neuer Partner ist sauer, weil er glaubt, ich bevorzuge meine Kinder gegenüber seinen. Was kann ich tun?

Vielleicht wollen Sie Ihren Kindern das Leben in der Stieffamilie erleichtern und neigen dazu, sich auf ihre Seite zu stellen, ohne es zu merken. Lassen Sie die Kinder ihre Dispute untereinander ausmachen, wenn möglich. Sie sollten selbst aushandeln, wer zuerst ins Bad geht, den Computer benutzt oder das Fernsehprogramm aussucht. Wenn sie weiterhin streiten, hören Sie sich beide Seiten an, bevor Sie handeln statt sofort zu urteilen, wer im Recht ist. Wenn das nicht hilft, gehen Sie systematisch an das Problem heran: vereinbaren Sie allgemeingültige Regeln und Konsequenzen für Verhalten, Teilen und den Respekt vor dem Besitz anderer. Wenn Sie diese auf alle Kinder in der Familie anwenden, ist eine Bevorzugung eher unwahrscheinlich.

F Wir haben Probleme mit unserer Privatsphäre. Helfen Sie uns!

Die Privatsphäre oder ihr Fehlen ist besonders dann ein Streitthema, wenn neue Familienmitglieder mit unterschiedlichen Erwartungen zusammentreffen. Oft ist die einfachste Lösung die beste: Versehen Sie Badezimmer- und Toilettentüren mit Schlössern und richten Sie Bereiche ein, in denen jedes Familienmitglied allein sein, lernen oder ungestört nachdenken kann. Nutzen Sie »Bitte nicht stören«-Schilder an Zimmertüren und stellen Sie eine Regel auf, erst anzuklopfen, bevor man einen Raum betritt. Besprechen Sie, wie Sie mit Nacktheit umgehen. Wenn Sie bisher nackt schlafen oder gern nackt oder halbnackt herumlaufen, müssen Sie das vielleicht überdenken. Es kommt oft vor, dass Kinder, mit dem Pubertätsbeginn die Nacktheit nicht mehr so akzeptabel finden wie vorher und mit ihrem Körper zurückhaltender sind – dies ist ein idealer Zeitpunkt, darüber nachzudenken, wie viel Sie verhüllen wollen oder auch nicht. Es mag schwer sein, Gewohnheiten abzulegen, an die Sie sich jahrelang gewöhnt haben, aber die Ansichten anderer zu Intimität und Nacktheit zu respektieren, erspart Ihnen Peinlichkeiten und erleichtert das Familienleben.

F Wie kann ich meiner neuen Familie helfen, zusammenzufinden?

Als Stieffamilie zusammenzuwachsen, ist schwierig: Zunächst müssen die beteiligten Erwachsenen sich einig sein. Die Beziehung mit Ihrem Partner ist die Grundlage für diese Familie und während Sie das Zusammenziehen als Fortschritt Ihrer Liebe betrachten, sind Ihre Kinder unsicher, was das für sie bedeu-

Es den Freunden sagen

Die Frage nach dem »Wie«

Die Trennung von Ihrem Partner ist zunächst privat, doch letzten Endes müssen es andere erfahren. Für Ihr Kind ist es schwer, es seinen Freunden zu sagen, es fürchtet sich auch vor Mitleid, Spott oder dem Gefühl, dass seine Familie versagt hat. Wie viele Kinder wird es hoffen, dass Sie wieder zusammenkommen und zögern, von der Trennung zu erzählen, weil das die Trennung real und endgültig macht. Bereiten Sie Ihr Kind darauf vor, beispielsweise zu sagen »Ich möchte euch sagen, dass meine Eltern sich trennen. Ich komme weiterhin zur Schule und es wird sich nichts ändern. Ich bin momentan etwas empfindlich deswegen, daher möchte ich jetzt nicht mehr sagen.« Raten Sie ihm, es allen gleichzeitig zu erzählen. Vielleicht kann es eine Pause nutzen – so haben die Klassenkameraden nichts zu tuscheln, weil es alle schon wissen.

tet. Bleiben Sie realistisch in Ihren Erwartungen: Es ist selten, dass sich Stieffamilien sofort aneinander binden, harmonisch zusammenleben und nie streiten – doch mit der Zeit wird aus Ihrer Stieffamilie ein Ort, an dem sich die Kinder geborgen fühlen.

Eine Stieffamilie zu sein, bringt Änderungen mit sich: Vielleicht möchten Sie in einer anderen Stadt neu beginnen, aber Kinder, Umzug, Schulwechsel und der Kontaktverlust zu Freunden sollten das Hauptaugenmerk bei dieser Entscheidung sein.

Halten Sie Unmut gering, indem Sie möglichst wenig verändern und treffen Sie Entscheidungen gemeinsam in der Familie, wann immer es geht. Zusammenarbeit fällt leichter, wenn Ihre Kinder bei Entscheidungen mitreden können. Regelmäßige Familientreffen sind ideal, um Meinungen auszutauschen.

F Mit welchen Problemen muss ich in meiner neuen Familie rechnen?

Sie müssen sich ein dickes Fell zulegen. Kinder können verletzend sein, meist rücken Erinnerungen an gute Momente dies aber wieder gerade. Ihnen fehlen Erinnerungen an gute Momente mit den Stiefkindern und deshalb können Sie negative Aussagen schwerer verarbeiten. Nehmen Sie es nicht persönlich, wenn Sie hören »Ich hasse dich« oder »Du hast mir gar nichts zu sagen, du bist nicht meine Mutter«. Betrachten Sie es als das, was es ist: Ein Wutausbruch über die Ungerechtigkeit der Welt, gerichtet auf das nächste Ziel.

Wenn Sie mit dem Kind um die Aufmerksamkeit Ihres Partners streiten müssen, denken Sie darüber nach, wie in Ihrer neuen Familie Liebe gezeigt wird und wie Sie die gemeinsame Zeit verbringen. Kinder befürchten, dass es nicht genug Liebe für sie gibt, wenn sie ihren Elternteil mit Ihnen teilen müssen.

Sprechen Sie das Thema an und gehen Sie auf die Bedürfnisse aller Beteiligten ein, um sie in ihrer Wichtigkeit zu bestätigen und unausgesprochene Ängste nicht gären zu lassen. Ihre Beziehung ist für die neue Familie sehr wichtig, da sie ihre Grundlage ist, Stabilität bietet und den Umgangston für alle bestimmt. Kümmern Sie sich um Ihre Beziehung, indem Sie sich täglich Zeit füreinander nehmen und über mehr sprechen als nur praktische Themen und wie es den Kindern geht. Denken Sie in schweren Zeiten daran, dass Sie eine Familie sind und Familienmitglieder nicht immer gut miteinander auskommen. Es liegt nicht immer alles daran, dass Sie eine Stieffamilie sind.

F Wie können mein neuer Partner und ich die Erziehung gemeinsam meistern?

Ihr Kind ist sensibel für jede Form von Bevorzugung oder Verhalten, das anders ist als gewohnt. Es erscheint einfach, Ihr Kind wie bisher zu erziehen und den neuen Partner im Hintergrund zu halten. Das wird nicht funktionieren, da der neue Partner sich ausgegrenzt und im eigenen Heim autoritätslos fühlt. Sie haben beide einen eigenen Erziehungsstil; trotzdem müssen für alle Kinder die gleichen Regeln gelten. Erwartungen und Regeln müssen mit Kindern und Erwachsenen besprochen werden. Und Erziehung funktioniert am besten, wenn sie von Ihnen beiden kommt.

Stellen Sie sich im Vorfeld folgende Fragen über die Erziehung:

* Wie zeigen wir unseren Kindern, wie wichtig sie sind und wie belohnen wir sie für Erfolge?
* Wie sorgen wir dafür, dass wir beide übereinstimmend reagieren, wenn unsere Kinder uns um etwas bitten?
* Welches Verhalten ist für uns angemessen?
* Wie gehen wir mit Fehlverhalten um?
* Welche Hilfe erwarten wir im Haushalt?
* Gibt es Erziehungsfragen, die nicht diskutiert werden, z. B., dass nicht geschlagen wird?

Wenn Sie können, führen Sie ein solches Gespräch auch mit dem anderen leiblichen Elternteil Ihres Kindes. Informieren Sie ihn zumindest darüber, welchen Weg Sie einschlagen. Das erleichtert den Übergang und verringert die Verwirrung bei den Kindern darüber, was wo gilt. Wenn Sie und Ihr neuer Partner sich nicht einigen können, besuchen Sie gemeinsam einen Erziehungskurs.

Online-Zeiten
Sichere Internetnutzung

F Mein Kind surft ständig im Internet. Ist es internetsüchtig?

Das Internet kann verlockend für Ihr Kind sein: Es kann dort neue Freunde finden, spielen oder in neue Rollen schlüpfen. Eine körperliche Abhängigkeit ist zwar nicht möglich, aber das Internet kann für Ihr Kind beherrschend werden und echte soziale Kontakte ausschließen. Nicht online gehen zu können, um Kontakte, Spiele und Unterhaltungen dort weiterzuführen, kann auch Angst auslösen. Wenn das Leben Ihres Kindes sich nur noch um den Computer dreht, greifen Sie ein. Verringern Sie die Zeit am Rechner allmählich, bis zu einer Stufe, die es ermöglicht, dass Ihr Kind mit Ihnen isst, sich mit Familie oder Freunden beschäftigt und anderen Hobbys nachgeht. Legen Sie bestimmte Zeiten für die Computernutzung fest. Ihr Kind braucht seinen Schlaf – es sollte also nicht spätabends oder frühmorgens online gehen. Beschränken Sie die Internetnutzung auf die Gemeinschaftsbereiche des Hauses, sodass Sie ein Auge darauf haben oder sogar gemeinsam online sein können. Sie werden vermutlich auf Widerstand stoßen, aber eine größere Zufriedenheit mit seinem realen Leben sollte den Verlust ausgleichen können.

F Was kann ich gegen die unanständigen Suchanfragen meines Sohnes tun?

Nur wenige Kinder würden nicht in der Gruppe oder aus eigener Neugier ein derbes Wort in ein Suchfeld eingeben und »Enter« drücken. Das ist das virtuelle Gegenstück zum Gekicher über die Dessousseiten im Versandhauskatalog. Dieses Verhalten entspricht seinem jetzigen Stadium sexueller Entwicklung. Beispielsweise will er so mehr über die Unterschiede zwischen Männern und Frauen erfahren oder über Sex, während er sich darüber im Klaren ist, dass das, was er tut, »ungezogen« ist. Diese Suchanfragen können ihn jedoch auch zu anstößigen Bildern oder Informationen führen. Computerregeln sollten deshalb genauso ernsthaft wie alle anderen Regeln in Ihrer Familie beachtet werden. Ein Belohnungssystem für das Einhalten und Konsequenzen für die Missachtung von Regeln wird Ihren Sohn bändigen: So könnte sich Ihr Sohn weitere zehn Onlineminuten verdienen, indem er den Verlauf speichert, während das Löschen, damit Sie nicht sehen können, auf

ELTERN BERICHTEN

Elterliche Kontrolle
Verschiedene Zugänge

Unser Computer wird von der ganzen Familie benutzt, und ich selbst nutze ihn täglich. Ich habe früher ständig die Zugangsfilter verstellt, damit die Suche für mich frei zugänglich, für die Kinder aber beschränkt war. Natürlich habe ich eines Abends vergessen, die Beschränkungen wieder einzuschalten. Am Morgen loggten die Kinder sich ein und hatten freien Zugriff auf alles. Glücklicherweise schlugen sie nicht über die Stränge, sondern waren von einigen Pop-ups so erschrocken, dass sie sofort zu mir kamen.

Ich klebte ein Post-it an den Monitor, das mich stets daran erinnert, die Einstellungen zurückzusetzen. Kürzlich habe ich mein Computerwissen erweitert: Jetzt hat jeder von uns ein eigenes Nutzerkonto mit eigenem Passwort, Nutzereinstellungen und -filtern, sodass ich die Einstellungen nicht ändern muss. Jetzt muss ich mich nur noch an mein Passwort erinnern und es natürlich geheim halten.

Das Internet
Richtige und sichere Nutzung

Das Internet bietet ein breit gefächertes, verlockendes Lern-, Unterhaltungs-, und Freundschaftsangebot. Ihr Kind kann andere Menschen auf der ganzen Welt erreichen und in Echtzeit mit ihnen kommunizieren, durch YouTube das Leben anderer entdecken und sich in sozialen Netzwerken und Chatrooms mitteilen. Ihrem Kind zu helfen, das Beste aus der Zeit im Internet zu machen bzw. die Risiken zu minimieren erfordert die gleiche Umsicht, die Sie auch in anderen Bereichen walten lassen.

✱ **Freiheiten und Grenzen:** Einigen Sie sich mit Ihrem Kind auf Websites, die es besuchen darf. Betrachten Sie das nicht als auferlegte Regel, sondern als Mitbestimmung – etwas, das mit Ihrem heranwachsenden Kind besprochen und vereinbart wurde. Nutzen Sie Sicherheitsfilter, um sicherzugehen, dass die Suchanfragen Ihres Kindes nur geeignete Ergebnisse liefern und anstößige Pop-ups ausgeblendet werden. Wenn Sie nicht sicher sind, wie Sie diese Sperren richtig einrichten, suchen Sie online nach Hilfe. Prüfen Sie regelmäßig, ob die Sperren noch aktiv sind, da Ihr Kind versuchen könnte, sie abzuschalten. Hinterfragen Sie die Filter regelmäßig: Wenn Ihr Kind älter wird, möchte es vielleicht auf Websites wie Informationsseiten über die Pubertät oder Beziehungen zugreifen, die eine Neueinrichtung der Filter erfordern.

✱ **Qualitätszeit:** Der Computer muss keine Einzelbeschäftigung sein. Sie können gemeinsam mit Ihrem Kind recherchieren, spielen, Filme ansehen oder fernsehen. Dies gemeinsam zu machen bedeutet, Zeit miteinander zu verbringen und einen Eindruck davon zu bekommen, welche Websites Ihr Kind mag.

✱ **Verbessern Sie Ihre Fähigkeiten:** Sie können Ihrem Kind am besten helfen, wenn Sie selbst mit dem Computer und dem Internet vertraut sind. Sich auszukennen, insbesondere in neuen Themen, ermöglicht Ihnen, die Internetseiten, die Ihr Kind besucht, zu verstehen und überzeugend darüber zu sprechen. Besuchen Sie einen Kurs (z.B. an der Volkshochschule), lesen Sie ein Buch oder nehmen Sie die Hilfe Ihres Kindes in Anspruch.

✱ **Zeit:** Vereinbaren Sie Grenzen für die Internetnutzung, um sicherzugehen, dass Ihr Kind auch Zeit für das »echte« Leben hat. Phasen von ein bis zwei Stunden täglich, mit kleinen Bewegungspausen alle 20 Minuten, ermöglichen Ihrem Kind, Zeit mit Ihnen und seinen Freunden zu verbringen. Schränken Sie auch Ihre eigenen Internetnutzung zeitlich ein, damit die Familienzeit nicht zu kurz kommt.

✱ **Aufsicht:** Ihr Kind braucht Aufsicht und Führung. Dies ist leichter, wenn der Computer in einem Gemeinschaftsraum steht und der Bildschirm in den Raum zeigt. So können Sie die Internetaktivitäten Ihres Kindes während Ihrer normalen

TECHNIKBEGABT Das Internet ist ein wichtiger Teil des täglichen Lebens. Einige Regeln sorgen dafür, dass Ihr Kind es sicher nutzen kann.

Tätigkeiten leichter beobachten. Computer im Kinderzimmer, sind nicht zu empfehlen, da dies Ihre Möglichkeiten einschränkt, Inhalte und die Dauer der Internetnutzung zu beobachten.

* **Vertrauen:** Sie können Ihrem Kind nicht immer über die Schulter schauen. Zwar braucht es noch Ihre Beaufsichtigung, doch wenn Sie gemeinsame Regeln aufstellen und ihm vertrauen, dass es auf sich achtet, fördern Sie damit sein Verantwortungsgefühl.
* **Persönliche Sicherheit:** Es gibt keine Garantie für absolute Sicherheit im Internet. Sie und Ihr Kind können aber versuchen, Gefahren zu minimieren. Hängen Sie eine Liste der vereinbarten Sicherheitsregeln neben dem Computer auf. Diese können sein:
* Auf jugendfreien und ggf. von einem Moderator überwachten Internetseiten/Chats bleiben.
* Alles, was in sozialen Netzwerken veröffentlicht wird, wird vorher mit Ihnen abgesprochen.
* Persönliche Informationen über sich, andere Familienmitglieder und Freunde für sich zu behalten und auch nicht mit den engsten Online-Freunden zu teilen.
* Respektvoll über andere schreiben.
* Sofort Bescheid zu geben, wenn jemand auf persönliche Informationen oder ein Treffen drängt.

GEMEINSAMKEIT Computer können gemeinsam zum Bloggen oder Filme anschauen genutzt werden, es muss keine Einzelbeschäftigung bleiben.

welchen Seiten er war, zu zehn Minuten Abzug beim nächsten Mal führen könnte. Geben Sie ihm altersgerechte Bücher oder sachliche Internetseiten, die er allein ansehen kann, um seinem Interesse am menschlichen Körper und sexueller Entwicklung nachzukommen. Wenn ein anderes Kind an der Suche beteiligt war, informieren Sie seine Eltern, damit Sie gegebenenfalls Maßnahmen ergreifen können, falls erforderlich.

F Die Hausaufgaben meines Sohnes wirken sehr förmlich im Vergleich zu sonst. Es scheint, als würde er aus dem Internet kopieren. Betrügt er?

Ihr Sohn hat vermutlich Probleme damit, die Texte aus dem Internet in eigene Worte zu fassen. Oft sind sie gut geschrieben und beantworten Fragen ohne viel eigene Mitwirkung. Das Werk anderer als sein eigenes auszugeben, ohne den Urheber zu nennen, heißt Plagiat und es ist eine Form des Betrugs. Bitten Sie Ihren Sohn, die Vor- und Nachteile dieser Art der Hausaufgabenerledigung aufzulisten. Er wird es als positiv betrachten, dass seine Hausaufgaben besser aussehen, mehr Fakten enthalten und schneller fertig sind. Auf der Negativseite könnte er anführen, dass er nur wenig dabei lernt und es ihm peinlich sein könnte, wenn er etwas zu diesem Thema gefragt und schließlich ertappt und bestraft wird. Wenn er Material aus dem Internet einfach übernimmt, trägt das nichts zu einer Vorbereitung auf Prüfungen bei. Informationen nicht aktiv aufzubereiten bedeutet, nicht effektiv zu lernen. Sagen Sie Ihrem Sohn, was Sie vom Betrügen halten und helfen Sie ihm zu erkennen, dass es falsch ist. Lassen Sie ihn die Aufgabe noch einmal machen, aber bitten Sie ihn, Ihnen etwas zum Thema zu erzählen, bevor er es aufschreibt, so muss er darüber nachdenken. Die Versuchung, Texte zu kopieren, ist dann am stärksten, wenn man das Thema nicht beherrscht oder unter Zeitdruck steht. Es ist sinnvoll, die Hausaufgaben so einzuteilen, dass er Termine gut halten kann und noch Zeit ist, falls Sie ihm bei schwierigen Themen helfen müssen. Gelegentlich ist es sinnvoll, Bilder, Grafiken oder

ELTERN BERICHTEN

Familienblog
Eine Inspiration

Ich hatte das Gefühl, dass die Diskussionen mit meinem Sohn über Sicherheit im Internet zu nichts führten. Die Regeln waren ungeeignet und ich war nicht sicher, dass er sie umsetzen konnte, wenn er online war. Die Idee, ein Familienblog zu schreiben, kam uns, als wir etwas in seinem Schulblog schrieben. Es schien der ideale Weg zu sein, etwas über sichere Internetnutzung zu lernen und etwas Wertvolles für uns alle zu schaffen. Mein Sohn und ich haben das Blog gemeinsam eingerichtet, gestaltet und bloggen nun fast täglich. Wir geraten in Debatten über Grauzonen und darüber, was zu persönlich oder belegbar ist, um es aufzuschreiben. Wir sind uns einig, über Lieblingsbands zu schreiben und überlegen, ob die Nennung von Lieblingsferienorten zu viel Information preisgeben. Dabei lerne ich viel über ihn, er viel über mich und wir beide mehr über Sicherheit im Internet.

Zitate in die Hausaufgaben aufzunehmen. Zeigen Sie ihm, wie er richtig zitiert und Quellen angibt, um so kenntlich zu machen, welches Material nicht aus eigener Feder stammt.

F Mein internetbegabter Sohn ignoriert meine Regeln. Wie kann ich meine Autorität zurückbekommen?

Ihr Sohn merkt, dass Sie nicht alles wissen und das gibt ihm einen Kick. Es scheint, als wolle er sich wichtig machen und er könnte sich gerade deshalb in gefährliche Situationen bringen, wenn er Regeln missachtet. Technik nutzen zu können bedeutet nicht unbedingt, sie auch sicher anzuwenden.

Untersuchungen haben ergeben, dass Eltern, die sich im Umgang mit dem Computer gut auskennen, die Internetnutzung ihrer Kinder am besten handhaben. Es lohnt sich daher, selbst sicher im Umgang mit dem Internet zu werden. Wenn Sie Ihren Sohn bitten, Ihnen das beizubringen, gewinnen Sie seinen Respekt, ohne seinen Stolz darüber zu zerstören, dass er etwas besser kann als Sie. Reden Sie ehrlich darüber, dass Sie sein Können bewundern, aber auch über Ihre Sorgen. Erörtern Sie Risiken und Nutzen des Internets, indem Sie gemeinsam Websites über Kindersicherheit ansehen. So wird Ihr Anliegen von Informationen aus dem Internet verstärkt, und er wird es ernster nehmen. Bleiben Sie realistisch: Wenn Sie die Gefahr dramatisieren, glaubt er Ihnen nicht oder probiert aus, wie weit er gehen kann. Stellen Sie klar, dass Sie Versuche, Sie zu überlisten, nicht akzeptieren. Nutzen Sie eine Familienkonferenz, um gemeinsam vernünftige Regeln aufzustellen, damit jeder, der den Computer nutzt, dazu beitragen kann. Sie können Regeln für die Internetnutzung auch aufschreiben und von allen unterzeichnen lassen. Die Vereinbarung offiziell zu machen kann dazu führen, dass sie ernster genommen wird.

F Ich habe Bosheiten über einen Freund auf der Seite meines Kindes in einem sozialen Netzwerk gefunden. Was kann ich tun?

Gerüchte oder Anschuldigungen über jemand anderen zu verbreiten ist Mobbing. Greifen Sie sofort ein, indem Sie den Eintrag löschen. Fragen Sie Ihr Kind nach den Gründen für sein Verhalten, aber stellen Sie klar, dass es nicht annehmbar ist. Ziehen Sie angemessene Konsequenzen – im besten Fall beinhalten diese eine Entschuldigung direkt an die Person und eine Nachricht auf der Website, die klarstellt, dass es ihm leidtut. Das Internet für Mobbing zu nutzen ist ein Missbrauch Ihres Vertrauens. Möglicherweise wollen Sie die Computernutzung für einige Tage nur auf die Hausaufgaben beschränken, gefolgt von strenger Beobachtung dessen, was Ihr Kind im Internet macht, bis das Vertrauen wiederhergestellt ist. Helfen Sie Ihrem Kind, die Wirkung

WICHTIGE INFORMATIONEN: PRE-TEENAGER

Netz-Mobbing
Eine neue Form des Mobbing

Netz-Mobbing bedeutet, dass Internet und Handys dazu genutzt werden, um bösartige Kommentare oder beschämendes Gerede, Videos oder Bilder zu verbreiten. Es kann besonders verletzend für Ihr Kind sein, da es nur wenige Orte gibt, an denen es Ruhe vor diesen Nachrichten hat. Sie folgen ihm mit seinem Handy und durch den PC auch nach Hause – in die vermeintliche Sicherheit. Netz-Mobbing kann außerdem sehr schnell ein großes Publikum erreichen. Dies kann die Auswirkungen auf Ihr Kind verschärfen.

Wenn Ihr Kind gemobbt wird:

* Lassen Sie es nicht auf die Nachrichten antworten oder sich durch Chats, Blogs oder Nachrichten verteidigen. Zu antworten kann die Mobbenden begeistern, weil sie merken, dass Ihr Kind sich angegriffen fühlt.
* Stellen Sie klar, dass Ihr Kind nicht zurückschlagen soll, indem es ebenfalls beleidigend wird. Das stellt es auf dieselbe Stufe und macht es schwerer, das Mobbing zu stoppen, weil es dasselbe Verhalten angenommen hat.
* Bitten Sie es, alle negativen Einträge zu speichern. Es muss nicht alles lesen oder ansehen, aber Sie müssen es als Beweis behalten, um eingreifen zu können. Zeichnen Sie Datum und Uhrzeit jedes Eintrages auf.
* Melden Sie die Beleidigungen. Sie und Ihr Kind zu bedrohen oder zu misshandeln ist illegal, und es gibt Hilfe. Sprechen Sie die Schule an, damit die Anti-Mobbing-Regeln greifen, die auch Schritte gegen Netz-Mobbing enthalten sollten. Wenn nötig, gehen Sie zur Polizei und wenden Sie sich an Hilfeseiten im Internet.
* Darüber hinaus sollten Sie die E-Mail-Adresse und Handynummer Ihres Kindes ändern und bestimmte Mailadressen sperren, damit Nachrichten nicht ankommen.
* Lassen Sie Ihr Kind eine Handy-Pause nehmen. Bitten Sie es, das Handy einige Stunden pro Tag auszuschalten und das Internet nur für Recherchen, aber nicht für IM, E-Mails, Chat oder Blogs zu nutzen. So ist es den schlechten Nachrichten nicht ausgesetzt und kann sich entspannen.
* Oft kennt Ihr Kind die Mobbenden aus dem täglichen Leben, wo sie es möglicherweise auch bereits angreifen. Achten Sie darauf, dass es beaufsichtigt wird, wenn es nicht zu Hause ist, und dass es weiß, an wen und wie es Mobbing melden kann.

DROHNACHRICHTEN Handys können genutzt werden, um beleidigende SMS zu versenden. Eine neue Nummer, die nur bestimmte Personen kennen, schafft Abhilfe.

FREUND ODER FEIND? Das Internet ist in vielerlei Hinsicht eine große Hilfe, es birgt aber auch Risiken und Gefahren.

Richtige Information
Wahrheit oder Lüge?

Das Internet ist eine wichtige Quelle für Ihr Kind über Fakten und Bilder für Hausaufgaben bis hin zu allem, was es über Pubertät, Beziehungen, Mode und Sport wissen will.

Es ist jedoch kaum reguliert und seine Inhalte reichen von präzise bis unglaubwürdig. Helfen Sie Ihrem Kind, kritisch mit diesen Informationen umzugehen, indem Sie ihm zeigen, woran man eine gute Internetseite erkennt. Gute Informationen findet man auf Seiten, die:

* Kontaktdaten von Autor und Betreiber beinhalten
* Aktuelle Informationen enthalten. Dies kann man am Datum der letzten Änderung oder der Postings erkennen.
* Informationen enthalten, die mit mindestens zwei weiteren Quellen wie Büchern oder anderen Internetseiten übereinstimmen.
* Neutral ist und nicht versucht, von etwas zu überzeugen oder von einer Organisation betrieben wird, die bestimmte Ansichten vertritt.
* Gute Texte mit wenigen oder keinen Fehlern enthalten. Schlampige Schreibweise deutet auf schlampige Recherche hin.

von Mobbing zu verstehen, indem es sich vorstellt, selbst das Ziel übler Nachrede zu sein. Nehmen Sie etwas, das Ihr Kind geschrieben hat und nutzen Sie es als Beispiel, indem Sie es zusammen umschreiben und die Angaben über das Opfer durch seine eigenen ersetzen. Lassen Sie Ihr Kind alle Gefühle und Gedanken aufzählen, die es hätte, wenn dies auf seinem Bildschirm erscheint und von allen gelesen werden kann. Der Text dient dazu, echtes Mitgefühl mit dem Opfer zu erzielen, dann wird Ihr Kind wahrscheinlich nicht wieder mobben. Sie sollten ihn natürlich nicht veröffentlichen, sondern nach der Übung gleich löschen.

F Mein Kind sagt, es kann online nur Freunde finden, wenn es persönliche Informationen von sich veröffentlicht.

Ihr Kind hat recht, es muss bestimmte Informationen preisgeben, um Freunde zu finden: Vorlieben und Abneigungen, Erfahrungen und Ansichten. Das sind die Grundlagen für Bekanntschaften.

Sie sollten Ihrem Kind allerdings erklären, welche Informationen es für sich behalten soll, weil es gefährlich wäre, sie preiszugeben und welche weniger riskant sind. Erklären Sie, dass persönliche Informationen, die es anderen erlauben, im echten Leben gefunden und kontaktiert zu werden, problematisch sind. Der volle Name, Adresse, Telefonnummer, Geburtsdatum, Schule oder die Mitgliedschaft in Vereinen sollten nicht veröffentlicht werden. Die tiefsten Sorgen und Nöte im Internet preiszugeben ist ebenfalls nicht zu empfehlen. Dies kann das Mobbingrisiko erhöhen, weil es dazu beiträgt Schwachpunkte zu finden, und Mobber könnten das ausnutzen.

Erinnern Sie Ihr Kind auch daran, dass die Informationspreisgabe alle Bereiche der Internetnutzung betrifft, auch Kommentare in Blogs, Informationen und Bilder in sozialen Netzwerken oder Nachrichten beim Instant Messaging. Vereinbaren Sie als eine der Internetregeln, dass es alle Informationen aufschreibt, die es veröffentlicht, und sie einbezieht wenn es jemanden treffen will, entweder indem Sie anwesend sind oder dem widersprechen.

Möchtegern? Klamotten, Make-up und Erwachsensein

F Ich glaube, die Freunde meiner Tochter haben einen schlechten Einfluss auf sie. Kann ich ihr verbieten, sie zu treffen?

Verbotenes ist in der Regel besonders attraktiv. Freundschaften zu verbieten kann dazu führen, dass sie heimlich weitergeführt werden, was sie letztlich von Ihrer Tochter entfernen kann. Sie sollten mit ihr darüber sprechen, was sie an ihren Freunden so mag. Sie befriedigen ein Bedürfnis, das vielleicht auch anders gestillt werden könnte. Es könnte sein, dass sie sich bei ihren Freunden selbstsicher und erwachsen fühlt. Reden Sie über ihre Unsicherheit.

Wenn Ihre Tochter zu riskantem, unsozialem oder ungebührlichem Verhalten gedrängt wird, ist es jedenfalls richtig, sie von weiteren Treffen abzuhalten. Erklären Sie Ihre Gründe und bitten Sie sie, sich weniger mit ihnen zu treffen. Unterstützen Sie Ihre Tochter dabei, passende Freunde zu finden.

F Wie kann ich meinem materialistischen Sohn den Wert des Geldes erklären?

Jugendliche sind eine lukrative Zielgruppe und noch nicht misstrauisch genug, um zu merken, dass sie mit subtiler Werbung gelockt werden. Markennamen und die neuesten Klamotten sind Statussymbole, die unter Gleichaltrigen einiges bedeuten: Der Junge mit dem neuesten Handy oder MP3-Player ist der Platzhirsch. In diesem Alter sind Kinder am gierigsten, wollen neueste Klamotten oder Technik haben, ohne deren Wert und die harte Arbeit dahinter zu verstehen. Schlagen Sie Ihrem Sohn vor, mit Jobs bei Nachbarn, Verwandten oder zu Hause etwas Geld zu verdienen, um sich Wünsche erfüllen zu können. Bezahlen Sie ihn für die Autowäsche oder das Rasenmähen und ermuntern Sie ihn, das Geld für etwas zu sparen, was er haben will. Sie können ihm vorschlagen, seine Ersparnisse für die neue Fußballausrüstung aufzustocken. Besprechen Sie mit ihm, wie wichtig Besitz in den Augen seiner Freunde ist. Geht es wirklich um den Besitz oder um Abenteuer und großartigen Spaß? Zögern Sie nicht, seine ständigen Forderungen auszuschlagen oder ihn auf etwas Neues warten zu lassen: Wenn er etwas wirklich haben will, wird er sich dann umso mehr darüber freuen, wenn er es endlich in Händen hält. Wenn Sie immer nachgeben, lernt er den Wert des Geldes nicht zu schätzen.

ELTERN BERICHTEN

Zeit zu reden
Werte vermitteln

Seit meine Kinder klein waren, habe ich darauf bestanden, dass wir gemeinsam zu Abend essen. Wir sitzen immer zusammen am Tisch, egal, was sie abends machen. Jetzt wo sie älter sind und mehr Zeit mit ihren Freunden verbringen, versuche ich dafür zu sorgen, dass wir unter der Woche gemeinsam essen. Dann können wir uns über alles unterhalten.

Jetzt, wo sie älter werden, wechseln unsere Gesprächsthemen von Fußball und Ballett zu Hausaufgaben, Freunden, Musik, Rauchen, der spannenden Jugend der Großeltern und den Vor- und Nachteilen von vegetarischer Ernährung. Ich kann mit ihnen über schwierige Themen sprechen, ohne Vorträge zu halten und damit ihre Aufmerksamkeit zu verlieren. So gehen unsere Werte wie nebenbei auf unsere Kinder über. Gerade das wird hoffentlich garantieren, dass sie sich bei schweren Entscheidungen eher an sie erinnern.

»Pre-Teenager« erziehen
Der Wunsch, cool zu sein

Schulpartys, Girl- und Boygroups, Ohrlöcher und Klebetattoos, Make-up, kurze Röcke, Stöckelschuhe, Jungen, soziale Netzwerke – und sie ist erst elf! Die Pre-Teenager-Jahre, in denen Ihr Kind noch kein Teenager aber auch kein Kind mehr ist, können ein Weckruf für die kommenden Jahre sein. Wenn Sie es jetzt richtig machen, sind Sie später auf dem richtigen Weg.

Vor allem für Mädchen bringt der Beginn der Pubertät körperliche Veränderungen mit sich, die sie älter aussehen lassen als sie sind und sich fühlen. In dieser Altersgruppe kann das Erwachsenwerden verwirrend und anstrengend sein. »Cool« sein und mit anderen herumzuhängen, die als »cool« angesehen werden, können eine gute Tarnung für diesen inneren Konflikt sein.

✱ Eine neue Zeit: Wie Stars auszusehen, die es bewundert, mit Gleichaltrigen zusammen zu sein, die ähnliche Interessen haben, und Teenager nachzuahmen, markieren für Ihr Kind das Ende der Kindheit und den Beginn der Jugend. Das bedeutet, die passende Kleidung auszuwählen und entscheiden, wie es aussehen will. Dazu gehört auch die Auswahl der Freunde und mit wem es sich sonst abgeben will. Diese können Ihnen manchmal unpassend erscheinen oder auch Teenager sein, besonders, wenn Ihr Kind früh in die Pubertät kam. Außerdem wird sich sein Verhalten ändern und weitere Herausforderungen und Probleme mit sich bringen wie Lügen über den Aufenthaltsort oder beim Klauen erwischt zu werden. Vielleicht sehen Sie das als Einfluss seiner Freunde, aber sie sind der Versuch, dazuzugehören. Fragen Sie, was Ihr Kind an seinen neuen Freunden mag. Sie werden merken, dass Sie ihm etwas geben, z. B. Gelassenheit oder Lebendigkeit, die ihm fehlt. Suchen Sie gemeinsam einen Weg, diese Fähigkeiten zu entwickeln, ohne von anderen geleitet zu werden.

✱ Verschiedene Identitäten: Durch die schnelle kognitive und emotionale Entwicklung ist Ihr Kind von der Spontanität der Kindheit zur Selbstversunkenheit der Jugend übergegangen. Es probiert verschiedene Identitäten aus, indem es mit Stilen, Freunden und Verhaltensweisen experimentiert. Diese »Identitäten« werden stark davon beeinflusst, was es in Zeitschiften, Fernsehen oder Internet sieht. Es will aussehen wie seine Freunde. Die Läden sind voll mit Kleidung für modebewusste Kinder und Jugendliche: Schnitte, die eigentlich für ältere, wohlgeformtere Mädchen gemacht sind, in kleineren Größen. Dazu schleicht sich in diesem Stadium der Entwicklung und Neuorientierung verstohlen ein Zweifel: Dass Sie als Eltern womöglich nicht alles wissen und, noch schlimmer, kein bisschen »cool« sind.

✱ Was ist annehmbar? Ihr Kind genießt die Aussicht auf größere Unabhängigkeit, neue Vertrautheit, Musik und Action … Sie als Eltern finden, dass alles viel zu früh ist. Wie gehen Sie mit Ihrem Kind während dieser ersten Spannungen des Erwachsenwerdens um und bleiben Ihren Urteilen und Werten treu? Als Eltern sollten Sie bedenken, dass unter dem ersten BH und Lipgloss noch immer ein Kind steckt. Der Wandel in der Erziehung muss nicht riesengroß sein, aber unterschwellig die inneren und äußeren Veränderungen einbeziehen. Hinter den Herausforderungen an Ihre Autorität und Urteilskraft stehen Zweifel und Unsicherheiten, mit denen Sie behutsam umgehen müssen, also weder durch plötzliche militärische Strenge noch durch das Gegenteil, nur um »coole« Eltern zu sein.

✱ Beliebt sein: Beliebtheit und körperliche Attraktivität sind vermutlich die wichtigsten Themen für

Ihr Kind. Sie können ihm helfen, die Bedeutung von Beliebtheit zu verstehen, indem Sie sie ins rechte Licht rücken. Denken Sie gemeinsam darüber nach, was junge Menschen beliebt macht und ob das bewundernswerte Züge sind. Sind es z. B. Besitztümer, den letzten Klatsch zu kennen, lustig oder ein vertrauenswürdiger Freund zu sein? Besonders für Jungen besteht ein Zusammenhang zwischen Beliebtheit und Aggression, weil aggressive Jungen von ihren Altersgenossen als hart und cool wahrgenommen werden. Lassen Sie Ihr Kind entscheiden, ob das die Art von Beliebtheit ist, die es sich wünscht. Beliebtheit kann in einer kleinen Gruppe guter Freunde wertvoller sein als in einer großen Gruppe oberflächlicher Bekanntschaften. Gesellige Kinder kommen häufig aus Familien, in denen klare Verhaltensregeln bestehen. Hören Sie nicht auf, Ihrem Kind den Unterschied zwischen falsch und richtig beizubringen; verdoppeln Sie Ihre Anstrengungen, erklären Sie Ihre Gründe und erzählen Sie von Ihren eigenen Erfahrungen in diesem Alter. Grenzen für sein Aussehen und Verhalten zu setzen wird ihm helfen, seine Entscheidungen sicherer und überzeugter zu treffen.

✱ Opfer der Mode? Bedenken Sie bei Kleider- und Stilfragen den mitunter großen Druck der Medien und ihrer Altersgenossen auf Jungen und Mädchen, bestimmte Kleidung zu tragen. Ihr Kind wird Sie nach wie vor um Rat und Zustimmung (und Finanzierung) für seine Kleidung bitten. Lesen Sie gemeinsam Zeitschriften und sprechen Sie darüber, was ihm steht, denken Sie über stilvolle (und altersgerechte) Vorbilder nach, und helfen Sie ihm, seinen eigenen Stil zu finden. Regeln darüber, was Ihnen wichtig ist, wann es Ohrlöcher haben darf, wann Ihre Tochter Make-up benutzen und wie viel Bauch sie zeigen darf etc., sind sinnvoll. Überlegen Sie auch, was für ein Vorbild Sie für Ihr Kind sind. Frischen Sie Ihre Kenntnisse über Musik, Popkultur und Mode auf. Sie können versuchen Mode und Stil gemeinsam zu entdecken. Wenn Sie über die Welt Ihres Kindes informiert sind, wird es Sie respektieren und hören, was Sie zu sagen haben, sodass Sie es schützen können.

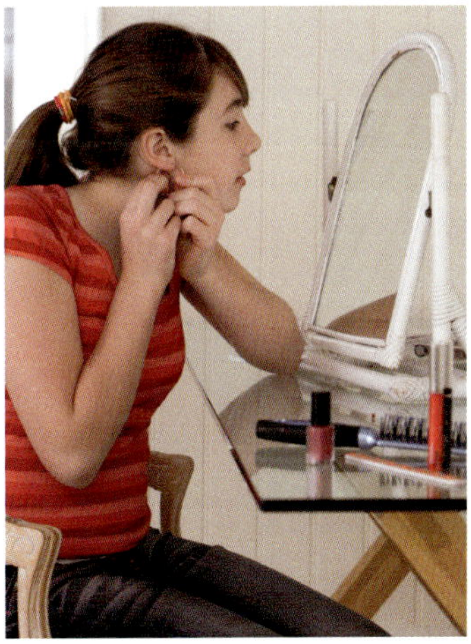

ANGEMESSEN? Entscheiden Sie, wann Ihr Kind Ohrlöcher haben oder Make-up benutzen darf und stellen Sie Regeln auf.

COOL SEIN Der Drang, cool zu sein, ist in diesem Alter sehr stark. Medien und Altersgenossen beeinflussen Mode und Frisur.

AUF DEM LAUFENDEN Lesen Sie gemeinsam mit Ihrem Kind Zeitschriften, um seine Welt zu verstehen und ihm Ihr Interesse zu signalisieren.

Meine Tochter möchte zu ihrem zwölften Geburtstag eine Übernachtungsparty veranstalten. Ist das eine gute Idee?

Eine Übernachtungsparty hat in diesem Alter viele Vorteile: Sie wissen, wo die Kinder sind, sind in der Nähe, wenn Sie gebraucht werden und können ein Auge auf sie haben, auch wenn sie nicht ständig mit im Zimmer sind. Solch eine Party ist eine gute Gelegenheit für Ihre Tochter, Gastgeberqualitäten zu erlernen. Überlassen Sie ihr die Verantwortung für Planung und Organisation der Party und helfen Sie nur, wenn nötig. Um Problemen vorzubeugen, sind eine gerade Gästezahl und nur Gäste des gleichen Geschlechts sinnvoll. Planen Sie einige Aktionen wie Filme, Spiele, Pizza backen oder Eis machen und lassen Sie sie dann allein. Vielleicht werden Sie bei Heimweh oder Erkrankungen um Hilfe gefragt – beides ist wahrscheinlich. Einigen Sie sich mit Ihrer Tochter auf Grundregeln und wie diese den Gästen vermittelt werden. Vielleicht möchten Sie sie zu Anfang durch das Haus führen, die Familie vorstellen und erklären welche Räume tabu sind. Verbieten Sie einige Fernsehsendungen und nennen Sie eine Uhrzeit, ab der es ruhiger zugehen muss. Die Kinder werden nicht viel schlafen, aber viel Spaß haben.

Meine Tochter sagt, sie sei fett, hässlich – und dass alles meine Schuld sei. Was kann ich tun?

Sie ist in einer Phase, in der Jugendliche von Selbstzweifeln geplagt sind, und Sie können das als Hänger des Selbstwertgefühls betrachten. Die neue, kurvenreiche Figur, die im Vergleich zu vorher eine große Veränderung darstellt, führt außerdem dazu, dass sie sich fett fühlt. Sie ist in vielerlei Hinsicht noch ein Kind, kämpft mit dem Gefühlschaos und gibt Ihnen daher die Schuld. Versuchen Sie, das nicht persönlich zu nehmen, holen Sie tief Luft und helfen Sie Ihrer Tochter, Wahrheit und verzerrte Wahrnehmung zu unterscheiden. Helfen Sie ihr zu erkennen, dass sie sich nicht immer fett und hässlich fühlt, und das sogar von einem Tag (oder einer Stunde) zur nächsten. Es liegt nicht daran, dass ihr Körper und ihr Gesicht sich stark verändern, sondern wie sie damit umgeht. Helfen Sie ihr mit Frisuren, Farben und Kleidungsstilen zu experimentieren, um sich besser zu fühlen, und, ganz entscheidend, geben Sie ihr Beschäftigungen, durch die sie sich in ihrer Haut wohlfühlt. Bewegung beispielsweise setzt Endorphine frei, die eine positive Auswirkung auf Selbstbild und Selbstbewusstsein haben.

Mein Sohn und ich streiten ständig. Können wir diese Kämpfe entschärfen?

Wenn er versucht, Sie in Kleidungsfragen, Zugeständnissen, Ausgangszeiten usw. herauszufordern, können Diskussionen mit Ihrem Sohn zur Regel werden. Bleiben Sie ruhig und hören Sie ihm zu. Lassen Sie ihn über die Vor- und Nachteile seiner Forderungen nachdenken und bieten Sie ihm einen Kompromiss an. Wenn ihm keine Gefahr droht, ist manchmal die beste Lektion aus eigenen Fehlern zu lernen.

Bleiben Sie konstruktiv und vermeiden Sie Schuldgefühle und emotionale Erpressung. Es entschärft die Situation, wenn Sie sagen »Ich bin verletzt, weil du vor deinen Freunden so mit mir redest.« statt »Du warst vor deinen Freunden unfreundlich zu mir.« Ersteres beschreibt die Wirkung seines Verhaltens und lässt ihn darüber nachdenken, während letzteres eine Anschuldigung ist, auf die er defensiv und sauer reagieren wird. Es gibt Phasen, in denen er nur streitet und Grenzen übertritt, um Sie zu testen, fürchten Sie also nicht, »Nein« zu sagen. Er wird froh sein, dass Sie Beständigkeit zeigen.

Hinter seinem coolen Gehabe versteckt Ihr Kind möglicherweise sein Gefühlschaos

Streit mit Ihrem Pre-Teenager

Ihre Tochter möchte ihre Haare für den letzten Schultag schwarz färben und Sie haben »Nein! Auf keinen Fall!« gesagt. Sie fängt an zu betteln, weil alle anderen etwas mit ihren Haaren machen: Eine bekommt Perlen und Zöpfe, eine andere Strähnchen. Sie bettelt: »Sei kein Spielverderber, es ist der letzte Tag, den ich in dieser Schule verbringe.« Sie beginnen, Ihre Entscheidung anzuzweifeln, aber Sie möchten nicht, dass Ihr Kind den ganzen Sommer mit schwarzen Haaren herumläuft, Ihnen fällt aber kein Argument ein, das es akzeptieren wird. Wenn Sie hart bleiben, schreit es vor Wut und läuft aus dem Zimmer. Sie fragen sich, ob Sie anders hätten reagieren können!

Ein Teil der Herausforderung in diesem Alter ist, dass alles so plötzlich kommt. Es scheint, als wäre es nur ein paar Wochen her, dass Sie Ihre Tochter überhaupt erst dazu bringen mussten, ihre Haare zu bürsten. Nehmen Sie sich Zeit, Ihre Position zu überdenken. Fragen Sie Ihre Tochter, was sie und ihre Freunde vorhaben und sagen Sie ihr, dass Sie sich erst später entscheiden wollen. Vielleicht hilft eine Unterhaltung mit anderen Eltern, zu verstehen, was vereinbart wurde. Sie können dann entscheiden, ob es eine Schlacht ist, die geschlagen werden muss, oder ein kleiner Spaß, der niemandem schadet, und der Sie am Waschbecken mit Gummihandschuhen und einer Flasche Haarfarbe zusammenbringt.

F Mein Sohn war immer ausgeglichen, jetzt schwankt seine Laune. Was ist mit ihm los?

Die Entwicklung ist für jedes Kind ein allmählicher Prozess. Wenn seine Denk- und Urteilsfähigkeit zunimmt, werden Sie merken, dass Ihr Sohn zunehmend reifer und altersgemäßer reagiert und sich trotzdem ab und zu kindisch verhält.

Sie können ihn bei diesem Prozess unterstützen, indem Sie seine Stimmungsschwankungen nicht kritisieren, Albernheit oder kindisches Verhalten wenn möglich ignorieren und seine neuen Fähigkeiten und Verhaltensweisen, die Sie gern öfter sehen würden, loben. Versuchen Sie, Ihrem Kind ein gutes Vorbild zu sein. Ihr Sohn ist noch jung, rechnen Sie deshalb damit, dass er manchmal handelt, ohne zu denken – das gehört zu einer fröhlichen, unbeschwerten Kindheit dazu.

F Mein Kind zeigt keinerlei Anzeichen dafür, dass es erwachsen wird. Bleibt es hinter seinen Altersgenossen zurück?

Die späte Kindheit ist keine Entwicklungsstufe wie die Pubertät, sondern eine Zeit der sozialen und schulischen Veränderungen. Viele Kinder, vor allem Jungen, kommen erst spät in die Pubertät und verhalten sich wie Kinder, während ihre Altersgenossen sich weiterentwickeln und verändern. Es kann schwer sein, der Einzige zu sein, der keine Zeichen körperlicher Entwicklung zeigt. Solange er mit seinen Freunden und Aktivitäten glücklich ist, gibt es keinen Grund zur Sorge. Jungen sind in dieser Zeit oft stark in Aktivitäten wie Sport, Schach oder Kriegsspiele vertieft und bemerken die Welt der Mädchen und Popkultur gar nicht. Lassen Sie ihn seine Kindheit genießen. Er wird früh genug aufholen.

Teenager
Erwachsen werden

* **Respekt zeigen**
  Herausforderndes Verhalten
* **Schwierige Zeiten**
  Prüfungsdruck
* **Hochs und Tiefs**
  Launen und Melodramen
* **Essen? Nein danke!**
  Alles über Essstörungen
* **Wann sollte ich loslassen?**
  Junge Erwachsene
* **Wer bin ich?**
  Werte und Identität erkunden
* **Sex, Drugs and Rock 'n' Roll**
  Grund zur Sorge?
* **Verantwortung übernehmen**
  Die Arbeitswelt

Respekt zeigen
Herausforderndes Verhalten

F Mein Sohn führt auf seinem PC ein Tagebuch und lässt es mich nicht lesen. Soll ich darauf bestehen?

Das Tagebuch Ihres Sohnes ist ein Dialog mit sich selbst und eine Auseinandersetzung mit seinen Erfahrungen, Hoffnungen und Ängsten. Mit Schließen des Bildschirms klappt er das Tagebuch zu. Keiner hat das Recht, sich unaufgefordert Zugang zu den persönlichen Gedanken eines anderen zu verschaffen. Das Tagebuch Ihres Sohnes ist seine private Welt in Schriftform. Verlangen Sie es zu lesen, wertet er das als Überschreitung seiner Grenzen.

Sagen Sie ihm, Sie seien besorgt, ihn könne etwas bedrücken, bei dem Sie ihm helfen könnten. Sind Sie überzeugt davon, dass ihn etwas Ernsthaftes bedrückt, schlagen Sie ihm vor, mit Ihnen oder einer anderen Person zu sprechen. Manchmal finden es Teenager einfacher, mit ihrem Vertrauenslehrer, den Großeltern oder älteren Geschwisterkindern zu reden. Versichern Sie ihm, dass Sie ihm auf alle Fälle helfen werden.

F Mein Sohn möchte im Park herumhängen. Wie überwache ich ihn dort am besten?

Ihr Teenager geht nicht mehr zum Spielen, sondern möchte die erwachsene Version praktizieren: Herumhängen mit Freunden und – Ihrer Meinung nach – nichts tun.

Ist der Park in der Nähe, gut beleuchtet und ohne Alkoholsüchtige und Drogenkonsumenten, ist er ein idealer Treffpunkt. Sind Risiken gegeben, erklären Sie ihm, dass Sie ihm vertrauen, jedoch nicht wollen, dass er in die Probleme anderer mit hineingezogen wird. Helfen Sie bei der Suche nach einem anderen Treffpunkt. Bieten Sie an, die Gruppe am Jugendzentrum abzusetzen oder ein- oder zweimal pro Woche ein Treffen bei Ihnen zu erlauben. Fühlt sich Ihr Sohn dadurch zu sehr kontrolliert, stellen Sie ein paar Grundregeln auf. Legen Sie eine Sperrstunde fest sowie akzeptable und inakzeptable Aufenthaltsorte. Holen Sie ihn zunächst ab, jedoch ohne ihn z. B. durch Hupen in Verlegenheit zu bringen.

Hält er sich an die Regeln, können Sie sie allmählich lockern, falls nicht, verschärfen Sie sie ein wenig, um neues Vertrauen aufzubauen. Egal, wie viel Freiheiten er genießt, ein Minimum an Schutz ist gewährt, wenn Sie wissen, wo er ist, mit wem er dort ist und wann er zurückkommt. Das sollte nicht verhandelbar sein.

F Mein Kind wurde beim Stehlen erwischt. Ich weiß nicht, was ich tun soll.

Ihre erste Reaktion ist sicherlich Scham und Fassungslosigkeit. Kinder stehlen oft aus einem Impuls heraus oder als Ausdruck von Rebellion, ohne an mögliche Folgen zu denken. Zum Glück wurde Ihr Kind erwischt, denn so weiß es, dass ein Diebstahl Konsequenzen hat. Sie müssen nun die richtige Balance finden zwischen Missbilligung des Diebstahls und Unterstützung Ihres Kindes, das sich dem Resultat seines Handelns gegenübersieht. Wenn es von der Polizei vernommen oder angeklagt wird, begleiten Sie es und raten Sie ihm zu Ehrlichkeit. Das Gespräch mit der Polizei wird für Ihr Kind sicherlich

> Die Feststellung, dass ihr Kind für sich selbst sorgen kann, ist für Eltern schwierig.

nervenaufreibend. Stellen auch Sie der Polizei wichtige Fragen: Wie geht es weiter? Welche Rechte hat Ihr Kind? Wie bereiten Sie Ihr Kind auf mögliche Konsequenzen vor?

Wird es nicht angezeigt, können Sie mit dem Geschäft die Rückgabe der Waren sowie eine Entschuldigung und Wiedergutmachung durch Ihr Kind vereinbaren, beispielsweise einer kleinen Spende für einen vom Geschädigten gewählten wohltätigen Zweck oder gemeinnützige Arbeit. Das baut das Selbstwertgefühl Ihres Kindes auf und gibt Ihnen ein wenig Vertrauen zurück.

F Bitte ich mein Kind um etwas, macht es genau das Gegenteil. Was kann ich tun?

Sich gegen Ihre Regeln zu wehren, verschafft Ihrem Teenager Genugtuung, denn er bekommt nicht nur eine Reaktion von Ihnen, sondern setzt auch seinen Willen durch. Verringern Sie die Gelegenheiten zur Rebellion, indem Sie mit ein paar mehr Vorschlägen Ihres Kindes einverstanden sind oder zumindest einen Kompromiss finden. Geben Sie z.B. Ihr Einverständnis zu einer neuen Haarfarbe, sofern sie nicht völlig aus dem Rahmen fällt. So geraten Sie weniger aneinander.

Wenn Sie standhaft bleiben müssen, geben Sie Ihrem Kind gute Gründe, die es nachvollziehen kann. Das »Nein« zu einer späten Party begründen Sie mit Sicherheit, fehlender Aufsicht und Schwierigkeiten, heimzukommen. Handeln Sie eine Alternative aus, z.B. darf Ihr Kind Freunde zu sich nach Hause einladen oder auf eine andere Fete gehen, bei der Sie keine Bedenken haben.

F Ich war früher ein wildes Kind, soll ich meinem Kind davon erzählen?

Es ist eine individuelle Entscheidung, wie viel man seinem Kind von der eigenen Vergangenheit erzählt. Im Allgemeinen ist es klug, ehrlich zu sein und damit ein Vorbild für die Offenheit, die Sie auch von Ihrem Kind verlangen. Bleiben Sie sachlich, glorifizieren Sie Ihre Wildheit nicht und belehren Sie es nicht.

ELTERN BERICHTEN

Dickes Fell
Ablehnung von Autorität

Im letzten Jahr musste ich eine Menge ertragen. Es fing bei meinem Sohn mit ein bisschen Trotz an und artete in ausgewachsene Beschimpfungen aus: Du kümmerst dich nicht um mich, du ruinierst mein Leben, ich hasse dich! Ich befürchtete sogar, er könne handgreiflich werden. Schließlich las ich in einem Erziehungsratgeber, dass dieses Verhalten weitverbreitet ist. Mein Sohn ist aufgebracht, weil er um Unabhängigkeit ringt und sich zu Hause an meine Regeln halten muss. Er lehnt meine Autorität ab, indem er mich mit Worten wegstößt.

Die Unhöflichkeit ist nicht in Ordnung, aber ich habe jetzt ein dickes Fell und sage mir, dass er mich tief im Innern liebt. Ich reagiere gelassener und er ist nicht mehr so aggressiv. Wir haben über respektvollen Umgang miteinander gesprochen.

Erklären Sie kurz, warum Sie schlechte Gewohnheiten angenommen haben und den Grund, weshalb Sie sie wieder eingestellt haben, z.B.: »Ich habe mit 15 angefangen zu trinken, weil es alle meine Freunde taten und ich glaubte, als schwach zu gelten, wenn ich nicht mitmachte. Außerdem war es nicht lustig, wenn sie betrunken waren und ich nicht. Ich habe aber damit aufgehört, weil ich ständig einen Kater hatte und es eher langweilig als aufregend war«.

Wenn Sie Ihrem Teenager sagen, dass Sie Regeln gebrochen haben, versteht er, dass Sie den Gruppendruck kennen, der entsteht, wenn man dazugehören will. Allerdings könnte er fragen, warum er Ihnen gehorchen soll, wenn Sie auch nicht auf Ihre Eltern gehört haben. Erklären Sie, dass Sie aus Ihrem Verhalten gelernt haben und mit ihm Regeln und Grenzen ausgearbeitet haben, die ihn schützen sollen ohne überzubehüten.

Vertrauen aufbauen
Lehrzeit für Heranwachsende

Das Vertrauen zwischen Ihnen und Ihrem Kind beginnt mit der Geburt. In den Baby- und Kleinkindjahren muss Ihr Kind Ihnen völlig vertrauen, um seine emotionalen und körperlichen Bedürfnisse zu stillen. Wird es älter, halten Sie es dazu an, immer mehr Schritte allein zu tun, bis Sie ihm in der Pubertät zutrauen, seine Bedürfnisse selbst zu stillen und eigene Entscheidungen zu treffen.

Die bisherige Erfahrung mit Ihrem Kind, Ihre eigenen Ängste haben einen Einfluss darauf, wie viel Vertrauen Sie Ihrem Teenager entgegenbringen. Das Vertrauen, das er in Sie setzt, entstammt derselben Grundlage wie Ihr Vertrauen in ihn. Haben Sie Ihr Kind durchweg verlässlich versorgt und unterstützt, wird es Ihnen auch mit Beginn der Pubertät vertrauen. Vergessen Sie nicht, dass seine körperliche, soziale und emotionale Entwicklung einen Sprung vorwärts macht und Sie sich ebenfalls ändern müssen, indem Sie ihm neue Möglichkeiten zum Beweis seiner Vertrauenswürdigkeit bieten.

✱ **Respektvoll sein:** Respekt bekommt man, wenn man andere respektvoll behandelt. Ihr Teenager wird Ihren Erwartungen eher entsprechen, wenn Sie höflich und aufrichtig mit ihm umgehen und eine hohe Meinung von ihm haben. Auch Ihr Verhalten anderen gegenüber färbt auf ihn ab.

✱ **Anleiten:** Ihr Teenager handelt nach seinen Werten und seiner Moral. Oft weiß er bereits aus Erfahrung, was richtig und was falsch ist. Wenn Sie wollen, dass er über seine Werte nachdenkt, führen Sie eine zwanglose Unterhaltung mit ihm (statt eine Standpauke zu halten). Themen aus Nachrichten oder TV-Sendungen bieten sich dafür an. Durch Diskussionen etwa über Krieg, Rassenhass, Glauben, Menschenrechte und Umwelt lernt er, wie er mit Menschen, Tieren und der Umwelt umgehen sollte.

EIGENES ZIMMER Respektieren Sie den persönlichen und privaten Bereich Ihres Teenagers, indem Sie anklopfen, bevor Sie eintreten.

WERTE BILDEN Gespräche über Themen aus den Nachrichten helfen Ihrem Teenager, seine Werte zu entwickeln.

KLEIN ANFANGEN Übertragen Sie Ihrem Kind Aufgaben im Haushalt – eine gute Übung für die Zukunft.

* **Kleine Schritte:** Bieten Sie Ihrem Teenager Möglichkeiten, eigene Entscheidungen zu fällen und damit zu leben. Die Auswahl seiner Zimmerausstattung, die Verantwortung für Aufgaben im Haushalt oder die Wahl der Schulfächer bieten sich als praktische Übungen an. Erweist er sich als fähig, erweitern Sie nach und nach die ihm übertragene Verantwortung. Seine Entscheidungen sind jetzt von Ihnen zu respektieren, auch wenn Sie damit nicht einverstanden sind.
* **Fehler erwarten:** Es kommt äußerst selten vor, dass ein Kind die Zeit des Erwachsenwerdens ohne Pannen meistert. Ihr Kind lernt durch Fehler schneller als durch Erfolge. Ihre Aufgabe ist die Minimierung von Risiken, damit Fehlschläge nicht in Katastrophen enden. Gute Kommunikation und das Wissen darüber, wo und mit wem Ihr Teenager zusammen ist und wann er heimkommt, bedeuten, dass Sie gewappnet sind, wenn es zu Problemen kommt. Aufklärung über Drogen, Alkohol und Verhütung (siehe S. 239–243) ermöglicht es Ihrem Teenager, diesbezügliche Risiken selbst abzuwägen.
* **Ruhig bleiben:** Es kann furchtbar enttäuschend sein, wenn Ihr Teenager das in ihn gesetzte Vertrauen missbraucht. Denken Sie jedoch an die vielen Male, in denen er zuverlässig war und behalten Sie seine Verfehlung im Auge. Finden Sie heraus, was schiefgelaufen ist und wie Sie wieder Vertrauen aufbauen können. Eine Überreaktion mit pathetischen Aussagen wie: »Ich werde dir nie wieder vertrauen!«, führt zu nichts.
* **Unterstützung holen:** Lassen Sie andere Eltern mit Teenagern an Ihren Erfolgen und Reinfällen teilhaben. Ist die Erziehung Ihres Teenagers sehr stressig, suchen Sie Rat in Büchern oder sprechen Sie mit Ihrem Kinderarzt oder einer Erziehungsberatungsstelle. Manchmal bietet auch die Volkshochschule Kurse speziell für Eltern von Teenagern an.
* **Und schließlich:** Ihr Teenager wird aus Erfolgen aber auch Misserfolgen lernen. Manchmal wird er Fehler machen, die auch Sie gemacht haben, aber Sie können ihn nicht ganz davor schützen oder die Konsequenzen übernehmen. Seine Erfahrungen in der Jugend werden ihn als Erwachsenen prägen, und in dieser Phase seiner Entwicklung sind Sie ein wichtiger Steuermann, aber nicht mehr der Kapitän.

CHANCEN NUTZEN Durch das Treffen eigener Entscheidungen, z. B. über die Gestaltung seines Zimmers, kann Ihr Kind sein Können beweisen.

DARÜBER SPRECHEN Häufige, offene Gespräche mit Ihrem Kind geleiten es durch die Höhen und Tiefen des Erwachsenwerdens.

ZU KURZ? Durch das Schließen von Kompromissen, z. B. über akzeptable Kleidung, kann Ihr Kind zeigen, dass es vertrauenswürdig ist.

Rebellion: Identität erkunden

Die Rebellion Ihres Teenagers können Sie nicht stoppen. Die Ablehnung familiärer Werte und Normen ist Teil der Erforschung seiner eigenen Identität und dient dazu, herauszufinden, was für ihn als Individuum wichtig ist. Doch die meisten Teenager kehren letztendlich zu einigen oder gar sämtlichen Werten zurück, die ihnen jahrelang vermittelt wurden.

Bewältigungsstrategien:

* Halten Sie an vertretbaren Hausregeln fest. Ihr Teenager braucht die Sicherheit klarer Grenzen, wenn auch nur, um sie zu übertreten.
* Verziehen Sie keine Miene, egal, was Ihr Teenager macht. Nichts bestärkt ihn so sehr wie Ihr geschockter oder entsetzter Gesichtsausdruck.
* Vermeiden Sie Ultimaten, denn Ihr Teenager wird sie übertreten, nur um zu sehen, wie Sie darauf reagieren. Ob es um Rauchen, Ausgehzeiten oder Jobsuche geht, legen Sie lieber einen Zeitrahmen fest, dann erzielen Sie bessere Ergebnisse.
* Suchen Sie Momente der Nähe. Teenager zu erziehen ist nicht nur Herausforderung und Rebellion. Sitzen Sie ruhig beisammen, geben Sie Ratschläge, falls gewollt, haben Sie teil an einem Erfolg oder stehen Sie tröstend bei.
* Erkennen Sie seine Stärken. Einige seiner lästigsten Eigenschaften sind teils auch die nützlichsten. Eigensinnig und bereit für neue Dinge zu sein, kann ihm dabei helfen, durchsetzungsfähig zu werden und im Leben Gelegenheiten zu ergreifen.
* Sitzen Sie es aus. Die Zeit der Rebellion geht vorbei.

Meine Tochter bricht Regeln und bringt sich dadurch in Gefahr. Nachts schleicht sie zu ihrem Freund. Was kann ich tun?

Wird das Missachten vernünftiger Regeln zur Gewohnheit, bedarf es langwieriger Verhandlungen, Ihre Tochter wieder auf den richtigen Weg zu bringen. Beginnen Sie sofort ein ehrliches Gespräch. Verhören Sie sie aber nicht, sondern fragen Sie einfach, warum sie ihre Ausgehzeiten missachtet. Hören Sie sich ihre Gründe an – vielleicht mag sie den Nervenkitzel oder hält die Regeln für sinnlos oder zu streng. Finden Sie einen Kompromiss, der das Bedürfnis Ihrer Tochter nach mehr Zeit mit ihrem Freund und Ihres nach Sicherheit befriedigt. Vielleicht kann ihr Freund sie öfter zu Hause besuchen kommen? Das kann ein Abkommen und, als Anreiz für Ihre Tochter, ein Belohnungssystem erforderlich machen: Handeln Sie die wichtigsten Regeln aus und legen Sie sie zusammen mit Belohnungen bei Einhaltung schriftlich fest. Erhöhen Sie die Förmlichkeit des Abkommens durch Ihre beiden Unterschriften. Vereinbaren Sie z. B., dass Ihre Tochter in ihrem Zimmer bleibt, nachdem das Licht gelöscht ist, und dass Sie jede Nacht zur Überprüfung vorbeischauen werden. Die Belohnung sollte motivierend für Ihre Tochter sein, z. B. Geld zum Aufladen der Handykarte, Zuschüsse für Musik-Downloads oder zusätzliche Zeit mit ihrem Freund am Wochenende. Überprüfen Sie das Abkommen laufend auf seine Wirksamkeit.

Teilen Sie ihr mit, dass Sie sie sofort suchen, ihre Freunde anrufen oder gar die Polizei einschalten werden, wenn sie nachts das Haus verlässt, und Sie fürchten, dass sie in Gefahr ist.

Harte Zeiten
Hilfe in gefährlichen Situationen

Nur wenige Teenager entgleisen tatsächlich und bringen Sie in Situationen, vor denen Sie sich und Ihr Kind immer bewahren wollten. Es ist normal, dass Ihr Teenager impulsiv und rücksichtslos ist und sich für unverwüstlich hält, jedoch nicht, dass er sich bewusst in Gefahr bringt, mutwillig anderen etwas zuleide tut oder wiederholt das Gesetz bricht. Ist das der Fall, liegt ein Problem vor und Sie müssen handeln. Die Inanspruchnahme externer Hilfe, z.B. von Drogen-, Gesundheits- und Jugendberatungsstellen und (als letztes Mittel) der Polizei geben Ihnen das Gefühl, mit dem Problem nicht allein dazustehen.

Bei starken Spannungen:

✱ Bitten Sie Ihren Teenager, das Problem aus seiner Sicht zu schildern.
✱ Hören Sie zu, ohne zu unterbrechen oder ungewollten Rat anzubieten.
✱ Schlagen Sie auf keinen Fall zurück, züchtigen Sie nicht körperlich!
✱ Verwenden Sie eine offene Körpersprache, reden Sie in ruhigem Ton. Bleiben Sie möglichst auch bei bewusster Provokation gefasst.
✱ Vermeiden Sie Gegenargumente und Sarkasmus.
✱ Bleiben Sie auf Distanz: Fühlt sich Ihr Kind von Ihnen bedrängt, könnten Emotionen eskalieren.
✱ Wenn irgend möglich, finden Sie zusammen Lösungen. Besteht unmittelbare Gefahr für Sie, verletzt zu werden, gehen Sie den schwierigen Schritt und rufen Sie die Polizei zur Hilfe. Langfristig bitten Sie andere um Unterstützung und wenden Sie sich an eine Jugendberatungsstelle.

Aggressionen und Gewalt: Es ist selten, doch mitunter verstoßen Teenager gegen häusliche Grenzen, indem sie ihre Eltern oder Geschwister bedrohen oder verletzen. Vermeiden Sie Stressquellen, die zu Gewalt führen könnten. Beginnen Sie ein Gespräch mit Ihrem Kind über seine Frustration, bevor die Gemüter sich zu sehr erhitzen.

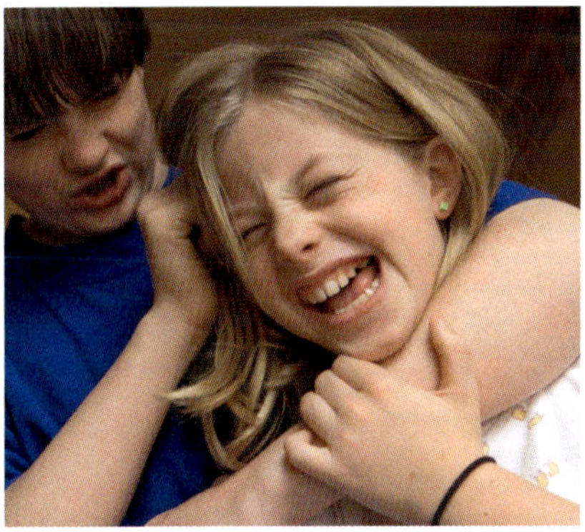

NICHT NUR SPIELEN Wenn Ihr Teenager Sie oder seine Geschwister verletzt, suchen Sie Hilfe bei einer Beratungsstelle.

SPRICH ES AUS Sprechen Sie in Ruhe mit Ihrem Kind über seine Frustration.

KÄMPFEN Handeln Sie, wenn Ihr Teenager andere absichtlich verletzt.

Schwierige Zeiten
Prüfungsdruck

F Mein Sohn soll es besser machen als ich. Wie mache ich ihm das klar?

Prüfungszeiten können sehr anstrengend für Eltern sein. Es ist einfach, sich in Ihren Sohn hineinzuversetzen und sich vorzustellen, wie man im Klassenzimmer sitzt und nervös darauf wartet, dass der Prüfer erlaubt, das Blatt umzudrehen und anzufangen. Es ist jedoch die Prüfung Ihres Sohnes. Zwar erscheint es hilfreich, ihn mit Ihren vergangenen Erfahrungen motivieren zu wollen, doch kann sein Stresspegel dadurch erhöht werden, weil er z. B. denkt, er müsse Ihre schulischen Misserfolge irgendwie wettmachen. Sprechen Sie lieber über seine eigenen Ziele und die Noten und Voraussetzungen, die er dafür benötigt.

Eine Belohnung für zusätzliche Mühe kann ebenfalls helfen. Nach der harten Arbeit in der Schule möchten Sie, dass Ihr Sohn sein Bestes gibt, doch er hat sein eigenes Tempo und trifft seine eigenen Entscheidungen. Er kann Gelerntes nur aus der Distanz betrachten, wenn er etwas hat, auf das er zurückblicken kann. Schafft er die benötigten Noten nicht auf Anhieb, ist das kein Beinbruch. Vielleicht kann er die Prüfung wiederholen oder andere Weiterbildungs- oder Berufsmöglichkeiten in Betracht ziehen.

F Meine Tochter lernt nicht so häufig, wie ich finde, dass sie sollte. Was kann ich tun?

Nur weil Ihre Tochter nicht jede freie Minute mit der Nase in den Büchern steckt, heißt das nicht, dass sie nicht anständig lernt. Das Wissen und Verständnis darüber, wie man lernt, hat sich in den letzten zwanzig Jahren grundlegend geändert, sodass Ihnen vielleicht die Lerntechnik Ihrer Tochter nicht geläufig ist. Manche Teenager lernen am besten in einem ruhigen Raum ohne Ablenkung, während andere die Stille als eisig empfinden und ihre Musik voll aufdrehen. Die Umgebung, in der Ihre Tochter lernt, ist ebenfalls wichtig. Ähnelt ihr Zimmer einem Ort, den Sie normalerweise nicht ohne Schutzkleidung betreten würden, widerstehen Sie der Versuchung aufzuräumen, denn Ihre Tochter empfindet das Chaos vielleicht als nützlich. Anstatt ihre Methode infrage zu stellen, sollten Sie sich lieber für ihre Strategien interessieren und fragen, ob Sie helfen können. Ermuntern Sie sie dazu, ihre Zeit effektiv einzuteilen, indem sie einen Lernplan aufstellt und bieten Sie gegebenenfalls Ihre Hilfe an. Ihre Tochter hat sich über Jahre hinweg Fähigkeiten angeeignet, deshalb vertrauen Sie ihr, dass sie ihr Bestes gibt.

F Wie kann ich meinem Sohn helfen? Er hat Angst, dass er durch die Abschlussprüfung fällt und lernt bis spätnachts.

Ihr Sohn hat in den letzten Jahren für diesen Augenblick gearbeitet und jetzt hängen seine Hoffnungen und Träume von ein paar Prüfungsstunden ab. Kein Wunder, dass er besorgt ist und viel Zeit mit dem Lernen verbringt. Natürlich sind die Noten, die er erzielt, wichtig, doch sie bestimmen nicht allein seine Zukunft. Neben der Sorge, dass er sich selbst, Sie und andere enttäuschen könnte, beunruhigt ihn vielleicht, dass er hinter seinen Freunden zurückbleibt.

> Angst kann lähmen, deshalb helfen Sie Ihrem Sohn, sich auf das Praktische zu konzentrieren, um seine Chancen zu erhöhen.

MYTHEN UND MISSVERSTÄNDNISSE

Stimmt es, dass …

ein gewisses Maß an Stress zu besseren Leistungen führt?

Ja und nein. Einige Wissenschaftler behaupten, dass ein niedriger Stresspegel die Leistung ankurbelt, während höhere Stresspegel nicht hilfreich sind. Obwohl der Effekt eher gering ist, führt Stress insgesamt zu schlechteren Prüfungsergebnissen. Der potenzielle negative Effekt ist höher, wenn Ihr Teenager um das Bestehen der Prüfungen kämpft, als wenn wahrscheinlich ist, dass er sowieso gute Noten bekommt.

Kaffeetrinken wach und munter hält?

Es kann. Viele Menschen trinken Kaffee, um bis spät in die Nacht arbeiten zu können. Der Wirkstoff Koffein (der auch in vielen Energy-Drinks enthalten ist), ist ein Aufputschmittel, doch die Wirkung ist von relativ kurzer Dauer, sodass man allmählich immer mehr trinken muss, um die Wachheit aufrechtzuerhalten. Zu viel Koffein führt andererseits zu Kopfschmerzen, Konzentrationsverlust und Reizbarkeit, was es schwer macht, effektiv zu arbeiten.

das Wiederholen von Fakten und Zahlen am Abend zuvor es einfacher macht, sie sich zu merken?

Nein. Last-Minute-Büffeln für Tests und Prüfungen bedeutet mehr Stress und weniger Schlaf, was beides zu schlechterer Leistung am nächsten Tag führt. Das Gehirn benötigt Zeit, um neue Informationen zu verarbeiten und zu festigen, deshalb gibt es keinen Ersatz für einen sinnvollen Lernplan.

Mit Prüfungsstress umgehen
Die zehn besten Tipps

Anzeichen für Stress sind: negative Gedanken (»Wenn ich durchfalle ist mein Leben vorbei«), körperliche Symptome wie Kopfschmerzen, Bauchschmerzen, Zittern; Änderungen des Lernverhaltens wie Arbeit vermeiden (mehr als gewöhnlich) oder aufschieben. Prüfungsstress ist abhängig von der Angst vor den Folgen des Durchfallens, dem Grad, in dem das Selbstwertgefühl mit schulischem Erfolg verbunden ist, dem Urteil der Eltern und wiederholten Aussagen von anderen über die Wichtigkeit von Qualifikationen. Die folgenden Tipps sollten Ihrem Teenager helfen, seinen Stresspegel niedrig zu halten.

* Erstelle einen sinnvollen Lernplan, der alle Fächer abdeckt und versuche, dich daran zu halten.
* Mache regelmäßige Pausen: eine 10-Minuten-Pause alle 40 Minuten gibt dem Gehirn Gelegenheit, Informationen zu verarbeiten und hält Aufmerksamkeit und Konzentration aufrecht.
* Iss regelmäßig, vor allem gesunde Mahlzeiten, schlafe viel (nächtliches Last-Minute-Lernen ist meist nicht hilfreich) und bewege dich – und wenn du nur einmal um den Block gehst.
* Erscheine früh zur Prüfung und suche dir einen guten Platz aus: vorn zu sitzen bedeutet, schneller die Aufmerksamkeit der Aufsichtsperson zu bekommen; hinten zu sitzen bedeutet, einen guten Blick auf die anderen zu haben und zu sehen, wer früh geht (nicht unbedingt von Vorteil), und dicht an der Tür wirst du gestört, wenn andere vor dir gehen.
* Atme ein paar Mal tief ein und aus, lies die Anweisungen sorgfältig durch und notiere Stichpunkte. Lies jede Frage gründlich, damit du genau darauf antworten kannst.
* Beantworte einfache Fragen zuerst, das baut Selbstvertrauen auf, und rufe sämtliche Informationen ab, die nur darauf warten herausgelassen zu werden.

LINKS Übermäßiger Stress hat negativen Einfluss auf das Lernen und die Prüfung. Planen Sie mit Ihrem Teenager vernünftige Lernstrategien. Besprechen Sie, in welcher Form Sie helfen sollen – Abhören oder nur Snacks bereitstellen. **MITTE** Bevor die Fragen ausführlich beantwortet werden, kann es helfen, sich Stichpunkte zu machen. **GANZ RECHTS** Sich hinterher über die Prüfung auszutauschen ist unvermeidbar, kann jedoch bei abweichenden Antworten beunruhigen.

✱ Widerstehe der Versuchung, den Prüfungsraum so schnell wie möglich verlassen zu wollen. Sieh die Arbeit sorgfältig durch, überprüfe, ob sämtliche Fragen beantwortet wurden und berichtige Rechtschreibung, Grammatik, Zeichensetzung (die dich Punkte kosten können) und andere Flüchtigkeitsfehler.

✱ Eine nachträgliche Analyse mit Freunden ist unvermeidbar und kann helfen, die Spannung abzubauen. Beteilige dich aber nicht an zu vielen Antwort-Vergleichen, weil dadurch dein Stresspegel ganz sicher in die Höhe schießt und dein Selbstvertrauen untergraben wird. Es gibt zwangsläufig Unterschiede bei der Beantwortung von Fragen.

Tipps für Eltern

✱ Seien Sie nicht zu streng. Schaffen Sie einen gesunden Ausgleich zwischen Arbeit und Freizeit, und belohnen Sie eher die Lernbemühungen als Leistungen zur Motivationsförderung.

✱ Betrachten Sie die Sache nüchtern – Prüfungen erwecken leicht den Eindruck, das Wichtigste auf der Welt zu sein. In fünf Jahren denkt keiner mehr daran. Ist eine wirklich danebengegangen, kann Ihr Kind sie vielleicht wiederholen.

Sprechen Sie über seine Befürchtungen und achten Sie darauf, dass seine Erwartungen realistisch sind, indem Sie das bisher Erreichte berücksichtigen. Helfen Sie Ihrem Sohn, sich auf die Stressbewältigung zu konzentrieren und auf das, womit er seine Chancen verbessert, statt sich von Angst und Müdigkeit lähmen zu lassen. Erreicht er die erforderlichen Noten nicht, seien Sie feinfühlig und zeigen Sie Ihre Enttäuschung nicht zu sehr. Vielleicht kann er die Prüfung wiederholen, damit er mit seinen Freunden mithalten und seine Pläne weiterverfolgen kann. Allerdings könnte er auch seine späteren weiteren Optionen noch einmal überdenken.

F Ich möchte meinem Kind so gut ich kann bei den Prüfungsvorbereitungen helfen. Wie?

In dieser möglicherweise stressigen Zeit können Sie Ihrem Teenager helfen, ruhig zu bleiben, eifrig zu lernen und an seinem großen Tag sein Bestes zu geben. Allerdings gibt es auch viele gut gemeinte, aber nicht hilfreiche Vorgehensweisen, die Ihr Kind reizen, Streit verursachen und ihm reichlich Zündstoff bieten. Besprechen Sie mit Ihrem Teenager im Voraus die das Lernen und die Freizeit betreffenden Regeln, besonders in Bezug auf Fernseh- und Computerspielzeiten. Richten Sie Ihr Augenmerk auf ein gesundes Gleichgewicht – zu viele Einschränkungen des Soziallebens Ihres Kindes führen zu Unmut und wahrscheinlich nicht zu eifrigerem Lernen. Besprechen Sie mit ihm, welche Unterstützung es sich von Ihnen (wenn überhaupt) wünscht. Vertrauen Sie seinem Urteil – nicht jeder findet es hilfreich von den Eltern am Abend vor der Prüfung abgehört zu werden. Es ist wissenschaftlich erwiesen, dass Prüfungsstress zu Appetitlosigkeit führen kann. Kochen Sie, was Ihr Kind gern mag (und was möglichst gesund ist). Der zunehmende Anteil von Lieblingsgerichten zeigt ihm, dass Sie an Ihr Kind denken und erhöht die Wahrscheinlichkeit, dass es isst. Wenn sich alles nur um das Lernen dreht, sind regelmäßige Snacks und Getränke wichtig. Lockern Sie die Regeln bezüglich der Mithilfe im Haushalt ein wenig oder befreien Sie Ihr Kind völlig davon. So bleibt mehr Zeit zum Wiederholen und Sie zeigen, dass Sie ihm ein wenig von dem auf ihm lastenden Druck abnehmen möchten. Stürzen Sie sich in den Kampf und vermeiden Sie Streit, der in dieser Zeit schnell eskaliert. Sparen Sie schließlich nicht mit aufrichtigem, wahrem Lob für die Bemühungen Ihres Teenagers.

F Meiner Tochter ist es egal, dass sie mit ihrer Facharbeit im Verzug ist. Was kann ich tun?

Es wird allgemein angenommen, dass eine Facharbeit weniger stressig ist als eine Abschlussprüfung. Tatsache ist jedoch, dass sie ebenso stressig oder vielleicht gar noch stressiger ist als Klassenarbeiten oder Prüfungen. Zur Vorbereitung einer Facharbeit gehört das Sichten der Quellen zu einem bestimmten Thema, das Sammeln von Datenmaterial und die ansprechende Präsentation der Ergebnisse – während nebenbei zahlreiche Abgabetermine, Aufgaben in anderen Fächern und Stoffwiederholungen unter einen Hut gebracht werden müssen!

Wenn Sie nachfragen, warum Ihre Tochter ihre Arbeit noch nicht abgegeben hat, wird sie wahrscheinlich aufgebracht und abwehrend reagieren, was Ihnen sicher nicht weiterhilft. Fragen Sie sie lieber, was passieren muss, damit sie ihr Projekt beendet. Vielleicht bekommt sie aufgrund besonderer Umstände eine Fristverlängerung. Es kann jedoch sein, dass sie alles in die Länge zieht, weil sie einfach wenig oder keine Absicht hat, die Facharbeit abzuschließen – trotz Ihrer gut gemeinten Versuche, sie zu motivieren und sie für ihre Bemühungen zu belohnen. Ist das der Fall, und sind ihr die Folgen bewusst, gibt es wenig, was Sie tun können. Unabhängig sein bedeutet auch, Verantwortung für sein Handeln zu übernehmen – ob Sie es billigen oder nicht.

F Wegen seiner schlechten Probeklausuren will mein Sohn nicht an der Abschlussprüfung teilnehmen. Was kann ich tun?

Ihr Sohn ist wegen seines angeschlagenen Selbstvertrauens niedergeschlagen und braucht Zeit, um über das Geschehene nachzudenken. Er sollte sich jedoch nicht zu lange in Selbstmitleid suhlen. Seine Reaktion zeigt, dass er sich um seine schulischen Leistungen ernsthaft Gedanken macht. Seien Sie einfühlsam, aber suchen Sie nach Lösungen, rücken Sie das Ganze ins rechte Licht und helfen Sie ihm, nach vorn zu schauen. Sprechen Sie darüber, wie er den Stoff wiederholt und sich auf die Probeklausuren vorbereitet hat. Gibt es Klausurenteile, die gut gelungen sind oder sogar besser als er erwartet hat? Was muss er bei der Prüfungsvorbereitung ändern? Braucht er Ihre Hilfe?

Schlechte Probeklausuren dienen oft dazu, Teenagern vor Augen zu führen, dass sie der Schule und dem Lernen nicht genug Aufmerksamkeit gewidmet haben. Nach dem Misserfolg ist Ihr Sohn jetzt vielleicht motivierter, die Noten zu erreichen, zu denen er fähig ist.

F Meine Tochter hat einfache Schwerpunktfächer gewählt. Fällt das negativ auf, wenn sie sich mit ihrem Zeugnis um eine Stelle bewirbt?

Manche Schwerpunktfächer oder Leistungskurse stehen in dem Ruf, besonders einfach zu sein, dazu gehören die Fächer Religion, Sozialkunde, Erdkunde, Sport und Kunst. Doch auch für diese Fächer muss Ihre Tochter lernen und eine Leistung erbringen. Dabei wird sie vielleicht feststellen, dass sie sich auf die Klausuren, mündliches Abfragen und Referate in diesen vermeintlich leichten Fächern ebenso intensiv vorbereiten muss wie auf andere.

Was die Erfolgsaussichten der Bewerbung Ihrer Tochter betrifft: Sprechen Sie mit ihr, was genau sie beruflich machen möchte. Erkundigen Sie sich gemeinsam, welche Anforderungen an die Bewerber für solch eine Stelle gestellt werden. Kann sie sich gegenüber ihren Mitbewerbern durch die Wahl bestimmter Schwerpunktfächer einen Vorteil verschaffen? Vielleicht stehen diese gar nicht im Widerspruch zu ihrer Wahl. Vielleicht aber wird Ihre Tochter so auch auf andere Fächer aufmerksam, die sie nun sehr viel mehr interessieren, da die Aussicht auf eine bestimmte Stelle sie besonders motiviert. Aber letztlich gibt es keine einfachen Fächer.

Hochs und Tiefs
Launen und Melodramen

F Ich gerate mit meinem Kind immer wegen seiner Schlafenszeiten aneinander – es sagt, ich hätte keine Ahnung.

Es ist typisch für Teenager, am Wochenende spät ins Bett zu gehen und spät aufzustehen. Insgesamt bekommen sie allerdings weniger Schlaf, als wenn sie durchweg früher schlafen gingen. Sie wollen späte Fernsehsendungen anschauen, zu Konzerten und in die Disco gehen, wach sein, wenn die Erwachsenen schlafen – das ist aufregend und bei Teenagern normal. Außerdem ist nachgewiesen, dass ihr Gehirn frühmorgens noch nicht optimal funktioniert.

Sind Sie der Meinung, dass Ihr Kind unter Schlafmangel leidet und dadurch seine Laune und seine schulischen Leistungen beeinflusst sind, müssen Sie einen Kompromiss finden. Ermitteln Sie gemeinsam, wie viele Stunden Schlaf Ihr Kind pro Woche benötigt und einigen Sie sich auf einen Mittelwert. Vereinbaren Sie eine frühere Schlafenszeit während der Woche und spätere Aufstehzeiten an den Wochenenden. Versuchen Sie es ein oder zwei Wochen lang und prüfen Sie, ob Besserung eintritt.

F Der erste richtige Freund meiner Tochter hat gerade mit ihr Schluss gemacht und sie ist untröstlich. Wie kann ich ihr helfen?

Auf den Schmerz, den Ihre Tochter empfindet, wenn sie von ihrem ersten Freund verlassen wird, können Sie sie nicht vorbereiten. Da sie noch keinen Vergleich hat, kann sie von den Gefühlen überwältigt werden. Nehmen Sie deshalb diesen Verlust ernst. Zunächst denkt sie, die Welt müsse untergehen und es gibt wenig, womit Sie sie trösten können. Weisheiten wie »Andere Mütter haben auch nette Söhne« sollten Sie sich sparen. Widerstehen Sie auch der Versuchung, sich lautstark über den gemeinen und herzlosen Teenager auszulassen, der Ihre Tochter unglücklich gemacht hat, da sie noch viel für ihn empfindet, und Sie in eine peinliche Lage geraten könnten, wenn sie wieder zusammenkommen. Nachdem die ersten Tränen versiegt sind, möchte sie vielleicht mit Ihnen oder Freunden über das Geschehene reden. Achten Sie auf Verhaltensweisen, die zeigen, dass es ihr immer noch schwerfällt, den Verlust zu überwinden. Es ist zu erwarten, dass sie

ELTERN BERICHTEN

Einzelgänger?
Ein unglückliches Kind

Mein Sohn verbrachte Stunden in seinem Zimmer. Dort lag er auf seinem Bett und starrte an die Decke. Er ging nicht mehr mit Freunden aus, sagte, er sei müde und schlief furchtbar viel. Doch frühmorgens hörte man ihn herumlaufen. Sein Appetit ließ nach und er wurde richtig wütend, schrie und brüllte. Einmal schlug er so kräftig gegen die Wand, dass seine Knöchel bluteten. Die Leute sagten, das sei sein Alter, Teenager sind eben so, lass ihn in Ruhe, gib ihm Freiraum. Doch ich wusste, dass etwas nicht stimmte. Ich dachte, er würde vielleicht Drogen nehmen, doch er schien ständig furchtbar traurig zu sein.

Schließlich sprach ich mit unserem Kinderarzt, der sagte, dass Eltern gewöhnlich merken, wenn ein Problem vorliegt und überwies uns an einen psychologischen Dienst für Jugendliche. Mein Sohn bekommt jetzt eine Einzeltherapie, und manchmal haben wir Familien-Therapiesitzungen. Er ist nun ein wenig fröhlicher.

ELTERN BERICHTEN

Zum Haare raufen
Erinnerst du dich?

Die Erziehung meiner Tochter hat mich fertig gemacht. Vom Aufräumen des Zimmers bis hin zu ihrer negativen Einstellung – alles war ein einziger Kampf. Ich raufte mir die Haare. An einem besonders schlechten Tag nahm mich meine Mutter beiseite und fragte, ob meine Tochter mich an jemanden erinnern würde? Komischerweise antwortete ich sofort: »Ja, an mich«. Wir verbrachten den ganzen Abend damit, in Erinnerungen zu schwelgen und über meine Eskapaden zu lachen. Ich begriff, dass ich meiner Tochter helfen konnte, anstatt mit ihr zu streiten. Sogar heikle Aufgaben, wie das Aufräumen ihres Zimmers, würden schneller gehen, wenn wir es zusammen machten.

Ich fühle mich meiner Tochter verbundener, seit ich weiß, dass sie dieselbe Phase durchmacht und sie sie wie ich meistern wird, wenn ich mit ihr am Ball bleibe.

sich in ihr Zimmer zurückzieht und immer wieder ihre Lieblingslieder hört, doch selbststrafendes, riskantes oder rachsüchtiges Verhalten hilft nicht. Halten Sie Taschentücher griffbereit, seien Sie großzügig mit Umarmungen, bieten Sie eine Schulter zum Ausweinen und verwöhnen Sie sie mit etwas Besonderem. Ein Einkaufsbummel oder ein gemeinsamer Besuch im Friseur- oder Kosmetiksalon helfen ihr, sich abzulenken und gleichzeitig gut zu fühlen.

F Meine Tochter trägt ihr Herz auf der Zunge. Wird sie dadurch verwundbar?

Eine Emotion zu fühlen, jedoch nicht auszudrücken, ist eine anspruchsvolle, sich entwickelnde Fähigkeit, die Teenager noch nicht gut beherrschen. Ihre Tochter hat vielleicht gelernt, die Heftigkeit ihrer Emotionen zu dämpfen oder nicht mit emotionalen Worten herauszuplatzen, jedoch noch nicht, sie völlig zu verbergen oder durch einen akzeptableren emotionalen Ausdruck zu ersetzen. Hinter einer offensichtlich kühlen und lässigen Gleichgültigkeit verbergen Teenager ihre innere Angst, ihre Selbstzweifel und Qualen. In ihrer Clique wird Ihre Tochter die Fähigkeit verbessern, akzeptable Emotionsebenen zu zeigen, denn sie möchte die Regeln lernen, um Teil der Gruppe zu sein, die ihr tatsächlich beibringen kann, wie man mit inneren Gefühlen umgeht.

Tut man z. B. so, als wäre man ruhig und gelassen, nimmt auch die Angst ab. Ihre Tochter wird feststellen, dass andere ihr gegenüber positiv auf diese solide Fassade reagieren und dieses Verhalten stärken, wodurch sie sich veranlasst sieht, diese Fähigkeit noch weiter zu entwickeln.

F Meine Tochter kann es nicht erwarten, erwachsen zu werden und ist unglücklich. Wie kann ich helfen?

Die sofortige Erfüllung von etwas zukünftig Erträumten zu wollen, kann sehr frustrierend sein. Sprechen Sie mit ihr über ihre Träume und die Schritte, die jetzt notwendig sind, um ihre zukünftigen Ziele zu erreichen. Hat sie die Strecke vor Augen und ist ihr die Wichtigkeit jedes Schrittes bewusst, ist sie mit ihrem jetzigen Leben zufriedener. Wenn sie z. B. Medizin studieren möchte, wäre jetzt ein Erste-Hilfe-Kurs nützlich. Will sie ein Jahr als Au-pair-Mädchen überbrücken, könnte sie einmal pro Woche ein Mittagessen kochen.

Vielleicht regen Sie Ihre Tochter auch zu ein wenig Achtsamkeit an, d. h. zu der Fähigkeit, aufmerksam im Hier und Jetzt zu leben. Sie sollte auf Gegebenheiten achten, die jetzt um sie herum passieren und sie urteilsfrei im Moment des Erlebens beschreiben. Wenn sie abgelenkt ist und fragt, was es zum Mittagessen gibt, oder wenn sie äußert, ihr sei langweilig, dann ist das in Ordnung, doch lenken sie ihre Aufmerksamkeit wieder auf das Hier und Jetzt. Mal sehen, was sie entdeckt. Bringen Sie sie dazu, etwas Normales aus ihrem Alltag auf diese Weise genau zu betrachten, z. B. einen Bleistift oder eine Pflanze. Sie soll Ihnen sagen, was ihr auffällt. Wenn sie sich darauf einlässt, wird sie Farben, Maserungen, Eindrücke, Gerüche, Geschmäcker und Geräusche bemerken, die ihr noch nie zuvor aufgefallen sind. Achtsamkeit ist eine Kombination aus östlicher Philosophie und westlicher Psychologie, die bei verschiedenen körperlichen und geistigen Gesundheitsproblemen angewendet wird. Auch im täglichen Leben hindert sie uns daran, in der Zukunft oder in der Vergangenheit zu leben. Ihre Tochter ist jetzt vielleicht offener für ein Gespräch über die vielen wunderbaren, wichtigen Begebenheiten, die sie genau jetzt in Vorbereitung auf ihre Zukunft macht.

F Was tue ich gegen den Weltschmerz meines Teenagers?

»Alles ist falsch, ich bin nichts wert und keiner hat mich lieb«. Dieser Weltschmerz bei Teenagern kann ansteckend sein. Sie machen vielversprechende Vorschläge, Ihr Sohn schaut Sie müde an und sagt, dass er nie der sein wird, der er sein möchte, und prompt fühlen Sie sich auch bedrückt. Sein Denken ist pauschal und negativ, deshalb lenken Sie seine Gedanken auf etwas Konkretes, Individuelles und Positives. Lassen Sie ihn an gestern oder letztes Wochenende denken, an das letzte Mal, als er fröhlich war und analysieren Sie Stunde für Stunde, was er damals getan hat. Er soll jede Aktivität (auch die banalste) danach bewerten, wie sie ihm gefallen hat und wie sehr sie ein Erfolgserlebnis für ihn war. Dann soll er die Aktivität auswählen, die in beider Hinsicht die meisten Punkte erbracht hat, vielleicht das Gitarrespielen, Joggen oder Basteln am Mofa mit einem Freund. So lenkt er seine Gedanken in eine neue Richtung

Mit Emotionen klarkommen

Das Erwachsenwerden kann eine Zeit intensiver und plötzlicher Gefühlsausbrüche sein. Sogar alltägliche Situationen werden mit extremeren Gefühlen wahrgenommen als noch zu Kleinkindzeiten – eine schwierige Zeit für Eltern. Anders als Kleinkinder, die man einfach knuddeln kann, brauchen Teenager eine komplexere Reaktion, die sich nicht immer von selbst ergibt.

Zuhören, prüfen, benennen: Wenn sich Ihre Tochter in einem Zustand höchster Erregung und Verzweiflung befindet, befassen Sie sich sofort mit ihr. Hören Sie ihr zunächst zu. Versuchen Sie nicht, zu unterbrechen oder zu widersprechen oder ihr auf der Stelle helfen zu wollen. Wenn sie fertig ist, prüfen Sie, ob Sie alles richtig verstanden haben, z.B. wer wen zuerst angerufen hat, was genau gesagt wurde usw. Benennen Sie nun die Emotion und prüfen Sie, ob sie stimmt, z.B. indem Sie sagen: »Für mich klingt das so, als hätte sie dich wirklich aufgeregt«. Das gibt Ihrer Tochter Gelegenheit sich zu beruhigen und nachzudenken. Vielleicht korrigiert sie die Benennung des Gefühls: »Ich bin nicht aufgeregt, ich bin wütend«. Fragen Sie Ihre Tochter nun, was sie tun möchte. Wenn sie noch wütend ist, könnten Sie nach einer kurzen Beruhigungsphase weiterreden. Vielleicht möchte sie auch sofort reden und braucht Ihre Hilfe, um mit ihren Gefühlen klarzukommen. Oder sie versucht, das Dilemma selbst zu lösen. Zu zweit können Sie das Problem und die möglichen Optionen zusammen mit den wahrscheinlichen Folgen betrachten und Ihre Tochter kann mit Ihrer Hilfe und Unterstützung entscheiden, wie sie vorgehen möchte.

Emotionale Intelligenz beibringen
Hilfe bei Sorgen Heranwachsender

In den letzten 30 Jahren wurde ein Anstieg emotionaler Probleme und Verhaltensauffälligkeiten bei jungen Leuten beobachtet. Selbstverletzendes Verhalten hat dramatisch zugenommen. Unter den 11- bis 16-Jährigen haben 13 Prozent der Jungen und zehn Prozent der Mädchen eine psychische Störung.

* **Emotionale Intelligenz:** Sie umfasst drei Hauptbereiche: Selbstwertgefühl, Bewältigungs- und Sozialkompetenz. Diese Fähigkeiten werden in einem stabilen Elternhaus erlernt. Wo jedoch Armut, Krankheit, Familienprobleme oder Behinderungen die emotionale Belastbarkeit untergraben, können kommunale Hilfsdienste Auffälligkeiten verhindern.
* **Selbstwertgefühl:** Indem Sie durch Lob und positives Feedback ein präzises und positives Bild Ihres Teenagers widerspiegeln, wird Selbstwertgefühl aufgebaut. Erzählen Sie anhand konkreter Beispiele von seinen positiven Seiten. Negative Kritik sollte selten und konstruktiv sein. Richten Sie Ihr Augenmerk auf das Verhalten und nicht auf die Person. Beispiel: »Ich war in Sorge, weil du Emma gestern Abend ignoriert hast. Das hat sie wahrscheinlich verletzt.« So wird zu Selbstbetrachtung und Diskussion und nicht zu Verteidigung aufgefordert.
* **Bewältigungskompetenz:** Fördern Sie die Interessen Ihres Kindes, die Aktivitäten und sozialen Bindungen. Vielleicht denken Sie nicht gerade an Hip-Hop-Musik, doch dadurch können Talent und Kreativität zum Ausdruck kommen. Geben Sie eine optimistische Sichtweise auf die Welt weiter, zeigen Sie ihm seinen Platz darin und dass man Probleme bewältigen kann. Eine nicht bestandene Prüfung ist eine Lernerfahrung und Warnung. Krankheit oder Tod in der Familie bringt Menschen zusammen und zeigt, was man ertragen kann, wenn man sich gegenseitig unterstützt.
* **Kommunikation:** Ermuntern Sie durch schrittweise Ausdehnung der Verantwortung zu Unabhängigkeit und Eigenständigkeit. Friseur- und

LINKS Förderung der Interessen Ihres Teenagers und Lob für Mühen und Leistungen helfen, Selbstwertgefühl aufzubauen und mit sich zufrieden zu sein.
MITTE Mit körperlicher Zuneigung helfen Sie Ihrem Teenager, seine Emotionen zu benennen, an einem sicheren Ort darüber nachzudenken und die emotionale Intelligenz zu fördern.
GANZ RECHTS Das soziale Netzwerk Ihres Teenagers hilft ihm bei der Entwicklung eines wichtigen Aspektes emotionaler Intelligenz: Einfühlungsvermögen.

Arzttermine z. B. kann Ihr Kind selbst ausmachen. Wenn Sie sich über es ärgern, sagen Sie ihm, wie Sie sein Verhalten empfinden: »Ich bin ärgerlich, weil du mir nicht gesagt hast, wo du letzte Nacht warst«. Dies wird wahrscheinlich eine Entschuldigung und ein Gespräch bewirken, wohingegen »Du bist egoistisch! Wie konntest du mir das antun?« ein Leugnen und eine persönliche Kränkung hervorrufen. Hören Sie Ihrem Teenager zu, rechnen Sie damit, mal im Unrecht zu sein, und seien Sie darauf gefasst, dass er ihnen schnell intellektuell ebenbürtig sein wird.

* **Sozialkompetenz:** Um sich sicher zu fühlen, muss Ihr Teenager Beziehungen zu Menschen außerhalb der Familie eingehen können. Dazu muss er Einfühlungsvermögen lernen und soziale und romantische Beziehungen eingehen können. Situationen durchzuspielen, in denen er einen anderen und Sie ihn darstellen, können ihm helfen, die Rollen klarer zu sehen. Hat Ihre Tochter z. B. Probleme mit einem dominanten Freund, hilft ein Rollenspiel, Strategien zu entwickeln, wie sie sich langsam von ihm abwenden kann und lässt sie erkennen, wie ihr Freund sich fühlt. Ihr Teenager sollte Eigenständigkeit und Unabhängigkeit erreichen und auf sich selbst vertrauen.

und wird den Tag nun mit angenehmen, produktiven Aktivitäten planen. Er wird merken, dass er sich durch Ändern seiner Denkweise selbst vom Trübsinn befreien kann und eine positivere Einstellung gewinnt gegenüber sich selbst, seiner Zukunft und seiner Fähigkeit, seine Ziele zu erreichen.

F Wie können ein paar Pickel eine Katastrophe sein?

Teenager können sehr gehemmt sein und katastrophale Denkweisen zeigen. Ein kleiner Pickel bewirkt angeblich, dass sie hässlich sind, keiner etwas mit ihnen zu tun haben will und jeder sie mit Argusaugen ansieht. Heranwachsende sind bezeichnenderweise egozentrisch und unsicher und haben eine pauschale, negative und extreme Denkweise. Wie können Sie helfen? Erinnern Sie an Personen, die Ihr Teenager kennt und mag und die ebenfalls einen oder mehrere Pickel haben. Fragen Sie ihn, wie viele Pickel diese Personen genau haben. Er wird das wahrscheinlich nicht genau beantworten können und zeigt damit, dass er seine Freunde auch nicht mit Argusaugen beobachtet und ihren angeblich prüfenden Blick auf ihn überbewertet. Kann er ihre Pickel tatsächlich beschreiben, wird er zugeben müssen, dass sie trotz des Zustandes ihrer Haut liebenswert, attraktiv und seine Freunde sind. Haben Sie Geduld, verwenden Sie Humor sparsam, helfen Sie mit einer Aknebehandlung und Abdeckstiften und zeigen Sie ihm, dass Pickel nicht das Ende der Welt sind.

F Ist es okay, dass mein Kind ewig allein in seinem Zimmer ist?

Es ist für Teenager normal, dass sie allein sein und ihre Intimsphäre schützen wollen. Sie sind oft launisch und teilnahmslos. Nach Ärger in der Schule oder mit der Familie können sie sich in ihr Zimmer zurückziehen, dort die Sache überdenken und sich mit ihren Emotionen auseinandersetzen. Dort stundenlang Musik zu hören, träumend aus dem Fenster zu starren, die glanzvolle Karriere zu planen und dann herauszukommen, als sei nichts geschehen – gleichzeitig erfrischt und ausgehungert – ist völlig normal. Es ist wichtig, Zeit allein zu verbringen – respektieren Sie das.

Essen? Nein danke! Alles über Essstörungen

F Ich bin besorgt, dass mein Kind eine Essstörung entwickeln könnte. Was kann ich tun?

Essprobleme und -störungen beunruhigen Eltern, doch sie sind machtlos, sie zu verhindern, weil ihr Einfluss in den Teenagerjahren sinkt. Es gibt jedoch viele einfache und sinnvolle Möglichkeiten, gesunde Ernährung und Wahrnehmung von Gewicht und Größe zu unterstützen.

Regelmäßige Essenszeiten und die Forderung, dass Ihre Tochter mindestens eine Mahlzeit mit der Familie einnimmt, fördern eine gesunde Ernährung und die Kommunikation innerhalb der Familie. Machen Sie aus Mahlzeiten angenehme Anlässe, zu denen Sie in entspannter Atmosphäre über interessante, lustige Begebenheiten sprechen. Fehlverhalten Ihres Teenagers sollten Sie nicht am Esstisch rügen. Machen Sie dies, wenn Sie mit ihm allein sind. Scheint er sich zu den Mahlzeiten unbehaglich oder unruhig zu fühlen, fragen Sie ihn später nach dem Grund und nicht vor der Familie. Vielleicht schiebt er es auf Hausaufgaben oder einen Freund, doch es könnte mit dem Essen zusammenhängen.

Ermuntern Sie Ihre Tochter, sich an der Auswahl und Vorbereitung der Speisen für sich und die Familie zu beteiligen. Lassen Sie ihr Freiraum zu wählen, was sie isst, helfen Sie ihr bei einer gesunden Ernährung und lassen Sie sie an Ihrem Wissen darüber teilhaben. Vielleicht möchte sie sich vegetarisch ernähren oder anders als der Rest der Familie. Das sollte kein Problem sein, solange sie bei der Vorbereitung mithilft und sich ausgewogen ernährt.

F Wie erkenne ich Warnzeichen?

Warnzeichen können Gewichtsverlust (oder übermäßige Zunahme) sein oder die folgenden Verhaltensweisen: Zerteilen der Speisen in winzige Stücke, Auslassen von Mahlzeiten oder Hineinstopfen, um sich danach auf der Toilette vielleicht zu übergeben. Verhält sich Ihr Teenager merkwürdig beim Essen, verkehrt er nicht mehr mit Freunden, bleibt ihre Periode aus, hat er trockene Haut, Haarausfall, Juckreiz oder Ausschlag, sprechen Sie mit Ihrem Arzt. Bemühen Sie sich rechtzeitig um Hilfe. Je früher mit einer Therapie begonnen wird, desto größer ist der Erfolg. Ihr Arzt kann Ihnen entsprechende Anlaufstellen in Ihrer Nähe nennen. In vielen Städten gibt es spezielle Beratungsstellen für essgestörte Kinder und Jugendliche.

Intervenieren können Sie nicht nur über das Essen. Fördern Sie die Eigenständigkeit Ihrer Tochter mit Wahlmöglichkeiten, Ermutigung zur Selbstständigkeit und Förderung ihrer Selbstwahrnehmung als stark, kompetent und selbstbewusst. Halten Sie sich auch bei Provokationen mit persönlichen Kränkungen zurück. Übertragen Sie nicht Ihr eigenes verzerrtes Denken über Gewicht und Größe. Das Funktionieren der Familie beeinflusst die Entwicklung der Selbstzufriedenheit bei Mädchen stärker als bei Jungen. Beachten Sie als Eltern einer Teenagertochter besonders die Wirkung von Ehestreitigkeiten auf sie. Streiten Sie nicht vor ihr oder zeigen Sie ihr, wie Probleme zufriedenstellend und ohne Schaden für den anderen gelöst werden können.

F Haben auch Jungen Essstörungen?

Magersucht und Essbrechsucht betreffen überwiegend weibliche Personen, aber nicht nur. Die Beeinträchtigung ist bei Männern und Frauen ähnlich. Trotzdem beträgt das Verhältnis von männlichen zu weiblichen Personen 1:10–15. Unter präpubertären Kindern ist es ausgeglichener. Es gibt Anzeichen, dass die sogenannte Manorexia (Magersucht bei Männern) ansteigt. Jungen unterscheiden sich von Mädchen insoweit, dass sie mehr auf ihre Gestalt als auf das Gewicht achten und eher befürchten, schwabbelig und nicht in Form zu sein als zu dick. Da lange Zeit

Fettleibigkeit

Fettleibigkeit nimmt zu. Es mag vielschichtige Gründe dafür geben, doch im Allgemeinen sind sie ziemlich eindeutig. Wir essen mehr und bewegen uns weniger. Diäten fördern Heißhunger, was zu haltlosem Essen und Fettleibigkeit führt.

Für den Ursprung von Fettleibigkeit gibt es genetische Faktoren. Doch Theorien über eine niedrige Stoffwechselrate, die zu Übergewicht führt, sind überholt. Tatsächlich haben Übergewichtige sogar einen höheren Stoffwechsel. Die Theorie, dass übergewichtige Personen eine genetische Veranlagung zu mehr Fettzellen haben, ist unbestätigt. Je mehr wir essen, desto größer sind unsere Fettzellen und desto mehr haben wir. Meist ist bei Übergewichtigen die Energiezufuhr höher als der Energieverbrauch. Junge Leute bewegen sich heute weniger als früher und sitzen viel vor dem Computer oder dem Fernseher. Übermäßiges Essen wird ebenso von psychologischen Faktoren gestützt, wie zu wenig zu essen. Die Hypothese, dass übergewichtige junge Leute weniger auf Hunger- und Sättigungsreize reagieren als normalgewichtige Jugendliche, wird in gewisser Weise bestätigt. Ebenso, dass sie als Reaktion auf emotionale Auslöser wie Langeweile, Depression und emotionale Leere essen. Sie als Eltern können bei übermäßigem Essen helfen, indem Sie Ihren Teenager in ein offenes Gespräch über Essgewohnheiten einbeziehen. Die Verantwortung für Essverhalten zu übernehmen und die Folgen übermäßigen Essens zu begreifen, ist eine Frage der Erziehung. Gibt es einen emotionalen Auslöser, können Sie zusammen die Risikozeiten festlegen, z.B. beim Heimkommen nach der Schule, wenn noch niemand zu Hause ist. Ein einfacher Plan für einen gesunden Snack kann leicht Abhilfe schaffen. Sind die psychologischen Faktoren komplexer und umfassen Diäten, Fressanfälle und Abführmittel, wird eher professionelle Hilfe benötigt. Als Eltern eines übergewichtigen Teenagers sind regelmäßige Essenszeiten, gesunde Menüs und Sie als gute Vorbilder wesentliche Bausteine für ein gesundes Gewicht.

das Bewusstsein fehlte, dass auch männliche Personen betroffen sein können, ist bei Jungen eine verspätete Überweisung, Diagnose und Behandlung die Folge.

F Ist es schwierig, mit einem Essgestörten über seine Störung zu reden?

Die meisten westlichen Frauen jeglicher Altersgruppen sind mit ihrem Gewicht und Aussehen unzufrieden. Es ist fast normal, dass Frauen nach dem Genuss von fettem Essen hochemotional ausrufen, wie aufgebläht sie sich fühlen. Teenager sind besonders unsicher und beurteilen ihr Selbstbild hart, genauso wie essgestörte junge Leute.

Doch das verzerrte Denken eines Magersüchtigen ist extrem. Er mag bis auf die Knochen abgemagert sein, sieht sich jedoch im Spiegel als dicke Person. Je mehr seine Stimmung von geringem Selbstwertgefühl und einem verzerrten, unbefriedigenden Körperbild beeinflusst wird, desto bereitwilliger wird er negative Informationen über sich aufnehmen und glauben. Positive Informationen werden hingegen ignoriert und geleugnet. So entsteht ein Teufelskreis, der schwer zu durchbrechen ist. Zusammen mit depressiven Gefühlen gerät der Betroffene beim Essen und Gewichtszunahme in Panik. Er glaubt sogar zuzunehmen, wenn er Essen berührt oder nur daran denkt.

Ein weiteres Merkmal dieses gestörten Denkens ist die Schwierigkeit, es zu ändern. Im Gegensatz zur allgemeinen Bevölkerung, die eine ausgeglichene Argumentation bereitwilliger annimmt, ist ein Essgestörter nur schwer zu vernünftigem Denken zu bewegen. Es ist wichtig, die Auswirkung von Hungern auf flexibles Denken zu berücksichtigen. Deshalb zielt die Behandlung Essgestörter zuerst darauf ab, sie wieder auf ein gesundes Gewicht zu bringen, bevor damit begonnen wird, ihr Denken zu hinterfragen.

Warum entstehen Essstörungen?
Eine Kombination vieler Faktoren

Unsere Teenager sehen sich mit der Angst der westlichen Gesellschaft hinsichtlich gesunden Essens, Körpergewicht und Bewegung konfrontiert. Unsere Töchter lesen Zeitschriften und sehen Fernsehsendungen, in denen Dünnsein als erstrebenswert und attraktiv propagiert wird. Sie wachsen mit einem unrealistischen und unerreichbaren weiblichen Schönheitsideal auf. Der weibliche Durchschnittsteenager braucht 5 cm mehr Größe, 12,5 cm mehr Oberweite und 15 cm weniger Taillenumfang, um Barbie zu ähneln! Auch Jungen geraten zunehmend unter Druck, den Geschlechtsrollenidealen zu entsprechen.

Unterschiedlicher Druck: An der Entwicklung einer Essstörung ist eine Anzahl von Faktoren beteiligt. Dazu gehören Charaktereigenschaften der einzelnen Personen, Merkmale ihrer Familie und soziokultureller Druck. Diese wirken auf komplexe Art zusammen – zunächst wird ein junger Mensch anfällig für die Entwicklung einer Essstörung, dann ist sein Essverhalten zunächst nur leicht gestört, das steigert sich immer weiter bis zu einem lebensgefährlichen Zustand. Die Essstörung wird häufig zu einem Teil des Lebens.

Jeder der Faktoren allein ist nicht gefährlich und kann in vielen Fällen als normales Problem von Heranwachsenden gesehen werden. Es ist das komplexe Zusammenspiel, das zu dem beunruhigenden Resultat führt.

✱ **Genetische Gründe:** Ein Mädchen kann eine Anfälligkeit für Essprobleme geerbt haben. Hat ein enger Verwandter ähnliche Probleme gehabt, hat sie ein höheres Risiko, eine Essstörung zu entwickeln.
✱ **Körperbild:** Essstörungen entwickeln sich oft während der Pubertät, wenn Mädchen an Körperfett zunehmen und sich daraufhin zu dick finden. Ein verzerrtes Körperbild, besonders sich als dicker zu sehen als man ist (und darüber unglücklich zu sein), ist ein Schlüsselfaktor zur Entwicklung einer Essstörung, doch allein noch nicht ausreichend. Verstärkt wird das Ganze durch den Glauben, das Äußere sei für das Selbstbild und die Anerkennung durch andere ausschlaggebend.
✱ **Diät und Sport:** Die Betroffene versucht mit einer Diät ihr Gewicht zu reduzieren und ihre Figur nach ihren Vorstellungen zu formen. Normalerweise sind diese Versuche nicht erfolgreich, was das Mädchen noch mehr deprimiert. Diäten zu machen ist unter heranwachsenden Mädchen normal, doch besonders unter solchen mit einem verzerrten Körperbild weitverbreitet. Auf das Diäthalten folgt häufig eine Fressattacke, die in Kombination mit Abführmitteln der Beginn eines Teufelskreises ist. Anstrengender Sport wie Joggen ist als Abnehm-

MEDIENEINFLUSS Zeitschriften, die das Schlanksein in den Vordergrund stellen, können ein Faktor bei der Entwicklung von Essstörungen sein.

methode bei vielen beliebt und kann sich in seltenen Fällen bis zur Sportsucht steigern.

✱ **Familiäres Zusammenspiel:** Kommen zu den individuellen Charaktermerkmalen (oben) noch besondere familiäre Interaktionsmuster und elterliche Einflüsse dazu, erhöht sich das Risiko für die Entwicklung einer Essstörung. Zum Beispiel ahmen manche Betroffene mit ihren Diäten und in ihrem verzerrten Selbstbild das Verhalten und die Wahrnehmung ihrer Mutter nach. Bei anderen Betroffenen haben die Eltern kritische Bemerkungen über ihr Gewicht und Aussehen gemacht. Oftmals fehlt es in den Familien der Betroffenen an Geborgenheit und Zusammengehörigkeitsgefühl. Weiterhin gibt es oft Kommunikationsschwierigkeit innerhalb der Familie oder Schwierigkeiten mit negativen Emotionen umzugehen. Wer eine Essstörung entwickelt ist eher davon bestrebt, anderen zu gefallen, als die eigenen Ziele zu erreichen. Die Bertoffene kämpft darum, eine eigene Identität zu entwickeln und hat doch nicht das Gefühl, von ihren Eltern unabhängig zu sein oder zu werden, denn diese verhalten sich ambivalent: mal überlassen sie der Tochter die Kontrolle, ein andermal kontrollieren sie sie stark. Sie reagiert auf diese gemischten, aus Überbehütung, verschärfter Kontrolle und mangelnder Anteilnahme bestehenden Botschaften mit ihrer eigenen Art der Selbstkontrolle: extremes Essverhalten.

✱ **Kulturelle Einflüsse:** Die westliche Gesellschaft hat den Mythos der Superfrau erschaffen: attraktiv, beruflich erfolgreich, gute Partnerin und Mutter. Diese widersprüchlichen Anforderungen üben zusätzlichen Druck auf eine Heranwachsende aus, die perfekt sein möchte, um ihre Identität ringt, die Meinung anderer überbewertet und eventuell keine leichte Kindheit hatte. Ihre Reaktion darauf ist, noch perfekter sein zu wollen und mehr Kontrolle über Belange auszuüben, die sie kontrollieren kann – ihren Körper.

Das Zusammenspiel dieser Faktoren ist noch unbekannt. Einige Psychologen meinen, dass der normale Druck des Heranwachsens – Pubertät, Identitätsbildung, sexuelle Entwicklung, akademische Ansprüche – und die Überbewertung des Schlankseins bei einem jungen Menschen ohne solide familiäre Basis und starkes Selbstbewusstsein, ein gestörtes Essverhalten hervorbringen können, dessen Schwere einem klinischen Krankheitsbild entspricht.

DÜNNER Obwohl gelegentliche Diäten bei Mädchen verbreitet sind, können sie zur Besessenheit werden.

MANOREXIA Jungen sind aus ganz ähnlichen Gründen wie Mädchen anfällig für Essstörungen.

GEREIZT Nicht zu essen oder Diäten und Heißhunger führen zu Stimmungsschwankungen.

Magersucht und Bulimie

Magersucht und Bulimie sind die beiden Hauptessstörungen. Zwischen ihnen gibt es viele Ähnlichkeiten: 40 Prozent der Magersüchtigen haben Fressattacken, doch die meisten Esssüchtigen entwickeln keine Magersucht. Eine klare Unterscheidung zwischen den verschiedenen Essstörungen ist meistens nicht möglich und derzeitige psychotherapeutische Behandlungsansätze neigen dazu, die verschiedenen diagnostischen Kategorien zu verbinden.

Magersucht ist gekennzeichnet von krankhafter Angst vor dem Dicksein, wesentlichem Gewichtsverlust (BMI unter 18), verzerrter Wahrnehmung von Körpergewicht und -form und dem Aussetzen der Periode. Bulimie zeichnet sich durch normales oder überdurchschnittliches Gewicht, Fressattacken, regelmäßiges Übergeben oder Abführmittelmissbrauch, Kontrollverlust beim Essen und Sorgen über Körpergewicht und -form aus.

Magersucht ist die dritthäufigste chronische Erkrankung bei adoleszenten Mädchen, circa 0,3–1,2 Prozent sind davon betroffen.

F Meine Tochter ist ein wenig mollig. Ist es gefährlich, sie eine Diät machen zu lassen?

Diäten sind bei heranwachsenden Mädchen normal, doch besonders verbreitet und besorgniserregend bei jenen mit einem verzerrten Körperbild. Magersüchtige sagen oft, dass sie die Bemerkung eines Familienmitglieds über ihre Figur zu einer Diät bewogen hat. Seien Sie deshalb vorsichtig, wie Sie über Gewicht und Aussehen Ihrer Tochter sprechen.

Bei anfälligen Jugendlichen kann die normal mit Kalorienzählen begonnene Diät zu einem Feldzug mit Essensreduktion und einer Obsession rund um Diäten und Ernährung werden. Sie gehen zu immer kleineren Portionen über, lassen Mahlzeiten aus, essen sehr langsam, schneiden die Nahrung in winzige Stücke, schmieren sie über ihren Teller, in die Haare oder verstecken sie in Ärmeln oder Taschen. Empfinden sie sich trotz dieser Bemühungen immer noch als dick und hässlich, versuchen sie es vielleicht mit exzessivem Sport, Erbrechen und Abführmittelmissbrauch. Obwohl sie vorgeben, nicht hungrig zu sein, sind sie sehr mit Essen und dessen Zubereitung beschäftigt. Ihre Tochter ist vielleicht nicht anfällig, doch eine Diät führt oft zu Fressattacken und einem Teufelskreis aus übermäßigem Essen und Abführen. Ermuntern Sie sie lieber zu gesunden Essgewohnheiten, regelmäßigem Sport und einer realistischen, positiven Einstellung ihrem Körper gegenüber.

F Wegen der Essstörung meiner Tochter habe ich Schuldgefühle.

Paradoxerweise kann der auf Ihnen lastende Druck, es allen recht zu machen und sich schuldig zu fühlen, wenn etwas schiefgeht, zur Essstörung Ihrer Tochter beitragen. Der Wunsch, eine perfekte Mutter, Ehefrau, Schönheitskönigin, Karrierefrau sein zu wollen, führt bei jungen Frauen in ihrem fehlgeleiteten Bestreben, ihr Leben komplett zu managen, oft zu einer übermäßigen Essenskontrolle.

Familien und ihre Interaktionsmuster sind an der Entwicklung oder dem Bestehen von Essstörungen beteiligt, was jedoch nicht heißt, dass Eltern und Familie die Störung verursachen. Für sich allein genommen sind die Interaktionsmuster oder die Charakteristika von Eltern-Kind-Beziehungen dafür nicht ausreichend. Probleme gibt es in jeder Familie und viele Eltern haben Schwierigkeiten mit dem Streben ihrer Kinder nach Eigenständigkeit. Vielen fällt es schwer, mit einer stummen, feindseligen, anstrengenden und verschlossenen Tochter zu kommunizieren. Und viele Paare haben, während ihre Kinder Pubertät und Erwachsenwerden bewältigen, selbst Probleme mit ihren eigenen Entwicklungsprozessen, denn sie erreichen die Lebensmitte.

Schuldgefühle sind keine Lösung. Die Entwicklung einer Essstörung ist ein Zusammenspiel vieler Faktoren. Die Reaktion darauf muss vielschichtig sein und umfasst ein offeneres und positiveres Familienumfeld, unterstützende, urteilsfreie Beziehungen und einen maßvollen Umgang mit Essen und Sport.

Wann sollte ich loslassen? Junge Erwachsene

F Mein Sohn droht bei jedem Streit mit Auszug. Wie reagiere ich darauf?

Wie ein Kleinkind mit dem Herumschmeißen von Spielzeug einer Situation entgeht, in der es nicht sein will, hat Ihr Sohn gelernt, mit der Drohung auszuziehen, einen Streit zu beenden und zu gewinnen. Das Spielen mit Ihren Ängsten und die Intensität Ihrer Gefühle bei diesem Thema sind das unschlagbare Ass in seinem Ärmel. Streiten Sie nicht darüber, dass ein Auszug verfrüht ist und bitten Sie ihn nicht, zu bleiben. Sagen Sie ihm stattdessen, dass Sie nicht möchten, dass er geht, es aber sein Leben und seine Entscheidung ist.

Bitten Sie ihn, Berechnungen anzustellen und Ihnen schwarz auf weiß zu zeigen, dass er ohne Ihre finanzielle Unterstützung überleben kann. In der Hitze des Gefechtes ist ein Auszug eine bequeme Option, doch die Konfrontation mit der Realität sollte seine Begeisterung dafür dämpfen. Widerstehen Sie aber, den Spieß umzudrehen und ihn spüren zu lassen, dass Ihnen Ihre finanzielle Macht die Kontrolle über ihn gibt – auf diese Art würden Sie ihn damit nur noch weiter von sich wegstoßen. Schließen Sie mit dem Thema ab und lassen Sie ihn wissen, dass Sie über seine Entscheidung zu bleiben froh sind.

F Wir haben einen Wochenendtrip geplant, aber mein Sohn will mit Freunden daheim bleiben.

Früher oder später entscheiden sich die meisten Teenager dagegen, Zeit mit ihren Eltern zu verbringen, wenn sie die Wahl haben. Doch über Nacht allein zu bleiben ist ein großer Schritt und Sie müssen wissen, ob Ihr Sohn dafür bereit ist (und, was noch wichtiger ist, in Ihrer Abwesenheit keine wilde Party feiert!).Vereinbaren Sie klare Hausregeln und geben Sie ihm mindestens einmal Gelegenheit zu beweisen, dass er sich daran hält, indem Sie in der Nähe bleiben und bei Bedarf schnell eingreifen. Wenn Sie meinen, dass Ihr Sohn eigenständig und reif genug ist, sollte er ausreichend einfach zuzubereitende Mahlzeiten im Haus haben, um Kochunfälle zu vermeiden, sowie eine Liste mit Notfallnummern. Rufen Sie ihn zu vereinbarten Zeiten an. Überschütten Sie ihn nicht mit SMS zwischen den Anrufen, da er sich sonst bedrängt fühlt.

Wenn Sie die Zeit für noch nicht gekommen halten, können Sie ihn entweder zu Ihrem Kurzurlaub mitnehmen, was für beide Seiten eher unbefriedigend sein wird, oder ihn bei einem Freund unterbringen und vereinbaren, die Sache bald noch einmal zu überdenken.

F Meine Tochter hat gerade gesagt, wovor sich jede Mutter fürchtet: »Mama, ich bin schwanger!«

Diese Neuigkeit hätten Sie gern erst in etlichen Jahren von Ihrer Tochter gehört, wenn sie in einer glücklichen, stabilen, langen Beziehung lebt. Nun sind Sie wütend, enttäuscht, frustriert, dass Ihre Warnungen unbeachtet geblieben sind und traurig, die Hoffnungen und Träume für Ihre Tochter begraben zu müssen. Ihre Tochter wird diese Schwangerschaft sicherlich nicht geplant haben und braucht Ihre Hilfe mehr denn je. Erinnern Sie sich an Ihre eigene Schwangerschaft? Bleiben Sie ruhig, um mit Ihrer Tochter reden zu können. Ihr erster Gedanke mag sein: »Wer ist der Vater?«, doch vielleicht will sie das nicht verraten. Respektieren Sie ihre Wünsche und verwenden Sie Ihre Energie darauf, sie in der jetzigen Situation zu unterstützen. Sorgen Sie dafür, dass Ihre Tochter zum Arzt geht, und versuchen Sie ein Gespräch über ihre Optionen zu beginnen – das Baby zu behalten, Adoption oder Abtreibung. Bieten Sie an, sie zwecks moralischer Unterstützung zu begleiten, aber bestehen Sie nicht darauf. Vielleicht möchte sie allein über ihre Wahlmöglichkeiten nachdenken. Dieses Gespräch wird das schwierigste, das Sie je mit ihr geführt haben, und eventuell sind Sie mit ihrer Wahl nicht einverstanden. Wie auch immer sich Ihre Tochter entscheidet, sie braucht Sie jetzt bei jedem ihrer Schritte.

F Mein 16-jähriger Sohn teilt mit seiner Freundin ihr Bett. Ich finde das nicht gut. Jetzt will er, dass sie bei uns übernachtet.

Für Eltern ist es schwierig, mit der sexuellen Reife ihres Teenagers konfrontiert zu werden und es ist einfacher, das intime Verhältnis Ihres Sohnes zu leugnen, indem Sie sagen: »Nicht unter meinem Dach«.

Wenn Sie diese Einstellung haben, wird Ihr Sohn einfach mehr Zeit bei seiner Freundin verbringen oder Sex an unbequemeren und riskanteren Orten haben, wie z. B. im Auto oder im Park. Bevor Sie eine Entscheidung treffen, besprechen Sie mit anderen Eltern dieses Thema. So schwierig ein *Ja* für Sie sein mag, es hat auch gewisse Vorteile. Sie werden wissen, mit wem er wo ist und haben einen gewissen Einfluss, Themen wie Safer Sex oder auch möglicherweise riskante Verhaltensweisen zu besprechen.

Die Tatsache, dass Ihr Sohn Sie fragt, ob seine Freundin bei Ihnen übernachten darf, deutet auch darauf hin, dass er möchte, dass Sie eine gewisse Beziehung zu ihr aufbauen, was für beide Seiten nicht einfach ist. Sie könnten einen Kompromiss vorschlagen: sie darf bei Ihnen übernachten, doch nicht in seinem Zimmer. So oder so bedeutet das nicht, dass Sie Ihr Haus dem glücklichen Paar übergeben müssen. Setzen Sie einige klare Grenzen und Regeln bei Ausgehzeiten, Badbenutzung und Mindestbekleidung, damit sich niemand unbehaglich und verlegen fühlt. Wenn Sie meinen, dass Sie dem Wunsch Ihres Sohnes nicht nachgeben können, nehmen Sie sich Zeit, Ihre Gründe darzulegen, und lehnen Sie es nicht einfach ab. Das sexuelle Verhalten hat sich in den letzten Jahrzehnten bedeutend verändert. Sie müssen

Kommunikation mit Ihrem Teenager

Gute Kommunikation ist der Eckpfeiler stabiler Beziehungen. Da Ihr Teenager älter wird und größere Freiheiten genießt, werden Sie sich immer mehr auf Ihre Kommunikationsfähigkeiten verlassen müssen, um an seinem Leben teilzuhaben.
Das Verhalten Ihres Teenagers (Kopf runter, kein Augenkontakt, einsilbige Antworten, Schulterzucken) kann schwierig sein. Folgende Vorgehensweisen halten ein Gespräch in Gang:

* Hören Sie Ihrem Teenager aufmerksam zu, sprechen Sie nicht nur zu ihm.
* Stellen Sie Fragen, aber wahren Sie seine Privatsphäre. Er wird Sie nicht an allem teilhaben lassen.
* Begründen Sie ein »Nein« immer.
* Arbeiten Sie gemeinsam an Problemlösungen – fragen Sie nach seinen Ideen und Ansichten.
* Reden Sie, wenn er bereit ist, und verwenden Sie offene Fragen (wer/was/wann/wo/warum/wie?), da sie schwieriger mit Ja/Nein oder kurzen Sätzen zu beantworten sind.
* Seien Sie positiv und vermeiden Sie Kritik.
* Vergessen Sie nicht zu loben, wann immer Sie Anlass dazu haben..

das Verhalten Ihres Sohnes nicht gutheißen, jedoch respektieren, so wie er Ihres respektiert.

F Meine 15-jährige Tochter hat einen gut doppelt so alten Freund. Was kann ich tun?

Ihre Tochter fühlt sich geschmeichelt durch die Aufmerksamkeit eines älteren Mannes, der sie wie eine Erwachsene behandelt und ihr wahrscheinlich Sachen kauft, die für einen gleichaltrigen Freund unerschwinglich wären. Der Kick der Beziehung macht Ihre Tochter blind für seine wahren Absichten. Sie müssen sie vor Ausbeutung schützen. Sprechen Sie mit beiden einzeln und bleiben Sie ruhig, da Sie sonst riskieren, Ihre Tochter noch mehr an diesen Mann zu verlieren. Fragen Sie ihn, ob er weiß, dass Ihre Tochter minderjährig ist, da sie sich vielleicht älter gemacht hat oder ihr Alter verschwiegen hat. Wenn er Bescheid weiß oder es ihm nichts ausmacht, sollten Sie überprüfen, ob er bei der Polizei bekannt ist, und ihn über Ihre Absicht informieren.

Letztendlich müssen Sie diesen Mann auffordern, sich von Ihrer Tochter fernzuhalten. Wahrscheinlich wird sie Ihnen nicht zuhören wollen und Sie beschuldigen, ihr Leben (wieder einmal) bewusst zu ruinieren. Sie müssen ihr Ihre Sorgen erklären und ihr helfen, das Unangemessene und möglicherweise Riskante an dieser Beziehung zu sehen. Was würde sie denken, wenn Sie mit einem ihrer Freunde ausgingen? Ihre Tochter wird Ihnen für Ihr Eingreifen nicht dankbar sein, doch eines Tages wird sie zurückblicken und einen Seufzer der Erleichterung ausstoßen, dass Sie auf sie aufgepasst haben.

F Meine Tochter will mit Freunden in den Urlaub fahren. Soll ich das erlauben?

Die Aussicht, ohne Eltern in den Urlaub zu fahren, ist ein Wendepunkt im Leben eines jeden Teenagers, der Ihre Ängste und die Begeisterung Ihrer Tochter ins Unermessliche steigen lässt. Bevor Sie es klar verbieten, finden Sie heraus, was geplant ist: Wer fährt mit, wohin geht es, wie sieht die Übernachtungsmöglichkeit aus, wie kommt sie dorthin usw.?

ELTERN BERICHTEN

Kein Kind mehr

Überfürsorglich?

Ich dachte, wenn meine Tochter ein Teenager wird, würde ich nicht mehr so gluckenhaft sein. Ich wollte loslassen, doch wenn ich sie ansah, sah ich immer noch mein kleines Mädchen, nicht die junge Frau, die sie bald sein würde. Das Blatt wendete sich, als ich sie eines Tages zufällig mit Freunden sah. Da stand sie, groß, selbstbewusst und unterhielt sich angeregt, während einer aus der Gruppe sie äußerst bewundernd musterte. Für einen Moment sah ich sie mit den Augen eines Fremden und mir wurde klar: Dort stand ein Mädchen, das der Inbegriff von Selbstsicherheit war – freundlich, doch Herr der Situation.

Seitdem rufe ich mir dieses Bild in Erinnerung, wenn ich versucht bin, sie wie ein Kind zu behandeln. Sie hat sich gut entwickelt und ich bin stolz auf sie.

Wenn Sie nicht alle Freunde Ihrer Tochter kennen, laden Sie sie ein, um zu sehen, wie sie als Gruppe miteinander umgehen. Klären Sie, was die anderen Eltern davon halten.

Sie werden zwangsläufig eine lange Liste von Bedenken zu Urlaubsverlockungen und möglichen Risiken für das Wohlergehen Ihrer Tochter haben. Gehen Sie diese zusammen mit ihr durch und vereinbaren Sie, wie jeder Punkt geregelt wird. Setzen Sie klare Grenzen in Bezug auf Rauchen, Trinken und Sex, und nehmen Sie Ihrer Tochter die mündliche Zusage ab, sich daran zu halten. Es gibt keine Garantie dafür, dass sie das machen wird, doch ein laut ausgesprochenes, von Angesicht zu Angesicht abgegebenes Versprechen macht es wahrscheinlicher. Schließlich müssen Sie selbst entscheiden, ob Ihre Tochter reif und verantwortungsbewusst genug ist, auf sich aufzupassen, und ob Sie ihr die Gelegenheit geben, es unter Beweis zu stellen.

Wer bin ich?
Werte und Identität erkunden

F Mein Sohn ist ein »Emo«. Habe ich Grund zur Sorge?

Subkulturen der Jugendkultur entwickeln sich in Zusammenhang mit Musikrichtungen, politischen Einstellungen, Modetrends, ethnischen Gruppen und Geschlechterrollen. Emo stammt von dem Wort emotional und bezeichnete ursprünglich für verschiedene Stile des emotionsgeladenen Punkrock und der mehr unbeschwerten, durch Pop beeinflussten Musik.

Ungefähr seit dem Jahr 2000 hat sich daraus eine dazugehörige Mode entwickelt, die gekennzeichnet ist von schwarz geschminkten Augen bei Jungen und Mädchen, hautengen Jeans und schwarz gefärbten Haaren, bei denen ein langer Pony schräg über ein Auge gekämmt wird. Als Teil seiner Identitätsentwicklung hat Ihr Sohn beschlossen, sich diesem Emotionen offen ausdrückenden Musikstil und der Mode anzuschließen. Er hätte aber seine Haare auch wachsen lassen und Heavy Metal hören oder sich das Haar kurz schneiden lassen, Sport treiben und viel Bier trinken können. Ihr Sohn hat eine Identität unter vielen gewählt, doch wenn er mit seinem Leben, der Schule, Freunden und seiner Familie zurechtkommt, gibt es keinen Grund zur Sorge.

Unsere Identität entsteht durch das Bewusstsein einzigartig zu sein und durch die Anerkennung von Menschen, die uns wichtig sind.

Eine dunklere Seite des Emo bringt einige junge Leute mit Selbstverletzung in Verbindung. Es ist möglich, dass diese Seite für Menschen gefährlich ist, die versuchen, tiefere psychische Probleme durch diese Subkultur zu beheben. Hier ist Kommunikation die einzige Lösung. Durch Gespräche mit Ihrem Sohn über seine Musik, seine Zugehörigkeit zu dieser besonderen Gruppe werden Sie in der Lage sein, abzuschätzen, ob Grund zur Sorge besteht. Denken Sie daran, dass er seine Individualität durch diese Identität ausdrückt, behandeln Sie ihn also nicht wie einen Stereotyp.

F Meine Tochter hat eine chronische Krankheit. Wie kann sie sich trotzdem normal entwickeln?

Konzentrieren Sie sich sowohl auf alle anderen Seiten Ihrer Tochter als auch auf ihre Krankheit, die zwangsläufig prägend für sie ist. Das ist ein kniffliger Seiltanz, weil die Krankheit nicht geleugnet werden kann. Vielleicht müssen auch andere Personen darüber informiert werden und die Krankheit wird einen enormen Einfluss auf Ihre Beziehung und Kommunikation haben. Doch Ihre Tochter ist so viel mehr. Eine Krankheit macht nicht ihre Identität aus, doch die Reaktion Ihrer Tochter darauf ist eine Manifestation ihrer Persönlichkeit. Ihr Mut, ihre Wut, ihr Humor sind Teil ihrer Identität. Schauen Sie hinter die Krankheit, und Sie sehen die normale Entwicklung einer Heranwachsenden. Lassen Sie sie so abenteuerlustig sein, wie sie will, dieselben Hoffnungen und Träume verfolgen wie alle anderen. Doch setzen Sie auch Grenzen.

Ihre Tochter braucht dieselbe Anleitung wie andere Heranwachsende. Schlägt sie einen extremen Kurs ein oder verschreibt sie sich einem radikalen Modestil, will sie Sie und die Welt herausfordern, um zu sehen, ob ihr dasselbe zugebilligt wird, wie ihren gesunden Geschwistern oder Gleichaltrigen. Sie wird beleidigt

Bildung einer Identität
Entwicklung in Teenagerjahren

Körperliche, psychologische, moralische und soziale Entwicklungsfortschritte bei Teenagern beeinflussen die Persönlichkeitsmerkmale, Überzeugungen und Werte, die die Identität ausmachen.

✱ Krise oder Entwicklung? Dieser Vorgang ist keine Krise. Teenager experimentieren mit verschiedenen Identitäten: der Spaßvogel daheim, der ruhige Schüler, der tagträumende Zeitungsjunge. Sie entscheiden sich allmählich für eine gute Mischung aus zukünftiger Karriere, ideologischen Werten (politischen, religiösen oder philosophischen) und ihrer Geschlechterrolle. Dieser Vorgang kann sich bis weit ins Erwachsenenalter hinziehen. Einige Heranwachsende übernehmen einfach die Rollen und Werte ihrer Eltern, doch andere ändern und entwickeln sich noch mit über zwanzig Jahren.

✱ Einfluss Gleichaltriger: Der Einfluss von Freunden ist ein wichtiger Teil dieses Prozesses. Lernen, wie man enge Freundschaften und romantische/sexuelle Beziehungen schließt, hilft herauszufinden, wer man ist. Teenager stehen auf gutes Aussehen und schicke Kleidung, doch sie bewundern auch das Gute in einem Menschen. All die Stunden am Telefon oder online mit Freunden dienen dazu, herauszufinden, wie andere sind und somit auch, wie sie selbst sind. Geben Sie ihnen Zeit und Raum, das herauszufinden.

✱ Die Rolle der Eltern: Trotz des Einflusses von Freunden ist die Rolle der Eltern sehr wichtig. Sie ist das Fundament für die Bildung eines gesunden Selbstbildes und einer Identität. Eltern sollten altersgerechtes Verhalten erwarten und ihren Teenagern vernünftige Grenzen setzen, doch offen sein für Veränderungen. So werden eine solide Identität und ein gesundes Selbstwertgefühl gefördert.

Eltern, die ihrem Teenager erlauben, am Wochenende länger auszugehen, solange er ihnen sagt, wo er ist, werden einen verantwortungsbewussten Jugendlichen heranziehen. Andererseits werden Familien mit lockeren Regeln und einem nachgiebigen Stil Kinder mit einem verantwortungslosen, unreifen Verhalten hervorbringen. Autoritäre Familien erzeugen in ihrem Nachwuchs Abhängigkeiten – mögliche Vorboten für psychologische Probleme und Störungen, untermauert von einem niedrigen Selbstwertgefühl.

LINKS Freunde sind wichtig für die Identität. Geben Sie Ihrem Kind Zeit und Raum, Freundschaften zu schließen.
MITTE Reizvolle und unschöne Züge an anderen zu entdecken hilft Ihrem Kind, etwas über sich selbst zu erfahren.
RECHTS Setzen Sie Grenzen, doch schließen Sie Kompromisse, wenn Sie Ihrem Kind trauen können.

Idealismus und Realismus
Werte und Überzeugungen

Bevor sich Ihr Teenager eine reife Denkweise über Verantwortung und Verpflichtung angeeignet hat, war für ihn richtig und falsch gleichbedeutend mit Belohnung und Strafe. Mit zunehmendem Alter stellt er die gesellschaftlichen Werte infrage und hält sie eventuell für moralisch fragwürdig. Er betrachtet die Wirkung seines Verhaltens auf andere. Er hat eine klare Meinung zu Globalisierung, Stammzellenforschung oder intensiver Landwirtschaft und hält seine Werte für moralisch überlegen. Über Gerechtigkeit und Ungerechtigkeit hat er klare Ansichten und steht der offenbaren Heuchelei seiner Eltern kritisch gegenüber.

*** Noch ein Kind?** Ihr Sohn hilft nicht beim Abwasch und behandelt seine kleineren Geschwister nicht gerade human. Sie denken vielleicht, dass er nur ein egozentrisches und verwirrtes Kind ist – und noch lange kein junger Mann mit Prinzipien. Doch er kann beides sein. In dieser Zeit des Wachstums und dem sich ständig wandelndem Wissen über sich selbst und die Welt kann er durchaus klare moralische Urteile über einige Sachverhalte fällen und andererseits sehr auf seine eigenen Ziele bezogen sein.

Weisen Sie ihn z. B. während einer ideologischen Debatte über die Dritte Welt behutsam darauf hin, dass Nächstenliebe zu Hause beginnt. Doch erdrücken Sie beim Bestehen auf familiäre Regeln und Überzeugungen nicht seine neu entdeckten Werte.

*** Heuchelei vermeiden:** Eltern, die ein gutes Beispiel sind, indem sie alle gerecht behandeln und ihre Rolle in der Gemeinschaft verantwortungsbewusst angehen, haben eine bessere Chance, dieses Verhalten auch bei ihren Kindern zu sehen. Allerdings haben Teenager in der moralischen Entwicklungsphase einen Riecher für Heuchelei. Eltern müssen ihre Entscheidungen vernünftig begründen und davon ausgehen, dass ihre eigenen Werte und Identitäten angefochten werden.

MORALVORSTELLUNGEN Teenager hinterfragen gesellschaftliche Werte und entwickeln eine klare Ansicht über verschiedene kontroverse Themen aus den Nachrichten.

MUSS ICH ABWASCHEN? Obwohl sich Ihr Kind lautstark zu globalen Themen äußert, hält es nicht viel von familiären Werten oder Hilfe im Haushalt. Ermuntern Sie es Werte zu entwickeln, die beide Bereiche widerspiegeln.

Lesbische und schwule Jugendliche

Die Ausbildung einer homosexuellen Identität scheint mit zehn oder elf Jahren zu beginnen, doch im Allgemeinen outen sich homosexuelle Jugendliche nicht vor dem 15. Lebensjahr im privaten und nicht vor dem 16. im öffentlichen Bereich. Sie merken zunächst, dass sie anders sind. In der Pubertät wird ihnen klar, dass sie sich vom gleichen Geschlecht angezogen fühlen, das verwirrt und erschreckt sie. Einige Zeit danach offenbaren sie sich oft nur ausgewählten Freunden oder Familienmitgliedern. Eltern reagieren oft mit Schock, Verleugnung und einem Gefühl des Verlustes der erhofften Zukunft mit Hochzeit und Enkeln. Dies hinter sich zu lassen erfordert Mut, Ehrlichkeit, Liebe und den Wunsch, Familienbande aufrechtzuerhalten. Vergessen Sie nicht, dass homosexuelle Beziehungen genauso bereichernd sein können wie heterosexuelle. Ihr Kind wird zwar nie im traditionellen Sinne einen Partner anderen Geschlechts heiraten, doch gibt es seit ein paar Jahren Eingetragene Lebenspartnerschaften, die einer Eheschließung sehr ähnlich sind. Viele Eltern haben bereits schon geahnt, dass ihr Kind anders ist. Denken Sie an die Qualen, die es durchgemacht hat, und den Mut, den es kostet, sich zu outen. Bleiben Sie im Gespräch. Heranwachsen ist schwer genug: homosexuell zu sein erschwert es zusätzlich. Welche Identität Ihr Kind auch wählt, es braucht Ihre Unterstützung und Akzeptanz.

oder erbost sein über diese Doppelmoral oder nutzt Ihre Weichherzigkeit aus. Wollen Sie z.B. nicht, dass sich Ihre Tochter mehrfach piercen lässt, geben Sie nicht nach, weil Sie Ihnen wegen der chronischen Krankheit leidtut. Sagen Sie ihr, dass Sie nicht wollen, dass sie sich ihre wunderschöne Haut verschandeln lässt und es später bereut. Durch Ihre Sorge fühlt sie sich geschätzt, auch wenn ihre erste Reaktion Zorn ist.

F Mein 16-jähriger Sohn wirkt nicht sehr männlich. Ist er schwul?

Die Gesellschaft scheint gegenüber Mädchen, die typisch männliche Interessen haben, toleranter zu sein als gegenüber Jungen, die traditionell weiblichen Aktivitäten nachgehen. Mädchen, die Motorräder reparieren, sind sexy, doch Jungen, die nähen, nicht.

Was betrachten Sie und Ihre Familie als männlich? Das Interesse an eher weiblichen Aktivitäten hat wenig mit der sexuellen Orientierung zu tun, sondern zeigt vielleicht, dass Ihr Sohn einen sensiblen, sanftmütigen Charakter hat und lieber Sachen anfertigt, als Bälle herumzuwerfen oder zu kämpfen. Wenn er Stil und Mode mag, seine eigene Kleidung entwirft, stundenlang seine Haare stylt und ein wenig Make-up trägt, ist er wahrscheinlich kreativ und künstlerisch veranlagt, aber das sagt noch nichts über seine Sexualität aus. Messen Sie ihn nicht mit Ihrem eigenen Maßstab für Männlichkeit, sondern achten Sie auf seine Interessen und erkennen Sie seine Talente an. Ihre Sorge um seine Identität könnte sonst Ihrer Beziehung zueinander im Weg stehen.

F Mein Kind kleidet sich merkwürdig. Ist das normal?

Das Experimentieren mit Kleidung, Make-up und Haaren ist einer der angenehmen Aspekte beim Versuch, sich erwachsener zu fühlen und auszusehen. Die veränderte Figur Ihrer Tochter dient ihr als Entschuldigung dafür, ihr Aussehen ändern zu wollen, doch wie bei jedem Experiment kann das manchmal schiefgehen. Sind Sie der Meinung, dass sich Ihre Tochter regelmäßig unangemessen kleidet, sprechen Sie mit ihr darüber. Deuten Sie nicht an, dass sie billig oder schlampig aussieht, was nur bestätigen würde, dass Sie sie oder ihren Look nicht verstehen.

Überlegen Sie stattdessen, was sie mit ihrem Aussehen erreichen möchte, und unterstützen Sie sie dabei, ihre Individualität auszudrücken. Raten Sie ihr, sich entsprechend dem Anlass zu kleiden, z.B. in der Schule anders als bei einer Party oder in den Ferien.

Sex, Drugs and Rock 'n' Roll Grund zur Sorge?

Ich hörte, wie Freunde meinen Sohn hänselten, weil er noch Jungfrau ist. Ich hatte gemischte Gefühle.

Ich kann mir vorstellen, dass Ihr Sohn jetzt verzweifelt bemüht ist, seine Jungfräulichkeit zu verlieren und Sie es gut nachempfinden können. Andererseits wollen Sie sicherlich nicht, dass er sich in ein sexuelles Abenteuer stürzt, nur um dazuzugehören. Bei Sex, Alkohol und Drogen ist der Gruppendruck massiv. Insgesamt sind Jungen froh, ihre Jungfräulichkeit zu verlieren, während Mädchen gemischte Gefühle haben und es ein kleiner Prozentsatz sogar bereut. Wahrscheinlich ist es keine gute Idee, den belauschten Vorfall mit Ihrem Sohn zu diskutieren. Vielleicht ergibt sich später die Gelegenheit, ein allgemeines Gespräch über die sexuellen Erfahrungen Gleichaltriger zu führen. Es ist zweifelhaft, dass all diejenigen, die ihn gehänselt haben, tatsächlich schon persönliche Erfahrungen auf sexuellem Gebiet hatten, wie sie Ihrem Sohn weismachen wollten. Er soll darüber nachdenken, wie viele Jungen er kennt, die auch noch Jungfrauen sind, und warum sie damit dermaßen unter Druck gesetzt werden.

Ich bin um meine Tochter besorgt, wenn sie mit Jungen ausgeht. Welchen Rat kann ich ihr geben?

Opfer von Vergewaltigungen bei einer Verabredung sind fast immer weiblich, deshalb sollten Sie unbedingt mit Ihrer Tochter über ihre Sicherheit reden. Sie muss verstehen, dass ihr Körper ihr gehört und sie wachsam sein sollte, wenn jemand etwas anderes behauptet. Der Rat, den Sie ihr als Kind gegeben haben, gilt auch jetzt noch: Keiner hat das Recht, sie anzufassen, wenn sie das nicht will. Sie muss darauf achten, dass ihr Verhalten, besonders bei einem Rendezvous, nicht falsch ausgelegt wird. Zwischen ihr und ihrer Verabredung muss Klarheit darüber herrschen, was sie will und was sie nicht will. Junge Mädchen glauben oft, dass man eine sexuelle Handlung fortführen muss, wenn man sie begonnen hat, und dass es ihr Fehler ist, damit überhaupt angefangen zu haben. Schärfen Sie ihr ein, dass sie jederzeit »Stopp« sagen kann und auch Sex mit einer Person ablehnen kann, wenn sie schon einmal mit ihr geschlafen hat. Vorsicht ist auch beim Trinken angesagt. Raten Sie Ihrer Tochter und ihren Freunden, ein Glas nie unbeaufsichtigt zu lassen, denn es könnte mit einem Betäubungsmittel versetzt werden. Fühlt sich einer von ihnen nach dem Trinken merkwürdig, sollten sie zusammenbleiben und auf denjenigen achtgeben. Raten Sie, nicht zu viel Alkohol zu trinken und keine Drogen zu nehmen, weil dadurch die Fähigkeit beeinträchtigt wird, vernünftige Entscheidungen zu treffen und die Situation außer Kontrolle geraten kann. Besprechen Sie schließlich Notfallmaßnahmen, wenn die Situation in Zwang oder Gewalt ausartet. Schreien, schlagen und wegrennen sind einige Möglichkeiten. In Selbstverteidigungskursen lernen junge Frauen, ihren Angreifer abzuwehren. Manchmal verschärft ein Kampf jedoch die Situation, z. B. wenn der Angreifer bewaffnet ist. Dann geht es nur noch um das bloße Überleben. Sagen Sie ihr nach einer Vergewaltigung, dass es nicht ihr Fehler war und bringen Sie sie umgehend zur Polizei.

Achten Sie bei der Erziehung Ihres Sohnes darauf, dass er Mädchen und die Entscheidungen über ihren Körper respektiert. Jungen müssen sexuelle Selbstkontrolle lernen und die Folgen ihres Handelns, einschließlich der rechtlichen Konsequenzen von Vergewaltigung, verstehen.

Meine Tochter schläft mit jedem. Was soll ich tun?

Es ist möglich, dass Ihre Tochter die sexuelle Freizügigkeit benutzt, um gegen Sie aufzubegehren. Es könnte eine Art sein, Ihre Kontrolle infrage zu stellen und zu beweisen, dass sie von Ihnen unabhängig ist.

Sie sind zu Recht besorgt, denn es ist eine hoch riskante Form der Rebellion. Konfrontation wird hier nicht helfen. Sprechen Sie mit Ihrer Tochter in einem ruhigen Moment. Vielleicht hatten Sie, bevor Ihre Tochter mit den sexuellen Aktivitäten begonnen hat, Probleme in Ihrer eigenen Beziehung. Das könnte ein Grund für solch eine extreme Reaktion sein. Jetzt ist es für Sie beide an der Zeit, professionelle Hilfe zu suchen, um Ihre Beziehungen zu betrachten und für Ihre Tochter, über die Bedeutung ihres Verhaltens nachzudenken.

F Was, wenn mein Kind Drogen nimmt?

Zwei von drei jungen Leuten haben vor ihrem 18. Lebensjahr Cannabis probiert. Sie können Ihr Kind nicht vor illegalen Drogen schützen, doch Sie können sich über die verschiedenen Drogen und ihre Wirkung informieren und Ihrem Kind helfen, die richtige Entscheidung zu treffen, wenn es damit konfrontiert wird. Sprechen Sie offen und in einem ruhigen Moment mit ihm über Drogen. Übertreiben Sie nicht und halten Sie keine Strafpredigt, da Ihr Kind sonst die Lust an solchen Gesprächen mit Ihnen verliert. Erklären Sie ihm die körperlichen und psychischen Folgen des Drogenkonsums. Es wird überrascht sein, dass auch eine weitverbreitete Droge wie Cannabis der psychischen Gesundheit schaden kann. Sprechen Sie über das Leid, das es besonders Eltern und Geschwistern, aber auch Freunden zufügt. Erwähnen Sie die Verbindung zwischen Drogenhandel und organisiertem Verbrechen. Es lohnt sich, klar, informiert und sachlich über die rechtlichen Folgen zu reden, die dem Besitzer illegaler Drogen drohen, wenn er erwischt wird. Informationen darüber liefert das Internet.

Sprechen Sie schließlich über den Gruppendruck, der einen großen Einfluss auf die Entscheidung Ihres Kindes hat. Gehen Sie ein typisches Szenario durch: Ihr Kind ist mit seinen Freunden im Park, einer bietet einen Joint an, an dem jeder zieht. Was kann es sagen? Vielleicht gibt es den Joint nur weiter. Wenn es darauf angesprochen wird, könnte es sagen: »Nein danke, ich rauche nicht«.

Drogenkonsum: Anzeichen

Viele Anzeichen von Drogenkonsum erscheinen für sich genommen wie harmloses Verhalten von Heranwachsenden. Wenn Sie nicht tatsächlich Zeuge des Drogenkonsums Ihres Teenagers sind, können Sie nie ganz sicher sein.

Körperliche Anzeichen sind rote oder veränderte Augen (geweitete oder verengte Pupillen), Ausschlag oder Pickel, allgemein schlechte Gesundheit, Erkältungen und Husten, Prellungen, Gewichtsverlust oder -zunahme, Vernachlässigung des Äußeren und der Hygiene sowie Schlafprobleme. In Extremfällen gibt es Einstichstellen.

Verhaltensauffälligkeiten sind Lügen über Aufenthaltsort und Aktivitäten, heimliche Tätigkeiten, Interessenverlust an normalen Betätigungen, allabendliches Ausgehen, neue Freunde, schlechte Schulleistungen, Verschwinden von Alkohol oder verschreibungspflichtigen Tabletten zu Hause, häufiges Bitten um Geld oder fehlende Geldbeträge und Wertsachen, Stimmungsschwankungen, Hyperaktivität, Aggressionen, introvertiertes Verhalten, abgeschlossene Türen, ungewöhnliche Gerüche an Kleidung oder Atem, unübliche Tütchen in Hosentaschen.

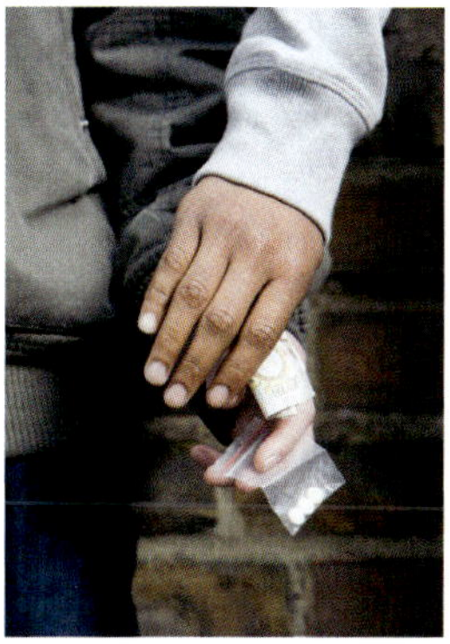

Riskantes Verhalten
Rauchen, Trinken und Sex

Die meisten Teenager experimentieren mit Rauchen, Alkohol und Sex. Zunächst geschieht es aus Neugierde. Woran erkennen Eltern, dass aus dem Experimentieren ein Problem geworden ist?

Rauchen: Ihren Jugendlichen vom Rauchen abzuhalten ist aufgrund der vielen Anti-Raucher-Kampagnen wahrscheinlich einfacher als es vom Alkoholkonsum abzuhalten. Ihr Kind raucht wahrscheinlich, weil es cool und erwachsen aussieht, seine Freunde es tun und es es schwierig findet aufzuhören, nachdem es über die anfänglichen Unannehmlichkeiten wie Nikotingeschmack, Übelkeit und Schwindel hinweg ist. Rauchen ist zunehmend ein Gemeinschaftserlebnis geworden, seitdem Raucher aufgrund entsprechender Gesetze im Freien rauchen müssen. Beginnen Sie zeitig mit Ihrer Anti-Raucher-Kampagne, damit der bleibende Eindruck entsteht, dass es wichtig und erstrebenswert ist, nicht zu rauchen. Es ist sinnvoll, sich auf die kurzfristigen Folgen zu konzentrieren, da Teenager Entscheidungen über ihr Verhalten nicht von langfristigen Konsequenzen abhängig machen. Hervorzuheben, wie viel eine Packung Zigaretten kostet und was man davon alles kaufen könnte, ist überzeugender als vor Lungenkrebs zu warnen, der vielleicht in zehn Jahren auftritt. Schlechter Atem, verfärbte Zähne und Finger können außerdem überzeugen (allerdings gelten bei manchen Teenagern gelbe Finger als cool). Seien Sie kreativ, um Ihrem Teenager die langfristigen Folgen vor Augen zu führen. Die verheerende Wirkung des Rauchens ist an alten Leuten, die ihr Leben lang geraucht haben, viel deutlicher zu erkennen. Großvaters Atembeschwerden oder die im Vergleich zu Nichtrauchern faltige Haut rauchender Familienmitglieder können als Warnung dienen. Ein gutes Vorbild zu sein ist wichtig. Sind Sie selbst Raucher, waren Sie vielleicht ein abschreckendes Beispiel als Ihr Teenager jung war, doch jetzt dienen Sie ihm als Entschuldigung für sein eigenes Rauchen. Es ist Zeit, sich diese Angewohnheit abzugewöhnen. Ihre Erfahrung kann als überzeugende Lehre in Bezug auf Abhängigkeit und Nikotinentwöhnung dienen.

Trinken: Das Experimentieren mit Alkohol wird durch die in der Gesellschaft existierenden unterschiedlichen Botschaften verkompliziert. Es ist eine große Herausforderung für Eltern, ihren Teenagern klare Richtlinien in Bezug auf Alkohol zu geben, wenn sie sie selbst nicht befolgen. Teenager trinken aus denselben Gründen wie ihre Eltern: um zu feiern, gesellschaftlich attraktiver zu sein, Sorgen zu vergessen, die Stimmung zu heben und Schüchternheit, Angst und Stress zu überwinden.

Als Eltern sollten wir bei Alkoholgenuss und -missbrauch härter und unmissverständlicher sein, als bei jeder anderen Droge. Er ist überall präsent, aber so zerstörerisch. Wie bei anderen Gesprächen über Drogenmissbrauch sollte man ruhig bleiben, informiert und ein gutes Vorbild sein. Machen Sie klar, was für Sie akzeptabel ist: ein paar Biere auf einer Familienfeier oder die totale Abstinenz bei Alkoholkonsum vor dem gesetzlichen Mindestalter. Legen Sie Ihre Grenzen und die Konsequenzen dar. Es mag z. B. einmal akzeptabel sein, als Spieler der Gewinnermannschaft zerzaust und orientierungslos nach Hause gebracht zu werden. Passiert das ein zweites Mal, ist die Konsequenz z. B. ein Ausgehverbot am nächsten Samstag. Eltern müssen auf ihr eigenes Verhalten und ihre Werte achten und aufpassen, Ihre Kinder nicht durch eigenes betrunkenes Auftreten und Witze über Betrunkene zu verwirren. Besorgniserregende Anzeichen bei einem Teenager sind das Leugnen, zu viel getrunken zu haben, Interesse an Trinkgelegenheiten und reichliche Entschuldigungen, warum man trinken muss. Bemerken Sie, dass Ihr Kind allein trinkt und nicht in der Lage ist, sich an die vorherige Nacht zu erinnern, ist es höchste Zeit, zu handeln. Es gibt zahlreiche Beratungsstellen für Jugendliche mit Alkohol- und Drogenproblemen.

Sex: Für Eltern bringt sexuelles Experimentieren die Angst vor einer Teenagerschwangerschaft, sexuell übertragbaren Krankheiten sowie eine grundlegende Herausforderung an Ihre Elternschaft mit sich: Ihr Kind wird ein geschlechtliches Wesen.

Teenager haben heute früher und mit mehr Partnern Sex. Das erhöht die Risiken und Ihre Ängste. Sexuelles Experimentieren beginnt eher mit Masturbieren. Jungen und Mädchen masturbieren mit Fantasien über Filmstars, Musikidole und Sportler. Masturbation und sexuelle Fantasie sind normal und sozusagen eine Übung für später. Ihre Einstellung als Eltern zu Masturbation ist Voraussetzung dafür, wie Ihr Kind an spätere sexuelle Aktivitäten herangeht. Fühlt es Schuld und Scham, wird es sexuelle Begegnungen mit einer ungesünderen Einstellung angehen, als wenn es sie als normal ansieht. Über Sex zu reden kann für Eltern und Teenager peinlich sein. Ergreifen Sie die Initiative und seien Sie sachlich. Warten Sie nicht, bis Ihre Tochter Sie anspricht; das passiert vielleicht nie. Sprechen Sie über ihr Recht, Nein zu sagen und die uralten Tricks, mit denen sie unter Druck gesetzt werden könnte: »Wenn du mich liebst, schläfst du mit mir«. Jungen und Mädchen stehen sexuellen Beziehungen unterschiedlich gegenüber. Jungen haben Sex, wenn sich die Gelegenheit ergibt; Mädchen wollen ihn eher in einer bedeutsamen Beziehung. Geben Sie Ihrem Teenager Informationen, Ratschläge und praktische Hilfe über Verhütung und Vermeidung von Geschlechtskrankheiten.

Sprechen Sie auch über die Gefühle in einer intimen Beziehung. Intimität ist nicht nur Geschlechtsverkehr, es gibt viele andere Arten, intim zu sein. Seien Sie nicht zu aufdringlich, wählen Sie den richtigen Zeitpunkt für diese Gespräche und respektieren Sie die Privatsphäre Ihres Kindes. Kommt es mit einer Frage auf Sie zu, die Sie beunruhigt, z.B. über HIV, versuchen Sie, nicht auszuflippen, bevor Sie nicht in Ruhe den Zusammenhang der Frage herausgefunden haben. Solange Ihr Teenager gut informiert, vorbereitet und geschützt ist, wird Sex im gegenseitigen Einvernehmen sein Leben nicht ruinieren.

RAUCHEN Viele probieren Zigaretten aus, bleiben aber nicht dabei.

ALKOHOL Teenager trinken aus denselben Gründen wie ihre Eltern.

VORBILD Vermitteln Sie eine gesunde Einstellung zum Thema Sex.

Häufig verwendete Substanzen Szenenamen, Wirkung, Risiko

Alkohol

Wirkung: Entspannung, Stimmungsbeeinflussung – kann rührselig, aggressiv oder euphorisch machen. Hinterher »Kater«.

Risiken: Lallen, hinfallen, sich übergeben. Opfer von Vergewaltigung, Raubüberfall, Aggressionen zu werden. Körperliche und psychische Abhängigkeit. Starker, lang anhaltender Missbrauch führt zu Leberschäden, Krebs, Herzkrankheiten.

Tabak

Wirkung: Entspannung, mindert Hunger, erhöht Puls und Blutdruck, befriedigt Sucht nach Nikotin.

Risiken: Nikotin macht extrem abhängig, kann schwer aufgegeben werden. Erhöhte Anfälligkeit für Husten, Infektionen im Brustraum, Krebs, Emphyseme, Herzkrankheiten. Passivrauchen gefährdet Mitmenschen.

Cannabis

Szenenamen: Gras, Dope, Marihuana, Haschisch, Shit, Pott, Heu, Kiff, Ganja, Stuff (und viele andere).

Wirkung: Entspannt, schwach halluzinogen, macht glücklich, redselig, hungrig.

Risiken: Angst und Paranoia, kann abhängig machen, erhöhtes Risiko von Geisteskrankheiten bei Vorgeschichte oder familiärer Belastung; beeinträchtigt Lernen und Konzentration.

Lösungsmittel

Gas (z.B. Butan von Feuerzeugen oder aus Nachfülldosen), Klebstoff, Sprays, Lachgas (N_2O) aus Sahnespendern.

Szenenamen: Verdünner, Gas.

Wirkung: Schwindel, Albernheit, Wahnvorstellungen, verstärkt Geräusche. Kater, Kopfschmerzen, manchmal roter Ausschlag um den Mund.

Risiken: Ersticken bei Gebrauch von Plastiktüten zum Inhalieren; Erbrechen, Ohnmacht; Herz-, Gehirn-, Leber- und Nierenschäden bei längerem Missbrauch; Koma durch Überdosis und Tod.

Ecstasy (Wirkstoff: MDMA)

Szenenamen: E, XTC, Pillen, Cadillac, Adam, Emphaty, Exocis, Happy Pills, Mickey Mouse.

Wirkung: Verstärkt Töne und Farben, macht gesprächig, Liebe und Mitgefühl für andere sowie Energie oder Wunsch zu kuscheln. Erhöhte Herzfrequenz und Körpertemperatur. Nach Konsum erhebliche Entzugserscheinungen möglich.

Risiken: Angst, Panik, Verwirrung, Paranoia, Schlafentzug, Überhitzung, Dehydrierung, Hyperhydration. Oft mit anderen Substanzen verschnitten: psychische Probleme. Leber-, Nieren- und Herzprobleme bei übermäßigem Gebrauch.

Kokain und Crack

Szenenamen: Koks, Cola, Code, Schnee. Crank, Baseball, Base, Rock, Freebase (Freebase entsteht durch Erhitzen von Kokain mit Ammoniak).

Wirkung: Kurzer, intensiver Rausch. Extreme Selbstsicherheit, hellwach. Erhöhung der Herzfrequenz, Körpertemperatur, hemmt den Appetit. Kann Libido steigern. Danach Kater, Niedergeschlagenheit (evtl. Paranoia) und intensives Verlangen.

Risiken: Kann extrem abhängig machen, Versuchung, den Rausch ohne den sogenannten Comedown danach zu erreichen. Risiko der Überdosierung, kann Herzanfälle auslösen. Ermutigt zu riskantem Verhalten. Panikattacken, Angst und Paranoia. Rauchen (in der Regel Crack) und Injektionen (eher selten) bergen das Risiko von Infektionen und Atemwegsproblemen. Kombination aus Kokain und anderen Drogen erhöht das Risiko.

Amphetamine

Szenenamen: Speed, Crank, Crystal Pep, Arbeiterkoks, Black, Base. Base bezieht sich häufig auf unverschnittenes Speed, das noch nicht mit anderen Substanzen, z. B. Glukose, verdünnt wurde.
Wirkung: Hellwach, energiegeladen. Süchtige sind lebhaft, ruhelos und gesprächig. Hemmt Appetit.
Risiken: Macht abhängig. Hinterher Reizbarkeit, Angst, Depression. Kann in Kombination mit Alkohol, Antidepressiva, Relaxanzien oder Heroin tödlich sein.

Crystal Meth/Methamphetamin

(Amphetamin-Art)
Szenenamen: Ice, Glass, Christy, Yaba.
Wirkung: Euphorisches Aufputschmittel. Wie oben, doch intensiver. Wird meistens geraucht oder injiziert. Schnelle Herzfrequenz und erhöhter Blutdruck.
Risiken: Äußerst abhängig machend wenn injiziert. Gefährlicher als Speed. Verwirrtheit, Unruhe, Paranoia, gewalttätiges Verhalten. Dauerkonsum kann zu Psychose führen. Überdosierung kann zu Schlaganfall, Nieren-, Lungen- oder gastrointestinalen Schäden, Koma, Tod führen. Erhöht sexuelle Aktivität mit Infektionsrisiko. Gefahr von Infektionen durch verschmutzte Nadeln. Gefährlich, wenn mit MAO-Hemmern genommen.

Heroin

Szenenamen: H, Brown Sugar, Dope, Junk, Shore.
Wirkung: Euphorie, Wärme, Wohlbefinden. Lindert Schmerzen. Entspannung, Schläfrigkeit. Verlangsamt Körperfunktionen.
Risiken: Sehr süchtig machend, da sich Toleranz schnell entwickelt. Schwindel und Erbrechen. Verschlucken beim Erbrechen, da Würgereflex unterdrückt wird. Überdosierung verursacht tödliche Atemdepression. Gefahren durch gemeinsame Nadelbenutzung oder verunreinigte Nadeln: Wundbrand und HIV/AIDS, Hepatitis.

LSD

Szenenamen: Acid, Trip, Cubes, Löschpapier, Deep Purple.
Wirkung: Verzerrung von Farben, Tönen, Zeit, Sehen. Hebt die Laune. Gute und schlechte »Trips«.
Risiken: Schlechter Trip kann traumatisch sein, bis zu zwölf Stunden andauern. Flashbacks nach Wochen oder Monaten. Kann vorher vorhandene psychische Störungen auslösen.

Beruhigungsmittel

Szenenamen: Benzos, Rohpies, Dias, Kapseln, Pillen.
Wirkung: Ruhig, entspannt, sediert. Tiefer Schlaf durch hohe Dosen. Verlangsamte Körperfunktionen.
Risiken: Macht hochgradig abhängig, besonders Benzodiazepine (Valium/Diazepam). Gefährlich, wenn mit Alkohol oder Aufputschmitteln gemischt. Kurzfristiger Gedächtnisverlust.

Ketamine

Szenenamen: Ket, K, Special K, Vitamin K, Kitty.
Wirkung: Verwendung als dissoziatives Narkosemittel, manchmal bei Tieren. Bruchteil der medizinischen Dosis macht geistig und körperlich high. Erzeugt enge Verbindung zu Objekten oder anderen Menschen. Hohe Dosen verursachen ein sog. K-Hole (Ketamin-Loch) – von der Realität entfernt, in einer traumähnlichen Welt dahintreibend, oftmals völlig abgespalten.
Risiken: Starke Verwirrtheit, Übelkeit, Neigung zu Unfällen (wegen fehlender Koordination und Wahrnehmungsveränderung). Beängstigende Verzerrung der Realität. Absenkung der Herzfrequenz und Atmung. Blasenprobleme. Psychisch abhängig machend.

Zauberpilze

Spitzkegeliger Kahlkopf (Psilocybe semilanceata) oder Fliegenpilz (Amanita muscaria)
Szenenamen: Psilos, Mushrooms, Mushis, Blue Legs.
Wirkung: Ähnlich wie LSD. Wahrnehmungsverzerrung. Emotional empfindsam. Man fühlt eine enge Verbindung zu anderen.
Risiken: Fliegenpilz ist wirksamer und riskanter. Kann zu Flashbacks führen. Kann psychische Probleme verschlimmern.

Verantwortung übernehmen
Die Arbeitswelt

F Mein Sohn ist arbeitsscheu. Wie kann ich ihm helfen?

Es gibt viele Fähigkeiten, die Ihrem Sohn helfen, erfolgreich zu sein – egal, in welchem Beruf. Dazu gehört jeden Tag anwesend zu sein, außer bei Krankheit, pünktlich sowie sauber und ordentlich zu erscheinen, Anweisungen entgegenzunehmen und korrekt durchzuführen, ebenso wie höflich und freundlich zu sein.

Wenn Ihr Sohn die Vorteile eines Jobs genießen möchte, z.B. Geld verdienen, einen beruflichen Werdegang aufbauen und positive Referenzen sammeln, ist er für Ihre Hilfe empfänglich. Arbeiten Sie mit ihm einen Plan für die richtige Arbeitseinstellung aus, der Praktisches wie Zeiteinhaltung, Erscheinungsbild und Verhalten enthält. Errechnen Sie z.B., wann er aufstehen muss, um pünktlich bei der Arbeit zu sein, und schenken Sie ihm einen lauten Wecker. Stellen Sie seine Arbeitskleidung zusammen. Das können Sachen sein, die er ansonsten nicht mehr anzieht, die aber für die Arbeit angemessen sind. Sprechen Sie darüber, ob er bereit ist, Anweisungen entgegenzunehmen. Das kann schwierig sein, denn in der Schule wurde er dazu ermutigt, Sachverhalte infrage zu stellen. Was auch immer er macht, erinnern Sie ihn daran, zu lächeln. Wenn er freundlich ist, wird ihm so mancher Fehler verziehen, während er Fuß fasst.

ELTERN BERICHTEN

Welche Kleidung?
Ein guter Eindruck

Ich weiß, dass der erste Eindruck entscheidend ist, deshalb sollte sich meine Tochter adrette Vorstellungskleidung zulegen. Wir mussten etwas finden, das ihre Persönlichkeit widerspiegelte, aber auch förmlich war. Ich erhob Einspruch gegen alles, das ein Firmenlogo oder eine provozierende Botschaft zeigte, und sie akzeptierte dies. Vor ihrem Gespräch informierten wir uns über die Kleiderordnung der Firma, sodass sie ihre Sachen entsprechend aussuchen konnte.

Da es sich um neue Kleidung handelte, trug sie sie ein paar Mal vor dem Gespräch, um sicherzustellen, dass sie bequem war. Ich wollte, dass sie sich wohl darin fühlte und nicht an einem kratzenden Kragen herumfummeln musste, weil es stören und von ihren Antworten ablenken würde.

F Wie kann ich meinem Kind bei Bewerbungen helfen?

Um eine Arbeitsstelle zu bekommen, muss Ihr Teenager durch seine schriftliche Bewerbung einen positiven Eindruck bei seinem potenziellen Arbeitgeber hinterlassen. Seine Leistungen und die für eine bestimmte Stelle benötigten Fähigkeiten knapp und präzise darzulegen, erfordert Praxis. Es gibt zahlreiche Bücher und Webseiten, die sich mit dem Thema beschäftigen und gute Tipps geben. Mit dem Erstellen einer Pseudobewerbung übt Ihr Teenager, seine Qualifikationen in Worte zu fassen und das Schreiben klar zu strukturieren. Ein kurzer, gut aufgebauter und einfach zu lesender Lebenslauf gehört ebenfalls dazu. Lassen Sie Ihren Teenager verschiedene Formen von Bewerbungen und Lebensläufen ausprobieren.

F Mein Sohn hat ohne meine Erlaubnis meine Kreditkarte für Online-Einkäufe benutzt.

Auch Ihr Teenager ist nicht vor Online-Shopping sicher. Benutzt er allerdings Ihre Karte ohne Ihr Wissen, reagieren Sie so, als hätte er Geld aus Ihrer

Vorbereitung auf die Arbeit
Weniger Stress beim Gespräch

Die Aussicht auf sein erstes Bewerbungsgespräch kann für Ihren Teenager beängstigend sein. Helfen Sie ihm bei der Vorbereitung, dann wird der Tag nicht so anstrengend.

* **Recherchieren:** Ihr Teenager sollte vor dem Gespräch so viel wie möglich über die Firma und die Stellung herausfinden. Vielleicht kann er um einen vorherigen Besuch bitten, um Näheres zu erfahren, und gleichzeitig seinen zukünftigen Arbeitgeber zu beeindrucken.
* **Zeitberechnung:** Den Gesprächsort ausfindig zu machen kann fast genauso stressig sein, wie das Gespräch selbst. Ihr Teenager soll den Ort auf dem Stadtplan suchen und seine Fahrt planen: Welches ist die schnellste Buslinie? Bei welcher muss er am wenigsten umsteigen? Wie lange dauert es, von der Bushaltestelle bis zur Firma zu laufen? Unternehmen Sie zusammen eine Probefahrt. So gibt es keine zeitlichen Probleme am entscheidenden Tag.
* **Übung:** Bieten Sie Ihrem Teenager an, an einem ruhigen, abgeschiedenen Ort mit ihm das Gespräch zu üben. Das mag peinlich sein, doch es hilft, wenn er die Beantwortung einfacher Fragen bereits versucht hat, z. B. »Warum wollen Sie diese Stelle?«, »Welche persönlichen Eigenschaften bringen Sie mit?« Ist das zu peinlich für Ihren Teenager, schreiben Sie die Fragen auf und lassen Sie ihn mit einem Freund üben.
* **Sich verkaufen:** Ihr Teenager findet es vielleicht unangenehm, über Dinge zu reden, die er gut kann. Halten Sie ihn dazu an, positiv über sich zu sprechen und Fragen mit Einzelheiten über sein Wissen, seine Fähigkeiten und persönlichen Eigenschaften zu beantworten.
* **Ehrlich sein:** Behaupten Sie nicht, Bewerbungsgespräche seien ein Kinderspiel. Erinnern Sie daran, dass die meisten Gespräche nach 30 Minuten vorbei sind und versichern Sie Ihrem Kind, dass Sie ihm zutrauen, das hinzubekommen.

RECHERCHE Wissen über die Firma und die Stelle beeindruckt den potenziellen Arbeitgeber und zeigt ihm, dass Ihr Kind willig und bereit ist, zu arbeiten.

VORBEREITUNG Arbeiten Sie mit Ihrem Teenager an seiner Körpersprache, damit es während des Gesprächs Augenkontakt hält und einen ruhigen, selbstbewussten Eindruck macht. So wird es sich auch sicherer fühlen.

Verwaltung der Finanzen
Wichtig fürs Leben

Finanzplanung, Sparen und Kontogebühren sind wahrscheinlich nicht die Lieblingsthemen Ihres Teenagers, doch er wird es Ihnen später danken, wenn Sie ihn gut auf die Verwaltung seiner Finanzen vorbereitet haben.

* **Vertraut mit dem Bankwesen:** Die Verwaltung seines eigenen Bankkontos gibt Ihrem Teenager Einblick und Praxis in Gelddingen. Lassen Sie ihn Bank und Kontoart mit auswählen und eröffnen Sie zusammen sein Konto. Ihr Teenager sollte die Bank vor Ort und online besuchen, so kann er über sein Konto in beiden Bereichen verfügen.
* **Sparen:** Es kann schwer für Ihren Teenager sein, einen Wunsch zurückstellen zu müssen. Doch größere Anschaffungen zu planen und dafür zu sparen ist wichtig, um die Kontrolle über die Ausgaben zu behalten. Regelmäßig einen Teil des Taschengeldes oder des Gehaltes auf dem Konto zu belassen, ist der Grundstein für ein vernünftiges Sparverhalten.
* **Finanzplanung:** Der Drang, sein Geld zu verprassen, ist wahrscheinlich groß und verständlich, wenn Ihr Teenager das erste Mal eine Vergütung oder seinen Lohn bekommt. Sobald sich der Reiz gelegt hat, ermuntern Sie ihn zu ein wenig Planung. Erstellen Sie eine einfache Bilanz, in die er einträgt, wie viel Geld hereinkommt und wofür er es ausgibt. So kann eine vernünftige Auswahl der Sachen getroffen werden, die er anschaffen möchte, und die die Planung nicht übersteigen.
* **Sicherheit:** Guter Umgang mit Geld ist nicht nur auf die Finanzplanung beschränkt: Bringen Sie Ihrem Teenager z.B. bei, nicht zu viel Bargeld mit sich herumzutragen, Bankkarten an einem sicheren Ort aufzubewahren, sein Konto eher online zu verwalten als in Papierversion und Kontoauszüge regelmäßig zu überprüfen. Schärfen Sie ihm ein, dass er seine PIN-Nummer an niemanden weitergibt und nicht aufschreibt, damit sie keiner sieht.
* **Selbst gutes Vorbild sein:** Benutzen Sie ebenfalls einen Finanzplan, damit die Familienausgaben unter Kontrolle bleiben. Sparen Sie, wenn Sie ein größeres Haushaltsgerät anschaffen wollen und unterlassen Sie Spontankäufe. Zahlen Sie Rechnungen rechtzeitig und lassen Sie Ihren Teenager sehen, dass Sie Ihre Kontoauszüge auf Richtigkeit überprüfen.

FINANZPLANUNG Helfen Sie Ihrem Kind bei der Bilanz seiner Einnahmen und Ausgaben. Gute Verwaltung der Finanzen sollte belohnt werden, um die Motivation zu erhalten.
PRAXIS Erlauben Sie Ihrem Teenager einen kleinen Teil des Wocheneinkaufs mit Ihrem Geld zu erledigen. Dadurch lernt er Verantwortung und bekommt ein Bewusstsein für Geld.

Geldbörse genommen. Bringen Sie ihn dazu, die Waren zurückzusenden, das Geld zurückzuzahlen und eine Konsequenz zu akzeptieren, z. B. zusätzliche Hausarbeit. Sagen Sie ihm, was der Diebstahl für Sie bedeutet, erinnern Sie an die familiären Werte und legen Sie Regeln für das Aneignen von Dingen ohne Erlaubnis fest. Er sollte fragen, wenn er etwas kaufen möchte, sein eigenes Bankkonto benutzen und für größere Anschaffungen sparen. Sie mögen versucht sein, alle Kreditkarten zu verstecken, doch das würde das Vertrauen nicht wiederherstellen. Er sollte stattdessen wissen, dass er Ihr Eigentum respektieren soll und Sie in der Zeit, in der neues Vertrauen aufgebaut wird, regelmäßig Ihr Konto überprüfen.

F Meine Tochter bekam nicht die gewünschte Stelle, obwohl sie für das Bewerbungsgespräch geübt hat. Wie kann ich sie trösten?

Das ist enttäuschend nach all der Vorbereitung, aber auch eine großartige Lernerfahrung. Jedes Gespräch gibt Ihrer Tochter eine Fülle von Informationen darüber, wie sie beim nächsten Mal eine bessere Chance hat. Auch wenn es entmutigend war, ermuntern Sie sie dazu, über Ihr Auftreten zu reflektieren. Vielleicht möchte sie auch ein Bewerbungstraining mitmachen, die Bundesagentur für Arbeit bietet solche z. B. an. Wenn sie bereit ist, wiederholen Sie das Gespräch noch einmal zusammen. Lassen Sie sie sowohl in die Rolle der Bewerberin als auch des Befragers schlüpfen, damit sie das Gespräch aus seiner Sicht sieht.

Betonen Sie, dass es eine große Leistung war, bis zu einem Vorstellungsgespräch zu gelangen. Erinnern Sie sie, dass das ganze Verfahren, von der schriftlichen Bewerbung bis zum Gespräch, ein gutes Training für das nächste Mal ist.

F Kann mein Sohn mit seinem selbst verdienten Geld kaufen, was er will?

Es kann ein ziemlicher Kampf sein, wenn Ihr Sohn mit seinem Geld leichtfertig um sich wirft, obwohl er für den Führerschein, Studiengebühren etc. sparen sollte. Er hat jedoch das Geld selbst verdient, und Sie dürfen es ihm nicht nehmen, auch wenn er es unüberlegt ausgibt. Versuchen Sie mit ihm auszuhandeln, dass er einen Teil seiner wöchentlichen Einnahmen freiwillig auf ein Sparkonto einzahlt.

Etwas anderes ist es jedoch, wenn er seine Einnahmen für Illegales oder Gefährliches, wie z. B. Drogen oder Alkohol, ausgibt. Das ist riskantes Verhalten und muss auf alle Fälle besprochen werden. Finden Sie heraus, warum er sein Geld dafür ausgibt, und vereinbaren Sie mit ihm, was für Sie als Familie akzeptabel ist und was nicht. Weitere Information finden Sie auf den Seiten 238–243.

F Mein Kind will alles auf Kredit kaufen. Wie bringe ich ihm bei, dass das teurer ist?

Eine praktische Übung hilft dabei, Ihrem Teenager die Mehrkosten bei einem Kreditkauf vor Augen zu führen. Nehmen Sie seinen letzten Kauf als Beispiel und lassen Sie ihn ausrechnen, wie viel er bei Barzahlung gekostet hätte. Dann errechnen Sie die Summe, die bei einem Kreditkauf mit Zinsen fällig wird. Überlegen Sie, wie viel zusätzliche Hausarbeit oder Stunden in seinem Wochenendjob er leisten müsste, um diese Differenzsumme aufzubringen. Rechnen Sie aus, wie viele auf Kredit gekaufte Posten sein monatliches Einkommen aufbrauchen würden. Ist er bereit, wegen Kreditkäufen wöchentlich weniger Geld zur Verfügung zu haben? Was passiert, wenn er seinen Job verliert? Dieses Wissen um die Folgen eines Kreditkaufes sollte ihm bei seiner nächsten Kaufentscheidung helfen.

> Der Gesamteindruck ist bei einem Bewerbungsgespräch meist entscheidender als die Antworten, die Ihr Teenager gibt.

Glossar

Achtsamkeit Eine Kombination aus östlicher Philosophie und westlicher Psychologie, die bei verschiedenen körperlichen und geistigen Problemen angewendet wird.

Anämie Mangel an Hämoglobin oder Eisen in roten Blutkörperchen, oft hervorgerufen durch eisenarme Ernährung.

Angeborene Anomalie Eine Anomalie oder Missbildung, die von Geburt an gewöhnlich aufgrund eines Gendefekts, der nachteiligen Auswirkung von gewissen Drogen oder Krankheiten während der Schwangerschaft entsteht.

Angeboren oder anerzogen Diskussion, ob körperliche und Verhaltensmerkmale durch Gene (angeboren) oder Erfahrung (anerzogen) oder einer Kombination daraus gebildet werden.

Animismus Entwicklungsstadium bei Kindern zwischen zwei und sieben Jahren. Gegenstände werden als lebend und somit fühlend, reagierend und handelnd angesehen.

Aufmerksamkeitsdefizitsyndrom (ADS) Ehemals zur Beschreibung eines Kindes mit Aufmerksamkeits-/Konzentrationsschwierigkeiten gebrauchter Begriff, jetzt Aufmerksamkeitsdefizit-Hyperaktivitätsstörung (ADHS).

Autistische Behinderungen Eine neurologische Störung, die sich auf die Art eines Kindes auswirkt, die Welt zu verstehen und Beziehungen zu anderen zu bilden. Dazu gehören Autismus, High-function-Autismus und Asperger-Syndrom.

Autistischer Savant Ein Kind mit einer autistischen Behinderung, das eine außergewöhnliche Begabung auf einem Gebiet aufweist (Inselbegabung), z. B. in Musik oder Mathematik, die in deutlichem Kontrast zu seinen anderen Fähigkeiten steht.

Babyzeichensprache Ein Zeichensprachesystem, das für Menschen mit Hör- und Lernbehinderungen entwickelt wurde, jedoch auch für Babys ab dem 6. Monat verwendet werden kann.

Bonding Die Entwicklung einer engen, zwischenmenschlichen Beziehung zwischen Familienmitgliedern, besonders Eltern zu ihrem Baby.

Chronische Krankheit Ein lang andauernder Zustand oder eine Krankheit, der/die manchmal ein Leben lang bestehen bleibt, z. B. Diabetes.

Cortisol Bei Stress vom Körper produziertes Hormon.

Co-sleeping Mit dem Baby im selben Bett schlafen.

Downsyndrom Auch Trisomie 21 genannt, ist ein Zustand, bei dem ein Kind in einigen oder jeder seiner Körperzellen ein Chromosom mehr hat – 43 Chromosomen anstelle von 42. Das führt zu bestimmten körperlichen Merkmalen und einem gewissen Grad an Lernschwierigkeiten.

Dyskalkulie Ein Zustand, der die mathematischen Fähigkeiten beeinträchtigt.

Dyspraxie Siehe *Koordinations- und Entwicklungsstörung*.

Emotionale Intelligenz Die Fähigkeit, seine eigenen Emotionen und die anderer zu fühlen, einzuschätzen, zu handhaben, zu verstehen und zu erklären.

Emotionale Kompetenz Die Fähigkeit, Gefühle zu identifizieren und zu kommunizieren.

Energy Drinks Erfrischungsgetränke, die oft sehr viel Koffein enthalten und mehr Energie als normale Erfrischungsgetränke liefern sollen, was zur Verbesserung der körperlichen Leistungsfähigkeit führt.

Entthront Verlust der Spitzenposition, z. B. eines älteren Kindes, wenn ein Geschwisterkind geboren wird.

Entwicklungsverzögerung Ein Begriff, der gebraucht wird, um das verspätete Erreichen eines oder mehrerer Meilensteine in der Entwicklung zu beschreiben.

Ergotherapeut Arbeitet z. B. mit Kindern, damit sie die körperlichen Auswirkungen einer Behinderung überwinden und an alltäglichen Aktivitäten teilnehmen können.

Extrovertiert Jemand, der kontaktfreudig und sozial kompetent ist.

Fettleibigkeit Ein Zustand, bei dem eine Person zu viel Körperfett im Verhältnis zu seiner Größe und seinem Gewicht hat.

Flucht-Kampf-Starre Die Reaktion des Körpers auf eine Stresssituation. Hormone werden freigesetzt, die den Herzschlag erhöhen, die Atmung beschleunigen und das Schwitzen verstärken. Die drei Notfallprogramme im Körper – Flucht, Kampf oder Starre – werden ausgelöst, welche dann ohne bewusste Kontrolle im Körper ablaufen.

Holophrase Einzelnes, für einen Satz stehendes Wort – wird von Kleinkindern beim Sprechenlernen als Kommunikationsmittel benutzt.

Hormone Chemische Botenstoffe, die von bestimmten Körperzellen in einem Körperteil freigesetzt werden, um Zellfunktionen in anderen Körperteilen zu beeinflussen.

Hygiene-Hypothese Die Theorie, wonach die Empfänglichkeit für Allergien steigt, wenn das Kind besonders in jungen Jahren keinen Infektionserregern ausgesetzt ist.

Inkubator Thermostatisch geregelter, geschlossener Kasten, in dem frühgeborene Babys medizinisch versorgt werden.

Integrierte Schule Kinder mit speziellem Förderbedarf werden in einzelnen Fächern durch Heilpädagogen in Kleingruppen gefördert oder innerhalb der Regelklasse im Teamteaching unterrichtet.

Intelligenzquotient (IQ) Eine anhand eines Intelligenztests ermittelte Kenngröße zur Messung der Intelligenz.

Interpersonelle Psychotherapie (IPT) Eine Therapie, die auf der Annahme basiert, dass das soziale Umfeld psychische Probleme beeinflussen kann, deshalb unterstützt die Arbeit an der persönlichen Geschichte und den zwischenmenschlichen Fähigkeiten die Heilung.

Introvertiert Jemand, der lieber allein ist als mit anderen zusammen.

Isotonisches Getränk Wasser, das Glukose und Mineralien enthält, die die Flüssigkeiten und Salze ersetzen sollen, die beim Schwitzen verloren gehen.

Känguru-Methode Eine Methode, bei der das Frühgeborene mehrere Stunden pro Tag direkten Hautkontakt mit einem Elternteil, meistens der Mutter, hat.
Kinderarzt Facharzt für Kinderheilkunde.
Kognitive Fähigkeiten Geistige Fähigkeiten, die beim Erwerb von Kenntnissen, z. B. Lesen und Schreiben, angewendet werden, und sich nicht ohne Gedächtnis, Aufmerksamkeit, symbolisches Denken und Selbstregulierung entwickeln können.
Kognitive Verhaltenstherapie (KVT) Eine Therapie, die darauf basiert, dass die Art, wie jemand denkt, seine emotionale Reaktion beeinflusst. KVT hilft, das aktuelle Denkmuster zu durchbrechen, um somit die Art zu denken und zu fühlen zu ändern.
Kolik Beschreibt Schreiattacken gewöhnlich am späten Nachmittag oder frühen Abend bei Babys bis zum Alter von drei Monaten. Das Baby hat typischerweise einen roten Kopf und zieht beim Schreien die Beine an.
Koordinations- und Entwicklungsstörung Auch bekannt als Dyspraxie, die die Fähigkeit eines Kindes einschränkt, gewisse gezielte Bewegungen, Gesten oder Gedanken zu planen, zu koordinieren und durchzuführen.
Legasthenie Eine Störung des Erwerbs von Schriftsprache und sprachbezogenen Fähigkeiten.
Lehrplan Unterricht und Unterrichtsinhalte einer Schule.
Lernproblem Eine dauerhafte Unfähigkeit in einigen Lernbereichen, normalerweise bei Kindern mit einem IQ unter 70, und andere Schwierigkeiten, die zusätzliche Unterstützung erfordern.
Mindmap Eine schematische Lernhilfe. Wörter, Ideen, Aufgaben oder andere Begriffe werden mit einem zentralen Schlüsselwort verbunden und darum herum angeordnet.
MMR-Impfung Immunisierung gegen Masern, Mumps und Röteln, empfohlen im Alter zwischen dem vollendeten 11. und 14. Monat, die zweite Impfung kann bereits vier Wochen später erfolgen und eine Wiederholung sollte zwischen dem vollendeten 15. und 23. Lebensmonat erfolgen.
Myelin Ein Isolationsmaterial, das eine Schicht (Myelinscheide) um Neuronen bildet.
Netzmobbing Eine Person mit E-Mails, SMS oder in Online-Foren schikanieren, um sie zu verletzen, zu schädigen, zu demütigen oder zu isolieren.
Nicht-direktive Therapie Auch bekannt als patientenzentrierte Therapie. Basiert darauf, dass eine Person durch die Erforschung von Gedanken und Gefühlen mit einem warmherzigen und einfühlsamen Zuhörer ihre Probleme verstehen und lösen kann.
Objektpermanenz Normalerweise im Alter von 8 bis 9 Monaten merkt ein Kind, dass Dinge noch da sind, selbst wenn es sie nicht mehr sehen kann.
Östrogen Das wichtigste weibliche Sexualhormon.
Parentese Eine Art, wie Eltern mit ihrem Baby sprechen (Elternsprache), eine Kombination aus hohen musikalischen Tönen und starker Mimik.
Phobie Eine extreme, irrationale Angst vor etwas.
Physiotherapeut Hilft Einschränkungen des Bewegungsapparates nach Krankheit oder Verletzung zu verbessern.
Plagiozephalie Kann darauf zurückzuführen sein, dass das Baby zu viel Zeit in einer Position, normalerweise auf dem Rücken, verbringt. Die Entwicklung des Gehirns wird dadurch nicht beeinflusst.
Plötzlicher Kindstod Plötzlicher, unerklärlicher Tod eines gesunden Babys. Früher auch Krippentod genannt.
Postnatale Depression Eine depressive Krankheit, die sich nach der Geburt eines Babys entwickeln kann.
Postnatale Psychose Eine schwere Form der postnatalen Depression mit Wahnvorstellungen, Halluzinationen und der Unfähigkeit, klar zu denken. Manchmal Ablehnung des Babys durch die Mutter.
Prolaktin Hormon, das den Milcheinschuss in die Brust steuert.
Psychodynamische Therapie Eine Therapie, die darauf basiert, dass eine Person vom Verstehen der bewussten und unbewussten Erfahrungen, oft durch Spiel, Kunst und Drama, profitiert.
Psychologie Akademische und medizinische Studien, die sich mit der Untersuchung von Psyche und Verhalten, einschließlich psychischen Erkrankungen, beschäftigen.
Psychotherapie Behandlung psychosomatischer Krankheiten, Leiden oder Verhaltensstörungen unter Verwendung zahlreicher Methoden, die auf Beziehungsbildung, Dialog, Kommunikation und Verhaltensänderung basieren.
Pucken Ein Neugeborenes wird eng in ein Tuch gewickelt, um die Situation im Bauch der Mutter zu simulieren.
Schulangst/Schulverweigerung Angst zur Schule zu gehen, die sich von leichter Besorgnis bis zu lähmender Angst erstreckt.
Spiegeln Die Emotionen eines Kindes wiedergeben, jedoch in einer milderen, abgeschwächten Version.
Sprachtherapeut Hilft Kindern und Erwachsenen bei Sprach- und/oder Kommunikationsproblemen.
Synapsen sind Kontaktstellen zwischen Nervenzellen und anderen Zellen oder zwischen Nervenzellen untereinander. An ihnen findet die Erregungsübertragung von einer Nervenzelle auf eine andere Zelle statt.
Testosteron Das wichtigste männliche Sexualhormon – wird auch in kleinen Mengen von den Eierstöcken produziert.
Trennungsangst Die Verzweiflung, die Kinder befällt, wenn sie von einer anderen Person als ihren Eltern beaufsichtigt werden.
Übererregung Eine übermäßige Reaktion z. B. auf Stress.
Vertrauenslehrer Ein Lehrer an einer Schule, der Schüler bei persönlichen und schulischen Problemen berät.
Zerebrale Lähmung Eine nicht fortschreitende, körperliche Behinderung, die durch eine Störung des motorischen Zentrums im Gehirn bei oder vor der Geburt verursacht wird.

Nützliche Adressen

Allgemein

Bundeskonferenz für Erziehungsberatung e.V.
Der Fachverband für Erziehungs-, Familien- und Jugendberatung
Herrnstraße 53
D-90763 Fürth
Tel.: (09 11) 9 77 14-0
Fax: (09 11) 74 54 97
bke@bke.de
www.bke.de

Deutscher Caritasverband e.V.
Karlstraße 40
D-79104 Freiburg
Tel.: (07 61) 200-0
info@caritas.de
www.caritas.de

Deutscher Paritätischer Wohlfahrtsverband – Gesamtverband e.V.
Oranienburger Straße 13–14
D-10178 Berlin
Tel.: (0 30) 24 636-0
Fax: (0 30) 24 636-110
info@paritaet.org
www.paritaet.org
www.der-paritaetische.de

Hessisches Ministerium für Arbeit, Familie und Gesundheit
Dostojewskistraße 4
D-65187 Wiesbaden
Tel.: (06 11) 817-0 (Zentrale)
Fax: (06 11) 890 84-0
familienatlas@hsm.hessen.de

Internationale Gesellschaft für erzieherische Hilfen (IGfH)
Schaumainkai 101–103
D-60596 Frankfurt am Main
Tel.: (0 69) 63 39 86-0
Fax: (0 69) 63 39 86-25
www.igfh.de

pro familia
Deutsche Gesellschaft für Familienplanung, Sexualpädagogik und Sexualberatung e.V. Bundesverband
Stresemannallee 3
D-60596 Frankfurt/Main
Tel.: (0 69) 63 90 02
Fax: (0 69) 63 98 52
info@profamilia.de
www.profamilia.de

http://web4health.info/de/

Erziehungsfragen

http://www.eltern.de/

http://www.erziehung.net/

http://www.erziehung-online.de/

http://www.kindererziehung.com

Freizeit/ Aktivitäten

http://www.familion.de

http://www.gofeminin.de/eltern-werden/aktivitaeten-fuer-wkinder-th812–7.html

Ernährung

Deutsche Gesellschaft für Ernährung e.V.
Godesberger Allee 18
D-53175 Bonn
Tel: (02 28) 37 76-600
Fax: (02 28) 37 76-800
webmaster@dge.de
www.dge.de

http://www.eltern.de/

http://www.familie.de/

http://www.was-wir-essen.de/

Erste Hilfe, Sicherheit

Bundesarbeitsgemeinschaft Mehr Sicherheit für Kinder e.V.
Heilsbachstraße 13
D-53123 Bonn
Tel.: (02 28) 68 83 4-0
Fax: (02 28) 68 83 4-88
info@kindersicherheit.de
www.kindersicherheit.de

http://www.drk.de/

http://www.erste-hilfe-fuer-kinder.de/

http://www.netdoktor.de/

Spezielle Bedürfnisse

ADHS Deutschland e.V.
Bundesgeschäftsstelle
Postfach 410724
D-12117 Berlin
Tel.: (0 30) 85 60 59 02
Fax: (0 30) 85 60 59 70
info@adhs-deutschland.de

Arbeitskreis DOWN-Syndrom e.V.,
Am Schäferhof 27
D-27308 Kirchlinteln
Tel.: (0 42 36) 9 41 01
Fax: (0 42 36) 9 41 02
www.down-syndrom.de

Arbeitskreis Paar- und Psychotherapie e.V.
Bahnhofstraße 26a
D-25474 Bönningstedt
arbeitskreis@psychoscout.de
www.kinder-jugend-psychotherapie.de

autismus Deutschland e.V.
Bundesverband zur Förderung von Menschen mit Autismus
Bebelallee 141
D-22297 Hamburg
Tel.: (040) 5 11 56 04
Fax: (040) 5 11 08 13
info@autismus.de
www.autismus.de

Bundeselternverband gehoerloser Kinder e.V.
Elternberatungs- und Informationsstelle:
c/o Helmut Schmidt
An der Wallburg 1
D-51427 Bergisch Gladbach
Tel.: (0 22 04) 30 06 72
Fax: (0 22 04) 30 79 04
eltern.bgk@gehoerlosekinder.de
hschmidt.bgk@gehoerlosekinder.de
www.gehoerlosekinder.de

Bundesverband der Elternkreise drogengefährdeter u. drogenabhängiger Jugendlicher (BVEK) e.V.
Ansbacher Straße 11
D-10787 Berlin
Tel.: (0 30) 55 67 020
Fax: (0 30) 55 67 021
bvek@snafu.de
http://home.snafu.de/bvek/

Bundesverband der Elternkreise suchtgefährdeter und suchtkranker Söhne und Töchter e.V. BVEK
Dortmunder Straße 22–24
D-48155 Münster
Tel.: (02 51) 14 207-33
Fax: (02 51) 14 207-55
info@bvek.org
www.bvek.org

Bundesverband Herzkranke Kinder e.V.
Kasinostraße 66
D-52066 Aachen
Tel.: (02 41) 91 23 32
Fax: (02 41) 91 23 33
bvhk-aachen@t-online.de
www.bvhk.de

Bundesvereinigung Stotterer-Selbsthilfe e.V.
Informations- und Beratungsstelle
Zülpicher Straße 58
D-50674 Köln
Tel.: (02 21) 139 11 06 oder 139 11 07
Fax: (02 21) 139 13 70
info@bvss.de
www.bvss.de

Bundeszentrale für gesundheitliche Aufklärung (BZgA)
Ostmerheimer Straße 220
D-51109 Köln
Tel.: (02 21) 89 92-0
Fax: (02 21) 89 92-300
poststelle@bzga.de
www.bzga.de

bvkm
Bundesverband für körper- und mehrfach behinderte Menschen e.V.
Brehmstraße 5–7
D-40239 Düsseldorf
Tel.: (02 11) 64 004-0
Fax: (02 11) 64 004-20
info@bvkm.de
www.bvkm.de

Dachverband Legasthenie Deutschland e.V.
German Dyslexia Association
Kurstraße 35
D-14776 Brandenburg
www.legasthenieverband.org

Deutscher Allergie- und Asthmabund e.V. (DAAB)
Fliethstraße 114
D-41061 Mönchengladbach
Tel.: (0 21 61) 81 49 40
Fax: (0 21 61) 81 49 430
info@daab.de
www.anaphylaxie-hilfe.de

Deutsche Diabetes-Stiftung Geschäftsstelle
Staffelseestraße 6
D-81477 München
Tel.: (0 89) 579 579-0
Fax: (0 89) 579 579-19
info@diabetesstiftung.de
www.diabetesstiftung.de

Deutsche Gesellschaft für Soziale Psychiatrie e.V.
DGSP-Geschäftsstelle
Zeltingerstraße 9
D-50969 Köln
Tel.: (02 21) 51 10 02
Fax: (02 21) 52 99 03
dgsp@netcologne.de
www.psychiatrie.de

Deutsche Multiple Sklerose Gesellschaft, Bundesverband e.V.
Küsterstraße 8
D-30519 Hannover
Tel.: (05 11) 9 68 34-0
Fax: (05 11) 9 68 34-50
dmsg@dmsg.de
www.dmsg.de

Deutscher Psoriasis Bund e.V.
Seewartenstraße 10
D-20459 Hamburg
Tel.: (0 40) 22 33 99-0
Fax: (0 40) 22 33 99-22
info@psoriasis-bund.de
www.psoriasis-bund.de/

Allergie-Centrum Charité
Charitéplatz 1
D-10117 Berlin
Tel.: (0 30) 450 518 092
Fax: (0 30) 450 518 919
www.anaphylaxie.net

Drogenbeauftragte der Bundesregierung im Bundesministerium für Gesundheit
Sabine Bätzing
Rochusstraße 1
D-53123 Bonn
Bürgertelefon: (0 18 05) 99 66-01

Förderkreis Eltern diabetischer Kinder und Jugendlicher e.V.
Im Hainzenthal 57
D-67722 Winnweiler
Tel.: (0 63 02) 21 60
Fax: (0 63 02) 15 21
www.diabetes-journal.de

Informationszentrum Epilepsie der DGfE
Reinhardtstraße 14
D-10117 Berlin
Tel.: (07 00) 13 14 13 00
Fax: (07 00) 13 14 13 99
ize@izepilepsie.de
www.izepilepsie.de

Kinder-Aids-Hilfe Deutschland e.V.
Kasernenstraße 59
D-40213 Düsseldorf
Tel.: (02 11) 32 67 02
Fax: (02 11) 13 47 36
www.emmpee.de/kinder_aids_hilfe.htm

Mukoviszidose e.V. – Bundesverband Selbsthilfe bei Cystischer Fibrose (CF) Gemeinnütziger Verein
In den Dauen 6
D-53117 Bonn
Tel.: (02 28) 98 780-0
Fax: (02 28) 98 780-77
info@muko.info
www.muko.info

Schwulenberatung Berlin auch für Suchtkranke, Behinderte und psychisch erkrankte Schwule
Mommsenstraße 45
D-10629 Berlin-Charlottenburg
Tel.: (0 30) 23 36 90-70
Tel.: (0 30) 194 46
Fax: (0 30) 233 690 98
info@schwulenberatungberlin.de
www.schwulenberatungberlin.de

www.epilepsie-netz.de/

www.rehakids.de

www.verband-dyslexie.ch

Register

F

G

H

I

J

K

Dank

Dank der Autoren

Dr. Claire Halsey ist Fachärztin für klinische Psychologie mit über 25-jähriger Erfahrung und spezialisiert auf die Arbeit mit Kindern und Familien. Sie verfügt über einen fundierten akademischen Hintergrund und hat kürzlich eine Forschungsarbeit zum Thema Erziehung an der Universität von Sheffield abgeschlossen. Claire Halsey ist Journalistin und Autorin auf den Gebieten Kinderpsychologie, Erziehung und Entwicklung von Kindern und Co-Autorin von *Your Child Year By Year*. Sie moderierte die ITV 1 Sendung *Driving Mum and Dad Mad*.

Claire Halsey möchte Vicki McIvor und ihrer Familie Michael, Rupert, Toby und Dominic danken.

Dr. Matthew Johnson hat sieben Jahre als klinischer Psychologe beim National Health Service gearbeitet und verfügt über mehr als zehn Jahre Erfahrung in der Arbeit mit Kindern, Jugendlichen und ihren Familien. Er schrieb seine Doktorarbeit an der Keele Universität über Erziehungsstress bei Vätern, bevor er eine klinische Ausbildung an der Universität Birmingham absolvierte. Matthew Johnson hat ein besonderes Interesse an den sozialen und emotionalen Schwierigkeiten sowie den Verhaltensproblemen von Kindern und Jugendlichen mit Behinderungen. Über seine Arbeit mit Familien der Gemeinde hinaus, leitet Matthew Johnson einen schulischen Dienst für Schüler von Sonderschulen. In den letzten beiden Jahren gehörte er der Britischen Psychologischen Gesellschaft an – Fachbereich Klinische Psychologie: Fakultät für Kinder und Jugendliche.

Für meine Frau Trish und meinen Sohn Alex, die alles möglich und lohnenswert machen. Mit Dank an meine Familie, Freunde, Kollegen von DK und die vielen wunderbaren Kinder, Jugendlichen und ihre Familien, mit denen ich über die Jahre das Vergnügen hatte zusammenzuarbeiten.

Dr. Joanna Grave ist eine erfahrene Fachärztin für Klinische Psychologie, die sich auf die psychische Gesundheit von Kindern und Heranwachsenden spezialisiert hat. Sie war maßgeblich beteiligt an der Entwicklung und Verbreitung von Erziehungsseminaren und zugänglichen Psychotherapien für Kinder.

Alles Liebe für Michael, Josh und Leo.

Prof. Tanya Byron (Verfasserin des Vorwortes) ist Fachärztin für Klinische Psychologie und spezialisiert auf die psychische Gesundheit von Kindern und Heranwachsenden. Sie hat Fernsehsendungen über das Verhalten von Kindern und Familien gemacht (*Little Angels* und *House of Tiny Tearaways bei der BBC*) und schreibt regelmäßig für diverse Zeitschriften. Sie hat eine wöchentliche Kolumne in der Zeitung *The Times* und ist Autorin diverser Bücher. Sie ist Kanzlerin der Universität Edge Hill.

Dank des Verlags

Dorling Kindersley dankt Salima Hirani für das Korrekturlesen, Sue Bosanko für die Erstellung des Registers, Isabel de Cordova für die Assistenz bei der Gestaltung, Jenny Baskaya und Romaine Werblow für die Hilfe mit den Bildern, Meliza Myburgh für die fotografische Assistenz und Suhel Ahmed für die redaktionelle Hilfe.

Bildnachweis

Der Verlag dankt folgenden Personen und Institutionen für die freundliche Genehmigung zum Abdruck ihrer Fotos:

(Legende: o-oben; u-unten; m-Mitte; l-links; r-rechts)

Cover vorne: **Getty Images:** Gerard Fritz um; Leon ur; **Corbis:** Bruno Obmann o; LWA-Dann Tardif ul.

Alamy Images: Noam Armonn 107l; Bubbles Photolibrary 86mr, 124l, 236r; Ron Chapple Stock 61m; Comstock Images 245r; David J. Green 229l; David J. Green - Lifestyle 208ur, 228; Design Pics Inc. 166or, 207; Eye Candy Images 213l; f1 online 159mu; Jupiterimages/ BananaStock 120r; Jupiterimages/Pixland 232; Niall McDiarmid 176r; Picture Partners 96, 120l, 219; Purestock 2l, 10or, 39; Chris Rout 34; **Corbis:** 25m, 50r, 115mu; Heide Benser/zefa 46mr; Comstock Select 135r; Strauss/Curtis 201r; Kevin Dodge 164, 176ul, 235l; Annie Engel/ zefa 208or, 215m; Fancy 60; Fancy/Veer 102, 128, 153; Randy Faris 166ol, 176mlu, 198mru; Guntmar Fritz/zefa 45l; Simon Jarratt 69; Jose Luis Pelaez, Inc. 169; Sean Justice 246l; Ronnie Kaufman 241r; LWA-Dann Tardif 122l, 186l; Simon Marcus 120m; Roy McMahon 103; Kate Mitchell/zefa 115ul; Kevin Muggleton 143l; David Raymer 198mu; Image Source 115mlu; **Getty Images:** 93l, 93r; altrendo images 136l; Tony Anderson 28r; Bambu Productions 198ur; Pascal Broze 40r; Rolf Bruderer 51r; CAP 201l; Digital Vision 28l; Fat Chance Productions 157; John Giustina 149l; Jamie Grill 83, 212r; Image Source 208mr, 212m, 215r; JGI 4o, 10ur, 43l; Spencer Jones 135mu; Jose Luis Pelaez Inc 224l, 245l; Bruce Laurance 202; Manchan 129; Ryan McVay 223; Tony Metaxas 32l; Andrea Morini 35m; Charlotte Nation 4u, 166ml, 199; White Packert 4m, 86ml; PhotoAlto 61l; PhotoAlto/Laurence Mouton 236l; Joel Sartore 215l; Soul 122r; SW Productions 239r; Tetra images 193; Terry Vine 147r; Ross Whitaker 79u, 213m; David Woolfall 17mlu; Yellow Dog Productions 35l; **Mother & Baby Picture Library:** Ian Hooton 27, 40m, 78; **Photolibrary:** age fotostock 101l; Banana Stock 3r, 51m, 55u, 55o, 108, 208ol, 218r, 224r, 229r; Fancy 43r; Image Source 239l; Onoky 181mlu; Photononstop 107r; Pixland 192; **Science Photo Library:** Samuel Ashfield 46or; BSIP, MENDIL 241l; Ian Hooton 214; Jim Varney 241m